SPANISH FOR MASTERY

1

Jean-Paul Valette

Rebecca Valette

Contributing Writer
Frederick Suárez Richard

Editor-Consultants
Teresa Carrera Hanley
Clara Inés Olaya

TEACHER'S EDITION

D. C. HEATH AND COMPANY
Lexington, Massachusetts   Toronto

CONSULTANTS
Kenneth Chastain, University of Virginia
Susan Crichton, Lynnefield H.S., Massachusetts
Karen Davis, McLean Middle School, Texas
Judith Morrow, Bloomington H.S. South, Indiana
Delores Rodriguez, San Jose Unified School Dist., California

The authors wish to thank Sheila Irvine, Gene Kupferschmid, Cathy Linder-Marcyk, Elba E. López, Ana Maria Migliassi, and Argentina Palacios for their assistance in the course of the project. The authors would also like to express their appreciation to Roger Coulombe, Victoria Devlin, Pamela Evans, and Josephine McGrath of D.C. Heath and Company.

Published simultaneously in Canada.

Printed in the United States of America.

International Standard Book Number: 0-669-02207-1

Library of Congress Catalog Card Number: 79-84866

Introduction

The Teacher's Edition for SPANISH FOR MASTERY is an enlarged version of the student text. The front matter consists of four parts: a description of the characteristics and organization of the SPANISH FOR MASTERY program; suggestions about how to use the various components of the program; hints on how to supplement the basic materials; and a Reference Guide containing useful classroom expressions and a detailed listing of the contents of the program.

In the textbook itself, an overprint of small, blue type provides teachers with several kinds of information:

- Chapter summaries of the main grammatical objectives
- Supplementary questions (on presentation material, cultural notes, photographs and illustrations)
- Supplementary grammatical information
- Supplementary cultural information
- Supplementary vocabulary
- Suggestions for expanding and modifying exercises
- Suggested realia to enliven the presentation of culture
- Suggested optional activities
- Responses to all comprehension and *Observaciones* questions, and to quizzes and puzzles
- Material designated as optional

It is important to note here that the term "optional" does not mean that the material should be left out. It simply designates material which can be adapted or omitted according to the specific objectives of the class, and/or which can be assigned as supplementary material for the better student, or for the student who has a particular interest in the topic.

The following symbol is used in the overprint to designate material recorded on the Tape Program: 🔘 .

The key **Est. A, B, C or D** is used to cross-reference the *Observaciones* to the *Estructuras* section(s) to which they correspond.

Contents

Part One:
Description of SPANISH FOR MASTERY

1. General Characteristics of the Program

SPANISH FOR MASTERY is a program designed for secondary school students. Each level includes seven components: the Student Text, the Teacher's Edition, the Tape Program, the Workbook, Tape Activity Masters, a Tapescript, and the Testing Program. The last five are optional.

SPANISH FOR MASTERY 1 provides an introduction to the language and culture of the Spanish-speaking world. SPANISH FOR MASTERY 2 presents the more complex structures of basic Spanish and expands the cultural themes of the first level. By the time the students complete the second level, they will have acquired a command of the key vocabulary and structures necessary for personal communication as well as an appreciation of the breadth and variety of the Spanish-speaking world.

1.1 Objectives and Philosophy

The basic objective of SPANISH FOR MASTERY is twofold:

— To help each student attain an acceptable degree of proficiency in the four skills of listening, speaking, reading, and writing within a minimum period of time and with a minimum of effort
— To present the language within the context of the contemporary Spanish-speaking world and its culture

In order to attain this goal, the authors and contributing writers have adopted a pragmatic approach and have purposely avoided relying on any single linguistic theory of language learning. Their guiding principle has been that the material in itself should elicit a high level of student participation in the learning process. To this end, they have evaluated a variety of pedagogical techniques and have selected those which have given the best results both within and outside the formal classroom. This interweaving and integration of techniques is at the heart of SPANISH FOR MASTERY. Teachers can adapt the program to their own teaching styles and to the needs of their own students.

1.2 Key Features

1.2.1 Broad cultural focus. In SPANISH FOR MASTERY, language is presented in conjunction with the culture of the Spanish-speaking world. The cultural material is contained in

— the *Nota cultural* section of the lessons

— the five *Vistas,* which are separate, full-color illustrated sections of the text
— the *Rincón cultural* sections of the Workbook

From the start, students are made aware of the geographic and cultural variety of the Spanish-speaking world, from South America to the Caribbean, from Mexico and Central America to Europe. A secondary but no less important goal is to have the students realize that the Hispanic culture in their own country is a reality which directly affects their lives in many ways. For many students this awareness will open a new dimension in their studies and stimulate their interest in learning.

1.2.2 Accent on youth. An effective way of involving students in the learning of a foreign language is to make communication in the new language relevant to their own lives and subculture. The majority of the activities in this program have a youth-related theme (e.g., hobbies, travel, schoolwork, dating, choice of career, relationships with parents, and attitudes towards love, friendship, money, success, and failure).

1.2.3 Adaptability of the program. SPANISH FOR MASTERY can be used in a variety of teaching situations:

— Large or small classes
— Slow or fast tracks
— Audio-lingual or traditional classes

It is also adaptable to small-group teaching and lends itself to individualized and self-paced instruction. Part Two of this manual will suggest the various approaches available to the teacher.

1.2.4 Several approaches to grammar. Because there is no one way of teaching a foreign language, SPANISH FOR MASTERY incorporates several classroom-proven approaches to the presentation of Spanish structures:

• *Guided discovery approach.* The new structures in each lesson are presented in key sentences in the presentation itself. Then, in the *Conversación/Observación* section, the students are asked a limited number of short questions which pertain to the new structures. These questions are so phrased as to induce the learners to formulate their own generalizations about the new material.

• *Descriptive approach.* In the *Estructuras* sections, the new structures are explained in English, and, where appropriate, are presented graphically, with additional examples and related exercises. These sections also serve as a grammar reference manual.

• *Modified contrastive approach.* When appropriate, new structures are compared and contrasted with previously-learned Spanish structures or with English equivalents. Areas of potential interference between Spanish and English are mentioned explicitly (e.g., English implied versus Spanish expressed reflexive pronouns, Lesson 7.3).

• *Analytic-synthetic approach.* More complex points of grammar are introduced across two or more lessons in minimal learning steps. Finally the entire pattern is summarized in a table (e.g., the presentation of possessive adjectives, Unit 5).

1.2.5 Variety in the learning material. Variety in presentation as well as in the content of the material is an essential element in fostering and maintaining student interest. Throughout SPANISH FOR MASTERY this feature has been given particular attention. For instance, instead of relying exclusively on dialogs, the lessons are built around narratives, interviews, questionnaires, and cartoon series. Similarly, the exercises encompass a wide variety of formats: role-playing activities, *Preguntas personales*, sentence-building exercises, etc.

1.2.6 Focus on communication. To elicit the students' active participation in the learning process, all exercises of SPANISH FOR MASTERY, including those of the Tape Program, and the Workbook, are set in situational contexts. The situations are sometimes practical (planning a trip, answering an ad in the newspaper, selecting dishes from a menu) and sometimes humorous (being late for a date, playing the roles of an angel and devil). The purpose of these contextual exercises is to induce the students to use Spanish for communication and self-expression rather than as a rote response to artificial drill stimuli. One result of this approach is extra emphasis on the yo and tú forms, as students communicate with one another.

1.2.7 Flexibility and efficiency in developing language skills. The language is presented and practiced through all four language skills. However, if the teacher wishes to focus on only one or two skills, the components of the program emphasizing these skills can be stressed. For instance, if speaking is to be highlighted, the teacher can stress the communication activities of the program (*Preguntas personales*, the *Diálogo* exercises and the *Entre nosotros* sections of the Student Text and the *Speaking* activities of the Tape Program), and use the *Rincón cultural* sections of the Workbook to promote conversation.

Each skill is developed in its several aspects. For instance, the basic reading component, *Variedades*, is not limited to the presentation of several types of reading material. Its varied formats are followed by an *El arte de la lectura* segment. This specialized section, along with the Workbook section *Enrich your vocabulary*, offers many suggestions for building reading skills (e.g., identification of cognates, logical derivations of the meanings of new words from their components). Similar breadth of development characterizes the listening activities of the Tape Program, which involve active listening to recorded material from the Student Text, selective listening for grammatical signals (verb tenses, forms of determiners, singular and plural markers), and general listening comprehension of unfamiliar passages.

1.2.8 Logical organization. The learning pace is carefully and coherently programmed through a concise, measured grammatical progression. The presentation of the simpler and more frequently used structures precedes that of the more complex and less common ones. Each lesson in SPANISH FOR MASTERY concentrates on two to four aspects of grammar and limited new vocabulary. The introductory presentation of the lesson incorporates the new material into the context of previously mastered patterns and structures. Any new vocabulary or major new structures are side-glossed before actually being taught.

1.2.9 Systematic reentry of grammar and vocabulary. Most active vocabulary is formally introduced in the *Vocabulario especializado* sections of the text. All *Expresiones* sections as well as vocabulary in the *Estructuras* notes are also considered "active." As the program progresses, the structures and vocabulary items are reentered in the exercises. Suggestions for reviewing the structures and vocabulary are made in the overprint if the mastery of these elements is a requisite for learning the new material of the lesson. A distinction is made between active vocabulary (over which the student should have control in communicative situations), which appears in the aforementioned sections, and passive vocabulary (for recognition only), which is glossed. Active vocabulary is listed by unit on ditto masters.

All basic aspects of grammar and vocabulary are incorporated in the *Test/Repaso* that concludes each chapter of the Workbook. These tests can be used informally for review if desired.

Level 2 of SPANISH FOR MASTERY opens with a systematic review, in new contexts, of all important material presented in Level 1. This includes a thorough review and expansion of the preterite, reflexive and command constructions which are taught towards the end of Level 1. Because of this articulation between the two levels, second-year students who have not completed Level 1 or who have used material other than SPANISH FOR MASTERY can confidently begin the school year with the material in Level 2.

1.2.10 Emphasis on Spanish. SPANISH FOR MASTERY has been written so that Spanish can be used almost exclusively. Thus, Spanish names (see page xi) and classroom expressions (see Reference Guide, section 7.1) should be introduced from the beginning.

The use of English in the book gradually diminishes. However, the *Observación* questions and the grammatical explanations in the *Estructuras* sections are in English throughout to prevent possible misunderstandings and to ensure that all students may use them for out-of-class reference and study.

1.2.11 Naturalness of the language. Language presented to beginning students must be simple, yet it must also be natural and idiomatic. The apparent conflict between simplicity and authenticity is lessened in SPANISH FOR MASTERY by the addition of *Expresiones para la conversación* (Units 1-5) and *Expresiones para la composición* (Units 6-10). In these sections, the students learn authentic, common expressions through dialog and composition practice. Expressions introduced in this way (e.g., ¡Mira!, ¡Oye!) are then reentered in the presentation material of subsequent lessons.

1.2.12 Careful vocabulary choice. The concern for simplicity and authenticity is also reflected in the choice of vocabulary. In instances in which Spanish speakers from different areas have different words for an object or concept, SPANISH FOR MASTERY has chosen the word which consultants felt would be most appropriate for American secondary school students. The existence of variants, however, is pointed out in the readings. For instance, the word **autobús** is used throughout the text, but variants such as **ómnibus** and **guagua** are mentioned in a *Variedades* section.

The *Pronunciación* sections reflect Latin American rather than Castilian pronunciation, though variants are given in the teacher's overprint.

2. Organization of SPANISH FOR MASTERY

The following pages describe SPANISH FOR MASTERY, Level 1; the Level 2 program has a similar organization with some slight modifications, as indicated in the Teacher's Edition of that text.

2.1 The Student Text

The Student Text contains ten basic units and five illustrated culture sections. The book concludes with appendices, a complete Spanish-English vocabulary, and an active English-Spanish vocabulary.

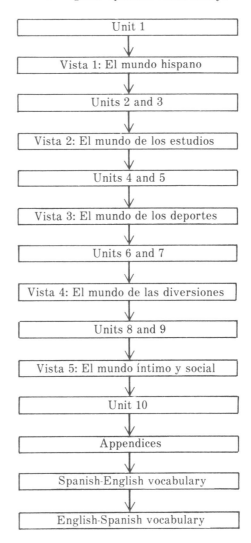

| Unit 1 |
| Vista 1: El mundo hispano |
| Units 2 and 3 |
| Vista 2: El mundo de los estudios |
| Units 4 and 5 |
| Vista 3: El mundo de los deportes |
| Units 6 and 7 |
| Vista 4: El mundo de las diversiones |
| Units 8 and 9 |
| Vista 5: El mundo íntimo y social |
| Unit 10 |
| Appendices |
| Spanish-English vocabulary |
| English-Spanish vocabulary |

2.1.1 Organization of a unit. Each unit is built around a particular theme (such as hobbies, jobs, family life) and has a main grammatical focus (such as object pronouns, adjectives, the preterite). It is divided into four basic lessons which present the new structures and vocabulary of the unit, and ends with the reading section *Variedades*.

Unit organization	
Lesson 1	Presentation of new material (structure and vocabulary)
Lesson 2	
Lesson 3	
Lesson 4	
Variedades	Reading practice

2.1.2 Organization of a basic lesson. Each basic lesson consists of three parts: the presentation material, the instruction material, and the recombination material. The diagram shows the construction of a typical lesson.

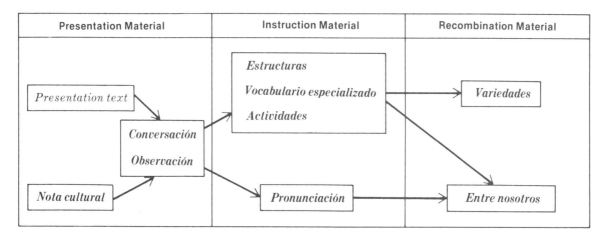

• *The Presentation Material.* The function of the *Presentation text* is to introduce, in context, samples of the basic structures and vocabulary taught in the lesson. The context may assume a variety of formats:

— A dialog (¿Qué tiempo hace? — Lesson 1.6)

— A narrative (Los sábados por la noche — Lesson 6.4)

— A personality or psychological questionnaire (¿Eres servicial? — Lesson 5.4)

— A series of humorous cartoons (¡El pobre señor Ochoa! — Lesson 7.3)

—A recipe (Una receta del Caribe: refresco de plátanos—Lesson 10.1)

—A game (¿Cuál es su trabajo? —Lesson 9.4)

The presentation material is built on previously learned material plus the new structures and vocabulary of the lesson. Words unfamiliar to the students are glossed and are usually part of the *Vocabulario especializado*.

The *Nota cultural* elucidates and develops cultural references made in the *Presentation text*. (E.g., in Lesson 1.4, after a dialog about being late for a date, the *Nota cultural* explains Hispanic attitudes towards time.)

The *Conversación/Observación* section provides the link between the presentation material and the instruction material. Through the *Observación* questions, the students are able to generalize about the new grammatical material of the lesson.

• *The Instruction Material.* In the *Estructuras* section, new grammar is explained in a simple, clear, and schematic manner. Immediately after the grammar explanations the rules are applied in situational exercises, question and answer drills, and conversation activities.

The exercises assume a variety of formats:

—Situational activities, which are simple transformational drills

—*Diálogos*, which are activities that two or more students act out, often requiring a personal yes/no answer

—*Preguntas personales*, which are yes/no and open-ended questions about the student's life, incorporating the new grammatical structures of the lesson while reviewing previously learned structures

—*Creación*, a recombination drill/game in which the students are asked to derive as many logical sentences as they can from a given set of elements containing the new grammatical structures

With the exception of the *Diálogos*, all of the above activities can be done either orally or in writing.

In the *Vocabulario especializado*, vocabulary items are grouped thematically (sports, family, food, clothing, etc.) for ease in assimilation. Wherever possible the items are presented in a pictorial or sentence context.

The *Pronunciación* sections, which are also recorded in the Tape Program, introduce new sounds, intonation patterns, and points of spelling. As the course progresses, specific elements are reentered for practice or additional elucidation. Only when absolutely necessary are certain sounds transcribed in the International Phonetic Alphabet.

Beginning with Unit 5, the lessons often contain an amusingly illustrated Spanish proverb or saying (*Refrán*) based on a vocabulary or structural item of the lesson.

• *The Recombination Material.* The *Entre nosotros* sections reinforce the new material of the lesson and help the student to further develop specific skills:

—In Units 1 through 5, the *Entre nosotros* sections contain *Mini-diálogos* that reinforce conversation skills through dramatization and directed dialog.

—In Units 6 through 10, the *Entre nosotros* sections contain *Mini-composiciones* that reinforce writing skills.

All *Entre nosotros* sections contain a sub-section, *Expresiones*, which helps to improve the students' fluency and to make speaking Spanish fun.

2.1.3 *Variedades.* Reading skills are formally developed in the final section of each unit, the *Variedades*. The section begins with a reading passage in the form of a narrative, a guessing game, a culture capsule or a personality quiz, in which the new material presented in the unit is recombined.

The second part of this section is called *El arte de la lectura*. Its purpose is to expand the students' ability to read for meaning by focusing their attention on specific elements (such as how to recognize cognates and utilize their increasing knowledge of suffixes and word families).

2.1.4 *Vista.* The purpose of the five illustrated *Vista* sections is twofold:

—To show the breadth of the Spanish-speaking world—both within the United States, in order to encourage the students to learn their "second national language," and without, in order to appreciate the culture belonging to the people who speak it from birth

—To focus on the world of Hispanic young people and their particular concerns

CONTENTS	
Vista 1	El mundo hispano
Vista 2	El mundo de los estudios
Vista 3	El mundo de los deportes
Vista 4	El mundo de las diversiones
Vista 5	El mundo íntimo y social

Since the *Vistas* are entirely in Spanish, they provide additional practice in reading skills. The format is that of a colorful youth magazine, with short, lively "spots" that can be easily comprehended as separate "articles" or as a whole. The various photographs, realia, and illustrations can provide points of departure for conversational activities. Each *Vista* is followed by its *Actividades*, a simple game section.

2.1.5 End matter. The end matter contains the following elements:

—Appendices:
Appendix 1 —Numbers
Appendix 2 —Verb charts

—Spanish-English Vocabulary

This vocabulary lists all the words in the text, including cognates.

—English-Spanish Vocabulary

This vocabulary lists only the active words and expressions (those found in the *Vocabulario especializado, Expresiones,* and *Estructuras* sections).

2.2 The Tape Program

The Tape Program for SPANISH FOR MASTERY is designed to supplement the Student Text, providing additional practice in the development of audio-lingual skills.

2.2.1 General description. The Tape Program for SPANISH FOR MASTERY is available on either dual track 5-inch reels or cassettes. For each lesson, the Tape Program runs approximately 25 minutes. All activities included in the Tape Program are printed in the Tapescript.

2.2.2 Types of tape activities. The tape for each lesson contains a variety of activities. These are introduced in English so that all students may work independently with the Tape Program. The activities are of the following types:

• *Listening.* The students listen to an unpaused, dramatized reading of the student text *Presentation,* **Entre nosotros** dialog, and **Nota cultural.**

• *Listening and Repeating.* (1) The speaker models words or sentences from the **Pronunciación** sections of the Student Text. The students repeat the words and expressions in the pauses provided. (2) The speaker models words from the vocabulary, verb, and selected grammar charts. When the chart contains both a word and a sentence in which the word is used, the students will repeat the word and listen to the sentence.

• *Listening for Signals.* The students hear a series of sentences and are asked to discriminate among sounds which signal grammatical information: they will learn to distinguish between singular/plural, masculine/feminine, past/present, etc. Students may mark their responses either on the grid provided in the Tape Activity Masters or on a separate sheet of paper. Each sentence is read only once. Models are provided for most exercises. When unfamiliar words are used in the sentences, full comprehension is not essential to the successful completion of the exercise. At the end of the activity, the speaker gives the correct answers.

• *Understanding Vocabulary.* The students indicate whether they understand specific words or expressions heard on the tape. Exercises of this type are used mainly to practice numbers and expressions of time and weather.

- *Listening Comprehension with Visual Cues.* The students see a diagram or illustration and hear several statements pertaining to it. They are asked either to indicate whether these statements are true or false, to match statements, or to locate specific items. For example, students examine detailed portraits, listen to a corresponding number of self-descriptions, and decide which descriptions match which portraits.
- *Listening Comprehension Dialogs.* The students hear an original passage or dialog based on the Presentation material of the lesson. This is followed by two or three questions which are either true/false, completion, or short-answer types. The students answer these on the grids in the Tape Activity Masters. After the passage has been read a second time, the speaker gives the correct answers to the questions.
- *Speaking.* (1) Directed activities: The student participates in situation drills similar, but not identical, to the exercises in the Student Text. These provide variety in oral practice while helping to develop listening comprehension skills. In these activities, the cues are followed by a pause for the student response, and then a confirmation of the appropriate response is given by the speaker on the tape. (2) Open-ended activities: the speaker asks the students personal questions that incorporate the structures and vocabulary introduced in the lesson. Because the students give original answers, no corrective response is given on tape.
- *Spot Dictation.* The students see a short passage with certain words deleted. They must fill in the words while listening to the speaker read the entire passage. The passages are read twice.
- *Spanish songs.* Each unit features a different, traditional Spanish song. The melody serves as a recurrent theme that is heard at the start of the tape and at brief intervals between selected activities. At the end of each unit, the entire song is sung along with the melody by a Spanish speaker. Music and lyrics for student participation are printed in the Tape Activity Masters.

2.3 The Workbook

The Workbook supplements the Student Text. In addition to providing written exercises to accompany the basic instructional material of the Student Text, each unit of the Workbook contains a *Test/Repaso,* an illustrated cultural section, *Rincón cultural*, and a vocabulary section, *Enrich your vocabulary.*

2.3.1 Written exercises. For each basic lesson of the Student Text, the Workbook contains two to four pages of written exercises in situational contexts. These are always printed on the front and back of a single sheet of paper so that they can be easily removed and handed in to the teacher if desired.

To avoid monotony and to stimulate the students' interest, all basic exercises are set in a situational and/or game context. Most exercises require thoughtful rather than mechanical answers.

In the first five units many exercises are based on visual cues. In the last five units more exercises lead to self-expression in Spanish.

2.3.2 *Test/Repaso.* Each unit closes with a ***Test/Repaso*** consisting of a series of situational review exercises. The students take these tests individually and check their responses against the Answer Key at the back of the Workbook. The Answer Key contains a diagnostic section to help the students interpret their results. It also refers them back to sections of the unit for additional study and review.

The *Test/Repaso* sections have been purposely designed to be relatively simple, in order to give the majority of the students a feeling of achievement. They prepare the students for the corresponding unit tests in the SPANISH FOR MASTERY Testing Program.

2.3.3 *Rincón cultural.* Each Workbook unit ends with a section titled ***Rincón cultural.*** This section contains realia, games, and exercises. The realia reinforce the cultural themes developed in the unit. For Unit 5, for instance, which focuses on Hispanic families, the realia consist of wedding and birth announcements. The activities are based on the realia. In Unit 5, these activities include filling out a birth announcement and determining relationships among a wedding party.

2.3.4 Enrich your vocabulary. The purpose of this section is to expand the students' Spanish and English vocabularies. This is accomplished by pointing out root similarities between the two languages.

The Answer Key at the end of the Workbook enables students to correct their own work. The teacher may prefer to remove the key and provide the answers to the appropriate exercises only after students have completed them.

2.4 The Tape Activity Masters

The SPANISH FOR MASTERY Tape Activity Masters are supplementary ditto masters containing the following teaching aids:

— The answer grids to be used for the *Listening for Signals* activities of the Tape Program

— The visual cues and answer grids for the *Listening Comprehension* activities of the Tape Program

— The spot dictation fill-ins

— The answer key to the Tape Program exercises

In addition, the Masters include lists of Useful Expressions (see TE section 7), unit-by unit active vocabulary review sheets, and puzzle grids to accompany the *Actividades* section of the *Vistas* in the Student Text.

2.5 The Testing Program

The SPANISH FOR MASTERY Testing Program offers two types of tests: ten *Unit Tests* and five *Achievement Tests*. The printed portions of the tests are available on duplicating masters, and the recorded portions on cassettes. A Test Manual accompanies the Testing Program.

2.5.1 Unit Tests. The *Unit Tests* provide oral and written evaluation of the students' mastery of the structures and active vocabulary of the unit. Student record sheets (on duplicating masters) permit the teacher to keep track of each student's progress.

The exercises are presented in a variety of formats which include fill-ins, short answers, multiple-choice, two-choice, statement completion, and full answers. The exercises are based on visuals, tape, or printed word cues, to allow for all possible learning styles.

2.5.2 Achievement Tests. The *Achievement Tests* are designed to be administered upon completion of Units 2, 4, 6, 8, and 10, and consist of four sections: Listening, Writing and Structure, Reading, and Vocabulary and Culture. The items in the *Achievement Tests* focus on the essential content of the two preceding units, and also evaluate communication skills. Students are asked to use Spanish in practical situations, such as listening for specific information (a phone message, the time a movie is showing); in creative situations, such as deciding which of two expressions most logically completes a thought or sentence; and in cultural contexts.

Part Two:

Using SPANISH FOR MASTERY

3. Suggested Techniques

A basic characteristic of the SPANISH FOR MASTERY program is its flexibility. The classroom teacher can easily adapt the textbook and its related components to the needs and learning styles of the students. Each unit of SPANISH FOR MASTERY contains more activities than can be completed by the average class. The teacher should therefore select those that are most appropriate for specific classes and specific individuals. The purpose of this section is to help the teacher make these choices by showing how each of the components may be used. The suggestions are not exhaustive, but they form a base upon which the teacher may wish to build.

3.1 The First Day of Class

On the first day of class, the students should be made aware that Spanish is a very special foreign language. In fact, it is not a foreign language at all, since it is spoken by some 13 million American citizens. Spanish is indeed the second language of this country.

You may spend ten minutes of the first class (or even the whole hour) expanding on this point. The facts to use will vary according to the school's geographical location (i.e., whether it is located in or near a Spanish-speaking community, in a region rich in Spanish geographical names, etc.). You may want to emphasize these areas:

• *History.* You may point out that Spain had explored most of the South and Southwest before the Pilgrims landed in 1620. (Check encyclopedias and American History textbooks for information about Spaniards who influenced American history.)

• *Geography.* You may point out some of the many names of Spanish origin on a U.S. map:

— States: Florida, Nevada, Texas, Montana, etc.

— Cities: Los Angeles, San Antonio, San Jose, Amarillo, etc.

— Rivers: Rio Grande, Colorado, etc.

• *Human environment.* You may bring realia to class that emphasize the presence and importance of the Hispanic community in the U.S., such as

— hispanic newspapers and magazines published in this country

—books and materials used in bilingual schools

—ads for Hispanic shops and/or products

—menus from Hispanic restaurants

Another important fact to emphasize from the beginning is the linguistic relationship between Spanish and English:

—You may ask students to identify the many Spanish-derived words used in English, such as *patio/poncho/tornado/mosquito/chocolate/fiesta.*

—You may show the students a very simple text containing a lot of cognates (such as a Spanish ad for an American product) and ask them to pick out the words they understand. Finally, you may end the class by showing that Spanish is also an international (and therefore useful) language by pointing out on a world map the various countries where it is spoken.

3.2 Teaching Unit 1

Learning a new language is an exciting experience, but it can also be frustrating, since the students are exposed to a new medium which they do not fully comprehend. Consequently, it is important that they feel comfortable with the material they are asked to handle. Unit 1 is a special unit that has been designed to meet this objective in the following ways:

—It is youth-oriented.

—It contains simple cultural material to which the students can easily relate.

—It is the only unit of the book in which the presentation texts are translated.

—It contains six shorter rather than four longer lessons.

—It does not contain any formal grammatical presentation.

Above all, it contains material which students not only learn easily, but are looking forward to learning, namely:

how to say their names	(Lesson 1)
how to greet others	(Lesson 2)
how to count	(Lesson 3)
how to tell time	(Lesson 4)
how to give the date	(Lesson 5)
how to speak about the weather	(Lesson 6)

Because Unit 1 presents no formal grammatical structures, you may decide either (1) to teach the lessons in the order in which they are presented (this is suggested if you begin Spanish in the seventh or eighth grade) or (2) to teach only the elements that you consider to be essential and intersperse the other elements in the course of the program as you see fit (you may prefer this if you begin Spanish in the ninth or tenth grade). The first unit teaches vocabulary only, and some teachers may wish to begin teaching grammar as soon as possible.

3.3 Teaching the Basic Lessons

Although the basic lessons of each unit follow the same general pattern and contain the same type of material, the manner of presentation varies from lesson to lesson.

3.3.1 Using the Presentation text. The *Presentation* is not intended for memorization, but rather for initial exposure to the basic structures of the lesson and as a point of departure for other activities. This material is available as an unpaused, dramatized recording in the Tape Program, and can be used in the following ways:

• *With the books open.* The students should first look at the illustrations, which enhance comprehension. Then, while the tape (or teacher) models the new sentences in the *Presentation*, the students can read along in the book. This can be done in the early part of instruction and with students who experience difficulty understanding.

• *With the books closed.* To develop listening comprehension, the students may be asked to keep their books closed while the tape is played for the first time. They are told that they will not understand everything, but should simply try to get the gist of what is being said. The tape is then played again and stopped whenever students indicate there is something they do not understand. The tape may also be stopped from time to time to permit the teacher to ask questions about the content.

Comprehension of the *Presentation text* is reinforced by many activities whose formats depend on the nature of the text itself:

• *Dialog.* The students and/or the teacher can play the roles.

• *Cartoon series.* The students and/or the teacher can act out some of the drawings.

• *Personality questionnaires.* The students answer the questions on a separate sheet of paper and then analyze their answers.

• *Comprehension questions.* The students answer questions about the *Presentation* material (these questions are in the overprint).

3.3.2 Using the *Nota cultural.* The purpose of the *Nota cultural* is twofold:

— To stimulate and reinforce the students' reading comprehension
— To awaken students to the culture of the Hispanic world

At the teacher's discretion, the cultural notes can be assigned as outside reading. Some may serve as the basis of research reports or surveys conducted in the community for extra credit.

3.3.3 Using the *Conversatión/Observación*. The questions of the *Conversación* allow the students to use some of the new structures of the lesson; they also serve as a springboard to the *Observación* segment, which in turn leads to the *Estructuras* sections.

In going over the *Observación* sections with the students, the teacher may ask them to open their textbooks to the appropriate page. In many lessons it is also possible, and sometimes preferable, to show the *Conversación* sentences on the chalkboard, on a chart, or on an overhead transparency. In this way, the teacher can more readily point to specific features of the sentences, drawing the students' attention to those points under discussion. If the sentences are reproduced on larger visuals, color or boxing may replace the boldface used in the text.

3.3.4 Teaching structure. In the *Estructuras* sections, each grammar point is presented in a schematic fashion, with numerous examples and a succinct explanation in English. These descriptions, however, are intended to serve as reference sections, because in most classes the teacher will first introduce the grammar of the lesson orally. After the students can manipulate the new forms, sample sentences may be written on the chalkboard or shown on a prepared poster or transparency.

Once the new structures have been presented, they must be internalized by the students. At this point, differences in learning rate and learning mode become most apparent. SPANISH FOR MASTERY provides a wide range of learning activities (textbook exercises plus the variations suggested in the overprint of the Teacher's Edition, Tape Program activities which differ from the exercises in the Student Text, Workbook activities) so that even slow learners will have a variety of exercises and not be limited to repeating the same sentences over and over. In fact, the teacher will probably not be able to use all the activities suggested. The learning activities are of different types (role-play situations, questions, transformations) and emphasize different skills (listening, speaking, reading, writing) so that the students may practice the new structures under circumstances which reflect the students' preferred learning styles.

• *Simple situational activities.* These activities usually come immediately after the grammar presentation, requiring only simple grammatical transformations (using the appropriate definite article, the correct form of a verb, etc.). Since no complex manipulation of the language is involved, these activities should be done by all students.

• *Diálogos.* The guided dialog exercises are also relatively easy, since they involve only simple manipulation of the language: following a model, one student asks a question of another student, who responds either affirmatively or negatively. These exercises are especially suited to classes emphasizing communication skills: two students work together and practice asking and answering questions, while the teacher is available as a resource.

• *Preguntas personales.* These are either yes/no or open-ended questions that are both straightforward and easy to answer. This is a good activity to help build self-esteem, as the students are answering questions with real information, sharing a part of themselves with their peers.

• *Creación.* This exercise requires a knowledge of the structures and basic vocabulary of the lesson. It is challenging as well as fun. For variety, it can be used in timed competitions between individual students or groups of students. *Creación* can be done either orally or in writing; the teacher may want to vary the modes of presentation with each lesson, depending on which skills are being emphasized.

Most of the textbook activities (especially the *Diálogos* and *Preguntas personales*) can be practiced in pairs or small groups. As the students take turns reading the cues and giving the responses, the teacher is free to circulate in the classroom, providing help as needed. Small-group work not only provides a change of pace, but also tends to increase attention and participation. If some activities seem too difficult, the teacher may first run through the entire exercise with the full class, and then ask the students to go quickly through the exercise again in pairs.

The textbook activities may be used directly or adapted for written practice:

• The *Preguntas personales* activities elicit different replies from different students. As written activities, these are more appropriate for homework or small-group work. The teacher will probably want to correct the papers individually and then ask the students to rewrite those sentences in which errors were made. If the *Preguntas personales* are used for full-class writing activities, the teacher may ask one student to give a personal answer and then have the entire class write out that student's response.

• The *Creación* activities are particularly well suited for written work. As a special challenge, students may compete to see who can write the greatest number of logical and grammatically correct sentences in a given time (5, 10, or 15 minutes).

3.3.5 Teaching vocabulary. Two features of the vocabulary sections facilitate learning. First, the words and expressions are grouped by theme in the *Vocabulario especializado* sections. Second, they are illustrated by visuals or given a sentence context. The new vocabulary is practiced in textbook and workbook exercises as well as in the activities of the Tape Program. In addition, or as an alternative, the teacher may wish to introduce self-expression activities. For example students, either individually or in groups, may be asked to write a composition or to prepare a skit using certain new words. In another lesson, they may be asked to incorporate specific words into captions for pictures. The Tape Activity Masters include unit vocabulary lists for review.

3.3.6 Teaching pronunciation.
Students should be induced to use as correct a pronunciation as possible from the very start of the course. The goal of SPANISH FOR MASTERY is to have students acquire accurate fundamentals of Spanish pronunciation. The focus is on standard Latin American speech; however, the major Castilian and regional variants are mentioned in the overprint. Pronunciation explanations have been simplified for the benefit of the students and do not always enter into the finer details of Spanish phonetics. It is the conviction of the authors that a full study of phonetics should be postponed until the advanced levels.

- *The importance of listening.* In order for students to acquire good Spanish pronunciation, they must listen to standard Spanish as much as possible. Above all, care must be taken to ensure that incorrect pronunciation patterns do not become internalized; if they do, it will be difficult to correct them later on.

The SPANISH FOR MASTERY Tape Program provides a broad variety of listening activities (*Presentation text*, **Vocabulario especializado, Entre Nostros, Pronunciación**). In the **Pronunciación** section of the lesson tape, students receive guided practice toward improving their accent.

It is important that the teacher make every effort to speak Spanish at a natural tempo, linking words within sense groups, maintaining normal stress and intonation patterns, and providing students with as authentic a model as possible to imitate. Students will speak hesitatingly at first, but they should develop a feeling for what "real Spanish" sounds like.

- *The sequencing of the pronunciation sections.* Each lesson ends with a short section which focuses on one or two aspects of Spanish pronunciation, beginning with a presentation of the alphabet. In the first part of the book, these sections treat specific vowel or consonant sounds. However, while repeating the practice words and sentences, the students will be indirectly acquiring Spanish linking, intonation, and stress patterns. Linking is formally introduced in Unit 3, while stress and accent are presented in Unit 4. Some of the more difficult Spanish sounds are reentered in later units. (To find where specific aspects of pronunciation are practiced, see the chart in TE section 8.3.)

- *References to English.* Occasionally the pronunciation sections compare Spanish sounds to related English sounds. You may wish to explain to students that Spanish vowels and consonants are generally sharper and more tense than their English counterparts. Even in unstressed syllables, Spanish vowels retain their distinctive characteristics and are not reduced to the schwa, or "uh" sound, of unstressed vowels in English.

- *The use of phonetic symbols.* Generally, phonetic symbols have been avoided. Occasionally, however, it seemed most practical to refer to specific sounds such as /g/ and /k/ with symbols. The fricative sounds of *b*, *d* and *g* are indicated as /b̵/, /d̵/, /g̵/. The slash line is used to indicate a silent consonant: ȟablo.

- *Spanish vowels.* In the interest of simplicity at the beginning level, the Spanish vowels are presented as /a/, /e/, /i/, /o/ and /u/. The sounds /ɛ/ and /ɔ/ are considered as positional variants of /e/ and /o/ and are not practiced separately, since students tend to produce them naturally. For example, ap**rende**: /ɛ/, /e/; **ordinario**: /ɔ/, /o/.

- *Linking.* Students should be frequently reminded that Spanish speakers tend to link words more than English speakers do. The teacher should try to speak naturally, linking words as much as possible, so as to accustom students to the sound of "real" Spanish.

3.3.7 Using *Entre nosotros.* The *Entre nosotros* sections recombine the material of the lesson in a new format and stress oral communication skills. The *Entre nosotros* activities are optional and may be omitted at the discretion of the teacher. The ***Expresiones para la conversación*** which occur in the first five units should, however, be dealt with at least briefly, since these expressions, once introduced, recur frequently in the presentation material of subsequent lessons.

In Units 1-5, the *Entre nosotros* sections are in the form of ***Mini-diálogos*** and emphasize spoken exchanges between students. Models are provided to aid the students, and each ***Mini-diálogo*** is accompanied by visual cues that prompt the students' responses and eliminate the need for English or for complex Spanish instructions. In Units 6-10, the *Entre nosotros* sections feature ***Mini-composiciones*** and stress writing skills. Through guided composition, for which the framework for the content and the accompanying vocabulary and structures are provided, the students develop their own thoughts and produce original, short compositions.

3.4 Using the *Variedades*

The *Variedades* sections, which occur at the end of the units, contain various types of reading material: narratives, personality questionnaires, guessing games, and letters; many of these have a cultural focus, and all of them are youth-oriented. They provide a smooth, sometimes humorous transition from one unit to the next, and can be used in a variety of ways.

- *For in-class activities.* The *Variedades* sections can serve as the basis for classroom cultural discussions, comparing and contrasting Hispanic and American customs. They also promote conversation, as students discuss the validity of results they obtain through a personality questionnaire. (E.g., in **Los secretos de la cara,** Unit 3, students can decide whether the shape of a person's face influences his or her personality.) Where there are game-oriented activities, the teacher can hold team, group, or individual competitions to see who can correctly answer all the questions first. An activity such as this encourages quick reading for comprehension and can be of great help in improving reading skills. In addition, the ***El arte de la lectura***, which follows each section, teaches students how to greatly expand their reading comprehension by recognizing cognates and word patterns.

• *For individual activities.* On days when the teacher is reviewing for a class test, those who do not need the review can read the *Variedades* section. They can summarize it in Spanish, to practice their writing skills.

• *For out-of-class activities.* The *Variedades* can be assigned as homework or extra-credit work. Students could be encouraged to find pictures in magazines or newspapers which illustrate the topics of the *Variedades*, and label them with the appropriate vocabulary terms. Artistic students might want to draw their own pictures. These illustrations can become bulletin board or class decorations, and will serve as a good review of previously learned vocabulary and structures.

The *Variedades* sections do not have to be done at the end of the units they accompany. Although they should probably not be used before their accompanying unit has been studied, they can be used any time afterwards, to reinforce grammar, to review vocabulary (e.g., the *Variedades* after Unit 3 can be used with Unit 7 to review parts of the body), or to provide a change of pace before or after a vacation.

3.5 Using the *Vistas*

The purpose of the *Vistas* is, first and foremost, to interest and engage the students and encourage them to explore Hispanic culture and civilization. The *Vistas* also furnish additional reading practice and can provide the basis for discussions and mini-speeches in Spanish. They should be considered optional and supplementary to the units themselves.

At all stages of instruction, the *Vistas* can be used as a way of reinforcing oral communication skills. In the beginning, simple questions can be asked about the passage and/or the illustrations, using vocabulary that the students already know.

Toward the middle of the year (*Vista 3* or *4*), students can give mini-talks in which they describe one of the illustrations or ask the class simple questions about it, thereby gaining practice in a much-needed and seldom-taught skill. The *Vistas* can be used to encourage students to actively develop their cultural knowledge of the Hispanic world:

(1) Using one of the topics in the *Vistas* as a springboard, have students write a research paper or do a classroom presentation on that topic or on one of its aspects. (E.g., in *Vista 4*, students could research types of Hispanic music, and, using records or their musical talents, could play for the class samples of the various types of Hispanic music.)

(2) Have students write their own *Vistas*, using one of the passages as a model. (E.g., for *Vista 5*, students could write another letter to the "Estimada Doctora" or answer one of the letters differently.)

(3) Students who are artistically talented or creative should be encouraged to make posters, dioramas, or charts based on the information in the *Vistas*. (E.g., to illustrate the metric system in *Vista 2*, a student could make a growth

chart using metric measurements, and the other students could determine their height in meters.)

The purpose of the cultural projects is to stimulate curiosity and to broaden understanding. Many of the projects may result in exhibits that can brighten the classroom or that may be displayed in the halls of the school, thus fostering greater interest in foreign language study.

3.6 Using the Workbook

Like the Student Text, the SPANISH FOR MASTERY Workbook can be used in a variety of ways, according to student needs and teacher preference.

3.6.1 Using the written exercises. The written exercises, which are presented in situational contexts, constitute the main portion of the Workbook. For most lessons, the written exercises are printed on the front and back of a single sheet of paper so that assignments may, at the teacher's discretion, be torn out and handed in by the students.

While the teacher may not want to assign the more difficult exercises (especially those that involve self-expression) to the slower learners, he or she may use the illustrations of the Workbook as a basis for extra activities for the better students (e.g., describe the scene you see, describe your reactions to the scene, describe how you would act if you were in the same situation, etc.).

Most teachers will wish to use the Workbook exercises for homework or individual writing activities in class. With slower students, the exercises may first be done orally with the entire group and then assigned for written practice. Students may work in small groups, discussing each item before writing down the responses. Pairs of students may do the exercises together, either in class or out of class, and include both names on the assignment, thus receiving the same grade (if Workbook activities are graded). While faster learners often prefer doing Workbook exercises alone, slower learners frequently perform better when allowed to work with others.

By using the Answer Key at the back of the Workbook, the students can check most of their own work. The teacher may prefer to tear out the Answer Key before giving the students the Workbook and then use the key only for in-class correction.

3.6.2 Using the *Test/Repaso*. The *Test/Repaso* provides a written review of the basic structures and vocabulary of the unit. The students may complete the test on their own. They may then check their work and make their own diagnoses by using the Answer Key. At the teacher's discretion, the test may be done orally as a full-class activity and then perhaps may be assigned as written homework. The test may also be completed in class by pairs or small groups of students, but in this case every member should write out the answers which are decided upon as a group. The *Test/Repaso* should precede any other unit test.

3.6.3 Using the *Rincón cultural.*

An original feature of the SPANISH FOR MASTERY Workbooks is the *Rincón cultural* section at the end of the unit. This section provides a change of pace between units. It contains games and realia that introduce students to authentic samples of the Spanish language. The realia can provide a point of departure for oral communication activities. The balanced meal guide (Unit 10), for example, could be the basis of skits in which the students decide what to eat that day. The employment ads (Unit 9) could be the springboard for impromptu discussions of career plans. The various games may be done outside of class as homework, or in class as written activities in pairs or small groups.

3.6.4 Using *Enrich your vocabulary.*

This section is another original feature of SPANISH FOR MASTERY. Learning is reinforced whenever students can see some immediate benefit from what they are doing. In the *Enrich your vocabulary* sections, the students learn to understand their own language better and to build up their English vocabulary. By focusing on the usefulness of Spanish, these sections promote positive attitudes toward the language.

3.7 Using the Tape Program

The Tape Program introduces the student to spoken Spanish through the voices of several Spanish speakers, thus supplementing and complementing the model provided by the teacher. The tape activities are recorded at natural conversational speed to foster authentic listening comprehension. Students should be warned that they may not understand everything the first time they hear the tape. In some cases the teacher may wish to present a passage or exercise before playing the tape. At other times the teacher may stop the tape to have students repeat a sentence or phrase they have just heard. The more opportunity the students have to listen to the tape, the more readily they will grow to understand spoken Spanish.

Listening to the Presentation text. The teacher may wish to play the tape *Presentation* material as an introduction to the unit. The students can listen with their books closed, or follow the text with their books open, to get a general idea of what the text is about.

Listening for Signals. These exercises are designed to test the students' ability to distinguish among sounds which signal grammatical information: noun markers, verb forms, etc.

Speaking. The speaking exercises are similar to the situational textbook exercises. Since the students cannot read the cues, they are forced to listen carefully. Two types of activities form the basis of this section:

(1) directed activities, in which there is only one correct response; and

(2) open-ended activities, such as the simple personal questions which appear later on in the program.

Dictation. Students see a short printed passage with certain words deleted.

24

They listen to a recording of the entire passage and fill in the deleted words. Each passage is read twice.

Listening Comprehension with Visual Cues. This activity is based on an illustration in the Tape Activity Masters. Students are actively involved, since the listening process is accompanied by "pencil work": they are asked to trace a path, to locate certain items by marking them with an *X*, to draw a picture, etc. Listening reinforced with a written activity causes the students to pay closer attention to what is being said, and the exercise becomes more meaningful to them.

Listening and Repeating. Students hear a recorded version of the ***Pronunciación*** sections, the ***Vocabulario especializado***, and the verb charts, and practice imitating the new sounds.

Spanish songs. Each unit concludes with a song in Spanish, the melody of which will have been heard at intervals throughout. Students can sing along with the singer, reading from the lyrics and music available on the Tape Activity Masters. Songs feature simple lyrics, sometimes with a familiar melody ("**La cucaracha,**" Unit 6). For extra credit, musical students could learn and perform the songs on guitar for the class; whole-class performances could become part of a larger festival.

3.8 Using the Testing Program

The SPANISH FOR MASTERY Testing Program includes ten *Unit Tests* and five *Achievement Tests*. The program allows for flexibility in that teachers may administer the entire test or parts thereof. Although there is no portion that tests speaking, or pronunciation, the accompanying Test Manual component supplies ideas for testing these skills.

3.8.1 Using the Unit Tests. The ten *Unit Tests* are designed to be administered upon completion of each unit. All of the structures and vocabulary of the unit are evaluated in discrete-point exercises. In addition, the final section provides an opportunity for students to use their knowledge in written communicative exercises.

For slower classes, the teacher may wish to administer the test as a series of short quizzes given upon completion of the individual sections of the unit. If there are items the teacher does not wish to include, they may be designated as extra credit.

3.8.2 Using the Achievement Tests. Although the *Achievement Tests* are designed to be administered after completing two units, they may also form the basis of a term test. The *Achievement Tests* are more comprehensive than the *Unit Tests* and include sections that evaluate the listening comprehension skills.

4. Scheduling and Lesson Plans

4.1 Scheduling

SPANISH FOR MASTERY is designed so that it may be completed in one school year; however, it is the individual teacher who decides how many units will ultimately be covered. Although completion of the book by the end of the year is recommended, it is not a necessity, since all of the important structures of Level 1 are reviewed in a different context in the first four chapters of Level 2.

When planning the teaching of SPANISH FOR MASTERY, you should be aware of the following:

(1) In order to complete SPANISH FOR MASTERY within the school year, each unit should take about 15 class days.

(2) It will probably not be possible for a class to do all the suggested activities. Some will have to be shortened, and others omitted entirely. For the teacher's convenience, certain features, exercises, and grammatical presentations are labeled "optional" in the overprint.

The following chart shows how a unit may be presented in 15 school days, with and without scheduled language laboratory sessions.

SAMPLE LESSON SCHEDULE FOR A UNIT

Day 1	Lesson 1
Day 2	Lesson 1
Day 3	Lesson 1 (Lab: Lesson 1)
Day 4	Lesson 2
Day 5	Lesson 2
Day 6	Lesson 2 (Lab: Lesson 2)
Day 7	Lesson 3
Day 8	Lesson 3
Day 9	Lesson 3 (Lab: Lesson 3)
Day 10	Lesson 4
Day 11	Lesson 4
Day 12	Lesson 4 (Lab: Lesson 4)
Day 13	Review: *Test/Repaso*
Day 14	Unit test
Day 15	Test results/*Variedades*

Notes:

(1) The Tape Program may be effectively used in the classroom, both in schools with labs and in those without.

(2) The Unit Test may take less than a full period.

(3) In the average school year there will be ample time to work with the *Vista* sections between units.

The following is an expanded version of the chart on the previous page.

SAMPLE LESSON SCHEDULE FOR UNIT 7

Day 1	*Presentation quiz*, Lesson 1 **Estructura** A **Vocabulario especializado** (El aspecto exterior)
Day 2	**Conversación/Observación** **Estructuras** B and C **Vocabulario especializado** (Adjetivos con comparativos)
Day 3	**Nota cultural** **Entre nosotros** Tape activities/**Pronunciación**
Day 4	*Presentation dialog*, Lesson 2 **Nota cultural** **Vocabulario especializado** (La ropa)
Day 5	**Conversación/Observación** **Estructura** A **Vocabulario especializado** (Los números)
Day 6	**Estructura** B **Entre nosotros** Tape activities/**Pronunciación**
Day 7	*Presentation dialog*, Lesson 3 **Conversación/Observación** **Estructura** A
Day 8	**Estructura** B **Vocabulario especializado** (El arreglo personal)
Day 9	**Nota cultural** **Entre nosotros** Tape activities/**Pronunciación**
Day 10	*Presentation questionnaire*, Lesson 4 **Conversación/Observación** **Estructura** A **Vocabulario especializado** (El cuerpo)
Day 11	**Estructura** B **Vocabulario especializado** (Actividades de todos los días)
Day 12	**Estructura** C **Nota cultural** Tape activities/**Pronunciación**
Day 13	**Entre nosotros** Review: **Test/Repaso**
Day 14	Unit Test
Day 15	Review test results **Variedades**

4.2 Preparing Lesson Plans

The establishment of lesson plans helps the teacher visualize how a unit is going to be presented. By emphasizing certain aspects of the program and playing down others, the teacher can change the focus of a unit to meet student needs. The sample lesson plan incorporates some of the techniques suggested in section 3.

The charts that follow show, in abridged form, how lesson plans for a given lesson (in this case, Lesson 5.2) might be varied to reflect differences in learning rates and student interests. The following abbreviations are used:

T = Teacher S = Student(s) *Est. = Estructura* *Voc. esp. = Vocabulario especializado* *Act. = Actividad(es).*

Class type		Day 1	Day 2	Day 3
A. Regular class with language lab	Materials:	pictures of families	pictures of professional people, classroom objects	
	Review:	**la foto, la persona, muchacho(a)**, adjectives	object vocabulary	family members, possessive adjectives
	New:	1. S read presentation dialog. T asks comprehension questions. 2. Using photos and *Voc. esp.*, T teaches family names. 3. S read *Nota cultural* and compare American and Hispanic families. 4. T asks S questions about their families.	1. T presents *Conversación/ Observación.* 2. T holds up classroom objects or pictures, asking ¿Es tu libro? ¿Son tus lápices? S ask and answer each other, to practice **mi** and **tu**. 3. Using pictures, T asks S questions like ¿Quién es? ¿Es un profesor de español? to cue structure *noun + de + noun.* 4. T assigns for homework p. 179 *Act.* 2.	1. S take out their homework to review. T asks, ¿Haces la tarea siempre? and cues other verb forms of hacer. 2. S do *Mini-diálogos* in pairs. 3. T plays tape of Lesson 5.2.; reviews *Pronunciación.*
B. Regular class without language lab		The material is presented in the same sequence. However, the sections of tape that correspond to the part of the lesson under study are played in class. For instance, on Day 1, T uses the recordings of the *Presentation* and the *Nota cultural.*		

Class type		Day 1	Day 2	Day 3
C. Faster learners	New:	(as for group A or B above) Add: 2a. In pairs, S interview each other about their families and write up results.	(as for group A or B above) Add: 3a. S make up sentences using *noun* + *de* + *noun* (e.g., El profesor de español es inteligente).	(as for group A or B above) Add: *Voc. esp.*: Los animales domésticos. T asks S about their pets.
D. Slower learners: emphasis on oral work	Materials:	family album	family album, classroom objects, pictures of sports events	
	Review:	people muchacho(a), amigo(a), profesor(a)	family names, classroom vocabulary	
	New:	1. T teaches family names from *Voc. esp.* using family album. T asks S and S ask each other who certain people are. 2. T reads presentation dialog; S repeat. T asks comprehension questions and S repeat certain answers given by other S. 3. S listen to presentation text and *Voc. esp.* on tape.	1. T shows S pictures and asks, ¿Es tu hermano? T models answer Sí, es mi hermano. Using pictures and classroom objects, T asks S whether certain items are theirs, and S ask each other. 2. S read *Conversación/Observación.* 3. S do *Act.* 1 and 3 from *Est.* A. 4. T models and cues un profesor de español, una clase de inglés. S do *Act.* 4 from *Est.* B.	1. T asks which S always do their homework. S practice hacer in context. (For instance, the boys always do their homework, the girls do not.) 2. S do *Act.* 2 from *Est.* A. 3. S practice *Mini-diálogos* in pairs.
E. Regular class: emphasis on oral work	New:	(as for group D above) Add: 1. T plays tape of *Presentación* twice. First time, T uses pictures and gestures to act out narrative; second time, S have their books open. 2. S ask each other comprehension questions on dialog.	(as for group D above) Add: 1. S answer *Preguntas personales* in pairs. 2. S do *Act.* 5 of *Est.* B in groups.	(as for group D above) Add: 1. S work with tape of *Pronunciación.* 2. Continued practice of *Est.* B.

Class type		Day 1	Day 2	Day 3
F. Accelerated class: emphasis on written work and reading	Materials:	family album, overhead projector, family diagram with names deleted		pictures of animals, ditto sheet with animals
	New:	1. T plays tape of *Presentation* while S read silently. As T rewinds tape, S check unfamiliar terms. T replays tape and S read along in low voices. 2. T asks comprehension questions. S write answers. One S writes on a transparency. Answers are checked against overhead. 3. Using family album, T cues names from *Voc. esp.* T writes vocabulary words on board while S write them in the appropriate spaces on diagram. 4. In pairs, S ask each other about their families.	1. T presents *Est.* A with *Conversación/Observación.* S do *Act.* 1 and 3 orally and *Act.* 2 in writing. 2. T presents *Est.* B. S write sentences about what they and their families watch (**partidos de ____**), listen to (**discos de ____**), and talk about (**la clase de ____**). A few S write sentences at chalkboard, and corrections are made by other S if needed.	1. T presents *Est.* C. S do *Act.* 6 and 7 and check each other's answers. 2. T holds up pictures of animals, says what they are and writes names on board. S copy onto their sheets. 3. In groups, S ask each other which animals they do and do not like and then write their answers.
G. Accelerated class: accent on culture	Materials	reproductions of paintings of people by several Hispanic artists		
	New:	1. T shows paintings and asks S to try to identify them and give more information. 2. Paintings are used to teach family members. T asks S about their families. 3. T plays tape of *Presentation* and S read *Presentation.* 4. S read **Nota cultural** and discuss differences and similarities between American and Hispanic families.	1. T presents *Est.* A (see Group A, Day 2, #1 and #2), and S do *Act.* 1, 2, and 3. 2. T reviews *Vista* 2. T asks ¿Quién enseña la clase de __? to cue **La profesora de ____.** 3. T presents *Est.* B (see Group A, Day 2, #3), and S do *Act.* 4 and 5.	1. S review structures of lesson by writing the answers to *Act.* 2 and 5. 2. T presents *Est.* C (see Group D, Day 3, #1). 3. T reviews animals from *Vista* 1 and *Voc. esp.* of lesson. T asks S to imagine how other animals would "talk" in Spanish.

5. Individualizing SPANISH FOR MASTERY

SPANISH FOR MASTERY contains features that make the program especially well suited for schools offering a student-centered curriculum or individualized instruction.

• *Logical organization.* Complex structures are presented in segments which students can easily assimilate. They also reappear in summary form at the end of the unit. All exercises proceed from the simple to the complex, in a carefully ordered progression.

• *Presentation through a variety of learning styles.* In order to accommodate each student's preferred learning style, SPANISH FOR MASTERY contains activities based on auditory, visual, and written stimuli. Students have the opportunity to express themselves orally and in writing, through role-play and guided self-expression.

• *Many student-centered activities.* SPANISH FOR MASTERY attempts to involve the students actively in the learning process as much as possible. Consequently, many activities have been specifically designed to be conducted in small groups by the students themselves. Additional suggestions for group activities in culture and free expression are found in the TE pages on the *Vista* sections of the text and the *Rincón cultural* pages of the Workbook.

• *Self-expression exercises.* The various components of the program contain a wealth of activities (*Preguntas personales*, *Creación*) that elicit personal answers. The program also contains many topics for *Mini-composiciones* in which the students are asked to describe their own activities, goals, and points of view.

• *Self-correcting exercises.* The students can work independently of the teacher on the materials contained in the Tape Program, because all speaking and comprehension activities are immediately followed by confirmations of the correct responses. Likewise, the Answer Key of the Workbook provides the correct answers to all the written exercises.

• *Comprehensive Test/Repaso with diagnostic apparatus.* The students can check whether they have mastered the grammar and vocabulary content of each unit by doing the *Test/Repaso* that concludes each chapter of the Workbook. The Answer Key of each *Test/Repaso* is followed by a "diagnosis section" that pinpoints student weaknesses and prescribes specific sections for further study.

• *Individual projects and research topics.* For the students who learn best independently, for those who have a particular interest in an area of language and/or culture, and for the creative students seeking extra credit, SPANISH FOR MASTERY provides many suggestions for individual projects and research. Students are also encouraged to develop projects of their own.

Part Three:

How to Supplement SPANISH FOR MASTERY

6. Supplementary Material and Activities

Foreign language methodologists stress the importance of using realia and supplementary cultural activities for a number of reasons:

— They enliven the atmosphere of the class.

— They provide a sometimes much-needed change of pace.

— They allow for a freer exchange between student and teacher.

— They permit students who are not linguistically oriented to express themselves in other areas such as music, art, or cooking.

— They afford students a practical application of the skills they learn in the classroom.

— They provide an interdisciplinary link to students' other studies.

It is important that the teacher bear in mind, however, that such activities should not become the major focus of the class. The goal of the course is mastering the Spanish language.

6.1 How to Find and Use Realia

Spanish teachers, in contrast to teachers of other languages, are at a tremendous advantage: they have easy and immediate access to manifestations of the language they are teaching. From the Northeast to the Southwest, the United States is full of Spanish speakers and their culture; newspapers, magazines, information about food, music, dances, customs, and a wealth of other realia are accessible to everyone for the price of a postage stamp.

This section lists some good sources of materials, and suggests how and when to use them. The listing is not exhaustive, but seeks to provide variety. Depending on the teacher's geographical area, some of these materials may be easier or more difficult to obtain. In addition, every teacher will have a personal preference as to what materials he or she will want to use or will feel most comfortable with.

Spanish-language magazines and newspapers distributed in the United States

Name	Country	Approx. Cost	Type	Useful contents	(U.S.) Distributor*	Frequency
ABC	Spain	.75	news	ads money tables (values) stock market weather reports		weekly
a s color	Spain	$1.35	sports	pictures cartoons		weekly
Blanco y Negro	Spain	$1.75	news	TV section cultural pictures surveys, charts chess, bridge columns	Prensa Española, S.A. Serrano 61 Madrid-6 Spain	weekly
Buenhogar	Panama	$1.25	family	ads articles with checklists recipes horoscope cartoons personality questionnaires correspondence	Hispano-American Publica- tions, Inc. 10-39 44 Drive LIC, NY 11101 Editora y Distribudora Nacional, S.A. P.O. Box 2145 San Ysidro, CA 92073	bi-weekly
El Diario	U.S.	.35	newspaper	horoscope entertainment section comics Sunday colored section	El Diario 181 Hudson St. New York, NY 10013	daily ex- cept Sat.

Magazine	Country	Price	Type	Features	American Distributors	Frequency
Estrellas	Puerto Rico	.85	personality	ads	Hispano-American Publications 178 E. 80 St. Room 5A New York, NY 10021	monthly
Fascinación	Venezuela	$1.00	fashion decorating beauty	ads recipes	AD Weiss Lithograph Co., Inc. 2025 McKinley St. Hollywood, FL	monthly
GeoMundo	Panama	$2.25	news	pictures ads		weekly
¡Hola!	Spain	$1.50	personality	cartoons ads pictures		weekly
Lecturas	Spain	$1.40	personality	ads cartoons TV section horoscope		weekly
MT *El mundo de* *los toros*	Spain	$1.25	sports	ads pictures	Cartera de suscripción C1 Francisco Sancho, 22-30A Palma de Mallorca, Spain	weekly
Réplica	U.S.	.75	personality	ads horoscope comics	José Alea P.O. Box 4358 Tampa, FL 33677	weekly
Semana	Spain	$1.55	general	ads with forms cartoons TV section horoscope		weekly
Siete días	Argentina	$2.75	news	ads cartoons chess section	Castellon Corp. 51 Cianci St. Paterson, NJ	weekly
Vanidades	Panama	$1.25	modern living	ads forms to fill out recipes horoscope (wordless) comics	AD Weiss Lithograph	monthly
Vistazo	Ecuador	$1.60	news current events sports	ads with forms charts		weekly

* If there are no American distributors, teachers can try shops that sell foreign language periodicals.

U.S. magazines printed in Spanish:
Selecciones del Reader's Digest
Revista de Geografía Universal (National Geographic)

6.1.2 The spoken language. In many states and certainly in most of the large urban centers of the country, there are a variety of Spanish-language radio broadcasts. If your state does not have a station that broadcasts programs in Spanish, you still might be able to receive broadcasts from one in a nearby state (check your local newspapers for radio station listings).

Local Spanish Radio Programs

City	State	Radio station call letters
Boston	MA	WCOP; WERS/FM; WRBB/FM
Chicago	IL	WCRW; WCYC/FM; WEDC; WLS; WSBC
Houston	TX	KHCB/FM; KPTF/FM
Kansas City	KS	KCKN
Los Angeles	CA	KUSC/FM
Miami	FL	WCMQ; WFAB; WQBA
New York	NY	WADO; WBNX; WHOM; WKCR/FM
Philadelphia	PA	WTEL
San Antonio	TX	KCOR; KSYM/FM; KUKA
San Francisco	CA	KALW/FM; KBRG/FM; KPOO/FM

Local Spanish Television Programs

City	State	TV station call letters
Amarillo	TX	KVII/TV
Chicago	IL	WCIU/TV
Los Angeles	CA	KMEX/TV; KWHY/TV
Miami	FL	WCIX/TV; WLTV; WTVJ
Newark	NJ	WNJU/TV
Paterson	NJ	WXTV
Providence	RI	WJAR/TV
San Francisco	CA	KEMO/TV
Tijuana	MEX	XETV; XEWT
Tucson	AZ	KGUN/TV; KOLD/TV

Even if your state does not have its own Spanish-language television stations, you may be within the reception area of another state that does. Again, check your local paper for listings.

Remember that there are Spanish-language shows on PBS such as "Villa Alegre" and "Calle Sésamo."

6.1.3 Other sources. The local community offers

—local clubs and organizations that sponsor Hispanic festivals, including food, song, and dance.

—stores and shops in Spanish-speaking neighborhoods.

—restaurants.

—travel agencies that usually have picture documentation (in English).

—consulates, embassies, and other cultural missions.

—food product companies (Kellogg's, Del Monte, Campbell) that sell their products abroad and in Spanish-speaking domestic outlets. In addition, the Corporate Public Relations Department (R. J. Reynolds Tobacco Co., Winston-Salem, NC 27102) will supply a poster entitled "Famous Hispanic Americans" (the poster is bilingual).

An exchange program can also be arranged with a pen-pal class studying English in a Hispanic country. Classes can exchange letters, realia, and other cultural material that is difficult to locate in the United States.

6.1.4 How to use the material. Realia can supplement class activities and help students to make the transition from the textbook to the Hispanic world. However, remember that one of the main goals in the early stages of language instruction is to build up student confidence. It can be frustrating to expose students too early to material they cannot begin to handle linguistically. In using any type of realia, therefore, you should make sure that the students concentrate on what they already know or what you want them to learn. Be selective in what you use, and, especially at the beginning, select realia in which the visuals reinforce the meaning of the text. The advantage of using newspapers and magazines is that beyond the feature articles they include a wealth of materials that are easy to understand and that focus on the world of today. Items such as movie schedules, weather reports, TV programs, ads for clothing or food, calendars of sports events, or even headlines are good teaching material because the students can readily understand these items. They can be used for

— identification of vocabulary and structures already learned.

— vocabulary building (new words — especially concrete nouns).

— culture expansion.

— points of departure for conversation.

Many Hispanic periodicals contain ads for U.S. products and carry publicity (and even articles) patterned on U.S. models. This may give the impression that the Spanish-speaking world tends to copy the American model. While "Americanization" is a very real phenomenon, you should make sure that your students understand that the Spanish speakers have their own traditions and values. (Observant students will notice that some U.S. products are marketed with different types of ads in Spanish, reflecting the Hispanic rather than the American value system.)

What realia should be used? This obviously depends on what you want to illustrate. However, since SPANISH FOR MASTERY focuses on the real world, especially the world of youth, it should not be difficult to find realia to support what you are teaching. Here are some possibilities:

(1) to illustrate Spanish names (Unit 1, Lesson 1): wedding or birth announcement (Students can circle the first names.)

(2) to illustrate weather (Unit 1, Lesson 6): weather report (Students can underline references to temperature or special weather conditions. Students can also select pictures that illustrate the weather report.)

(3) to illustrate clothing (Unit 7, Lesson 2): newspaper ad of a clothing sale (Students can create skits about going into a clothing store and asking for something that is or is not in the ad. One student plays the customer and the other the salesperson.)

(4) to illustrate food (Unit 10, Lesson 2): labels or boxes from Spanish products or American products; supermarket ads (Students can create a "mini-store," with one student playing the owner and two or more playing customers who come in to do their shopping.)

(5) to illustrate dates (Unit 1, Lesson 5): front page of newspaper; calendar of events (The teacher reads a date, and the students circle the event of that day.)

(6) to illustrate sports (Unit 6, Lesson 2): pictures from sports magazines (Students each give a "mini-talk" about their picture: the sport it illustrates, how many people are in the picture, what they are doing, what they are wearing, etc.)

(7) to illustrate the imperative (Unit 10, Lessons 1, 2, 3): simple ads; instructions on food boxes (Students try to sell other products by using imperative statements.)

As the students' knowledge of Spanish increases, you may be able to use actual articles such as

— the description of an important political event.

— the report of a sports event.

— a psychological test.

— the daily horoscope.

Be careful to prepare or edit your realia before class. You may want to underline the words and structures that students already know. Avoid translation. The students should be encouraged to get the "gist" of what they read.

Radio and television programs are often difficult to understand. Encourage students to concentrate on what they would like to hear and can understand. The easiest things to understand are probably Spanish adaptations of English commercials. Students will recognize the name of the product and may be able to figure out what is being said. Generally, all radio and television commercials for stores and businesses are clearly enunciated and provide listening practice in numbers and addresses. Sometimes a newscast is easy to understand if the students are familiar with the news item from an English broadcast.

Some songs have easy lyrics with recurring phrases that are easy to understand. While listening to them, students can also pick up the pronunciation and intonation patterns of Spanish speakers.

6.2 How to Prepare and Use Games

There are many games which can be used to supplement the curriculum and to provide a change of pace. Games are good for several reasons:

— They provide a means for the students to <u>do</u> something with the language they have learned.

— They provide additional reinforcement for previously learned material and can be the basis for learning new material.

— Since they are not graded, they are non-threatening activities.

— They are accessible to every teacher.

The main purpose of games is to further the linguistic aim of the lesson. They should not become the exclusive focus of the class. The following section provides sample games that the teacher can use or adapt to fit the material that is being taught.

6.2.1 Commercial games. Many games that are popular in the United States are now available in Spanish editions. Games in this category include the classics, like Monopoly (good practice in using numbers with dice and money), Scrabble (can be played in teams and simplified, for vocabulary practice), and Lotto (excellent vocabulary practice). There are many other Spanish games which have no American counterparts, but which are also useful in reviewing Spanish structures and vocabulary. These are all obtainable through the various companies that sell foreign language realia.

6.2.2 Teacher-created games. Teacher-created games have a distinct advantage over commercial games: they can be "custom made" to fit the needs of a particular class or of a particular lesson. They can be long or short, simple or complex, straightforward or challenging, individual or team-oriented. The following sections describe some of the types of games that teachers can use with their students.

(Oral games)

HANGMAN

One student thinks of a word in Spanish and then puts a dash on the chalkboard for each letter the word contains. One at a time the other students call out letters, trying to figure out the word. If a student calls out a letter that is in the word, the student who is "it" puts the letter in the appropriate space or spaces. The student who eventually guesses the word becomes "it" and he or she puts the next word on the board.

Whenever a letter is called out that is not in the word, "it" draws a part of a man who is being hanged. If the entire man gets drawn before the students guess the word, "it" selects another word.

This game can be used to review

— the alphabet — Students must call out the letters orally in Spanish.

— parts of the body — As the man is being hanged, "it" tells which part is being drawn. The man can be made very elaborate by using a longer word (or a phrase) and adding eyes, ears, nose, mouth, teeth, etc.

— specific vocabulary — The teacher can specify that the chosen word must come from the *Vocabulario especializado* section under study.

¡ADIÓS!

This game, similar to the English game "Ghost," is played in groups of five or six. One at a time the students say a letter that contributes to spelling a Spanish word, while trying to avoid finishing the word. Any student who must complete a word gets the letter "A." The second time, the student gets the letter "D", the third time "I," etc., until he or she has spelled out ¡Adiós!, at which time he or she is eliminated from the game. The last person remaining is declared the winner.

If a student says a letter that the next student does not believe would contribute to forming a word, he or she can challenge the student who said it. If the challenged student cannot come up with a word, he or she gets an "A" (or "D" or "I," etc.). However, if he or she does know a Spanish word with that sequence of letters, the student who challenged gets a letter.

WORD GEOGRAPHY

This game is an adaptation of the English game "Geography." One student starts by saying a word. The next student must say a word that begins with the last letter of the previous word. Anyone who fails to do so is eliminated, and the game continues until one person remains.

Example: Student 1: bueno
          Student 2: ojos
          Student 3: sol
          Student 4: la
          Student 5: aquí
          etc.

TWENTY QUESTIONS

One student thinks of an object (¿Qué es?), and the others, in turn, try to guess what it is by asking yes/no questions. The student who guesses correctly is "it," but if no one guesses after twenty questions, the student who was "it" thinks of another object and the game begins again.

(Other possible questions: ¿Quién soy?, ¿Dónde estoy?, ¿Cuál es mi profesión?)

CHALLENGE

The teacher gives the students some categories (e.g., cosas azules; cosas que hacemos con las manos; cosas que dice el profesor (la profesora) cuando . . .) and lists on the board all the items the students can think of belonging to those categories.

TIC-TAC-TOE

The class is divided into two teams. A tic-tac-toe board is set up which has one subject pronoun written on each of the squares and then covered. One member of the team chooses a square. The teacher (or another student) uncovers the pronoun and gives the team member a verb to conjugate in a particular tense, corresponding to the subject pronoun. If the student does it correctly, his or her team wins the square. If not, the turn is forfeited and the other team selects a square. A team wins the game when it has three squares in a row uncovered.

¡CARAMBA!

The teacher distributes blank ditto sheets, divided into 16 squares. The teacher then gives the students a category (clothing, school, food, etc.), and the students fill in the spaces with Spanish words belonging to the category. One at a time, the teacher calls out words that belong to the category, and if the students have the word, they cross it off their sheets. The first one to get four in a row horizontally, vertically, or diagonally calls out ¡Caramba! and is declared the winner.

¡BÚSCALO!

This is an adaptation of the American card game "Go Fish," and is best played in groups of four or five. Five cards are given to each player, and any pairs are placed face up on the desk. The object of the game is to get the most pairs, and this is done by asking another group member if he or she has the card that would give the student a pair. The student can continue asking whomever he or she wishes for cards until someone does not have the card asked for. The player asking is then told "¡Búscalo!" He or she picks up the top card from the remaining deck, and the person to his or her right asks for cards. (ace = as; king = rey; queen = reina; jack = sota)

(Written games)

BUSCAPALABRAS

This can best be described as a "block of letters" in which are hidden various Spanish words. These words may be written forward, backward, diagonally or upside down, as long as there is consecutive placement of the letters of the word. The students are given the list of the words they are to find (in Spanish or in English) and are given a set amount of time to find them. The game may also be set up as a contest, the first student to find all the words being declared the winner.

P	R	O	S	O	M	I	L	I	A	B
R	A	T	R	A	B	A	J	A	R	M
E	T	A	R	L	R	A	T	R	O	C
P	R	E	E	A	E	C	H	O	C	O
A	A	V	C	H	V	E	A	M	T	S
R	B	S	I	A	I	R	B	U	S	C
A	U	T	V	B	V	E	L	P	A	P
B	T	S	O	M	E	M	O	C	R	A

BUSCAR
COMEMOS
CORTAR
HABLO

PREPARA
TRABAJAR
VIVE

41

CROSSWORD PUZZLES

These are simple to prepare and can be imaginative and creative. They can take any shape or form and be as long or as short as the teacher wishes. The following is an example of a puzzle that reviews clothing:

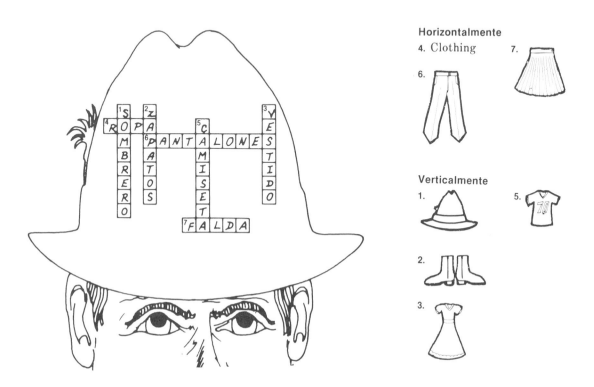

Horizontalmente
4. Clothing
6.
7.

Verticalmente
1.
5.
2.
3.

CATEGORIES

The students are given a chart with categories on the horizontal axis and letters on the vertical axis. The students must write one word for each category beginning with each of the letters.

	alimentos	lugares	colores
M	manzana	México	morado
A	azúcar	Argentina	azul
C	café	Colombia	café

FOLLOW THE DOTS

This is an adaptation of the juvenile game, with the numbers written out. The students connect them and discover a hidden figure or message.

UNSCRAMBLE

The students must rearrange scrambled letters to form a Spanish word. Each group of scrambled words should pertain to a common theme.

EAIRNP = P I E R N A

CAAR = C A R A

PLEASAD = E S P A L D A

In addition to the above suggestions, teachers can adapt any popular television game show ("Password," "Jeopardy," "The $25,000 Pyramid," "Name That Tune," etc.) to Spanish. Students can also be asked to submit ideas for games, and as an extra-credit assignment can make up a game and write the rules.

6.3 Poems and Songs

Besides providing an excellent way to practice Spanish pronunciation and to reinforce grammar items, poems and songs can be used to teach Hispanic culture in a lively manner. Each poem or song should be preceded by a short introduction explaining its origin and/or its impact on the Hispanic people. At first, the teacher will want to use poems and songs with which the students may already be familiar and which make heavy use of repetition. Nursery rhymes and traditional songs ("**Cielito Lindo**," "**La Cucaracha**," etc.), combined with the Spanish versions of popular songs ("Jingle Bells," "Deck the Halls"), help students acquire a good pronunciation and provide a new medium for self-expression. Around the holiday season especially, songs provide ethnic flavor and an escape from the pre-holiday doldrums.

6.4 Cultural Activities

Since Hispanic communities in the United States are so numerous, it is not difficult to bring cultural activities into the classroom.

6.4.1 Dancing. By learning Hispanic dances, students will also be learning about Hispanic music. If information is available, the teacher should explain the origins and significance of the dance. If he or she is unfamiliar with this aspect of the Spanish-speaking world, there are several solutions:

— Attend a workshop or a dance studio where Hispanic dances are taught.

— Show students a film if you do not want to, or cannot because of space limitations, allow the students to dance in class.

— Persuade the gym teacher to include Hispanic dancing as part of the physical education program.

— Ask a student familiar with these dances to model the steps (perhaps as an extra-credit project).

6.4.2 Cooking. Cooking usually ranks as one of the students' favorite activities; even those who are not keen on preparing food will not turn down the opportunity to eat. Recipes for Hispanic dishes abound, and many are very simple to prepare (**plátanos fritos, tacos,** etc.).

6.4.3 Other classroom cultural activities. Some teachers regularly prepare "foreign festivals" which include regional food specialties, dances, and performances by students. These types of fiestas, which often occur during Foreign Language Week, require a great deal of preparation. If time does not permit such an enterprise, the class could try a "mini-fiesta":

— Students make, fill, and then break their own **piñatas**, as they do in Mexico at Christmastime.

— Students sample **mate** (a South American tea drunk by the gauchos of Argentina).

— Students hold a Hispanic crafts festival.

— Students have a "sing-in" — they learn the folk songs of a particular Hispanic country.

— Teacher arranges for foreign correspondence — the class can have a pen-pal class in a Hispanic country and exchange letters, journals, candy wrappers, records, etc.

6.4.4 Outside the classroom. The classroom can only provide an introduction to the life that exists on the outside. What better way to surround the students with another culture than by taking them into it? Classroom activities are limited by time and space, but the community outside has neither of these problems. After-school or weekend trips are possible, and the teacher may also be able to secure permission to go on a class trip during the school day.

In order for these outside activities to be successful, to have an impact on the students, and to make them see and experience the relevance of Spanish, they need to be carefully planned. Students could be given special assignments such as outside reading, research, etc., and could report to the class before the trip. Or the assignment could be given to everyone as homework. Some possible ideas for trips are

— *going to a Hispanic restaurant.* The teacher could call the restaurant a few days before the trip and get copies of the menu for the students. Ideally, a trip such as this would immediately follow a unit on food.

— *going to a Hispanic shop.* Many communities have shops selling Hispanic products, or which are owned and run by Hispanic people. Students can go in to make a list of the products that are sold (in a supermarket, gift shop, fashion boutique, etc.), to see in what ways our cultural products are similar and different.

— *going to a Hispanic museum.* Students will learn the history, architecture, and arts of the Hispanic world.

— *visiting a Hispanic community.* This is an excellent opportunity for students to observe firsthand how the people live, what they eat, what clothes they wear, etc.

— *going to Hispanic movies and plays.* Except in the case of dubbed or subtitled movies, or plays translated into English, the teacher will have to thoroughly prepare the students for what they will be seeing.

— *attending Hispanic festivals.* These are usually weekend celebrations; the students can participate in the Hispanic culture firsthand.

— *taking a summer trip to a Spanish-speaking country.* Depending on your geographical location, many of these summer trips are very affordable for students, and are the best motivators in the world.

Part Four:

Reference Guide for SPANISH FOR MASTERY

This part of the Teacher's Edition contains reference materials for easy accessibility.

7. Useful Expressions

The teacher who wishes to conduct the class entirely in Spanish may use the following vocabulary supplements.

7.1 Classroom Expressions

These classroom expressions may be copied and distributed to the students.

7.1.1 Palabras.

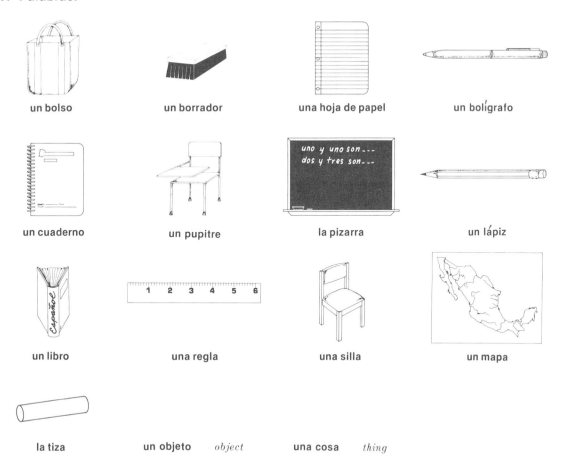

un bolso **un borrador** **una hoja de papel** **un bolígrafo**

un cuaderno **un pupitre** **la pizarra** **un lápiz**

un libro **una regla** **una silla** **un mapa**

la tiza **un objeto** *object* **una cosa** *thing*

7.1.2 *Expresiones.*

Both the plural (**Escuchen**) and singular (**Escucha**) command forms are given here.

Escuchen (Escucha).	*Listen.*
Escuchen (Escucha) bien.	*Listen carefully.*
Repitan (Repite).	*Repeat.*
No repitan (No repitas).	*Don't repeat.*
Hablen (Habla) más alto.	*Speak up. Speak louder.*
Escuchen (Escucha) la pregunta.	*Listen to the question.*
Contesten (Contesta).	*Answer.*
No contesten (No contestes).	*Don't answer.*
Vengan (Ven) aquí (delante de la clase).	*Come here (in front of the class).*
Hagan (Haz) el papel de . . .	*Play the part of . . .*
Empiecen (Empieza).	*Begin.*
Gracias.	*Thank you.*
Siéntense (Siéntate).	*Sit down.*
Saquen (Saca) los libros (cuadernos).	*Take out your books (workbooks).*
Abran (Abre) los libros a la página . . .	*Open your books to page . . .*
Cierren (Cierra) los libros.	*Close your books.*
Saquen (Saca) un bolígrafo (un lápiz).	*Take out a pen (pencil).*
Saquen (Saca) papel.	*Take out some paper.*
Lean (Lee) en voz alta.	*Read aloud.*
Continúen (Continúa).	*Continue.*
Escriban (Escribe).	*Write.*
No escriban (No escribas).	*Don't write.*
Levántense (Levántate).	*Get up.*
Vayan (Ve) a la pizarra.	*Go to the board.*
Miren (Mira) la pizarra.	*Look at the board.*
Mírenme (Mírame).	*Look at me.*
Pongan (Pon) atención.	*Pay attention.*
Silencio.	*Silence.*
No hablen (No hables).	*Don't talk.*
Cuidado con la pronunciación (la ortografía).	*Careful with the pronunciation (spelling).*
Digan (Di) . . .	*Say . . .*
Díganle (Dile) . . .	*Tell him/her . . .*
Todos juntos.	*All together.*
Todo el mundo.	*Everyone.*
Otra vez.	*Again. Once more.*
¿Hay preguntas?	*Are there any questions?*
¿Comprenden? (¿Comprendes?)	*Do you understand?*
Levanten (Levanta) la mano.	*Raise your hand.*
En español.	*In Spanish.*
En inglés.	*In English.*

7.2 Expressions for the *Actividades*

Cambia.	*Change. Conjugate.*
Compara.	*Compare.*
Contesta.	*Answer.*
Cuenta.	*Tell, relate.*
Da.	*Give.*
Describe.	*Describe.*
Di.	*Say, tell.*
Empieza.	*Start, begin.*
Escoge.	*Choose.*
Escribe (un párrafo; una oración).	*Write (a paragraph; a sentence).*
Explica.	*Explain.*
Expresa.	*Express.*
Haz el papel (los papeles) de . . .	*Play the part (parts) of . . .*
Hazle una pregunta (según el modelo).	*Ask him/her a question (according to the model).*
Imagina.	*Imagine.*
Lee.	*Read.*
Manda.	*Send.*
Pide.	*Ask for.*
Piensa.	*Think.*
Pon.	*Put.*
Pregunta.	*Ask.*
Prepara.	*Prepare.*
Usa.	*Use.*
la columna	*column*
la frase (oración)	*sentence*
la palabra	*word*
la respuesta (contestación)	*answer*
un elemento	*an element*
siguiente	*following*

8. Detailed Listing of the Contents

This section lists the contents of SPANISH FOR MASTERY in chart form. The teacher will find these charts useful in preparing course objectives, lesson plans, study guides, and tests. As the course progresses, the teacher may use the charts to recall where specific sounds, words, structures, or cultural topics were introduced. Lists have been established under the following headings: Structure, Vocabulary, Pronunciation, Reading, and Culture.

8.1 Structure

These charts list the grammar sections of the Student Text and cross-reference the related exercises.

Estructuras		Text Exercises	Workbook Exercises
Unit 2	Nosotros los hispanoamericanos		
Lesson 2.1	A. Los verbos que terminan en -ar		
	B. El presente: la forma yo	1	B1
	C. La negación	2, 3	C1, C2
Lesson 2.2	A. El presente: las formas el/ella y ellos/ellas	1, 2, 3	A1
	B. Preguntas con respuestas afirmativas y negativas	4, 5	B1, B2
Lesson 2.3	A. El presente: las formas tú y usted	1, 2, 3	A1
	B. El infinitivo	4	B1
	C. Preguntas para obtener información	5, 6, 7	C1, C2
Lesson 2.4	A. El presente: las formas nosotros y ustedes	1	
	B. Repaso: el presente de verbos que terminan en -ar	2	B1
	C. Me gusta	3	C1
	D. Pronombres con la preposición	4, 5, 6	D1
Unit 3	Amigos . . . y amigas		
Lesson 3.1	A. El sustantivo y el artículo indefinido: masculino y femenino	1, 2	
	B. Los artículos definidos: el, la	3	B1
	C. Ser	4	C1
Lesson 3.2	A. Los adjetivos: formas del singular	1, 2, 3, 4	
	B. La posición de los adjetivos	5, 6	B1, B2
Lesson 3.3	A. Tener	1, 2	
	B. Sustantivos y artículos: formas del plural	4, 5	B1, B2
	C. Adjetivos: formas del plural	6, 7, 8	C1
Lesson 3.4	A. Expresiones con tener	1, 2, 3, 4	
	B. Venir	5, 6	B1
	C. El pronombre relativo: que	8, 9, 10	C1

	Text Exercises	Workbook Exercises
Estructuras		
Unit 4 Y ahora . . . ¡México!		
Lesson 4.1 A. La *a* personal	1, 2	A1
B. Contracciones: *al* y *del*	4, 5, 6	B1, B2
Lesson 4.2 A. *Estar*	1, 2	A1
B. *Ir*	3, 4, 5	
C. El futuro próximo con *ir*		C1
Lesson 4.3 A. *Ser* y *estar*	1, 2, 3, 4	A1, A2
B. *Estar* + el participio presente	5, 6, 7	B1
Lesson 4.4 A. Los pronombres *lo, la, los, las*	1, 2, 3	A1, A2, A3
B. Los pronombres con el infinitivo	5, 6, 7	B1
Unit 5 Mi familia y yo		
Lesson 5.1 A. Verbos regulares que terminan en *-er* y en *-ir*	1, 2, 3	A1, A2
B. *Ver*	6	B1
C. El uso de *de* para indicar posesión	7	C1
Lesson 5.2 A. Los adjetivos posesivos: *mi* y *tu*	1, 2, 3	A1, A2
B. Sustantivo + *de* + sustantivo	4, 5	B1
C. *Hacer*	6, 7	C1
Lesson 5.3 A. *Decir*	1, 2	A1
B. El adjetivo posesivo: *su*	4, 5	B1, B2
C. El adjetivo posesivo: *nuestro*	6	
Lesson 5.4 A. Repaso: los adjetivos posesivos	1	A1
B. Repaso: los pronombres *lo, la, los, las*	2, 3, 4, 5	
C. *Dar*	6	C1
D. Los pronombres *le, les*	7, 8, 9, 10	D1, D2
Unit 6 Nuestras diversiones		
Lesson 6.1 A. Los pronombres *me, te, nos*	1, 2, 3	A1
B. Palabras afirmativas y negativas	5, 6	B1, B2
C. *Pedir* (e→i)	7, 8	C1
Lesson 6.2 A. *Jugar* (u→ue)	3	A1
B. El uso del artículo definido en el sentido general	4, 5, 6	B1, B2
C. *Gustar*	7	C1, C2
Lesson 6.3 A. *¿Cuál?*	3	
B. *Pensar, querer, preferir*	4, 5, 6, 7, 8	B1, B2
C. *Encontrar, poder, dormir* (o→ue)	9, 10, 11, 12	C1, C2

Estructuras		Text Exercises	Workbook Exercises
Lesson 6.4	A. El artículo definido con los días de la semana	1	A1, A2
	B. *Salir, poner, traer, oír*	2	B1, B2
	C. *Conocer* (c→zc)	3	C1
Unit 7 Los secretos de una buena presentación			
Lesson 7.1	A. Repaso: los adjetivos	1, 2, 3	A1
	B. La forma comparativa	4, 5, 6, 7	B1, B2
	C. La forma superlativa	8, 9, 10	C1
Lesson 7.2	A. Los adjetivos demostrativos	4, 5	A1
	B. El uso del adjetivo como sustantivo	6, 7	B1
Lesson 7.3	A. Los pronombres reflexivos	1, 2, 3, 4	A1, A2
	B. Los verbos reflexivos: el arreglo personal	5, 6, 7	B1, B2
Lesson 7.4	A. El uso del artículo con las partes del cuerpo	1, 2	A1
	B. Verbos reflexivos: otros usos	3, 4, 5, 6	B1, B2, B3, B4
	C. El infinitivo de los verbos reflexivos	7, 8	
Unit 8 La vida y sus sorpresas			
Lesson 8.1	A. El pasado inmediato: *acabar de* + infinitivo	1, 2, 3	A1, A2
	B. La duración de una acción: *hace* + el presente	4, 5	B1, B2, B3
Lesson 8.2	A. El pretérito: verbos que terminan en *-ar*	1, 2, 3, 4	A1, A2
	B. El pretérito: verbos que terminan en *-car, -gar* y *-zar*	5, 6	B1
Lesson 8.3	A. El pretérito: verbos que terminan en *-er* y en *-ir*	1, 2, 3	A1, A2
	B. El pretérito: *dar* y *ver*	4, 5	
	C. El pretérito: *caer, creer, leer* y *oír*	6	C1, C2, C3
Lesson 8.4	A. Repaso: el pretérito de los verbos que terminan en *-ar, -er, -ir*	1, 2	A1, A2, A3
	B. El pretérito: verbos con cambios que terminan en *-ir*	3	B1
Unit 9 Buscando trabajo			
Lesson 9.1	A. *Conocer* y *saber*	3, 4, 5, 6	A1, A2, A3
	B. El pronombre *lo*	7	B1, B2
Lesson 9.2	A. Construcción: verbo + infinitivo	1, 2, 3, 4	A1
	B. Construcción: preposición + infinitivo	6, 7, 8, 9	B1, B2, B3
	C. La preposición *para*	10	C1, C2
Lesson 9.3	A. Pretéritos irregulares: *ir* y *ser*	1, 2	A1
	B. Pretéritos irregulares: *conducir, decir* y *traer*	3, 4	B1
	C. La preposición *por*	5, 6, 7	C1, C2

	Estructuras	Text Exercises	Workbook Exercises
Lesson 9.4	A. El pretérito: otros verbos irregulares	1, 2, 3	A1, A2, A3
	B. *Lo que*	4, 5	B1
Unit 10 Día a día			
Lesson 10.1	A. Repaso: los pronombres directos e indirectos	1, 2	A1
	B. Mandatos afirmativos: la forma *tú*	3, 4	B1
	C. La posición de los pronombres con los mandatos afirmativos	5, 6	C1, C2
Lesson 10.2	A. Mandatos negativos: la forma *tú*	4, 5, 6	A1, A2
	B. La posición de los pronombres con los mandatos negativos	7, 8	B1, B2, B3
Lesson 10.3	A. Mandatos irregulares (I)	1, 2	A1
	B. Mandatos irregulares (II)	3, 4	B1, B2
	C. La posición de los pronombres directos e indirectos	5, 6, 7	C1, C2
Lesson 10.4	A. El pronombre *se*	1, 2, 3	A1
	B. Expresiones de lugar	4, 5	B1, B2, B3

8.2 Vocabulary

The following tables summarize the contents of the *Vocabulario especializado* sections.

Vocabulary Topic	Lesson	Page
Los números		
Los números de 0 a 10	1.3	16
Los números de 11 a 100	1.3	18
Los números de 100 a 1.000.000	7.2	270
	Appendix I	432
El tiempo		
La hora	1.4	21, 24
El tiempo	1.6	33
	5.1	172
La temperatura	1.6	34
Expresiones con los días de la semana	6.4	244
La fecha	1.5	28
	6.4	244
¿Cuántas veces?	9.3	367
La vida de todos los días		
Saludos y respuestas	1.2	11
La gente	3.1	85
La familia	5.2	179
Trabajos	9.1	343
	9.2	355
Oficios	9.4	378
Los animales domésticos	5.2	182
Las diversiones	6.3	234
En el café	8.4	332
Los deportes	6.2	226
Actividades	2.1	52
	2.2	59
Actividades de todos los días	7.4	286
Unos objetos	3.3	100-101
Transportes	4.4	159
El dinero	6.1	218-219
La ropa	7.2	266
El arreglo personal	7.3	278-279
La descripción		
El país y la nacionalidad	3.4	112-113
La descripción de una persona	3.2	92-93
El aspecto exterior de una persona	7.1	256-257
Adjetivos	5.3	187
Unos adjetivos	3.3	106
Otros adjetivos	4.3	151
El cuerpo	7.4	284
Adjetivos con comparativos irregulares	7.1	259
En casa		
La casa	5.3	190
¿Cómo se pone la mesa?	10.1	402

8.3 Pronunciation

The following list shows where specific phonemes (sounds), phonetic features and sound-spelling correspondences are introduced for the first time and where they are reviewed. Some consonants which show only slight phonetic differences between Spanish and English have not been given individual attention and practice.

Phonemes	Introduced on page. . .	Reviewed on page. . .
Vowels		
a	12	
e	18	
i	24	
u	30	
o	36	
Consonants		
h	54	
jota	55	230
ll	60	271
v	68-69	289
r	76	359
ñ	115	
d	138-139	248
s	146	348
c	146	320, 348, 370, 379
z	146	262, 379
b	174	

Phonemes	Introduced on page. . .	Reviewed on page. . .
rr	182	428
g	190-191	230, 320
l	199	271
p	223	
ch	280	
/k/	320	370
t	412	
/g/	320	
Special features		
alphabet	6	
linking	88, 106	
diphthongs	96	240, 327
stress	154	335, 402, 421
accent marks	161	335, 402, 421
-ción y *-sión*	348	
vowels	312	

8.4 Reading

The following section summarizes the reading skills taught in the *El arte de la lectura* sections in Units 2 through 10.

Skill	Page
Understanding new words	79
Cognate patterns	118, 337, 431
Suffixes	251, 292
Recognizing *-ar* verbs	165
Adjectives of nationality	202
Word families	382

8.5 Culture

The following list contains the cultural topic of each *Nota cultural* section and the *Vistas*. A specific cultural reading may be listed more than once if its topic fits several categories.

Topic	Vistas	Notas culturales
Los hispanohablantes		3
Los nombres hispanos		6
El apellido de la mujer casada		416
Los hispanos en los Estados Unidos	44	63, 71, 342
Profesionales hispanohablantes	46-47, 210-211, 298	
La familia hispánica	386-387	177, 194, 352
Las comidas		405
El cumpleaños y el día del santo		27
Monedas de los países hispánicos		15
El arte de regatear		17
Nuestra herencia hispánica		51
Un poco de historia		57
Influencia española en el origen de los nombres	45	
Los jóvenes		
Los saludos		10
Los «teenagers» hispanos	384-389	10
Jóvenes en Hispanoamérica y en España	40-41	
La escuela	120-128	133, 316
Los amigos	391	83, 91, 217, 243
Citas	388	99, 243
La ropa		265
La apariencia personal		255, 283
Posesiones		352, 424
La quinceañera		323
Los pasatiempos		
Los pasatiempos favoritos	294-295	
La calle	390	
Las fiestas	302	99
El cine	297	233
La música	299-301	141
El fútbol	203, 208-209	225
El esquí		308
Los deportes	204-212	
El mundo hispano		
Tres ciudades hispánicas		109
Caracas		185
Cuernavaca		141

Topic	Vistas	Notas culturales
Guadalajara y Manzanilla		149
Las provincias de España		329
El turismo en España		364-365
El turismo en México		157
Las relaciones mexicanas-americanas		149
Nueva York, ciudad hispana		169
Los americanos		109
Puebla		133
La vivienda en apartamento		185
La hora hispánica		22
El sistema métrico	125	35
El plátano		397
La modista		374
Los ruidos españoles	43	274
Los animales y sus cualidades	392	
Los colores	389	
Las estaciones		33

SPANISH FOR MASTERY

1

Jean-Paul Valette

Rebecca Valette

Contributing Writer
Frederick Suárez Richard

Editor-Consultants
Teresa Carrera Hanley
Clara Inés Olaya

D. C. HEATH AND COMPANY
Lexington, Massachusetts   Toronto

ILLUSTRATIONS: Mel Dietmeier
COVER DESIGN: Robert and Marilyn Dustin

CONSULTANTS:
Kenneth Chastain, University of Virginia
Susan Crichton, Lynnefield H.S., Massachusetts
Karen Davis, McLean Middle School, Texas
Judith Morrow, Bloomington H.S. South, Indiana
Delores Rodriguez, San Jose Unified School Dist., California

The authors wish to thank Sheila Irvine, Gene Kupferschmid, Cathy
Linder-Marcyk, Elba E. López, Ana Maria Migliassi, and Argentina Palacios for
their assistance in the course of the project. The authors would also like to express
their appreciation to Roger Coulombe, Victoria Devlin, Pamela Evans, and
Josephine McGrath of D.C. Heath and Company.

Published simultaneously in Canada.

Printed in the United States of America.

International Standard Book Number: 0-669-02206-3   0-669-02207-1

Library of Congress Catalog Card Number: 79-84866

Queridos amigos,
Dear friends,

The language that you are going to study this year (and hopefully continue to study in the years to come) is a very special language. It is present all around us! Think of the many states, cities, rivers and mountains which bear Spanish names: Florida, Nevada, Colorado, Los Angeles, Santa Fe, El Paso, the Sierra Nevada, the Rio Grande. . . . The list is endless.

More important, Spanish is very much alive in the United States because some 13 million Americans speak it every day! Think of the people around you: you may have a friend with an Hispanic name, or you may have been to an Hispanic shop or restaurant in your town, or know of famous people whose names are Spanish, or you yourself may be of Hispanic heritage. . . . For young Americans, learning Spanish is not learning a "foreign" language, but learning their second national language!

Obviously the domain of Spanish extends far beyond the boundaries of the United States. Spanish is the language of Spain, Mexico, Central America and most of South America. It is also spoken in parts of the Philippines and parts of Africa. It is the official language of 20 countries and is one of the five official languages of the United Nations. It is spoken daily by 250 million people around the world, and is understood by many millions more. All in all, Spanish is one of the most widely used and most useful languages of the world.

The study of Spanish is important for several other reasons. Language is part of culture. In learning a language, you learn not only how other people express themselves, but also how they live and what they think. It is often by comparing ourselves with others, by investigating how we differ and how we are similar, that we begin to learn who we really are. Your experience in learning Spanish will therefore help you understand your own culture better.

Soon you will discover many similarities between Spanish and English. They have many words in common, and others which are closely related. Knowing Spanish will help you understand *your* language better, and even increase your English vocabulary!

Spanish is the native language of many great writers, poets and artists whose ideas have shaped our own ways of thinking and feeling. Knowing Spanish may help you better understand these ideas and, consequently, the world in which we live.

Last, but not least, Spanish is a language used in business, in the professions and in the trades, both abroad and here in the United States. Americans who choose to serve their fellow citizens as doctors, nurses, lawyers, social workers, teachers, firefighters and law enforcement officers will find they can perform their tasks more effectively if they speak Spanish.

As you see, knowing Spanish is not an end in itself, but a step toward several worthwhile objectives: communication with others here and abroad, increased knowledge of the world in which we live, better understanding of ourselves . . . and maybe an extra advantage when you are looking for a job!

Y ahora, ¡adelante con el español!
And now, forward with Spanish!

Jean-Paul Valette   Rebecca M. Valette

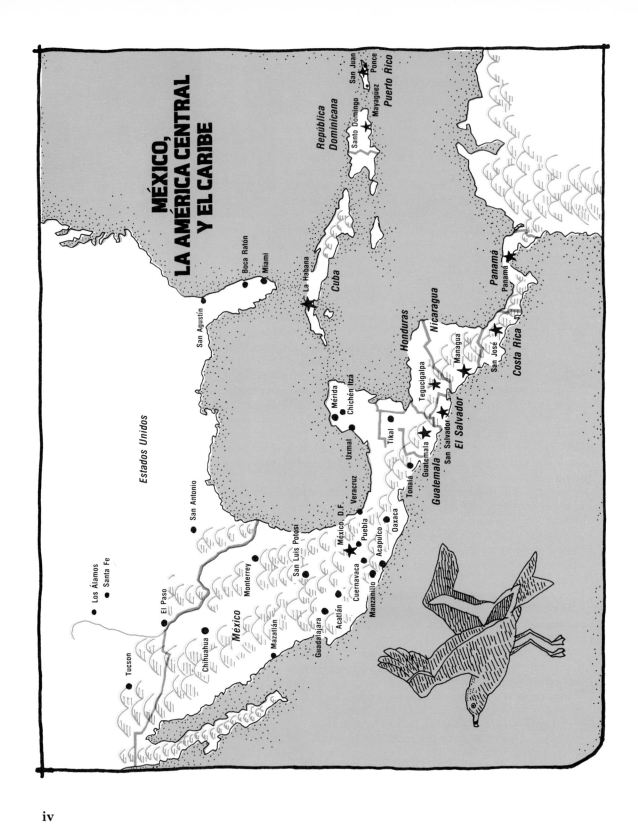

MÉXICO,
LA AMÉRICA CENTRAL
Y EL CARIBE

Estados Unidos

República
Dominicana

San Juan
Ponce
Puerto Rico

Mayagüez

Santo Domingo

Cuba

Boca Ratón
Miami

La Habana

San Agustín

Panamá
Panamá

Honduras

Nicaragua

Costa Rica

Mérida
Chichén Itzá

Managua

San José

Uxmal

Tegucigalpa

Tikal

San Antonio

Veracruz

Guatemala
San Salvador
El Salvador

México, D.F.
Puebla
Acapulco
Oaxaca

Tonalá

Los Álamos
Santa Fe

San Luis Potosí

Cuernavaca
Manzanillo

El Paso

Monterrey

Acatlán
Guadalajara

México

Chihuahua
Mazatlán

Tucson

iv

LA AMÉRICA DEL SUR

Cartagena

Maracaibo

★ Caracas

Venezuela

GUAYANA

SURINAM

GUAYANA FRANCESA

★ Bogotá

Colombia

Islas Galápagos

Ecuador

Quito

★

Guayaquil

Perú

BRASIL

Lima

★

Cuzco

Nazca

Bolivia

★ La Paz

Sucre

Paraguay

Chile

Asunción

★

Isla de Pascua

Córdoba

Valparaíso

Argentina

Uruguay

★

Santiago

Buenos Aires

★ Montevideo

v

ESPAÑA

FRANCIA

La Coruña
ASTURIAS
Bilbao
Santiago de Compostela
VASCONGADAS
San Sebastian
NAVARRA
Pamplona
GALICIA
Burgos
Vigo
LEÓN
San Felíu de Guixols
Valladolid
CASTILLA LA VIEJA
CATALUÑA
Barcelona
Segovia
Salamanca
Ávila
ARAGÓN
PORTUGAL
Madrid
VALENCIA
Toledo
EXTREMADURA
CASTILLA LA NUEVA
Valencia
ISLAS BALEARES
MURCIA
Córdoba
Sevilla
ANDALUCÍA
Granada
Málaga
Cádiz

ISLAS CANARIAS

CONTENTS

Unidad 10   Día a día

Me llamo ...

Alberto	Federico	Miguel	Alicia	Elena	Luisa
Alonso	Felipe	Pablo	Ana	Emilia	Manuela
Andrés	Francisco (Paco)	Pedro	Anita	Francisca (Paca)	María
Antonio	Guillermo	Ramón	Bárbara	Inés	Mariana
Carlos	Jaime	Raúl	Beatriz	Isabel	Marta
Diego	Jesús	Rafael	Carolina	Josefina (Pepita)	Rosa
Domingo	José (Pepe)	Ricardo	Carlota	Juana	Rosalinda
Eduardo	Juan	Roberto	Catalina	Juanita	Susana
Enrique	Luis	Salvador	Clara	Linda	Teresa
Esteban	Manuel	Tomás	Cristina	Lucía	Verónica

Unidad 1

¡Bienvenidos!

1.1 Presentaciones	**1.2 ¡Hola!**	**1.3 ¿Cuánto es?**

Girl in Quito

Boys in Oaxaca

Market, Guadalajara

OBJECTIVES:
Language
This unit introduces students to the Spanish language and its sound system via basic stock phrases which relate to their daily environment.

Family in
Riobamba, Ecuador

1.4   Una cita

1.5   Fechas importantes

1.6   ¿Qué tiempo hace?

In Chapultepec Park, Mexico City

Resort, Gulf of Mexico

Communication
By the end of this unit, students will be able to use Spanish:
  · To introduce themselves
  · To greet others
  · To tell time and read timetables
  · To give the date
  · To use numbers up to 100 in discussing prices
  · To talk about the weather
Culture
In this unit, the students are introduced to the Spanish-speaking world, its
breadth and variety.

1

A. ¿CÓMO TE LLAMAS?

(On the first day of school in San Antonio, Texas)

Alicia: ¿Cómo te llamas?
Carlos: Me llamo Carlos, ¿y tú?
Alicia: ¡Me llamo Alicia!
Carlos: ¿Eres de Puerto Rico?
Alicia: ¡No!
Carlos: ¿Eres de México?
Alicia: ¡No!
Carlos: ¿Eres de Panamá?
Alicia: ¡No, no, no! Soy de San Antonio . . .
      ¡como tú!

A. WHAT'S YOUR NAME?

What's your name?
My name is Carlos; and yours?
My name is Alicia!
Are you from Puerto Rico?
No.
Are you from Mexico?
No.
Are you from Panama?
No, no, no! I'm from San Antonio,
like you!

Avoid giving word-for-word translations of expressions such as ¿Cómo te llamas?. However, you may want
to point out quickly that different languages have different ways of expressing the same idea. E.g.,
¿Cómo te llamas? literally means *How do you call yourself?*, and not *What's your name?*.

Anita Báez
México

Felipe Díaz
España

Ricardo Santana
Perú

Roberto Ávila
Puerto Rico

José Morales
Estados Unidos

Marisa Ochoa
Argentina

Dolores Jiménez
Costa Rica

Ask your students if they know other Spanish surnames. E.g., Carrera, Chávez, Domínguez, García, Herrera, López, Ortiz, Pérez, Ramos, Ruiz, Santos, Velásquez.

Nombre			
Ávila, Roberto	Avenida Ponce de León	San Juan	Puerto Rico
Baez, Anita	Avenida Chapultepec	Puebla	México
Díaz, Felipe	Calle Cervantes	Toledo	España
García, Carmen	Avenida Colón	Bogotá	Colombia
Jiménez, Dolores	Avenida San Martín	San José	Costa Rica
Machado, Carlos	Avenida de la Libertad	Panamá	Panamá
Montero, María	Avenida José Martí	La Habana	Cuba
Morales, José	San Pedro Road	San Antonio	Texas, Estados Unidos
Ochoa, Marisa	Plaza de la República	Buenos Aires	Argentina
Pérez, Ricardo	Ponce de León Boulevard	Miami	Florida, Estados Unidos
Sánchez, Pedro	Avenida América	Quito	Ecuador
Santana, Ricardo	Avenida Emancipación	Lima	Perú
Vilar, Luisa	Avenida Simón Bolívar	La Paz	Bolivia

The above streets and avenues are real places. You may point out the various cities and countries on a world map.

ACTIVIDAD 1   Presentaciones (Introductions)

Imagine that you are in a school in Colombia. It is the first day of school and the new students are introducing themselves to one another. Play the roles of these students.

José / Anita   José: ¿Cómo te llamas?
Anita: Me llamo Anita, ¿y tú?
José: Me llamo José.

You can ask the students to find the English equivalents of these names.

1. Tomás / Teresa
2. Diego / Susana
3. Luis / Luisa
4. Miguel / Ana
5. Pablo / Emilia

6. Ramón / Inés
7. Ricardo / Clara
8. Juan / Anita
9. Felipe / María
10. Pedro / Isabel

NOTAS:
1. You may have noted the accent mark in certain names (José, María, Tomás, Inés). Accent marks are part of Spanish spelling. They should not be left out!

2. In Spanish, question marks and exclamation points occur at the beginning as well as at the end of a question or exclamation. These punctuation marks are written upside down at the place where the question (¿) or exclamation (¡) begins.

ACTIVIDAD 2   ¿De dónde eres? *(Where are you from?)*

Say where you are from. Then ask a classmate where he or she is from.

 Estudiante 1: Soy de [San Antonio], ¿y tú?
Estudiante 2: Soy de [Houston].

ACTIVIDAD 3   ¡Hola!   OPTIONAL

Choose one of the Hispanic young people listed in the address book on the left and pretend to be that person. Introduce yourself to the class.

 ¡Hola! Me llamo Roberto Ávila. Soy de San Juan.

ACTIVIDAD 4   ¿Quién eres? *(Who are you?)*   OPTIONAL

A classmate will play the part of one of the young people in the address book. Have an interview according to the model.

VARIATION: Have "interviews" with the people on page 44.

 Estudiante 1: ¡Hola! ¿Cómo te llamas?
Estudiante 2: Me llamo Anita Báez.
Estudiante 1: ¿Eres de México?
Estudiante 2: ¡Sí! Soy de México.

B. ¿QUIÉN ES?

Alicia: ¿Quién es?
Carlos: ¡Es Dolores Hernández!
Alicia: ¿Dolores Fernández?
Carlos: ¡No! ¡Hernández, con H (hache)!

WHO IS THAT?

Who is that?
It's Dolores Hernández.
Dolores Fernández?
No, Hernández, with an H.

Nombres hispánicos
(Spanish names)

For many people in Spanish-speaking countries, the Catholic religion is a way of life which begins from birth. Spanish first names are usually given in honor of Catholic saints. Many girls' names refer to the Virgin Mary. The name *Dolores,* for instance, is an abbreviation of *Nuestra Señora de los Dolores* — Our Lady of the Sorrows. Other names which honor the Virgin Mary are: *Carmen, Concepción, Consuelo, Pilar, Mercedes.*

- The above names have the following origins: Carmen (Our Lady of Carmel), Concepción (Our Lady of the Immaculate Conception), Consuelo (Our Lady of Consolation), Pilar (Our Lady of the Pillar), Mercedes (Our Lady of Mercies).
- Hispanic people often have double names. Boys: Luis Manuel, Juan Carlos, José Luis, José Antonio. Girls: Ana María, Mari Carmen, Mari Luisa.
- Today non-Spanish names are becoming more common, especially in U.S. Hispanic communities and in large cities of the Spanish-speaking world.

SUGGESTED REALIA: photograph page of "**Los bebés de Buenhogar,**" in every issue of that magazine.

Pronunciación   El alfabeto español

Knowing the Spanish alphabet will help you spell Spanish words. It will also help you practice pronouncing Spanish sounds. Here are the letters of the Spanish alphabet, along with their Spanish names.

a	a	**j**	jota	**r**	ere
b	be	**k**	ka	**rr**	erre
c	ce	**l**	ele	**s**	ese
ch	che	**ll**	elle	**t**	te
d	de	**m**	eme	**u**	u
e	e	**n**	ene	**v**	ve
f	efe	**ñ**	eñe	**w**	doble ve
g	ge	**o**	o	**x**	equis
h	hache	**p**	pe	**y**	i griega
i	i	**q**	cu	**z**	zeta

The letters **k** and **w** are only found in words borrowed from other languages.

The Spanish alphabet contains four more letters than the English alphabet: **ch, ll, rr,** and **ñ.** When Spanish words are put in alphabetical order the letters **ch, ll,** and **ñ** come after **c, l,** and **n,** respectively.

ACTIVIDAD 5   Nombres   OPTIONAL

VARIATION: Spell out names of Hispanic countries.

Spell out loud the following names in Spanish:

  your first name
  your last name
  the names of your father and mother or brothers and sisters

OPTIONAL

Entre nosotros

Expresión para la conversación

aquí   *here*

Soy de **aquí**, como tú.   *I'm from here, like you.*
Y María, ¿es de **aquí**?   *And María, is she from here?*
Y Pablo, ¿es de **aquí**?   *And Pablo, is he from here?*

Mini-diálogos

Use the words in the pictures to replace the underlined words.

Carmen: ¿Quién es?
José: ¡Es Miguel!
Carmen: ¿Es de aquí?
José: ¡No! ¡Es de Puerto Rico!

¡Hola, Carlos!
¡Hola, María!

¡Hola, Felipe!
¿Qué tal, Carolina?

Hola, Luis, ¿qué tal?
Muy bien, ¿y tú?

¡Hola, José! ¿Cómo estás?
Bien, ¿y tú?

Buenos días, señora Sánchez.
Buenos días, señora Camacho.

¡Buenos días, señor Fonseca! ¿Cómo está usted?
¡Muy bien, señor Montero!

¡Adiós, Luisa!
¡Adiós, Miguel!

Hello, Carlos!
Hi, María!

Hi, Felipe!
How's it going, Carolina?

Hello Luis, how are you?
Very well, and you?

Hi, José! How are you?
Fine, and you?

Good morning, Mrs. Sánchez.
Good morning, Mrs. Camacho.

Good morning, Mr. Fonseca. How are you?
Very well, Mr. Montero!

Goodby, Luisa!
'Bye, Miguel!

Notas culturales

Saludando a los amigos
(Greeting friends)

Hispanic people are very open in showing their friendship. Teenagers, for instance, greet each other not only with words, but also with marks of affection. Boys shake hands. Girls kiss each other on the cheek. Boys and girls shake hands. These signs of friendship are used every time that young people meet, even if it is several times a day.

Informalidad y formalidad

Spanish speakers tend to be more formal than English speakers. Here are two examples of this formality. In the United States, we say "Hi" or "Hello" when we meet a friend or a teacher. An Hispanic teenager will say *¡Hola!* to a friend, but when meeting a teacher may use the more formal greetings *¡Buenos días!, ¡Buenas tardes!* and *¡Buenas noches!*

In the United States we would ask "How are you?" of both close friends and more distant acquaintances. There are two ways of asking this question in Spanish, depending on the relationship between the speakers. Hispanic teenagers will say *¿Cómo estás?* to a friend or a member of the family. They will use the more formal *¿Cómo está usted?* with all other persons.

Hispanic formality is not a sign of reserve. It is a mark of respect and a way of life.

vocabulario especializado   **Saludos y respuestas** *(Greetings and responses)*

	saludos	*respuestas*
To greet someone . . .		
informally:	**¡Hola!**	**¡Hola!**
	¿Cómo estás?	**¡Muy bien! ¿y tú?**
	¿Qué tal?	**¡Bien, gracias!**
formally:		
(in the morning)	**¡Buenos días, señor!**	**¡Buenos días!**
(in the afternoon)	**¡Buenas tardes, señorita!**	**¡Buenas tardes!**
(in the evening)	**¡Buenas noches, señora!**	**¡Buenas noches!**
	¿Cómo está usted?	**¡Muy bien, gracias! ¿y usted?**
To say goodby. . .		
formally and informally:	**¡Adiós!**	**¡Adiós!**
	¡Hasta luego!	**¡Hasta luego!**
	¡Hasta la vista!	**¡Hasta la vista!**

Supply English equivalents for these common phrases as students need them.

NOTA: In written Spanish, the following abbreviations, which are always capitalized, are commonly used:

Sr. señor   **Sra.** señora   **Srta.** señorita   **Ud.** (or **Vd.**) usted

ACTIVIDAD 1   En el restaurante

Imagine that you are eating lunch in a Spanish restaurant. You notice the following friends who are arriving with their parents. Greet each person, using **¡Hola!** or **¡Buenas tardes!** as appropriate.

- The **de** of a married woman's name is explained in the culture note, Lesson 10.3.
- "Mr. and Mrs. Vilar" would be **Los señores Vilar.**

> Carlos   ¡Hola, Carlos!
> Señor Sánchez   ¡Buenas tardes, señor Sánchez!

1. Carmen	5. Luisa	9. Señora de López
2. Miguel	6. Teresa	10. Señor Ortiz
3. Felipe	7. Señor Pérez	11. Señorita Fonseca
4. Manuel	8. Señora de Vilar	12. Señorita Velázquez

ACTIVIDAD 2   En la calle

3 Ex. 2   Imagine you meet the following people in the street at the time of day indicated. Greet them appropriately.

VARIATION: Greet the people on pages 46-47.

> ☽ Señor Alonso   Buenas noches, señor Alonso.

1. ☼ Señor Morales
2. ☽ Señora de Santana
3. ☽ Señorita León
4. ☼ Señor Ortiz
5. ☽ Señora de Sera
6. ☽ Señorita Montero

ACTIVIDAD 3 De paseo *(Walking down the street)* OPTIONAL

Imagine that you are spending your vacation in Spain. After supper, you engage in one of the favorite Spanish activities which consists of strolling down the street. As you walk, you meet the following people and ask them how they are. Use **¿Cómo estás?** and **¿Cómo está Ud.?** as appropriate.

> Carlos   ¿Cómo estás, Carlos?
> Señor Sánchez   ¿Cómo está Ud., señor Sánchez?

1. Dolores
2. Señor García
3. Inés
4. Señora de Pascual
5. Roberto

6. Señor Guitarte
7. Paco
8. Señora de Iturbe
9. Luis
10. Señorita Meléndez

ACTIVIDAD 4 Adiós   OPTIONAL

Say goodby to the following people, using the expression suggested.

> Manuel (Adiós)   ¡Adiós, Manuel!

(Adiós)
1. Felipe
2. Ramón
3. Tomás

(Hasta luego)
4. Luisa
5. Sr. Martí
6. Sra. de Fonseca

(Hasta la vista)
7. Catalina
8. Sra. de Machado
9. Sr. Pacheco

 ## Pronunciación   El sonido de la vocal *a*

Model word: Ana
Practice words: hasta Anita Catalina Panamá
Practice sentences: ¡Hasta la vista, Anita!
          ¡Hola, Ana! ¿Qué tal?

Be sure students avoid the English **a** of "Ann."

The sound of the Spanish vowel **a** is similar to but shorter and more precise than the sound of the English vowel **a** of "father."

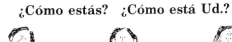
Entre nosotros

Expresiones para la conversación

¿Cómo estás? ¿Cómo está Ud.?

¡Muy bien!   ¡Regular!   ¡Así, así!   ¡Mal!   ¡Muy mal!

Mini-diálogos

Use the suggestions in the pictures to create new dialogs. Remember to use the appropriate level of formality.

Anita y Sr. Chávez

Anita: ¡Buenos días, señor Chávez!
Sr. Chávez: ¡Buenos días, Anita!
Anita: ¿Cómo está Ud.?
Sr. Chávez: ¡Muy bien, gracias!

Pilar y Luisa

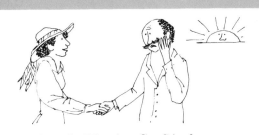

Sra. de Martí y Sr. Sánchez

Sra. de Iturbe y Sra. de Vilar

Roberto y Tomás

Lección 3   ¿Cuánto es?

A. MÉXICO — EN UN CAFÉ

Elena: ¡Camarero! Dos Coca-Colas, por
favor.
El camarero: Con mucho gusto, señorita.
Elena: ¿Cuánto es?
El camarero: Seis pesos.
Elena: Aquí tiene diez pesos.
El camarero: Gracias, señorita.
Aquí tiene el vuelto: siete,
ocho, nueve, diez.
Elena: Gracias.
El camarero: De nada, señorita.

A. MEXICO — IN A CAFE

Waiter! Two Coca-Colas,
please.
With pleasure, miss.
How much is that?
Six pesos.
Here's ten pesos.
Thank you, miss.
Here's your change: seven,
eight, nine, ten.
Thanks.
You're welcome, miss.

Tell students that Spanish-speakers use titles (such as **señorita**) much more often than English-speakers do.

Monedas de los países hispánicos
(Hispanic currency)

Although they share a common language, the various Hispanic countries are far from similar. Their people are different and so are their traditions, their customs, their forms of government, their economic systems ... and their national currencies. Here are the monetary units of some of these countries.

la Argentina: el peso	Guatemala: el quetzal
Bolivia: el peso	el Perú: el sol
el Ecuador: el sucre	México: el peso
España: la peseta	Venezuela: el bolívar

• Refer to p. 217 for the peso's various values.
• SUGGESTED REALIA: currency from Hispanic countries.

• Venezuela and Ecuador have named their monetary units in honor of the heroes of their independence, Simón Bolívar and Antonio José de Sucre.
• Guatemala has given its currency the name of a beautiful Central American bird, the quetzal.
• Peru follows Inca tradition and honors the sun (el sol) on its national currency.

vocabulario especializado — Los números de 0 a 10

The word **cero** is of Arabic origin.

0	**cero**	3	**tres**	6	**seis**	9	**nueve**
1	**uno**	4	**cuatro**	7	**siete**	10	**diez**
2	**dos**	5	**cinco**	8	**ocho**		

Between the 8th and 15th centuries, most of Spain was occupied by the Arabs.

ACTIVIDAD 1   Números de teléfono

Imagine that the following Mexican teenagers are exchange students in your school. Give each person's phone number, according to the model.

🔊 Felipe 324-5278   El número de Felipe es tres-dos-cuatro-cinco-dos-siete-ocho.

1. Ramón 527-9031
2. Luisa 442-6839
3. Isabel 964-8701
4. Dolores 862-0483

5. Pilar 782-3942
6. Carmen 681-0357
7. Pedro 456-9801
8. Paco 612-3794

VARIATION: Have students give their own phone numbers.

ACTIVIDAD 2   En un café

Together with a classmate, play the roles of a customer and a waiter or waitress in a Mexican café. Use the menu which appears below. **¿Cuánto cuesta __?** means *How much does __ cost?* Follow the model.

Both masculine and feminine forms will be given in the dialogs until gender is explained on page 84.

🔊 el café   Cliente: ¡Camarero! (¡Camarera!)
            Camarero(a): Sí, señor (señorita).
                Cliente: ¿Cuánto cuesta el café?
            Camarero(a): Cuatro pesos, señor (señorita).

(el) café	4 pesos	(el) sándwich	10 pesos
(el) té	4 pesos	(la) hamburguesa	10 pesos
(el) chocolate	5 pesos	(el) burrito	6 pesos
(la) Coca-Cola	3 pesos	(el) taco	6 pesos

The Mexican peso = about 4 cents U.S.

B. BOLIVIA — EN UN MERCADO

B. BOLIVIA — IN A MARKETPLACE

Pedro: ¡Perdón, señor! ¿Cuánto cuesta el sombrero?	Excuse me, sir! How much is the hat?
El vendedor: ¿El sombrero? ¡Treinta pesos, señor!	The hat? Thirty pesos, sir.
Pedro: ¡Veinte!	Twenty!
El vendedor: ¡No, señor! ¡Veinte y ocho pesos! ¡Menos, no!	No, sir. Twenty-eight pesos. No less!
Pedro: ¡Veinte y tres!	Twenty-three!
El vendedor: ¡No, veinte y seis!	No, twenty-six.
Pedro: ¡Veinte y cinco!	Twenty-five!
El vendedor: Bueno . . . ¡pero es un regalo!	OK . . . but it's a gift (a giveaway)!!

Nota cultural

OPTIONAL

El arte de regatear
(The art of bargaining)

In most cities, prices in shops are fixed and clearly indicated on the merchandise. Since there is no possible confusion about the cost of the articles for sale, trying to bargain for a lower price would be in bad taste. However, many small villages have outdoor markets. There it is possible — and indeed expected — to discuss prices.

 **Números de 11 a 100**

11	once	20	veinte	29	veinte y nueve
12	doce	21	veinte y uno	30	treinta
13	trece	22	veinte y dos	40	cuarenta
14	catorce	23	veinte y tres	50	cincuenta
15	quince	24	veinte y cuatro	60	sesenta
16	diez y seis	25	veinte y cinco	70	setenta
17	diez y siete	26	veinte y seis	80	ochenta
18	diez y ocho	27	veinte y siete	90	noventa
19	diez y nueve	28	veinte y ocho	100	cien

The numbers 16-19 and 21-29 are often written as one word. The **y** becomes **i**, **z** becomes **c**, and **veinte** drops its **e**: **dieciséis, diecisiete, veintiuno, veintidós,** etc. The three-word form is used in this text as it is easier for students to learn.

ACTIVIDAD 3   En el puesto de periódicos (At the newsstand)

Imagine that you are earning money in Mexico selling papers at a newsstand. Newspapers (**periódicos**) are two pesos each, and magazines (**revistas**) are three pesos. Say how much the following cost.

⚡ 2 periódicos   Dos periódicos cuestan (cost) cuatro pesos.

1. 3 periódicos
2. 4 periódicos
3. 5 periódicos
4. 10 periódicos
5. 12 periódicos

6. 2 revistas
7. 3 revistas
8. 4 revistas
9. 5 revistas
10. 6 revistas

11. 2 periódicos y 2 revistas
12. 2 periódicos y 3 revistas
13. 3 periódicos y 3 revistas
14. 20 periódicos
15. 30 periódicos

ACTIVIDAD 4   En el mercado

Imagine that you are in Bolivia at the marketplace. Bargain for a lower price on the following items. A classmate will play the part of the merchant. Use the dialog as a model.

1. el sombrero: 30 pesos
2. el sombrero: 20 pesos
3. el sombrero: 40 pesos

4. el poncho: 80 pesos
5. el poncho: 100 pesos
6. el poncho: 90 pesos

Pronunciación   El sonido de la vocal e

Model word: P<u>e</u>pe
Practice words: p<u>e</u>so p<u>e</u>seta c<u>e</u>ro tr<u>e</u>s <u>e</u>s caf<u>é</u> tr<u>e</u>c<u>e</u>
Practice sentences: ¿Cuánto <u>e</u>s? ¿Tr<u>e</u>ce p<u>e</u>setas?
              ¡Camar<u>e</u>ro! Tr<u>e</u>s caf<u>é</u>s, por favor.

The sound of the Spanish vowel **e** is similar to but shorter and more precise than the sound of the English vowel **a** in "tape."

Be sure students avoid the "uh" sound when pronouncing **peseta**. For simplicity, the two sounds of the Spanish vocal **e**, as heard in the **e**'s of **peseta**, are not differentiated here.

Entre nosotros

Expresiones para la conversación

Here are some expressions of politeness used by Spanish speakers:

¡Por favor!	*Please*	—Un café, **por favor.**
¡Con mucho gusto!	*With pleasure!*	—**Con mucho gusto,** señor.
¡Gracias!		
¡Muchas gracias! }	*Thank you*	—**Gracias.**
¡De nada!		
¡No hay de qué! }	*You're welcome*	—**De nada.**

Mini-diálogos

Imagine you are in a stationery store in Madrid. Create new dialogs by replacing the underlined words with the expressions suggested in the pictures.

el mapa

Cliente: Por favor, ¿cuánto cuesta <u>el mapa</u>?

Vendedor(a): <u>Ochenta</u> pesetas.

Cliente: Aquí tiene <u>cien</u> pesetas.

Vendedor(a): *(making change)* <u>Noventa, y cien</u>.

Cliente: Muchas gracias.

Vendedor(a): De nada.

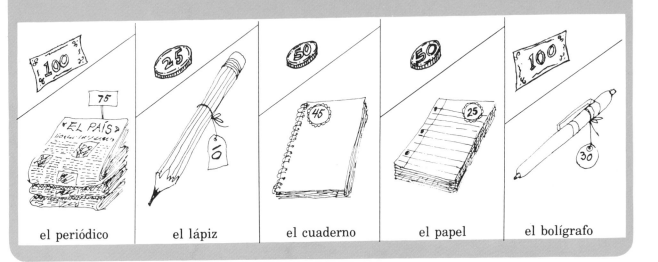

el periódico	el lápiz	el cuaderno	el papel	el bolígrafo

· 100 Spanish pesetas = about $1.25 U.S.
· Ask students to dramatize the scenes using actual objects.

Lección 4 Una cita

A. A LAS DOS

Anita: ¿Qué hora es, Clara?
Clara: Son las dos.
Anita: ¿Las dos? ¡Caramba!
Clara: ¿Qué pasa?
Anita: Tengo una cita con Antonio.
Clara: ¿A qué hora?
Anita: ¡A las dos! ¡Adiós, Clara!
Clara: ¡Hasta luego!

A. AT TWO O'CLOCK

What time is it, Clara?
It's two o'clock.
Two? Oh, no!
What's wrong?
I have a date with Antonio.
At what time?
Two o'clock! 'Bye, Clara!
See you later!

vocabulario especializado

La hora

You may use a toy clock to teach time.

¿Qué hora es?

Es la una.

Son las dos.

Son las tres.

Son las diez.

¿A qué hora?

A la una.

A las cinco.

A las ocho.

A las doce.

NOTA: To distinguish between *a.m.* and *p.m.*, Spanish speakers say:

☼ Tengo **una cita** *(date)* con Isabel a las diez **de la mañana.**

☀ Tengo una cita con Antonio a las dos **de la tarde.**

☽ Tengo una cita con Anita a las ocho **de la noche.**

☽ Son las doce **de la noche.**

The division between **tarde** and **noche** is at 7:00 p.m.

ACTIVIDAD 1   Citas

Say at what time you have an appointment with the people mentioned
below.

VARIATION: Students give time of day, along with the hour: **Tengo una cita con Luisa a la una de la tarde.**

⟫ Luisa 1:00   Tengo una cita con Luisa a la una.

1. Roberto 2:00
2. Clara 5:00
3. Paco 6:00
4. Enrique 8:00
5. Isabel 9:00
6. Pablo 7:00

ACTIVIDAD 2   ¿Qué hora?

Elena is well-informed and can tell Antonio at what hour these activities begin. Play the two roles according to the model.

🗩   el concierto: 2:00   Antonio: ¿A qué hora es el concierto, Elena?
                            Elena: A las dos.

1. la clase de español: 10:00
2. la clase de matemáticas: 11:00
3. el programa de televisión: 7:00
4. la comedia musical: 4:00
5. el partido de fútbol *(soccer game)*: 3:00
6. el partido de béisbol: 5:00
7. el partido de tenis: 1:00
8. la fiesta *(party)*: 9:00

You may introduce the notion of cognates and false cognates. The former have a similar spelling and meaning in both Spanish and English (**matemáticas, clase, concierto**); the latter have a similar spelling but different meaning (**fútbol** = not *football* but *soccer*). Ask students to guess the meanings of cognates on pages 38-39.

Nota cultural   OPTIONAL

La hora hispánica
(Hispanic attitudes towards time)

For many Americans, "time is money." This attitude is not shared by most Hispanic people. For them, life is to be fully enjoyed, not hurried through. Friends may be an hour late to a date and no one will be upset. Guests may arrive half an hour late at a dinner party and no one will expect an apology.

Obviously, this attitude does not characterize *all* aspects of Hispanic life. Shops, banks, and government offices open and close at fixed hours, and in most instances buses, trains and planes follow regular timetables.

Desde Bogotá
El mayor número de vuelos.

DÍA	SALE	LLEGA	VUELO
Diario	11:15 A.M.	2:30 P.M.	908
sin escalas	10:35 A.M.	3:20 P.M.	976
Lunes	10:35 A.M.	3:20 P.M.	976
Martes	10:35 A.M.	3:20 P.M.	976
Sábados	10:35 A.M.	3:20 P.M.	976
Domingos			

B. A LAS DOS Y DIEZ

Antonio:	¿Qué hora es, Carlos? ¿Las dos menos cuarto?
Carlos:	No, Antonio. Son las dos y diez.
Antonio:	¡Las dos y diez! ¡Caramba!
Carlos:	¿Qué pasa?
Antonio:	¡Tengo una cita con Anita!
Carlos:	¿A qué hora?
Antonio:	¡A las dos!
Carlos:	¿Es Anita muy puntual?
Antonio:	Sí, es muy puntual . . . ¡pero no es muy paciente!

A LAS DOS Y MEDIA

¡Hola, Anita!   ¿Qué tal, Antonio?

B. AT TWO-TEN

What time is it, Carlos? Quarter to two?
No, Antonio . . . it's two-ten.
Two-ten! Oh, no!
What's the matter?
I have a date with Anita!
At what time?
At two o'clock!
Is Anita very punctual?
Yes, she's punctual. . . but not very patient!

AT TWO-THIRTY

Hi, Anita!   How's it going, Antonio?

vocabulario especializado **La hora**

Son las diez
y cinco.

Son las diez
y cuarto.

Son las diez
y veinte.

Son las diez
y media.

Son las dos
menos cinco.

Son las dos
menos cuarto.

Son las dos
menos veinte.

Es la una
y media.

You can have students give the times on the clocks of pages 386-387.

ACTIVIDAD 3   La hora exacta

Pedro wants to make sure his watch is right, and he checks with Anita.
Play both roles according to the model.

🔊   10:00   Pedro: ¿Son las diez?
                Anita: ¡Sí, son las diez!

1. 11:00	4. 10:00	7. 2:30	10. 4:45	13. 8:05
2. 1:00	5. 10:15	8. 3:30	11. 6:50	14. 9:24
3. 2:00	6. 2:15	9. 4:05	12. 7:55	15. 9:40

 Pronunciación   **El sonido de la vocal _i_**

Model word: s_í_
Practice words: L_i_ma An_i_ta Cád_i_z c_i_ta _I_sabel
Practice sentences: Tengo una c_i_ta con An_i_ta.
                S_í_, _s_enorita.

The sound of the Spanish vowel **i** is similar to but shorter and more
precise than the sound of the English vowels **ea** in "meat."

Entre nosotros

Expresión para la conversación

When someone looks worried, you may ask:

¿Qué pasa?   *What's wrong? What's the matter?*

Mini-diálogos

Use the train schedule to create new dialogs. Replace the underlined words with the information in the schedule, making the necessary changes.

En la estación de Madrid *(In the Madrid train station)*

You can explain to students that in Spanish-speaking countries time is often given by the twenty-four hour clock. U.S. style is given here for simplicity.

LLEGADAS — ARRIVALS		SALIDAS — DEPARTURES	
Barcelona	1:05	Córdoba	3:10
Sevilla	2:30	Valencia	4:25
Salamanca	2:45	Málaga	7:20
Toledo	3:00	Bilbao	8:50
Granada	4:10	Pamplona	9:40
Cádiz	6:30	San Sebastián	10:55

(a) Josefina: ¡Por favor! ¿A qué hora llega *(arrives)* el tren de <u>Barcelona</u>?

Taquillera: <u>A la una y cinco</u>.

Josefina: Muchas gracias.

Taquillera: No hay de qué.

(b) Taquillera: El tren de <u>Córdoba</u> sale *(leaves)* a <u>las tres y diez</u>.

Salvador: ¡Caramba!

Taquillera: ¿Qué pasa?

Salvador: ¡<u>Son las tres y veinte</u>!

• In dialog (b) the time in the last line is always ten minutes <u>after</u> the departure time of the train.

• Use the departure and arrival times on page 39.

Fechas importantes

 Hay fechas muy importantes en el diario de María. ¡Mira!

There are very important dates in María's diary. Look!

el cumpleaños de mamá	el 20 de agosto
el cumpleaños de papá	el 13 de marzo
el cumpleaños de Mari-Carmen	el 21 de febrero
el cumpleaños de Isabel	el 2 de octubre
el cumpleaños de Ricardo	el 7 de mayo
el cumpleaños de Juan	el primero de septiembre
mi cumpleaños	el 8 de abril
el día de mi santo	el 15 de agosto
el primer día de clase	el 14 de septiembre
el primer día de vacaciones	el primero de julio

Mom's birthday	August 20
Dad's birthday	March 13
Mari-Carmen's birthday	February 21
Isabel's birthday	October 2
Ricardo's birthday	May 7
Juan's birthday	September 1
my birthday	April 8
my saint's day	August 15
first day of class	September 14
first day of vacation	July 1

María: ¿Qué día es hoy? ¿El treinta de septiembre?	What day is today? The thirtieth of September?
Juan: No. Hoy es el primero de octubre.	No. Today is the first of October.
María: ¡Y mañana es el dos de octubre! ¡Es el cumpleaños de Isabel y no tengo regalo!	And tomorrow's the second of October! It's Isabel's birthday and I don't have a gift!
Juan: ¡Ay!	Oh, no!

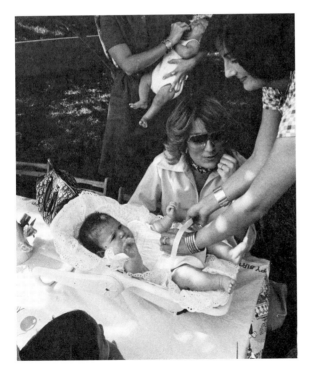

El cumpleaños y el día del santo
(Birthdays and saint's days)

Since the family means a great deal to most Spanish-speaking people, birthdays are occasions for large celebrations and family gatherings. First there is a meal to which family (parents, brothers, sisters, aunts, uncles, cousins, grandparents), godparents *(los padrinos)* and friends are invited. Then the party continues with stories, music and dancing, and a lot of fun.

In addition to their birthdays, many Hispanic people also celebrate their saint's day. This is the day on which the Catholic Church honors a particular saint. For example, a person named Juan would celebrate his *día del santo* on June 24, *el día de San Juan.*

Some Hispanic people are named after the saint who was being honored on the day of their birth, and as a result their saint's day coincides with their birthday.

vocabulario especializado — **La fecha** *(The date)*

los días de la semana *(days of the week)*

lunes   martes   miércoles   jueves   viernes   sábado   domingo

el fin de semana *(weekend)*

los meses del año *(months of the year)*

enero	abril	julio	octubre
febrero	mayo	agosto	noviembre
marzo	junio	septiembre	diciembre

¿Qué día es hoy (mañana)?   *What day is it today (tomorrow)?*
 Es sábado.   *It's Saturday.*

¿Cuál es la fecha de hoy (mañana)?   *What is today's (tomorrow's) date?*
 Es el 12 de octubre.   *It's October 12.*

NOTA: To give the date, Spanish speakers use the following construction:

el + number + de + month

Hoy es **el dos de mayo.** Mañana es **el tres de mayo.**

Exception: The first day of the month is **el primero.**

 El cumpleaños de Pedro es **el primero de agosto.**

SUGGESTED REALIA: a Spanish (or U.S.) calendar.

ACTIVIDAD 1   Un día atrasado *(A day late)*

Roberto has trouble keeping up with his calendar. He is always a day late when thinking of the date. Anita corrects him. Play both roles.

domingo   Roberto: Hoy es domingo.
             Anita: No, es lunes.

1. martes   3. sábado   5. lunes
2. viernes   4. jueves   6. miércoles

ACTIVIDAD 2   Un día adelantado *(A day early)*   OPTIONAL

Felipe has just the opposite problem. He is always a day early. Anita corrects him. Play both roles. (The expression **¿verdad?** means *isn't it?*)

12 octubre   Felipe: Hoy es el doce de octubre, ¿verdad?
             Anita: No, es el once.

1. 5 diciembre   4. 2 enero   7. 5 agosto
2. 10 noviembre   5. 14 febrero   8. 29 marzo
3. 15 abril   6. 2 julio   9. 20 junio

VARIATION: You can use a large calendar. Point to one date while announcing another one. Students provide the correct date.

ACTIVIDAD 3 Información personal

Complete the following calendar.

1. Mi cumpleaños es el . . .
2. El cumpleaños de mi papá es el . . .
3. El cumpleaños de mi mamá es el . . .
4. El cumpleaños de mi mejor amigo
   (best friend: boy) es el . . .
5. El cumpleaños de mi mejor amiga
   (best friend: girl) es el . . .
6. Hoy es el . . .
7. Mañana es el . . .
8. El primer día de vacaciones es el . . .

El día del santo

Si *(If)* te llamas:	el día de tu *(your)* santo es:
Antonio	el 13 de junio
Carlos	el 4 de noviembre
Eduardo	el 5 de enero
Enrique	el 13 de julio
Esteban	el 26 de diciembre
Francisco	el 24 de enero
Guillermo	el 10 de enero
Jaime	el 25 de julio
José	el 19 de marzo
Juan	el 24 de junio
Luis	el 25 de agosto
Martín	el 3 de noviembre
Miguel	el 29 de septiembre
Pablo	el 29 de junio
Pedro	el 29 de junio
Ricardo	el 3 de abril
Vicente	el 27 de septiembre

Si te llamas:	el día de tu santo es:
Ana	el 26 de julio
Bárbara	el 4 de diciembre
Carmen	el 16 de julio
Catalina	el 25 de noviembre
Cecilia	el 22 de noviembre
Clara	el 11 de agosto
Dolores	el 15 de septiembre
Elena	el 18 de agosto
Guadalupe	el 12 de diciembre
Lucía	el 13 de diciembre
Luisa	el 15 de marzo
María	el 15 de agosto
Marta	el 29 de julio
Mónica	el 27 de agosto
Rosa	el 13 de agosto
Teresa	el 15 de octubre
Verónica	el 12 de julio

ACTIVIDAD 4 El día del santo

Isabel is very familiar with the Catholic calendar and can identify everyone's saint's day. Perform the dialogs according to the model. (**Entonces** means *so* or *then*.)

Ricardo   Ricardo: Me llamo Ricardo.
               Isabel: Entonces, tu santo es el tres de abril.

1. Teresa
2. Lucía
3. Dolores
4. Miguel
5. Luis
6. María
7. Pedro
8. Esteban

VARIATION: You may continue
with other names from the calendar.

ENERO
10–1979–355
Sol: 7,37 a 17,6.–Luna: 15,11 a 4,57
Luna llena el 13

10

Estimar el esfuerzo muy por encima del galardón ¿no es este el mejor medio de exaltar la virtud?–CONFUCIO.

MIERCOLES

Ss. Nicanor, dc. mr.; Agatón, p.; Gonzalo, cf.; Guillermo, Juan el Bueno, Petronio y Domiciano, obs.; Marciano, pb.; Pedro Urseolo, monje; Aldo, confesor.

Misa: *De Feria.*

JUNIO
180–1979–185
Sol: 4,46 a 19,48.–Luna: 9,25 a 22,52
Cuarto creciente el 2

29

La prensa comenzó dando a la luz la Biblia, y ha descendido hasta el lenguaje de los verduleros; como la música nació en los templos y ha bajado hasta las tabernas.–BALMES.

VIERNES

Ss. Pedro y Pablo, aps.; Marcelo y Anastasio, mrs.; Siro, Casio, obs.; Benita, Enma de Gark, vgs.; María, madre de S. Marcos; Coca, abadesa.

Misa: *De los Ss. Pedro y Pablo.–Solemnidad.*

Accents will be missing from much of the realia in this text. Explain to students that accents are often dropped in journalistic usage, especially on capital letters.

 Pronunciación   **El sonido de la vocal *u***

Model word: tú

Practice words: lunes   junio   julio   octubre   mucho   usted

Practice sentences: El cumpleaños de Susana es en octubre.

Con mucho gusto, Lucía.

The sound of the Spanish vowel **u** is similar to but shorter and more precise than the sound of the English vowels **oo** in "food."

Entre nosotros

Expresión para la conversación

To express surprise, you may say:

¿De veras?   *Really?*   — Mañana es el diez y nueve de marzo.
Es mi cumpleaños.
— **¿De veras?** ¡Es el día de mi santo!

Mini-diálogos

Use the suggestions in the pictures to replace the underlined words. (The word **¿cuándo?** means *when?*)

María

(a) Carmenza: Tengo una cita con <u>María</u>.
Carolina: ¿De veras? ¿Cuándo?
Carmenza: <u>El diez de octubre</u>.

(b)   Felicia: ¿Cuándo es el cumpleaños de
<u>María</u>?
Beatriz: Es en <u>octubre</u>.
Felicia: ¿Qué día?
Beatriz: El <u>diez</u>.

Pablo

ENERO 3

Luisa

ABRIL 1

Juan

JULIO 6

Concepción

MARZO 21

Carmenza is a diminutive of **Carmen.** Such diminutives are very common in Spanish: **José → Joselito, Juana → Juanita.**

Lección 6

¿Qué tiempo hace?

¿QUÉ TIEMPO HACE?

Buenos Aires, el veinte y seis de diciembre

Paula: ¡Hola, Mariana! ¡Feliz Navidad!
Mariana: ¡Feliz Navidad, Paula! ¿Qué tal?
Paula: ¡Muy bien! Hace buen tiempo hoy.
Mariana: ¡Sí! Hace sol y hace mucho calor.
Paula: ¡Vamos a la playa!
Mariana: ¡Qué bueno!

WHAT'S THE WEATHER LIKE?

Buenos Aires, December twenty-sixth

Hi, Mariana! Merry Christmas!
Merry Christmas, Paula! How are you?
Fine! The weather's great today.
Right. It's sunny and hot.
Let's go to the beach!
Great!

Nota cultural OPTIONAL

Las estaciones (Seasons)

Does it seem strange to you to be going to the beach at Christmastime? Look at the globe and you will see that much of South America is in the southern hemisphere. The seasons in Argentina are the opposite of seasons in the United States: December is summertime, March is fall, July is winter and October is spring. If young people in Buenos Aires go skiing at Christmas, it is likely to be waterskiing.

You can use a globe or the map on page 125 to point out the equator which passes through Ecuador (=equator). Have students name countries in the Southern Hemisphere.

vocabulario especializado

El tiempo (Weather)

¿Qué tiempo hace?

Give English equivalents, if needed.

Hace buen tiempo.

Hace mal tiempo.

Hace calor.   **Hace mucho calor.**

Hace viento.   **Hace frío.**

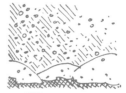

Hace sol.   **Está nublado.**

Llueve.   **Nieva.**

ACTIVIDAD 1 En el teléfono

Imagine that you are phoning friends in different cities. Talk about the weather, according to the model.

⟩⟩ hace calor / hace frío   Estudiante 1: ¿Qué tiempo hace?
                               Estudiante 2: Hace calor.
                               Estudiante 1: Aquí hace frío.

1. hace sol / hace viento
2. nieva / hace mucho calor
3. llueva / está nublado

4. hace viento / hace frío
5. está nublado / hace calor
6. hace viento / nieva

La temperatura

¿Cuál es la temperatura?

—Treinta grados.

—Diez grados bajo cero.

```
110 100 90 80 70 60 50 40 30 20 10 0 10 20 30
Centigrade
```

```
110 100 90 80 70 60 50 40 30 20 10 0 10 20 30
Centigrade
```

Las estaciones:

el invierno

la primavera

el verano

el otoño

ACTIVIDAD 2 ¿Qué tiempo hace?

1. ¿Qué tiempo hace hoy?
2. ¿Cuál es la temperatura?
3. ¿Qué tiempo hace en el invierno? Y ¿cuál es la temperatura?
4. ¿Qué tiempo hace en la primavera? Y ¿cuál es la temperatura?
5. ¿Qué tiempo hace en el verano? Y ¿cuál es la temperatura?
6. ¿Qué tiempo hace en el otoño? Y ¿cuál es la temperatura?
7. Aquí, ¿cuáles son *(which are)* los meses del invierno? ¿de la primavera? ¿del verano? ¿del otoño?
8. En la Argentina, ¿cuáles son los meses del invierno? ¿de la primavera? ¿del verano? ¿del otoño?

El tiempo en el mundo (world) hispánico: El quince de enero

	TIEMPO	TEMPERATURA mínima	máxima
San Antonio, Texas		5°	17°
Nueva York		−3°	4°
San Juan, Puerto Rico		20°	27°
México, D.F.		7°	17°
Panamá, Panamá		21°	31°
La Paz, Bolivia		6°	13°
Santiago, Chile		16°	26°
Buenos Aires, Argentina		25°	37°
Madrid, España		2°	6°

Nota cultural   OPTIONAL

El sistema métrico (The metric system)

Do the temperatures on the weather chart seem on the chilly side? If so, you are still thinking of degrees Fahrenheit rather than degrees Celsius. Although we are still in the process of adopting the metric system, the Spanish-speaking world — Latin America as well as Spain — has used this system of measurement for a long time. Gasoline is sold in liters, distances are measured in kilometers, and temperatures are given in centigrade.

Students will encounter the metric system again on page 125.

MILLAS EN KILÓMETROS

1 milla = 1.609 kilómetros

millas	10	20	30	40	50
km	16	32	48	64	80
millas	60	70	80	90	100
km	97	113	129	145	161

KILÓMETROS EN MILLAS

1 kilómetro = 0.62 milla

km	10	20	30	40	50	60	70
millas	6	12	19	25	31	37	44
km	80	90	100	110	120	130	
millas	50	56	62	68	75	81	

CTIVIDAD 3   El quince de enero   OPTIONAL

1. ¿Qué tiempo hace hoy en San Juan? ¿en México? ¿en Madrid?
2. ¿Llueve en Panamá? ¿Nieva en Nueva York?
3. ¿Dónde (where) está nublado? ¿Dónde hace viento?
4. ¿Cuál es la temperatura en Santiago? ¿en San Antonio? ¿en La Paz?
5. En España, ¿es el invierno o el verano? ¿y en la Argentina?

Perhaps some students will be able to formulate questions similar to the above about other cities.

Pronunciación · El sonido de la vocal o

Model word: ag<u>o</u>st<u>o</u>

Practice words: <u>o</u>t<u>o</u>ño h<u>o</u>la s<u>o</u>l frí<u>o</u>

Practice sentences: Hace much<u>o</u> cal<u>o</u>r en ag<u>o</u>st<u>o</u>.

¡H<u>o</u>la, Al<u>o</u>nso! ¿C<u>ó</u>mo estás?

Be sure students avoid the sound of the
o in the English word "on."

The sound of the Spanish vowel **o** is similar to but shorter and more precise than the sound of the English vowel **o** of "noble."

OPTIONAL

Entre nosotros

Expresiones para la conversación

If you want to express your feelings about a situation, you can say:

¡Qué bueno! *Great!*
¡Qué malo! *That's bad!*

Mini-diálogos

Use the suggestions to create new dialogs. Replace the underlined words with the expressions suggested in the pictures. Conclude with **¡Qué bueno!** or **¡Qué malo!,** as appropriate.

30°

Felipe: ¡Hola! ¿Qué tiempo hace?

Rafael: <u>Hace sol.</u>

Felipe: Y ¿cuál es la temperatura?

Rafael: <u>Treinta grados.</u>

Felipe: <u>¡Qué bueno!</u>

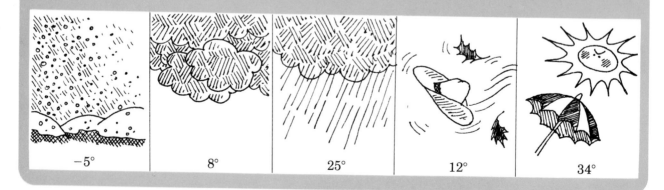

−5°   8°   25°   12°   34°

vista

número uno

1

El mundo hispánico

norte

oeste  este

sur

¡BIENVENIDOS

MUY IMPORTANTE

En caso de pérdida o sustracción, al titular de este Pasaporte no se le proveerá de otro documento y, únicamente, en casos excepcionales se otorgará nuevo Pasaporte limitada su validez a un sólo viaje o para un sólo país.

PASAPORTE-PASSEPORT
ESPAÑA - ESPAGNE

CONTENIDO

pasaportes y visas   mecánico   oficina de turismo   tax

AL MUNDO HISPÁNICO!

HORAS DE SALIDA	
A San Francisco	9:30
A Caracas	9:45
A Nueva York	11:50
A Buenos Aires	15:30
A La Paz	20:50
A México, D.F.	21:00
HORAS DE LLEGADA	
De Madrid	8:50
De Bogotá	9:45
De Miami	18:30

 aeropuerto cafetería banco

 autobús restaurante garaje

 hotel teléfono

JÓVENES de

¡Hola!
Me llamo Ricardo Fernández.
Soy mexicano, de Oaxaca.

¡Hola! ¿Qué tal?
Me llamo María Teresa Vargas Lira.
Pero° para° mis amigos,° me
llamo Tere.
Soy de la República Dominicana.

Me llamo Marta Isabel Wilkins Pardo.
Soy de Buenos Aires.
Soy de la capital de la Argentina.

¿Qué tal?
Yo soy Ila Montalvo.
Soy peruana, del Cuzco, la
ciudad° imperial de los incas.

pero *but*   **para** *for*   **amigos** *friends*   **ciudad** *city*

Hispanoamérica y España

Oaxaca, México

Santo Domingo, República Dominicana

Cartagena, Colombia

Cuzco, Perú

Buenos Aires, Argentina

Sevilla, España

¡Hola!
Me llamo José Antonio Linares
Guzmán.
Para mis amigos, me llamo Pepe.
Soy del sur de España; soy
de Sevilla.

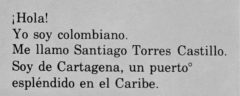

¡Hola!
Yo soy colombiano.
Me llamo Santiago Torres Castillo.
Soy de Cartagena, un puerto°
espléndido en el Caribe.

Yo hablo° español

Los animales y el español

qui = qui = ri = quí

gallo

muuu = muuuuuuu

vaca

cua = cua = cua

pato

cloc = cloc = cloc = cloc

gallina

meeeeee = meeeeee

oveja

croa = croa = croa

rana

pío = pío = pío = pío

pollito

beeeeee = beeeeee

cabra

jiiiiiiiiii = jiiiiiiiiii

caballo

banana   melón   chocolate   tortilla   tomate   maíz   chile

43

LOS HISPANOHABLANTES ENTRE NOSOTROS

La población de habla española° es muy importante en el territorio de los Estados Unidos. El mapa representa los estados donde° se concentra la mayoría° de personas de habla española.

500.000

4.500.000

6.500.000

500.000

① GERALDO SÁNCHEZ
1612 Lexington Avenue
Nueva York, NY 10029

② JUANITA SANTAMARÍA
4946 Cordova Drive
Boca Raton, FL 33432

③ DIEGO FIGUEROA
437 Buena Vista Avenue
El Paso, TX 79905

④ LUPE GONZÁLEZ
338 Dolores Street
San Francisco, CA 94110

② ③ ④

de habla española *Spanish-speaking*   **donde** *where*   **mayoría** *majority*

Los Alamos 9
San Luis Obispo 58
San Francisco 289

Public Library

← Biblioteca Pública

METROPOLITAN DADE COUNTY FLORIDA

700

LOMA VERDE

Influencia española en el origen de los nombres

ARIZONA Zona árida° o *arizonac*, palabra° india

COLORADO Tierra° roja°

FLORIDA Tierra descubierta° en el día de Pascua Florida°

MONTANA Montaña°

NEVADA Nevada; tierra cubierta° de nieve

NEW MEXICO O *Meshica*, otro nombre° de los indios aztecas

TEXAS Tejas,° o *techas*, palabra india

árida *dry*   **palabra** *word*   **tierra** *earth*   **roja** *red*
descubierta *discovered*   **Pascua Florida** *Easter*
Montaña *Mountain*   **cubierta** *covered*   **nombre** *name*
tejas *tiles*

45

Dra. María Cristina Penagos
PROFESORA DE HISTORIA
Calle 124 # 15-35 int. 3
Bogotá, Colombia

Carlos Alberto Cuadros
ARQUITECTO
Rosario 300, segundo piso
Buenos Aires, Argentina

Y el español . . . ¿para qué?

JOHN P. SARDO es estudiante en California.
John habla° muy bien el español; él traduce°
los problemas de los pacientes hispánicos que
no hablan inglés en el Hospital General.

MARÍA HOSKINS trabaja° en el Cuerpo de
Paz° en el Ecuador. María enseña° inglés en
una escuela secundaria en Quito.

PETER Y JOHANA MARSHALL viajan°
todos° los veranos por los países° hispánicos.
Peter y Johana son° fotógrafos. Es fácil°
viajar porque° hablan español.

JIM SIMPSON trabaja en el Banco Mundial°
en Washington D.C. El señor Simpson es
consultor en proyectos económicos en
Latinoamérica. Él habla español
perfectamente.

habla *speaks*   **traduce** *translates*   **trabaja** *works*
Cuerpo de Paz *Peace Corps*   **enseña** *teaches*
viajan *they travel*   **todos** *every*   **países** *countries*
son *they are*   **fácil** *easy*   **porque** *because*   **Mundial** *World*

Dra. Ana María Ortiz Valenzuela
PEDIATRA
Ferrequín de la Cruz 17
Caracas 101, Venezuela

Dr. Juan José Carriao
OPTOMETRISTA
Zona Rosa, Londres 128
México, D.F. México

Francisca Orejuela Rey
INGENIERA
Paseo de la República 3061
Lima, Perú

Perico González
FARMACÉUTICO
Plaza de Castilla
Madrid, España

Donoso Díaz
FOTÓGRAFO
Calle Bueno No 270
La Paz, Bolivia

Carmen María Aparicio
PROGRAMADORA I.B.M.
Mac Iver 102
Santiago de Chile, Chile

Actividades

UN JUEGO: El mundo hispánico

This grid contains the Spanish names of eighteen countries where Spanish is the official language. These names are written either horizontally (from left to right) or vertically (from top to bottom). How many countries can you identify? Write them down. Once you have found the names of these countries, check where they are located on the maps at the front of this book. Remember that in Spanish **ch** and **ll** are single letters.

A	R	G	E	N	T	I	N	A	D	H	J	B	W	A	C	U	B	A
I	A	U	C	E	B	S	I	X	P	O	E	O	I	F	L	R	E	V
O	B	N	U	A	Z	Y	C	O	C	N	H	L	Y	E	G	U	W	Z
P	A	N	A	M	A	M	A	L	B	D	F	I	E	Ñ	X	G	F	V
W	C	G	D	E	R	CH	R	W	Q	U	K	V	T	U	X	U	S	K
O	O	B	O	N	LL	I	A	J	A	R	Z	I	E	S	Y	A	U	V
CH	H	D	R	I	C	L	G	R	P	A	R	A	G	U	A	Y	V	E
F	D	E	Ñ	F	O	E	U	Q	D	S	S	B	L	A	V	U	C	N
U	M	P	G	R	G	U	A	T	E	M	A	L	A	N	M	E	M	E
P	I	E	H	P	I	S	Y	U	P	E	R	A	T	O	N	S	O	Z
R	L	R	J	S	I	R	R	V	N	X	Q	T	A	R	T	P	S	U
S	F	U	L	C	O	S	T	A	R	I	C	A	G	P	M	A	L	E
C	O	L	O	M	B	I	A	V	O	C	P	W	O	U	Q	Ñ	X	L
R	E	P	U	B	L	I	C	A	D	O	M	I	N	I	C	A	N	A

47

Unidad 2

Nosotros los hispanoamericanos

2.1 En San Antonio y en Nueva York

OBJECTIVES:

Language

The primary objective of this unit is to have students express themselves in simple affirmative, negative and interrogative sentences. The grammatical focus is on:

- The present tense of **-ar** verbs
- Subject-verb agreement

Communication

By the end of this unit, students will be able to use Spanish:

- To talk about what they do in and outside of class
- To say what they like and do not like to do
- To express what they hope and wish to do (in school, with friends, later in life)
- To ask questions about the above topics

Culture

This unit introduces the students to the number and diversity of Hispanic communities in the United States, and to the role of Spanish as a second national language in this country.

Puerto Rican day in Central Park

2.2   En el suroeste   **2.3   En Los Ángeles**   **2.4   En Miami**

VARIEDADES—¿Quién soy yo?

En San Antonio y en Nueva York

EN SAN ANTONIO

¡Hola!
Me llamo Anita Sánchez.

Soy de San Antonio.
Soy de origen mexicano.
Hablo inglés.
Hablo español también.
¿Y tú?
¿Un poco?
¡Ah! ¡Fantástico!

Hablo inglés: *I speak English*

¿Un poco?: *A little?*

EN NUEVA YORK

¡Hola!
Me llamo Antonio García.

No soy de origen mexicano.
Soy de Puerto Rico.
Yo también hablo español.
Pero no estudio español como tú.
Estudio mecánica en Nueva York.
Estudio mucho.
¿Y tú?

también: *also*
estudio: *I study*, como: *like*
mucho: *a lot*

Point out San Antonio, New York and Puerto Rico on a map.

CONVERSACIÓN OPTIONAL

Antonio is talking to you about himself. Enter into a conversation with him by selecting the appropriate reply.

	(a)	(b)
1. **Hablo** inglés.	**Yo** también, **hablo** inglés.	**Yo no hablo** inglés.
2. **Hablo** español.	**Yo** también, **hablo** español.	**Yo no hablo** español.
3. **Estudio** mecánica.	**Yo** también, **estudio** mecánica.	**Yo no estudio** mecánica.
4. **Estudio** mucho.	**Yo** también, **estudio** mucho.	**Yo no estudio** mucho.

OBSERVACIÓN Est. A, B

Reread Antonio's statements and the *positive* replies in column (a). The words in heavy print are the *verbs*. These words tell you what action is going on. The form of the verb indicates who the subject is. The *subject* tells you who or what is doing the action. When you speak about yourself, you use the **yo** *(I)* form of the verb.

- In what letter does the **yo** form of the verbs end?   -o

Look at the suggested *negative* answers in column (b).

- In a negative sentence, what word comes directly before the verb?   no

 **Nota cultural** OPTIONAL

Nuestra herencia hispánica
(Our Hispanic heritage)

San Francisco, El Paso, Santa Fe, Los Angeles. . . These familiar names reflect the importance of the Hispanic heritage in the United States. This Hispanic heritage is very much alive and flourishing today.

In our daily vocabulary we use many Spanish words such as *patio, vista, canyon, poncho, cargo, guitar, mosquito* and *barbecue.* In our diet we have beef, pork, sugar, oranges, bananas and coffee, all of which were introduced to the American continents by the Spaniards.

Above all, the vitality of our Hispanic heritage is due to the presence in the United States of many millions of citizens of Hispanic origin who are maintaining their traditions, culture and language.

You may ask the students to name other cities which bear Spanish names, e.g. San Diego, San Jose, Toledo, Albuquerque, Sacramento, Santa Ana, Las Vegas, Amarillo, Orlando, Pueblo. Ask students to locate these cities on a map.

Estructura

A. Los verbos que terminan en –ar

The *infinitive* (**hablar** = *to speak*) is the basic form of the verb. When you look up a verb in the vocabulary listing at the back of this book, you will find it listed in the infinitive form. Spanish verbs are grouped according to their infinitive endings. The most common infinitive ending is **–ar**:

> **hablar**   *to speak*   **estudiar**   *to study*

Verbs with infinitives ending in **–ar** are called **–ar** verbs.

B. El presente: la forma yo

hablar	*to speak*	(**Yo**) Habl**o** inglés.	*I speak English.* *I am speaking English.*
estudiar	*to study*	(**Yo**) Estudi**o** español.	*I study Spanish.* *I am studying Spanish.*
trabajar	*to work*	(**Yo**) Trabaj**o** mucho.	*I work a lot.* *I am working a lot.*

⟫ In the present tense, the **yo** form (first person singular) of the verb is formed by replacing the **–ar** ending of the infinitive with the ending **-o**.

⟫ It is not necessary to use the pronoun **yo** *(I)* because the ending **-o** indicates who the subject is. Spanish speakers use **yo** mainly for emphasis.

Actividades

vocabulario especializado

tocar (el piano)

cantar

escuchar (discos)

estudiar

trabajar

hablar (inglés)

EXTRA VOCAB.: estudiar música, geografía, historia, ciencias, matemáticas; hablar español, francés, italiano, ruso, chino, japonés, alemán (*German*); tocar la guitarra, el violín, el banjo.

ACTIVIDAD 1   Antonio y José

Antonio and José do the same things. Give José's replies to Antonio's statements. The word **también** means *also*.

Antonio: Estudio inglés.   José: Estudio inglés también.

1. Hablo inglés.
2. Estudio mucho.
3. Trabajo aquí.
4. Estudio español.
5. Hablo siempre.
6. Toco el piano.
7. Canto bien.
8. Escucho discos.
9. Escucho la radio.
10. Canto siempre.

C. La negación

Compare the following sentences:

Anita:	Elena:	
Soy de San Antonio.	**No** soy de San Antonio.	*I am **not** from San Antonio.*
Estudio mucho.	**No** estudio mucho.	*I do **not** study a lot.*
Toco la guitarra.	**No** toco la guitarra.	*I don't play the guitar.*

To make a Spanish sentence negative, the word **no** is placed before the verb.

ACTIVIDAD 2   ¡No!

Anita and Linda are not doing the same things. Give Linda's replies to Anita's statements.

Anita: Estudio mucho.   Linda: No estudio mucho.

1. Estudio música.
2. Toco el piano.
3. Toco la guitarra.
4. Trabajo mucho.
5. Canto bien.
6. Escucho discos.
7. Escucho la radio.
8. Hablo inglés bien.

ACTIVIDAD 3   ¿Sí o no?

Say whether or not you do the following things.

hablar italiano   Sí, hablo italiano.
(No, no hablo italiano.)

1. hablar francés
2. hablar español bien
3. estudiar español
4. estudiar inglés
5. estudiar francés
6. trabajar
7. trabajar mucho
8. escuchar discos
9. escuchar la radio
10. cantar bien
11. tocar el piano
12. tocar la guitarra

Palabras útiles *(Useful words)*

bien	well	Hablo español **bien.**	Note: Several of these were already introduced in Unit 1.
muy	very	Hablo inglés **muy** bien.	
mal	badly, poorly	Hablo italiano **mal**.	
mucho	a lot	Trabajo **mucho.**	
un poco	a little	Toco el piano **un poco.**	
también	also, too	Toco la guitarra **también.**	
ahora	now	**Ahora** escucho discos.	
siempre	always	**Siempre** escucho la radio.	
aquí	here	No trabajo **aquí.**	
pero	but	Hablo español **pero** no soy de Puerto Rico.	
con	with	Canto **con** Antonio.	
como	like, as	Soy de Texas, **como** Luis.	
de	from, of	Soy **de** San Antonio.	
en	in	**En** clase hablo español.	
a	to, at	Elena trabaja **a** las nueve.	
y	and	Estudio inglés **y** español.	
o	or	Siempre estudio con Arturo **o** Marta.	

NOTA: **y** becomes **e** before **i** or **hi**   Luis **y** Carmen, *but* Luis **e** Inés
       o becomes **u** before **o** or **ho**   Luis **o** José, *but* Luis **u** Orlando
This point is presented for recognition only.

ACTIVIDAD 4   Presentación   This activity may be done in small groups.

Introduce yourself to your classmates. Use the following suggestions as a guide.

1. Me llamo . . .
2. Hablo . . .
3. Soy de . . .
4. En clase, trabajo (mucho, un poco).
5. Hablo español (bien, muy bien, mal).
6. Ahora no (canto, escucho discos, trabajo).
7. Trabajo siempre con . . .
8. Estudio con . . . también.

Pronunciación

a) La consonante *h*

The letter **h** is always silent.

Model word: h̲ablo
Practice words: h̲ace   h̲ora   la H̲abana   h̲oy
Practice sentences: ¿Qué h̲ora es?
                    ¿Qué tiempo h̲ace h̲oy?

b) La «jota»

Model word: J̲osé

Practice words: J̲uan j̲unio j̲ulio Méx̲ico mex̲icano origen trabaj̲o

Practice sentence: J̲uan es de origen mex̲icano.

The "jota" is the sound you make when you blow on glasses before cleaning them. The letter **j** (or "jota") is always pronounced this way in Spanish. The letter **g**, when followed by **e** or **i**, represents the "jota" sound.

In place names like **México**, the letter **x** represents the "jota" sound.

 OPTIONAL

Entre nosotros

Expresiones para la conversación

¡Fantástico!	*Great!*	Hace sol hoy. **¡Fantástico!**
¡Qué lástima!	*Too bad!*	Hace mal tiempo. **¡Qué lástima!**

español

¡Hola!

muy bien

Mini-diálogos

Create new dialogs by replacing the underlined words with the words suggested in the pictures.

Pablo: Hablo español.

Linda: ¡Fantástico!

Pablo: Pero no hablo muy bien.

Linda: ¡Qué lástima!

siempre

bien

la guitarra

el piano

francés

español

mucho

aquí

Tú tienes la palabra

With a classmate, prepare a short dialog of your own. Use the conversation between Linda and Pablo as a model.

55

Lección 2

En el suroeste

Con Lorenzo en Santa Fe, Nuevo México

Lorenzo estudia.
Estudia mucho.
¿Estudia español Lorenzo?
¿Él? ¡No! No estudia español.
Estudia historia.
Mañana hay un examen.
¡Qué lástima!

hay: *there is*

Con María en Tucson, Arizona

María estudia música.
Toca la guitarra.
Toca el piano también.
¿Toca bien María?
¿Ella? ¡Sí! Toca muy bien.

Con Carlos y Pedro en Pueblo, Colorado

¿Estudian Carlos y Pedro?
¿Ellos? ¡No! ¡Trabajan en un rancho!
¿Trabajan mucho Carlos y Pedro?
¡Sí! ellos trabajan mucho, pero . . .
¡no ganan mucho dinero!

ganan mucho dinero:
earn much money

Con Luisa y Sara en Merced, California

Hoy Luisa y Sara bailan.
Ellas cantan.
Escuchan discos.
¿No trabajan ellas?
¡No! . . . Hoy es domingo.

Unidad dos
56

CONVERSACIÓN

Indicate whether the following statements are true (¡**Es verdad!**) or false
(¡**Es falso!**).

1. Lorenzo estudia mucho.   V
2. **Él** estudia español.   F
3. María toca la guitarra.   V
4. **Ella** toca el piano.   V

5. Carlos y Pedro trabaj**an** mucho.   V
6. **Ellos** gan**an** mucho dinero.   F
7. Luisa y Sara escuch**an** discos.   V
8. **Ellas** bail**an**.   V

OBSERVACIÓN   Est. A

Look at the even-numbered sentences. The
names of the young people have been replaced
by *pronouns*.

• Which pronoun is used to replace the
following names:
Lorenzo? María? Carlos y Pedro? Luisa y
Sara?   él/ella/ellos/ellas

Sentences 1 to 4 tell what one person is doing.
The verb is in the **él/ella** *(he/she)* form.

• In what letter does each verb end?   -a

Sentences 5 to 8 tell what two people are
doing. The verbs are in the **ellos/ellas** *(they)*
form.

• In what two letters does each verb end?   -an

Nota cultural

Un poco de historia

(A little bit of history)

Our Hispanic heritage in the continental United
States can be traced back to the year 1513 — more
than one hundred years before the Pilgrim landing
at Plymouth — when a Spanish expedition led by
Juan Ponce de León landed in Florida. Many other
expeditions followed this one, bringing explorers to
this new land in search of gold and high adventure.
Spanish priests accompanied the expeditions,
establishing missions and spreading the Catholic
faith.

Hernando de Soto discovered the Mississippi
River in 1541. In 1565 Pedro Menéndez de Avilés
founded Saint Augustine (Florida), which is the
oldest permanent city of European origin in the
United States. Santa Fe (New Mexico), the oldest
seat of government, was founded in 1610 by Juan
de Oñate.

ADDITIONAL INFORMATION: Landing of Pilgrims
(1620), Foundation of a string of Spanish missions (1769–
1823) in California along "**El Camino Real**" (The King's
Highway). Texas was part of Mexico until 1836, as were
New Mexico and Arizona until 1848.

Estructura

A. El presente: las formas *él/ella* y *ellos/ellas*

Carlos	**(Él)** Trabaja en Puerto Rico.	*He works in Puerto Rico.*
Anita	**(Ella)** No trabaja en México.	*She doesn't work in Mexico.*
Juan y Luis	**(Ellos)** Habl**an** francés.	*They speak French.*
Sara y Ana	**(Ellas)** No habl**an** inglés.	*They don't speak English.*

OTHER EQUIVALENTS: He is visiting... She is not speaking...

The **él/ella** form (third person singular) of the –**ar** verbs ends in -**a**.

The **ellos/ellas** form (third person plural) of the –**ar** verbs ends in -**an**.

As in the case of **yo**, Spanish speakers use the subject pronouns **él, ella, ellos** and **ellas** for emphasis, or in situations where the meaning is not clear.

In Spanish, two pronouns correspond to the English *they:*

Ellos refers to a group of boys or to a mixed group.

Ellas refers to a group composed only of girls.

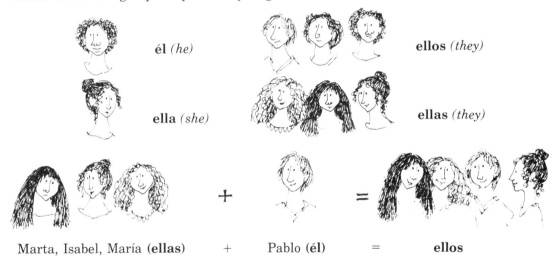

él *(he)*   **ellos** *(they)*

ella *(she)*   **ellas** *(they)*

Marta, Isabel, María **(ellas)**   +   Pablo **(él)**   =   **ellos**

In Spanish the masculine form predominates. It is used to refer to groups of people with one or more males.

ACTIVIDAD 1 Trabajos *(Jobs)*

These students have summer jobs abroad. Say which cities they are working in and which languages they are speaking.

Tomás (París / francés)   Tomás trabaja en París. Él habla francés.

1. Ramón (Nueva York / inglés)
2. Isabel (Roma / italiano)
3. Marisol y Carmen (Buenos Aires / español)
4. Jaime y Pedro (Berlín / alemán)
5. Carlos y Juanita (Moscú / ruso)
6. Pilar y María (Tokio / japonés)

• You may model the pronunciation of these cities and languages for students.

• ADDITIONAL CUES: Rafael (Boston/**inglés**), Carmenza (Quito/**español**), Ana y Clara (Monte Carlo/ francés).

vocabulario especializado

visitar (San Francisco)

viajar

nadar

mirar (la televisión)

ganar (dinero)

bailar

ACTIVIDAD 2   María también

Lorenzo is saying what he does. Reply that María does the same things.

VARIATION: María does not do the same things. **María no escucha la radio.**

Lorenzo: Escucho la radio.   María escucha la radio también.

1. Estudio mucho.
2. Canto bien.
3. Bailo muy bien.
4. Miro la televisión.
5. Gano dinero.
6. Nado un poco.
7. Viajo en julio.
8. Visito Los Álamos.

ACTIVIDAD 3   ¡Ellos no!

Now tell Lorenzo that Roberto and Carlos do not do the things he does.

Lorenzo: Escucho la radio.   Roberto y Carlos no escuchan la radio.

B. Preguntas con respuestas afirmativas y negativas

The following questions can be answered by **sí** or **no**.
Compare the position of the subject in the questions and the answers.

*Is **Juan** studying?*   ¿Estudia **Juan?**
                              Sí, **Juan** estudia.

*Does **Carmen** earn money?*   ¿Gana dinero **Carmen?**
                                 Sí, **Carmen** gana dinero.

*Do **Luis and José** study a lot?*   ¿Estudian mucho **Luis y José**?
Sí, **Luis y José** estudian mucho.

Questions which request a simple yes or no answer are called *yes/no questions*.
In Spanish, these questions are formed in either of two ways:

| ¿ | verb | + | subject (if expressed) | + | rest of sentence | ? |

or often:

| ¿ | verb | + | rest of sentence | + | subject (if expressed) | ? |

▷ In yes/no questions, the voice rises at the end of the sentence.

▷ Informal yes/no questions may be formed by adding **¿verdad?**
(right?) at the end of a statement.

María habla español, **¿verdad?**   *María speaks Spanish, **right?***
*María speaks Spanish, **doesn't she?***

▷ An inverted question mark (¿) signals the beginning of a question.

ACTIVIDAD 4   **¿Quién habla inglés?** *(Who speaks English?)*

Imagine that you are travelling in Mexico. You need to know who speaks
English and can help you out. Ask the appropriate questions.

VARIATION: Do they speak French? ¿Habla francés Elena?

▷ Elena   ¿Habla inglés Elena?

1. Pedro
2. Carmen
3. Felipe y Miguel
4. Luisa y Susana
5. Paco y Teresa
6. Alberto y Luis

Be sure students use plural verbs with plural subjects.

ACTIVIDAD 5   **Carmen y Pepe**

Imagine that Carmen and Pepe are visiting from Mexico. You know what
Carmen does. Ask whether Pepe does the same things.

VARIATION: Ask whether Julia and Juan do the things in Act. 5, using ¿verdad?. Julia y Juan hablan inglés, ¿verdad?

▷ Carmen habla inglés.   ¿Habla Pepe inglés también?

1. Carmen canta siempre.
2. Carmen viaja mucho.
3. Carmen visita Nueva York.
4. Carmen toca la guitarra.
5. Carmen baila mal.
6. Carmen mira la televisión.
7. Carmen escucha la radio.
8. Carmen estudia inglés.

 **Pronunciación**   **El sonido de la consonante _ll_**

Model word: e<u>ll</u>a
Practice words: e<u>ll</u>os   e<u>ll</u>as   Gui<u>ll</u>ermo   <u>ll</u>ueve   torti<u>ll</u>a
Practice sentences: Me <u>ll</u>amo Pepi<u>ll</u>o Vi<u>ll</u>as.
Ella es de Sevi<u>ll</u>a.

The letters **ll** represent a sound which is like the **y** of the English "yes."

In Castilian Spanish, the letters ll represent the sound /lj/ as in the English "million." In parts of Latin America, ll is pronounced like the /z/ in the English "measure," or even like the /dz/ in the English "juice."

Entre nosotros

Expresiones para la conversación

Spanish speakers have different ways of answering yes/no questions.

¡Cómo no!
¡Claro!   } *Of course*
¡Por supuesto!

¡Tal vez!   *Maybe*

¡Claro que no!   *Of course not*

— ¿Baila María bien?
— **¡Por supuesto!** Baila muy bien.

— ¿Trabaja Luisa mañana?
— **¡Tal vez!**

— ¿Mira Sara la televisión?
— **¡Claro que no!** Escucha discos.

Mini-diálogos

Create new dialogs by replacing the underlined words with the information in the pictures.

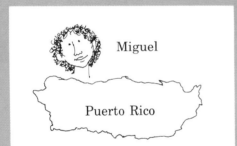

Lorenzo: ¿Canta bien <u>Miguel</u> en inglés?
Anita: ¡Claro que no! Canta en español.
Lorenzo: ¿En español?
Anita: ¡Cómo no! <u>Él</u> es de <u>Puerto Rico</u>.

 Isabel — México
 Carlos — Ecuador
 Panamá — Dolores
 Colombia — Luisa

Tú tienes la palabra

With a classmate, prepare a short dialog in which you talk about a student from a Spanish-speaking country. Use the conversation between Lorenzo and Anita as a model.

Have students locate the countries on a map of the Americas. Ask if they can name the capitals: San Juan, México, Quito, Panamá, Bogotá.

Lección dos
61

Lección 3

En Los Ángeles

 Miguel y Teresa estudian en un colegio de Los Ángeles.
Ahora hablan de un asunto muy serio: los estudios.

Miguel: ¿Estudias mucho, Teresa?
Teresa: ¡Sí!
Miguel: ¿Qué estudias tú ahora?
Teresa: Estudio inglés, matemáticas, física . . .
Miguel: ¿Física? . . . ¿Por qué estudias física?
Teresa: Deseo trabajar como ingeniera. ¿Y tú?
Miguel: Deseo trabajar en un estudio de televisión.

colegio: *high school*
asunto: *topic,*
    estudios: *studies*

Deseo: *I want*

La Señora Vargas es la consejera vocacional del colegio. Ella y
Teresa también hablan de los estudios.

Sra. Vargas: Buenos días, Teresa.
    Teresa: Buenos días, Señora Vargas.
Sra. Vargas: ¿Qué estudia usted ahora?
    Teresa: Estudio inglés, matemáticas, física . . .
Sra. Vargas: ¿Por qué estudia usted física?
    Teresa: Deseo trabajar como ingeniera.
Sra. Vargas: ¿Y dónde desea usted trabajar?
    Teresa: En México o en Venezuela, para una compañía
        internacional.
Sra. Vargas: Usted necesita estudiar idiomas . . .
    Teresa: Pero hablo inglés y español.
Sra. Vargas: ¡Ah! ¡Claro!

consejera vocacional:
    Vocational Counselor

dónde: *where*
para: *for*

necesita: *you need,*
    idiomas: *languages*

CONVERSACIÓN   OPTIONAL

Imagine that María Inés, an exchange student from Mexico, is talking to you. Answer her.

1. ¿**Hablas** español?   Sí, hablo español.
   (No, no hablo español.)
2. ¿**Estudias** francés?
3. ¿**Estudias** mucho?
4. ¿**Trabajas** mucho en clase?

Now imagine that el señor Portillo, a teacher from Mexico, is talking to you. Answer him.

5. ¿**Habla** usted español?   Sí, hablo español.
   (No, no hablo español.)
6. ¿**Estudia** usted francés?
7. ¿**Estudia** usted mucho?
8. ¿**Trabaja** usted mucho en clase?

OBSERVACIÓN   Est. A

María Inés, the student, and el señor Portillo, the teacher, ask you the same questions, but in different ways.

María Inés, like you, is a student. She talks to you in an informal way, using the **tú** *(you: familiar)* form of the verb.

- In which two letters do the verbs she uses end? -as

El señor Portillo talks to you in a more formal way, using the **usted** *(you: formal)* form of the verb.

- In which letter do the verbs he uses end? -a
- Which word comes directly after the verb?
  usted

Estructura

A. El presente: las formas *tú* y *usted*

When Spanish speakers talk to one another, they use either **tú** or **usted**.

Tú is used to address a child, a member of the family, a close friend or a classmate. **Tú** is the *familiar* or *informal* form of address.

> Carlos, ¡**tú** trabaj**as** mucho!   *Carlos, **you** work a lot!*
> Anita, ¿habl**as** (**tú**) inglés?   *Anita, do **you** speak English?*

The **tú** form (second person singular) of the **–ar** verbs ends in **-as**.
- As with the other subject pronouns you have learned, the pronoun **tú** is often omitted. It is used for emphasis or clarity.

Usted (abbreviated **Ud.**) is used to address everyone else. **Ud.** is the *polite* or *formal* form of address.

> Sr. Vargas, **Ud.** habla inglés muy bien.   *Mr. Vargas, **you** speak English very well.*
> ¿**Habla Ud.** italiano, Sra. de Molina?   *Do **you** speak Italian, Mrs. Molina?*

The **Ud.** form (third person singular) of the **–ar** verbs ends in **-a**.
- In contrast to other pronouns, **Ud.** is usually *not* omitted.
- **Ud.** is used with the third person singular form of the verb:

Ud. **trabaja** mucho.   *You work a lot.*
María **trabaja** mucho.   *María works a lot.*

You should use the **tú** form when talking to your classmates and the **Ud.** form when talking to your teacher. You will be addressed in the **tú** form in this book.

Usted is a third-person pronoun. You may explain that usted is the contraction of an older form of address, "**vuestra merced**" — your grace. (Your grace studies Spanish. Ud. estudia español.)

ACTIVIDAD 1 Preguntas personales

The *Preguntas personales* may be answered in complete sentences by better students.

1. ¿Estudias matemáticas?
2. ¿Estudias historia?
3. ¿Estudias mucho?
4. ¿Estudias mucho en la clase de español?
5. ¿Tocas la guitarra?
6. ¿Tocas el piano?
7. ¿Cantas bien o mal?
8. ¿Miras la televisión en casa?

ACTIVIDAD 2 Diálogo: El fin de semana

Ask a classmate whether he or she does the following things during the weekend (**durante el fin de semana**).

ADDITIONAL CUES: tocar el piano/nadar/viajar/visitar (a nearby city).

hablar español   Estudiante 1: ¿Hablas español durante el fin de semana?
Estudiante 2: Sí, hablo español. (No, no hablo español.)

1. estudiar
2. trabajar
3. mirar la televisión
4. ganar mucho dinero
5. bailar
6. cantar
7. escuchar discos
8. tocar la guitarra

ACTIVIDAD 3 Diálogo: ¿Y el profesor (la profesora)?

Ask your teacher the questions of Actividad 2, using **Ud.**

hablar español   ¿Habla Ud. español durante el fin de semana?

B. El infinitivo

The infinitive is used after certain verbs:

desear	**Deseo trabajar** como ingeniero.	*I wish to work as an engineer.*
esperar	**Espero trabajar** en Venezuela.	*I hope to work in Venezuela.*
necesitar	**Necesito hablar** bien el español.	*I need to speak Spanish well.*

Note that where English uses two words (*to work, to speak*), Spanish uses only one (**trabajar, hablar**).

You may want to teach globally the two forms ¿quieres...? (do you want) and quiero (I want)
—¿Quieres trabajar en Francia?
—Sí, pero no quiero estudiar francés.

ACTIVIDAD 4 Preguntas personales

1. ¿Deseas trabajar como ingeniero (ingeniera)?
2. ¿Deseas trabajar en un estudio de televisión?
3. ¿Deseas hablar bien el español?
4. ¿Esperas ganar mucho dinero?
5. ¿Esperas estudiar en una universidad?
6. ¿Esperas viajar a México?
7. ¿Necesitas trabajar mucho en la clase de español?
8. ¿Necesitas estudiar mucho en la clase de matemáticas?

C. Preguntas para obtener información

Questions which ask for specific information rather than a simple yes or no are called *information questions*.

¿Cómo está Ud., señor López?	*How are you, Mr. López?*
¿Dónde estudian Manuel y Teresa?	*Where do Manuel and Teresa study?*
¿Qué estudias ahora?	*What are you studying now?*

In Spanish, information questions follow this pattern:

> ¿ Question word(s) + verb + subject (if used) + rest of sentence ?

- Question words such as **¿cómo?** *(how?)*, **¿dónde?** *(where?)* and **¿qué?** *(what?)* indicate the type of information which is being requested.
- The voice is high at the beginning of an information question and often falls or levels off at the end.

ACTIVIDAD 5 Trabajos de verano *(Summer jobs)*

Gonzalo's friends have summer jobs. María wants to know where. Gonzalo answers. Play the roles of María and Gonzalo.

> Carlos: en San Diego María: ¿Dónde trabaja Carlos?
> Gonzalo: Trabaja en San Diego.

1. Miguel: en San Francisco
2. Luisa: en Nueva York
3. Raúl y Clara: en Boston
4. Pablo y Paco: en Chicago
5. Lucía y Cristina: en Los Ángeles
6. Tomás y Silvia: en Miami.

vocabulario especializado **Palabras interrogativas y responsivas**

¿cómo?	how?	**¿Cómo** está Ud.?
¿cuándo?	when?	**¿Cuándo** estudian Felipe y Raúl?
cuando	when	**Cuando** es posible, estudian.
¿dónde?	where?	**¿Dónde** estudian ellos?
donde	where	Estudian **donde** trabajan.

• Students have already practiced other interrogative expressions: **¿Cuánto cuesta el sombrero?** **¿Qué día es hoy?** **¿Qué hora es?**
• Ask **¿Qué estudia María Luisa?** with the **horario,** p. 121.

ACTIVIDAD 6 Curiosidad

Teresa's friends are doing certain things. Manuel wants more information.
Play the two roles according to the model.

> Pedro canta.(¿cómo?)   Teresa: Pedro canta.
> Manuel: ¿Cómo canta?

1. María estudia francés. (¿por qué?)
2. Anita canta. (¿cuándo?)
3. Raúl trabaja. (¿dónde?)

4. Juanita y Carlos bailan. (¿cómo?)
5. Luis y Laura hablan inglés. (¿por qué?)
6. Alberto y Paco estudian. (¿cuándo?)

ACTIVIDAD 7 Más curiosidad (*More curiosity*)

Ana overhears part of Manuel and Teresa's conversation. She wants to
know who they are talking about. Use the cues of Actividad 6 to ask
questions.

> Pedro canta.   Ana: ¿Quién canta?

¿qué?	what?	**¿Qué** estudia Teresa?
¿por qué?	why?	**¿Por qué** estudia física?
porque	because	**Porque** desea trabajar como ingeniera.
¿quién?	who (singular)?	**¿Quién** desea hablar español?
¿quiénes?	who (plural)?	**¿Quiénes** esperan trabajar en México?

NOTAS: 1. Note the written accents on question words.
2. **¿Quiénes?** is the plural form of **¿quién?.** It is used when the expected answer concerns more than one person. It is followed by the **ellos** form of the verb.

Pronunciación   **El sonido de la consonante v**

In some countries, the initial v is
pronounced more like our
English v.

a) *v* inicial

Model word: <u>v</u>einte
Practice words: <u>v</u>erano <u>v</u>iernes <u>v</u>endedor <u>V</u>argas <u>V</u>enezuela
Practice sentence: Señor <u>V</u>argas, hoy es <u>v</u>iernes, el <u>v</u>einte de mayo.

At the beginning of a word, the letter **v** represents the sound / **b** /, as in
the English **b** of "boy."

 OPTIONAL

Entre nosotros

Expresión para la conversación

To tell someone that you cannot do something, you can say:

No puedo.   *I can't.*   Deseo mirar la televisión, pero **no puedo.**
Necesito trabajar.

Mini-diálogos

Look at the illustration and the sample conversation. Create similar
conversations, replacing the underlined words with the expressions
suggested in the pictures.

Ramón: ¡Hola, Clara! ¿Deseas <u>bailar</u>?
  Clara: Sí, pero no puedo.
Ramón: ¿Por qué?
  Clara: Porque necesito <u>trabajar</u>.

b) *v* **medial**

Model word: prima_v_era

Practice words: nie_v_a   llue_v_e   hace _v_iento   no_v_iembre   jue_v_es

Practice sentence: Nie_v_a y hace _v_iento en no_v_iembre.

Between two vowels, the letter **v** represents the sound / ƀ /. To produce this sound, try to make a **b**-like sound without letting your lips come together.

Tú tienes la palabra

With a classmate, prepare a short dialog of your own.
Use the conversation between Ramón and Clara as a model.

Lección 4   *En Miami*

Me llamo Isabel Pérez.

Mi familia es de Cuba.
En casa hablamos español.
Mi papá y mi mamá no hablan mucho inglés.
Por eso siempre hablo español con ellos.

En casa: *At home*

Por eso: *That's why*

Me gusta nadar.
¡Nado bien!
Me gusta tocar la guitarra . . .
Me gusta escuchar discos . . .
Me gusta bailar . . .
También me gusta viajar.
Un día espero visitar México.
¿Y tú? ¿Deseas visitar México?
¿Te gusta viajar?

Me gusta: *I like*

¿De dónde es Isabel? ¿Habla español o inglés en casa? ¿Desea visitar Cuba o México?

CONVERSACIÓN OPTIONAL

These questions are addressed to you and your friends.

1. ¿**Habl**an ustedes español en clase?
   Sí, habl**amos** español en clase.
   (No, no habl**amos** español en clase.)

2. ¿**Estudi**an ustedes mucho en clase?
3. ¿**Habl**an ustedes español en casa?
4. ¿**Mira**n ustedes la televisión en casa?

OBSERVACIÓN Est. A

Reread the questions above. They use the **ustedes** (you: plural) form of the verb.
- In which two letters do the verbs end? -an
- Which word comes directly after the verb? ustedes

Now read the model answer. When you answer for yourself and your friends you use the **nosotros** (we) form of the verb.
- In which four letters does the verb end? -amos

Nota cultural OPTIONAL

Más sobre los hispanos
(More on the Hispanic people)

In the United States there are not one but several Spanish-speaking groups whose cultural characteristics are quite distinct.

The *Mexican-Americans* are the oldest and the largest group of Spanish speakers in this country, totaling about seven million people. Their history and culture are intimately linked to the development of the Southwest where many families of Spanish and Indian origin have lived for generations. Today the Mexican-Americans represent a significant percentage of the population in Texas, Arizona, New Mexico, California, Colorado and Michigan.

The *Puerto Ricans* became United States citizens in 1917. Since then, and especially since 1945, many have left the island of Puerto Rico for the large metropolitan areas of the Atlantic seaboard. With a Hispanic population of nearly two million people, the majority of whom are Puerto Ricans, New York is one of the major Spanish-speaking cities in the world.

The *Cubans* are the most recent group of Spanish-speaking immigrants. In the early 1960's they settled in Florida where they now represent thirty per cent of the population. In Greater Miami alone they number close to one million people.

The Spanish-speaking community of the United States includes many smaller groups which come from every corner of the Hispanic world, especially the Dominican Republic, Central America, Venezuela and Chile.

Estructura

A. El presente: las formas *nosotros* y *ustedes*

Nosotros is used when you are talking about yourself and others.

Pedro y yo [Antonio]	**(Nosotros)** Trabaj**amos** en un rancho.	*We work on a ranch.*
María y yo [Carlos]	**(Nosotros)** Habl**amos** español.	*We speak Spanish.*
Isabel y yo [Carmen]	**(Nosotras)** Necesit**amos** estudiar.	*We need to study.*

The **nosotros** form (second person plural) of the **–ar** verbs ends in **-amos**.

- The pronoun **nosotros** has a feminine form, **nosotras**. This form is used with groups composed only of females.
- The pronouns **nosotros** and **nosotras** are used only for emphasis or clarity.

Ustedes (abbreviated **Uds.**) is used by most Spanish speakers to address two or more people. **Uds.** is used with any group of people, whether they are addressed individually as **tú** or **Ud.**

tú	+	tú	=	Uds.

tú	+	Ud.	=	Uds.

Isabel y Ana, ¿dese**an Uds.** bailar?	*Do **you** wish to dance?*
Señores Pérez, ¿habl**an Uds.** inglés?	*Do **you** speak English?*

The **Uds.** form (third person plural) of the **–ar** verbs ends in **-an**.

- The pronoun **Uds.** is usually not omitted.
- **Uds.** is used with the third person plural form of the verb:

Uds. visitan México.	*You are visiting Mexico.*
Carlos y Ana visitan México también.	*Carlos and Ana are visiting Mexico too.*

You should emphasize that **ustedes** (from **vuestras mercedes:** your graces) is a third-person pronoun and is always used with the **ellos/ellas** form of the verb.

Nota: *vosotros*

In Spain, **vosotros** is used to address two or more people with whom one uses **tú**.

Although Spanish is one language, it has regional variations. Just as English is spoken differently in London, New York and Houston, so Spanish is spoken somewhat differently in Spain, Argentina and Mexico.

> Carlos y Felipe, **¿habláis** inglés (**vosotros**)?　　*Do **you speak** English?*
> Isabel y Conchita, **¿trabajáis** mucho (**vosotras**)?　　*Do **you work** hard?*

The **vosotros** form (second person plural) of the **–ar** verbs ends in **-áis**.

➲ **Vosotros** has a feminine form, **vosotras**.

➲ Though you will not practice the **vosotros** form, you should be able to recognize it. **Vosotros** forms will be given on all verb charts.

ACTIVIDAD 1　Diálogo

Dolores, an exchange student from Mexico, is spending the year in your school. She asks what students do in and out of class. Jim, one of your classmates, answers her. Play both roles.

➲　hablar español　　Dolores: ¿Hablan Uds. español?
　　　　　　　　　　Jim: Sí, hablamos español.
　　　　　　　　　　　(No, no hablamos español.)

1. hablar español en clase
2. cantar en español
3. estudiar física

4. estudiar mucho
5. viajar durante *(during)* las vacaciones
6. bailar durante el fin de semana

B. Repaso: el presente de verbos que terminan en –ar

Most –ar verbs form the present tense like **hablar:**

				FORMATION OF PRESENT TENSE	
INFINITIVE:			**hablar**		
NUMBER	PERSON	SUBJECT PRONOUN		STEM: INFINITIVE MINUS -ar	ENDINGS
SINGULAR	1st	*I* yo	**hablo**		**-o**
	2nd	*you (informal)* tú	**hablas**		**-as**
	3rd	*he* él			
		she ella	**habla**		**-a**
		you (formal) Ud.		**habl-**	
PLURAL	1st	*we* nosotros (as)	**hablamos**		**-amos**
	2nd	*you (informal)* vosotros (as)	**habláis**		**-áis**
	3rd	*they* ellos			
		they (feminine) ellas	**hablan**		**-an**
		you Uds.			

> Verbs that follow the same pattern of endings as **hablar** are called *regular –ar verbs.*

> The form of such verbs in Spanish has two parts:
> - the *stem,* or part which does not change. (For verbs like **hablar** the stem is the infinitive minus the ending –ar.)
> - the *ending,* or part which changes to show the subject.

Have students identify the stems and the endings of various verb forms: e.g., **cantamos, nadas, miran, viajo, trabaja.** They can also pick out verbs, identifying stems and endings, in the *Variedades,* p. 78.

ACTIVIDAD 2   España

Read the following story which tells of a trip being taken by two Mexican students, Jorge and Cristina.

1. Jorge y Cristina viajan a España.
2. Hablan español.
3. Visitan Barcelona.
4. Nadan en la playa *(beach).*
5. Escuchan música española.
6. Bailan en una discoteca.
7. No visitan Francia.
8. No hablan francés.

Now retell the story from the viewpoint of:

— Jorge and Cristina (Viajamos a . . .)
— Jorge alone (Viajo a . . .)
— a friend talking to Cristina (Viajas a . . .)
— a friend talking about Jorge (Viaja a . . .)
— a friend talking to Jorge and Cristina (Úds. viajan a . . .)

C. Me gusta

There is no Spanish verb which corresponds directly to the English "to like." Instead, Spanish speakers use the expressions:

Me gusta/te gusta is presented here only as a global expression. Forms and uses of **gustar** are presented on p. 229.

me gusta *(it pleases me to . . .)*	**Me gusta** bailar. *I like to dance.*
¿te gusta? *(does it please you to . . .?)*	**¿Te gusta** nadar? *Do you like to swim?*

 Note the negative forms:

¿No te gusta hablar español?	*Don't you like to speak Spanish?*
No me gusta hablar francés.	*I don't like to speak French.*

ACTIVIDAD 3   Diálogo: ¿Sí o no?

Ask a classmate if he or she likes to do the following things.

ADDITIONAL CUES: tocar el piano/mirar la televisión/escuchar discos.

 viajar   Estudiante 1: ¿Te gusta viajar?

Estudiante 2: Sí, me gusta viajar.

(No, no me gusta viajar.)

1. trabajar	4. cantar	7. visitar museos
2. estudiar	5. nadar	8. escuchar música popular
3. bailar	6. hablar español en clase	9. escuchar música clásica

D. Pronombres con la preposición   This may be presented for recognition only.

In the answers to the questions below, the pronouns in heavy print replace the underlined nouns. Note these pronouns.

¿Estudias con Miguel y Julio?	Sí, estudio con **ellos.**
¿Baila Juan con Elena?	Sí, baila con **ella.**
¿Trabaja Jaime para el Sr. Ruiz?	Sí, trabaja para **él.**

The pronouns which are used after *prepositions* like **con** *(with)* and **para** *(for)* are the same as the subject pronouns.

 There are two exceptions:

mí is used instead of **yo**	— ¿Deseas trabajar para **mí?**
ti is used instead of **tú**	— ¿Para **ti?** ¡Claro!

• Mí bears an accent (distinguishing it from **mi** = *my*, which they will learn later), whereas **ti** does not (since there is no other word **ti** with which it might be confused).
• Tell students that **para** is not the only word meaning *for*. **Por** and **para** are formally contrasted on pp. 358 and 369.

 The pronouns **mí** and **ti** combine with **con** to form:

conmigo *(with me)*	— ¿Deseas estudiar **conmigo?**
contigo *(with you)*	— ¿**Contigo?** ¡Ah, no!

ACTIVIDAD 4 Carlos

Carlos does a lot of things with his friends. His cousin Susana wants to know precisely with whom. Answer her questions affirmatively or negatively, as indicated.

♫ ¿Estudia Carlos con Elena? (sí)   Sí, estudia con ella.

1. ¿Trabaja Carlos con Pedro? (no)
2. ¿Baila Carlos con Emilia? (sí)
3. ¿Nada Carlos con Enrique y Jose? (sí)
4. ¿Habla Carlos con Susana y Luisa? (no)
5. ¿Viaja Carlos con Silvia y Roberto? (no)
6. ¿Estudia Carlos con Carmen y Felipe? (sí)

ACTIVIDAD 5 ¿Conmigo?   OPTIONAL

Ask a classmate if he or she wants to do the following things with you.   ALTERNATE: ¿Quieres estudiar conmigo?

♫ estudiar   Estudiante 1: ¿Deseas estudiar conmigo?
              Estudiante 2: ¿Contigo? ¡Claro!
                           (¿Contigo? ¡Claro que no!)

1. hablar español
2. trabajar
3. mirar la televisión
4. bailar
5. escuchar discos
6. viajar
7. visitar México
8. cantar

ACTIVIDAD 6 La serenata

Juan Pablo is singing a traditional serenade. María Luisa wonders whether he is singing for the people below. Play both roles according to the model.

♫ Paco: no   María Luisa: ¿Cantas para Paco?
               Juan Pablo: No, no canto para él.

1. Elena: no
2. Cristina y Luisa: no
3. Carlos y Felipe: no
4. Carmen y Rodolfo: no
5. nosotros: no
6. mí: sí

 Pronunciación   El sonido de la r medial

Model word: para
Practice words: pero enero Clara cero el Perú María
Practice sentences: La señora de Arabal es de Caracas.
                   María y Clara visitan el Perú.
                   El dinero es para Teresa.

The sound of the Spanish **r** in mid-word is very similar to the American pronunciation of the t's in "better" or the d's in "ladder." Pronounce "pot o' tea" rapidly: you will be close to producing the Spanish **"para ti."**

This introduction to r includes only the intervocalic r, which is the easiest to produce. If students learn the single r quickly, you might wish to contrast it with the double r of **guitarra**. The **rr** is introduced formally in Unit 5, p. 182.

Entre nosotros

> **Expresión para la conversación**
>
> To introduce a conclusion, you may use:
>
> **por eso**   *therefore, that's why*   — Me gusta estudiar con Isabel.
>   — ¡Ah! **Por eso** estudias siempre con ella.

Mini-diálogos

Look at the illustration and the sample conversations. Create similar
conversations, replacing the underlined words with the expressions
suggested in the pictures.

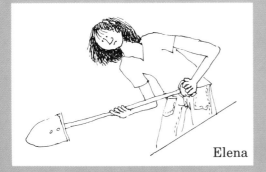

Elena

a)   Pedro: ¡Hola, Carmen!
   Carmen: ¡Hola, Pedro!
      Pedro: ¿Te gusta trabajar?
   Carmen: No, no me gusta trabajar.
      Pedro: ¡Ah! Por eso no trabajas ahora.

b)   Pedro: ¿Trabajas con Elena?
   Carmen: ¡No, no trabajo con ella!
      Pedro: ¿Deseas trabajar conmigo?
   Carmen: ¿Contigo? ¡Por supuesto!

Luis

Ana

Juan
y
Carlos

Linda
y
Teresa

Tú tienes la palabra

With a classmate, prepare a short dialog in which you talk about things
you do or don't like to do. Use one of the conversations between Pedro and
Carmen as a model.

Variedades

¿Quién soy yo?

The following young people are our "mystery guests." They will each describe themselves, without giving their names. Read carefully what they say, looking for clues to their identities. Then match each person with his or her portrait.

A. ¿Cómo me llamo? Ah, ah . . . es un secreto . . . Soy norteamericana como Uds. . . . pero con una diferencia: hablo español. Soy de origen mexicano-americano. En casa,° hablamos siempre el español . . . Me gusta tocar la guitarra y me gusta nadar. ¿Nado bien? Sí, nado muy bien . . . y nado todos los días° del año. ¿Dónde? En el Océano Pacífico, ¡por supuesto!

    ¿Quién soy?

En casa: *At home*

todos los días: *every day*

B. ¡Hola! ¡Me llamo Superman! . . . ¡Claro que no! Me llamo
_____ y vivo° en _____. Dos secretos para Uds., amigos. Yo también soy de origen mexicano-americano y también hablo español en casa . . . Estudio en una escuela° bilingüe . . . Estudiamos mucho. Me gusta estudiar idiomas° (¡Espero trabajar como intérprete en las Naciones Unidas en Nueva York!). No, no soy de Nueva York . . . Soy de _____, una ciudad° donde hace mucho frío en el invierno y hace mucho calor en el verano.

    ¿Quién soy?

vivo: *I live*

escuela: *school*
idiomas: *foreign languages*

ciudad: *city*

C. Soy norteamericana, ¡ciento por ciento!° Pero soy también hispanohablante° . . . Soy una persona de dos culturas. Mis° padres° no hablan mucho inglés pero no importa° . . . Mi mamá trabaja en casa y mi papá trabaja en un restaurante cubano en la Pequeña° Habana . . . ¿Dónde está° la Pequeña Habana? Ah . . . ah . . . La Pequeña Habana está situada en una ciudad muy grande de los Estados Unidos: una ciudad donde tal vez un millón de personas hablan español . . . una ciudad donde hace calor en el verano y en el invierno . . . una ciudad en la costa del° Océano Atlántico . . . una ciudad extraordinaria . . . ¡una ciudad fantástica . . .!

    ¿Quién soy?

ciento por ciento: *100%*
hispanohablante: *Spanish-speaking,*
Mis: *My,*
padres: *parents*
no importa: *it doesn't matter*
Pequeña: *Little*
está: *is*

del: *of the*

D. ¡Qué tal, amigos! ¿Desean Uds. hablar conmigo? ¡Bueno! Yo también soy de origen hispánico pero no soy cubano ni° mexicano-americano. Soy de Puerto Rico. Pero ahora no vivo en Puerto Rico . . . Vivo en una ciudad del este de los Estados Unidos. Me gusta tocar el piano. Toco el piano en una orquesta de música latina . . . Me gusta también nadar . . . pero no nado mucho. En la ciudad donde vivo, hace mucho frío en el invierno. ¡Qué lástima!

    ¿Quién soy yo?

ni: *nor*

Some Spanish-speakers in Miami refer to **la Pequeña Habana** as "Little Havana."

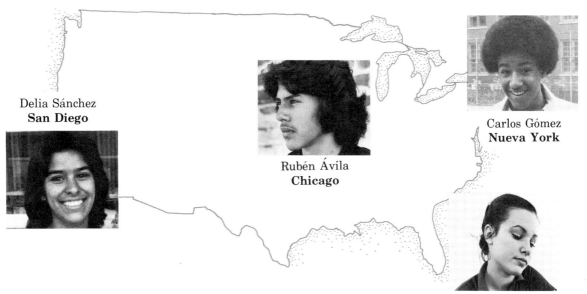

Delia Sánchez
San Diego

Rubén Ávíla
Chicago

Carlos Gómez
Nueva York

Rosita Hurtado
Miami

El arte de la lectura *(The art of reading)*   OPTIONAL

Cognates

When you read a new selection in Spanish, you should first read it through to get the general meaning. Then you can go back and work out the meanings of new words and expressions. Some of these new words may be so unfamiliar that you will have to look them up in a dictionary. In the passage you have just read, you would probably not be able to guess the meanings of the words glossed in the margin.

Sometimes, though, you will not need a dictionary to find out the meanings of unfamiliar Spanish words. You will be able to guess them because many look like English words and have the same meanings. For instance, you probably understood the phrase **es un secreto** even though you had never before seen the Spanish word **secreto.** Words which look alike and have similar meanings in two languages are called "cognates."

Cognates present certain problems:

• They are never pronounced the same in Spanish and English.
• They are often spelled differently in the two languages.
• They may not have quite the same meaning in the two languages.

Ejercicio de lectura

Make a list of ten cognates which you came across for the first time in this reading.

a. Are there any words on your list that are spelled exactly the same way in Spanish and English?
b. Which words are spelled differently? Describe the differences.

Cognates from the Lectura:
diferencia
océano
Pacífico
costa
bilingüe
intérprete
Naciones Unidas
guitarra
piano
culturas
no importa
orquesta
secreto
origen
música latina
restaurante
situado
millón
personas
Atlántico
extraordinaria
este
Estados Unidos

Unidad 3

Amigos ... y amigas

OBJECTIVES:

Language

The main grammatical focus of this unit is on the noun group:

- The noun (gender and number)
- Definite and indefinite articles
- Descriptive adjectives (form, position, and agreement)

The concept of irregular verbs is presented with **ser** and **tener**.

Communication

By the end of this unit, students will be able to use Spanish:

- To talk about their immediate personal world (their possessions and their peer group)
- To describe people (appearance, personality, national origin)
- To describe everyday objects (appearance, origin, cost)

Culture

This unit focuses on interpersonal relationships, especially on Hispanic dating habits and the concept of friendship.

Discotheque, Mexico City

3.2 Los amigos ideales   **3.3 En la fiesta**   **3.4 Un club internacional**

VARIEDADES — Los secretos de la cara

Lección 1

En un café

Sevilla is located in Andalucía in southern Spain and is famous for its flamenco music.

Sevilla, España.
Pedro y Miguel entran en un café.
El café se llama «La Florida». — se llama: *is called*
En el café, hay música de guitarra. — hay: *there is*
¿Quién toca?

Miguel: ¡Eh, Pedro! ¿Quién toca la
guitarra?
Pedro: Es . . . un guitarrista.

Miguel: Claro, claro . . . pero ¿quién es el
guitarrista?
Pedro: Es . . . un muchacho. — muchacho: *boy*

Miguel: Bueno . . . pero ¿sabes quién es el — sabes: *do you know*
muchacho?
Pedro: Es . . . un estudiante.

Miguel: ¡Por supuesto! . . . pero ¿quién es?
Pedro: Es el amigo de . . . — amigo: *friend*

Miguel: ¡Eh, Pedro! ¡El muchacho no es
un muchacho!
Pedro: Es . . . una muchacha. — muchacha: *girl*
Miguel: ¡Sí! Es Alicia, la amiga de Ramón.

Alicia: ¡Hola, muchachos!
Pedro: ¡Hola, Alicia!
Miguel: ¡Hola!

CONVERSACIÓN

Let's talk about people.

1. ¿Quién es Miguel? ¿Un **muchacho** o una **muchacha?**
2. ¿Quién es Alicia? ¿Un **muchacho** o una **muchacha?**
3. ¿Quién eres tú? ¿Un **muchacho** o una **muchacha?**

4. ¿Quién enseña *(teaches)* la clase de español? ¿Un **señor,** una **señora** o una **señorita?**
5. ¿Quién enseña la clase de inglés? ¿Un **profesor** o una **profesora?**
6. ¿Quién enseña la clase de matemáticas? ¿Un **profesor** o una **profesora?**

OBSERVACIÓN
Est. A

The words in heavy print are *nouns.*

- Does the noun **muchacho** represent a male or a female person? What about **señor? profesor?**   male
- Does the noun **muchacha** represent a male or a female person? What about **señora? señorita? profesora?**   female

Nouns are often introduced by *articles.* In the above sentences, the words which come directly before the nouns are *indefinite articles*, like the English *a, an*.

- Which indefinite article is used before **muchacho? señor? profesor?**   un
- Which indefinite article is used before **muchacha? señora? señorita? profesora?**

un a

Nota cultural

Los amigos (Friends)

For young Hispanic people, *un amigo* or *una amiga* is not just an acquaintance or a casual friend. *Un amigo* or *una amiga* is a close friend, a person with whom you share your joys and troubles, a person who is always there when you need someone to talk to.

El novio or *la novia* is more than a boyfriend or a girlfriend. The relationship between *novios* implies exclusive dating. In fact, *el novio* or *la novia* is usually the person whom you intend to marry. In Hispanic society, individual dating is not encouraged by the family. A boy and a girl will go out together alone only if they have been *novios* for some time and are over seventeen years old.

The official fiancé(e) is **el (la) prometido(a).** An acquaintance is **el (la) conocido(a).**

Estructura

A. El sustantivo y el artículo indefinido: masculino y femenino

Nouns are used to designate people, animals or things. Nouns have *gender* in Spanish; that is, all nouns are either *masculine* or *feminine*.
Note the forms of the *indefinite article* (in heavy print) in the chart below.

MASCULINE NOUNS		FEMININE NOUNS	
un señor	*a gentleman*	**una** señora	*a lady*
un gato	*a (male) cat*	**una** gata	*a (female) cat*
un auto	*an automobile*	**una** orquesta	*an orchestra*

Un is used before masculine nouns. **Una** is used before feminine nouns.

How can you tell whether a Spanish noun is masculine or feminine?

Usually you can tell the gender of nouns designating people.

- Nouns designating male persons are generally masculine:
  un muchacho, **un** señor, **un** profesor, **un** amigo.
- Nouns designating female persons are generally feminine:
  una muchacha, **una** señora, **una** profesora, **una** amiga.

Exceptions: **una persona** and **una víctima.**

Sometimes you can tell the gender of other nouns from their endings.

- Most nouns ending in **-o** are masculine:
  un piano, **un** disco (but **una** mano, *a hand).*
- Most nouns ending in **-a** are feminine:
  una guitarra, **una** discoteca, (but **un** día).

Exceptions: words ending in -ama, -ema: **un programa, un problema.**

Since the gender of nouns is not always predictable and since many nouns do not end in **-o** or **-a,** it is a good idea to learn new nouns together with their *articles.* For example, think of **un disco** instead of just **disco.**

La gente *(People)*

La gente is active vocab.

un amigo	friend	**una amiga**	friend
un chico	boy	**una chica**	girl
un muchacho	boy	**una muchacha**	girl
un joven	young man	**una joven**	young woman
un novio	boyfriend	**una novia**	girlfriend
un hombre	man	**una mujer**	woman
un señor	man, gentleman	**una señora**	lady
un profesor	professor, teacher	**una profesora**	professor
un estudiante	student	**una estudiante**	student
un maestro	teacher	**una maestra**	teacher
un alumno	student, pupil	**una alumna**	student, pupil

hay	there is/are, here is/are	**Hay** un chico y una chica.

¿Cómo se llama?	*What is he (she) called? (What's his/her name?)*
¿Cómo se llaman?	*What are they called? (What is their name?)*

NOTA: Often the terms **profesor** and **estudiante** are used at the university level, while the terms **maestro** and **alumno** are used at the secondary school level.

• The word **gente** is always singular.
• Have students observe that some nouns are the same in the masculine and the feminine: e.g., **joven**, **estudiante**. The gender is indicated by the article.

ACTIVIDAD 1   ¿Quién es?

Luis shows school pictures to Anita. She asks him to identify each person. Play the two roles according to the model.

🔊 Carlos   Anita: ¿Quién es?
            Luis: ¡Es Carlos, un amigo!

(amigo/amiga)	(muchacho/muchacha)	(profesor/profesora)
1. José	4. Lucía	7. el Sr. Gómez
2. Felipe	5. Roberto	8. la Sra. de Miranda
3. Carmen	6. Inés	9. la Srta. Hernández

ACTIVIDAD 2   Otras preguntas *(Other questions)*

Now Luis is showing the pictures to Ramón. Play the two roles according to the model. Use the cues of Actividad 1 and the following expressions:

1-3 chico/chica   4-6 alumno/alumna   7-9 hombre/mujer

🔊 Carlos   Ramón: Hay un chico. ¿Quién es?
            Luis: ¡Es Carlos!

B. Los artículos definidos: *el, la*

Read the sentences below, paying attention to the words in heavy print.

El Sr. Vargas habla con **un** muchacho.   ¿Cómo se llama **el** muchacho?
El Sr. Vargas habla con **una** muchacha.   ¿Cómo se llama **la** muchacha?

The *definite article* **el** is used before masculine nouns:

el muchacho *(the boy),* **el** piano *(the piano).*

The *definite article* **la** is used before feminine nouns:

la muchacha *(the girl),* **la** clase *(the class).*

The definite articles **el** and **la** are like the English article *the.*

🔊 When talking about a person, Spanish speakers use **el** or **la** in front of titles.

El Sr. Miranda es de México, ¿verdad?
Sí, pero **la** Sra. de Miranda es de Puerto Rico.

ACTIVIDAD 3   En el café

There are many people in the café where Alicia and Miguel are sitting. Alicia asks who they are. Miguel answers. Play both roles according to the model.

ADDITIONAL CUES: un chico Rafael, una chica: Ana María, un profesor: Juan Albáñiz.

🔊 un muchacho: José   Alicia: ¿Cómo se llama el muchacho?
            Miguel: ¿El muchacho? Se llama José.

1. una muchacha: Luisa	4. un novio: Jaime Ribera
2. un estudiante: Roberto	5. una maestra: Silvia María
3. una joven: Susana	6. un guitarrista: Salvador Ruiz

C. Ser

Here are the present tense forms of the important verb **ser** *(to be)*. Some of these forms will be familiar to you.

(yo)	**Soy** de California.	(nosotros)	**Somos** de Texas.
(tú)	**Eres** de Panamá.	(vosotros)	**Sois** de Madrid.
(él, ella, Ud.)	**Es** de Sevilla.	(ellos, ellas, Uds.)	**Son** de San Juan.

Ser is an *irregular* verb. It does not follow a predictable pattern the way the regular **–ar** verbs do.

> After **ser**, the indefinite article (**un, una**) is usually omitted before nouns designating professions.
>
> Un/una are used when the noun is modified by an adjective: El Sr. Montero es un profesor inteligente.
>
> **Soy profesor.**   *I am a teacher.*
> Felipe **es estudiante.**   *Felipe is a student.*

ACTIVIDAD 4   El club de español

The following students belong to the Spanish club. Say which country each one is from.

VARIATION: They all play the guitar. Use **guitarrista** and **guitarristas.** Silvia es guitarrista.

> Silvia (Costa Rica)   Silvia es de Costa Rica.

1. Pablo (España)
2. Isabel (México)
3. Luisa (Chile)
4. Carmen y Diego (Cuba)
5. nosotros (Puerto Rico)
6. Uds. (Colombia)
7. yo (Venezuela)
8. tú (Guatemala)
9. Ud. (Bolivia)
10. Miguel y Federico (Honduras)

 Pronunciación   Unión de las vocales a‿a

Model word: la‿amiga
Practice words: la‿alumna   la‿adulta   la‿americana   la‿Argentina
Practice sentences: María habla con la‿amiga de Juan.
        La‿alumna‿argentina se llama‿Alicia.

In rapid conversational Spanish, words are often linked together. When a word ending in **-a** is followed by a word beginning with **a-**, you hear only one **a.**

Students should learn to recognize words linked together in speech. Do not artificially separate words as you address the class.

Entre nosotros

Mini-diálogos

Look at the illustration and the sample conversation. Create similar conversations, replacing the underlined words with the expressions in the pictures.

muchacho   muchacha

Ramón
María

José: Hay un muchacho y una muchacha.

Inés: Bueno . . . ¿Quién es el muchacho?

José: ¡Es Ramón!

Inés: ¿Y la muchacha?

José: ¡Es María!

chico chica	maestro alumno	profesora estudiante	hombre mujer

Pedro Luisa	el Sr. Vargas Miguel	la Srta. Vilar Anita	el Sr. Arias la Srta. Colón

Tú tienes la palabra

With a classmate, prepare a short dialog in which you talk about two other people you notice at school. Use the conversation between José and Inés as a model.

Lección 2

Los amigos ideales

Un amigo es un amigo . . .
No siempre es perfecto, claro.
Sólo el amigo ideal es perfecto, ¿verdad?
Y la amiga ideal también.
Para Uds., ¿cómo es el amigo ideal? ¿Y la amiga ideal?

Sólo: *Only*

cómo es: *what is . . . like?*

el amigo ideal	sí	no
¿Es romántico?	▪	▪
¿Es atlético?	▪	▪
¿Es tímido?	▪	▪
¿Es generoso?	▪	▪
¿Es paciente?	▪	▪
¿Es inteligente?	▪	▪
¿Es un muchacho sincero?	▪	▪
¿Es un muchacho interesante?	▪	▪

la amiga ideal	sí	no
¿Es romántica?	▪	▪
¿Es atlética?	▪	▪
¿Es tímida?	▪	▪
¿Es generosa?	▪	▪
¿Es paciente?	▪	▪
¿Es inteligente?	▪	▪
¿Es una muchacha sincera?	▪	▪
¿Es una muchacha interesante?	▪	▪

Have the class vote on the three most important qualities for boys and girls. Tabulate the answers.

CONVERSACIÓN

Now let's talk about your real friends, rather than the ideal model.

¿Cómo es tu mejor *(best)* amigo?

1. ¿Es **generoso**? Sí, es **generoso**.
   (No, no es **generoso**.)
2. ¿Es **simpático** *(nice)*?
3. ¿Es un muchacho **tímido**?
4. ¿Es un muchacho **sincero**?

¿Cómo es tu mejor amiga?

5. ¿Es **generosa**?
6. ¿Es **simpática**?
7. ¿Es una muchacha **tímida**?
8. ¿Es una muchacha **sincera**?

OBSERVACIÓN

Words used to describe people and things are called *adjectives*. In the Conversación, the words in heavy print are adjectives.

Questions 1-4 contain adjectives which describe a masculine noun (**amigo**).

- In what letter do these adjectives end?   -o

Questions 5-8 contain adjectives which describe a feminine noun (**amiga**).

- In what letter do these adjectives end?   -a

Re-read questions 3, 4, 7 and 8.

- Do the adjectives come *before* or *after* the nouns **muchacho** and **muchacha**?   after

Nota cultural

El grupo de amigos

Young people in Spanish-speaking countries prefer doing things together rather than individually. Thus the social life of a Hispanic teenager often revolves around a special group of friends, usually from the same school and social background.

El grupo de amigos (known as *la pandilla* in Spain) meets regularly, perhaps at a café, a park, or at the home of one of the members to listen to music, watch television or do homework. Other common activities include going to the beach, to the movies, or to a soccer game.

Taking walks is a popular activity in all Hispanic countries, especially since it is not common for teenagers to have cars. Groups of young people often walk arm in arm through the streets, singing, joking, and having a good time.

Estructura

A. Los adjetivos: formas del singular

Compare the *adjectives* in heavy print in the following sentences.

Pablo es . . . **atlético,**
simpático *(nice),*
inteligente
y muy **popular.**

Luisa es . . . **atlética,**
simpática,
inteligente
y **popular** también.

The masculine form of an adjective is used to describe a masculine noun or pronoun. The feminine form of an adjective is used to describe a feminine noun or pronoun. This is called *noun-adjective agreement.* How do we form the feminine of Spanish adjectives? It depends on the masculine form.

 Adjectives which end in **-o** in the masculine end in **-a** in the feminine.

Roberto es
generos
fantástic

Carolina es
generos
fantástic

 vocabulario especializado **La descripción de una persona**

▷ Adjectives which end in **-e** or **-a** in the masculine do not change in the feminine.

Carlos es **independiente**
  e **individualista.**

Marta es **independiente**
  e **individualista.**

▷ Most, but not all, adjectives which end in a consonant in the masculine do not change in the feminine.

Rubén es muy **popular.**

Beatriz es muy **popular.**

▷ The feminine form of adjectives that do not follow the above patterns will be given in the vocabulary lists.

ACTIVIDAD 1 Los gemelos *(Twins)*

The following sets of twins look alike. Read the brother's description and then describe the sister.

▷ Juan es guapo / Juanita   Juanita es guapa también.

1. Roberto es alto / Roberta
2. Carlos es delgado / Carla
3. Antonio es bajo / Antonia
4. Emilio es gordo / Emilia
5. Enrique es rubio / Enriqueta

6. Felipe es moreno / Felipa
7. Francisco es serio / Francisca
8. José es aburrido / Josefa
9. Julio es antipático / Julia
10. Luis es divertido / Luisa

características físicas

alto(a)	tall	≠ **bajo(a)**	short
bonito(a)	pretty	≠ **feo(a)**	plain, ugly
guapo(a)	handsome, good-looking		
delgado(a)	thin	≠ **gordo(a)**	chubby, fat
moreno(a)	dark-haired, brunette	≠ **rubio(a)**	blond

características psicológicas

bueno(a)	good	≠ **malo(a)**	bad
divertido(a)	amusing, fun	≠ **serio(a)**	serious
inteligente	intelligent	≠ **tonto(a)**	foolish, stupid
interesante	interesting	≠ **aburrido(a)**	boring
simpático(a)	nice	≠ **antipático(a)**	unpleasant

bastante	rather, quite, enough	Linda es **bastante** simpática.
demasiado	too	Jaime es **demasiado** serio.
muy	very	Javier es **muy** inteligente.

· These adjectives are usually used with **ser.**
· Some cognate adjectives: **ambicioso, dinámico, generoso, imaginativo, intelectual, irresponsable, lógico, responsable, sentimental, sincero.**

ACTIVIDAD 2   Los opuestos se atraen *(Opposites attract)*

The following people have friends who are their opposites. Describe
the friends.

    Carlos es moreno / Carmen   Carmen no es morena.
                                          Es rubia.

1. Juan es alto / Isabel
2. Pedro es rubio / Luisa
3. Paco es gordo / Juanita
4. Emilio es divertido / Dolores
5. Roberto es interesante / Ana

6. Pablo es simpático / Clara
7. Tomás es tonto / Lucía
8. Felipe es bajo / Susana
9. Pilar es inteligente / Miguel
10. Anita es bonita / Raúl

VARIATION: Complete
similar sentences about the
following: **Un gigante** (giant),
un monstruo (monster), **un
marciano** (*Martian*), **una bruja**
(witch).

ACTIVIDAD 3   Tipos ideales

Everyone has a personal view of the ideal people. Give your own opinions
by completing the following sentences.

1. El amigo ideal es . . .   No es . . .
2. La amiga ideal es . . .   No es . . .
3. El estudiante ideal es . . .   No es . . .
4. La estudiante ideal es . . .   No es . . .

5. El novio ideal es . . .   No es . . .
6. La novia ideal es . . .   No es . . .
7. El profesor ideal es . . .   No es . . .
8. La profesora ideal es . . .   No es . . .

ACTIVIDAD 4   Retratos *(Portraits)*   OPTIONAL

This may be assigned
as homework.

Complete the following portraits of yourself and your worst enemy.

a)
1. Yo soy . . .
2. Soy muy . . .
3. Soy bastante . . .
4. No soy demasiado . . .
5. ¿Soy . . . ? ¡Claro!
6. ¿Soy . . . ? ¡Claro que no!

b)
1. Mi peor enemigo(a) es . . .
2. Es muy . . .
3. Es bastante . . .
4. No es demasiado . . .
5. ¿Es . . . ? ¡Por supuesto!
6. ¿Es . . . ? ¡No, no, no!

B. La posición de los adjetivos

Note the position of the adjectives in the answers below.

¿Es Roberto simpático?	Sí, es un muchacho **simpático.**
¿Es Emilia inteligente?	Sí, es una alumna **inteligente.**
¿Es el Sr. Ruiz muy serio?	Sí, es un profesor muy **serio.**

In Spanish, descriptive adjectives generally come *after* the noun they modify.

〰 The adjectives **bueno** *(good)* and **malo** *(bad)* usually come before the noun, but may follow if the adjective is emphasized.

〰 **Bueno** and **malo** become **buen** and **mal** before a masculine singular noun.

Roberto es un **buen** amigo, pero un **mal** estudiante.

ACTIVIDAD 5   Las opiniones de Consuelo

ADDITIONAL CUES:
(estudiante) Raquel: seria /
Bárbara: buena / Miguel:
inteligente / Ramón: malo

Consuelo gives her opinion of people she knows. Play her role according to the model.

〰   Pedro: interesante   Pedro es un chico interesante.

(chico/chica)

1. Carlos: simpático
2. Alicia: bonita
3. Anita: muy seria
4. Rafael: fantástico
5. Marina: antipática

(alumno/alumna)

6. Alfonso: inteligente
7. Raúl: bueno
8. Conchita: mala
9. Victoria: buena
10. Francisco: malo

(profesor/profesora)

11. el Sr. Alonso: divertido
12. la Sra. de Vilar: buena
13. el Sr. Gómez: demasiado serio
14. la Srta. Ruiz: bastante aburrida
15. el Sr. Molina: inteligente

ACTIVIDAD 6   Diálogo: Preferencias personales

Ask a classmate whom he or she prefers. (Note: **¿te gusta más . . . ?** means *do you prefer?*)

〰   un amigo: ¿tímido o divertido?   Estudiante 1: ¿Te gusta más un amigo tímido o divertido?
Estudiante 2: Me gusta más un amigo tímido. (Me gusta más un amigo divertido.)

1. un amigo: ¿generoso o interesante?
2. un amigo: ¿inteligente o simpático?
3. una amiga: ¿divertida o seria?

4. una amiga: ¿bonita o popular?
5. un profesor: ¿interesante o aburrido?
6. un jefe *(boss):* ¿simpático o antipático?

Pronunciación **Los diptongos**

When the **u** or **i** has an accent mark, it is stressed. In such cases, there is no diphthong. E.g., **María, Raúl**.

Model word: bueno
Practice words: rubio serio demasiado guapo Luisa Manuel
Practice sentences: Eduardo es un estudiante muy serio.
                     El novio de Mariana viaja siempre.

When **i** or **u** (without an accent mark) comes next to another vowel, the two vowels are pronounced rapidly to form one *diphthong* or glided sound. However, when **a, e** or **o** come together they are pronounced separately and distinctly: Raf**ae**l y B**ea**triz, Bilb**ao** y Montevid**eo**.

Chapultepec Park, Mexico City

OPTIONAL

Entre nosotros

Expresiones para la conversación

Hispanic people like to communicate their feelings about others. To express their feelings about a person, Spanish speakers use:

¡qué + adjective! **¡Qué guapo!** *How handsome (he is)!*
¡Qué bonita! *How pretty (she is)!*

To ask what someone is like, they may say:

¿Cómo es? —**¿Cómo es** el chico? *What's the boy like?*
—Es muy divertido. *He's a lot of fun.*

Mini-diálogos

Comment on the following street scenes, using the sample exchange as a model.

Marta

Miguel: ¡Qué bonita! ¿Quién es?
Alicia: Es Marta.
Miguel: ¿Cómo es? ¿Es simpática?
Alicia: Sí, es muy simpática.

Alberto

Esteban

Rosa

Carolina

Tú tienes la palabra

With a classmate, prepare a short dialog in which you comment on another person. Use the conversation between Miguel and Alicia as a model.

Mini-diálogo cues: **alto, gordo, delgada, rubia.**

97

Lección 3

En la fiesta

Bogotá, the capital of Colombia, is one of the largest Spanish-speaking cities in the world. It was founded in 1538, on the site of an ancient Indian city.

En Bogotá, Colombia.
Aquí en la fiesta, el ambiente es muy divertido.
Hay muchos chicos y muchas chicas.
No hay orquesta, pero hay discos.

ambiente: *atmosphere*

María: Pablo, aquí tengo los discos.
　　　¿Tú tienes el tocadiscos?
Pablo: ¡Sí! Tengo un tocadiscos nuevo.
María: ¡Fantástico!

tengo: *I have*
tocadiscos: *record player*

Roberto: ¿Quién es la chica rubia?
Ricardo: Se llama Olga.
Roberto: Es muy guapa . . .
Ricardo: . . . y muy interesante
　　　　también. ¡Es mi novia!
Roberto: ¡Ah! . . . bueno . . . bueno . . .
　　　　¡Adiós!

Rosa: ¿Quiénes son los dos muchachos altos?
Olga: Se llaman Pietro y Alberto.
Rosa: No son colombianos, ¿verdad?
Olga: ¡No! Son italianos.
Rosa: Son muy guapos.
Olga: Y son simpáticos.
Rosa: ¡Qué bueno!

Se llaman: *Their names are*

Diego: ¿Son españolas las chicas?
Carolina: ¿Qué chicas?
Diego: Las chicas morenas.
Carolina: ¡No! Son mexicanas.
Diego: ¡Qué guapas!
Carolina: ¡Sí! Son muy divertidas también.
　　　　Pero . . .
Diego: ¿Pero qué?
Carolina: ¡Tienen novios!
Diego: ¡Caramba!

98

CONVERSACIÓN

Do you have many books? many records? many friends? Answer the following questions.

1. ¿Tienes muchos **discos?** Sí, tengo muchos discos. (No, no tengo muchos discos.)
2. ¿Tienes muchos **discos** buenos?
3. ¿Tienes muchas **cintas** *(tapes)?*
4. ¿Tienes muchas **cintas** interesantes?

5. ¿Tienes muchos **amigos** simpáticos?
6. ¿Tienes muchas **amigas** simpáticas?
7. ¿Hay muchos **chicos** en la clase de español? ¿Cuántos *(How many)?*
8. ¿Hay muchas **chicas** en la clase de español? ¿Cuántas?

OBSERVACIÓN Est. B

In the above questions, the nouns in heavy print refer to several objects or several people. These are *plural nouns.*
- In what letter do Spanish plural nouns end? –s

In questions 2, 4, 5 and 6, the plural nouns are followed by *plural adjectives.*
- In what letter do these plural adjectives end? –s

Notas culturales OPTIONAL

Las fiestas

Hispanic teenagers love parties—they love giving them and going to them. Parties *(fiestas* or *reuniones)* are given to celebrate a birthday, a holiday, the end of the school year, or any special occasion such as the departure or arrival of a friend. They often start around nine in the evening, or even later, and are characterized by lots of music and dancing. There is usually a buffet with snacks, sandwiches, juice and soft drinks. Dress is often more formal than in the United States, for Hispanic people tend to dress up for such occasions. Frequently parties cut across generations with parents and even grandparents mingling with the young people.

Las citas *(Dates)*

On the whole, relationships between boys and girls are more formal in Hispanic countries than in the United States. Traditionally, individual dating has been discouraged and young people go out in mixed groups. When a boy and girl do have a date, they usually meet at a prearranged time and place. Only if the two plan to get married do they visit one another's homes.

Estructura

A. Tener

Tener *(to have)* is an irregular verb. Note the present tense forms of this verb in the following affirmative and negative sentences.

(yo)	**Tengo** una guitarra.	**No tengo** banjo.
(tú)	**Tienes** una bicicleta.	**No tienes** coche.
(él, ella, Ud.)	**Tiene** un disco.	**No tiene** tocadiscos.
(nosotros)	**Tenemos** un amigo en España.	**No tenemos** amigos aquí.
(vosotros)	**Tenéis** un televisor.	**No tenéis** radio.
(ellos, ellas, Uds.)	**Tienen** una cinta.	**No tienen** grabadora.

The use or omission of the indefinite article after **tener** depends on the context and the intent of the speaker. Students should be able to recognize the fact that the indefinite article is sometimes omitted, but they are not actively responsible for determining whether or not to use it.

vocabulario especializado — Unos objetos

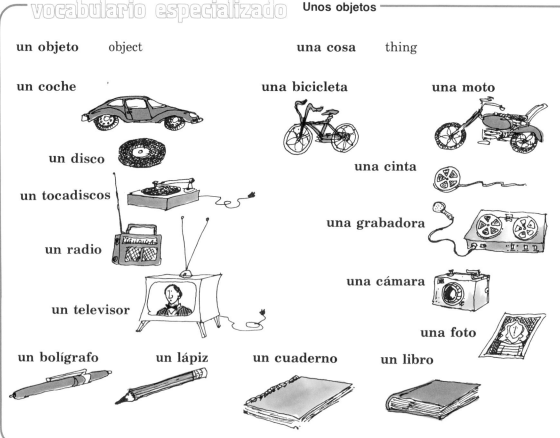

un objeto   object

una cosa   thing

un coche

una bicicleta

una moto

un disco

una cinta

un tocadiscos

una grabadora

un radio

una cámara

un televisor

una foto

un bolígrafo   **un lápiz**   **un cuaderno**   **un libro**

Have students bring a magazine picture of one of these objects: e.g., **Hay una cámara nueva.**

🔲 After the verb **tener,** the indefinite article is omitted when the
speaker is not emphasizing a specific object.

No tengo coche.   *I don't have **a** car.*
No tengo tocadiscos pero   *I don't have **a** record player, but*
    tengo **una** grabadora buena.   *I have **a** good tape recorder.*

ACTIVIDAD 1   **¿Quién tiene un tocadiscos?**

VARIATION: Rosa
María needs a tape
recorder.

Rosa María bought a new record, but she does not have a record player to
play it on. Tell her who has one.

🔲   Rafael   Rafael tiene un tocadiscos.

1. Elena
2. nosotros
3. Pablo y Fernando
4. El profesor

5. Marta y yo
6. Coralia
7. yo
8. Felipe y Eva

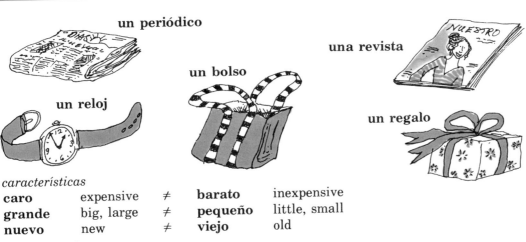

un periódico

una revista

un bolso

un reloj

un regalo

características

caro	expensive	≠	**barato**	inexpensive
grande	big, large	≠	**pequeño**	little, small
nuevo	new	≠	**viejo**	old

otras expresiones

hay	there is, there are	**Hay** un tocadiscos. **Hay** discos también.
no hay	there is no, there are no	**No hay** libros aquí.
¿qué hay . . .?	what is there?	**¿Qué hay** en el bolso?

NOTA: **Grande** may come before or after the noun.
      When it comes *before* the noun, it is shortened to **gran** and means *great.*
      When it comes *after* the noun, it is *not* shortened, and means *large* or *big.*

      Tengo un **gran** amigo. Tiene un coche **grande.**

• To introduce regional differences in vocabulary usage: Spain (**el bolígrafo**); Latin America (**el lapicero**).
• Note: The changes in meaning with **nuevo** and **viejo** are not presented at this time.

ACTIVIDAD 2   Diálogo: Mis cosas

Ask your classmates if they have the following things. If they answer affirmatively, ask a second question using the adjective in parentheses according to the model.

VARIATION: Ask 2 or more people:
—¿Tienen Uds. ...?
—Sí, tenemos ...

un tocadiscos (nuevo)

Estudiante 1: ¿Tienes un tocadiscos?
Estudiante 2: Sí, tengo un tocadiscos.
(No, no tengo tocadiscos.)
Estudiante 1: ¿Es nuevo?
Estudiante 2: Sí, es un tocadiscos nuevo.
(No, no es un tocadiscos nuevo.)

1. una guitarra (eléctrica)
2. un coche (nuevo)
3. una bicicleta (vieja)
4. un televisor (bueno)
5. una grabadora (pequeña)

6. un reloj (barato)
7. una cámara (cara)
8. un bolso (grande)
9. un radio (viejo)
10. un disco (español)

ACTIVIDAD 3   El regalo ideal   OPTIONAL

The ideal gift is different for different people. Complete the sentences below according to the model. Use nouns and adjectives you have learned.

Para un chico de diez años *(ten years old)* ...
   Para un chico de diez años, el regalo ideal es una bicicleta.

1. Para una chica de diez años ...
2. Para un muchacho de quince años ...
3. Para una muchacha de quince años ...
4. Para un joven de veinte años ...
5. Para una joven de veinte años ...

6. Para una persona que *(that)* no es puntual ...
7. Para una persona que estudia mucho ...
8. Para una persona que viaja mucho ...
9. Para una persona enferma *(sick)* ...
10. Para mí ...

B. Sustantivos y artículos: formas del plural

Compare the *singular* nouns and articles in the questions on the left with the *plural* nouns and articles in the questions on the right.

¿Cómo se llama **el** muchacho?	¿Cómo se llaman **los** muchachos?
¿Cómo se llama **la** muchacha?	¿Cómo se llaman **las** muchachas?
¿Cómo se llama **el** profesor?	¿Cómo se llaman **los** profesores?

The plural of **lápiz** is **lápices**. An accent is needed to maintain the stress in the plural of **joven: jóvenes**.

Plural nouns are generally formed as follows:

by adding **-s** to singular nouns ending in a vowel: chico, chico**s**;
by adding **-es** to singular nouns ending in a consonant: reloj, reloj**es**.

The plurals of feminine nouns such as **chicas, amigas** and **alumnas** refer to groups containing only girls.

The plurals of masculine nouns such as **chicos, amigos** and **alumnos** may refer to groups containing only boys or to mixed groups.

Pedro y Carlos

Isabel y María

Silvia, Dolores, Luisa y Miguel

son amigos

son amigas

son amigos

The plural forms of the definite article are: **los, las.**

The plural forms of the indefinite article are: **unos, unas.**

These forms mean *some, a few* (or *any,* in negative and interrogative sentences). They are often omitted. Compare the sentences:

Tengo **discos** buenos.   *I have good **records.***
Tengo **unos discos** de música latina.   *I have **a few records** of Latin American music.*

ACTIVIDAD 4   En la tienda *(At the store)*

A customer is looking for the following items. The salesperson says that they do not have any. Play both roles according to the model.

⊃⊃   una guitarra   el (la) cliente: Necesito una guitarra.
                          el (la) vendedor(a): ¡Qué lástima! No tenemos guitarras.

1. un libro
2. un disco
3. una bicicleta
4. una grabadora

5. un reloj
6. un televisor
7. un bolso
8. un radio

9. una cinta
10. un bolígrafo
11. una cámara
12. un periódico

ACTIVIDAD 5   La tienda internacional *(The international boutique)*

Imagine that you are working in the international boutique at the Mexico City airport. In this shop, everything comes from abroad. Explain the origins of the following objects to the customers.

⊃⊃   cámara: Alemania *(Germany)*   Las cámaras son de Alemania.

1. bolso: Italia
2. reloj: Suiza *(Switzerland)*
3. bicicleta: Francia
4. periódico: España

5. libro: Chile
6. grabadora: Panamá
7. revista: Inglaterra *(England)*
8. televisor: los Estados Unidos

C. Adjetivos: formas del plural

Plural forms of adjectives are used to describe plural nouns and pronouns. Note the singular and plural forms of adjectives in the sentences below.

SINGULAR	PLURAL
Pablo es **simpático, inteligente** y **popular**.	Pablo y Paco son **simpáticos, inteligentes** y **populares**.
Isabel es **simpática, inteligente** y **popular**.	Isabel y Luisa son **simpáticas, inteligentes** y **populares**.

Plural adjectives are generally formed as follows:

> by adding **-s** to singular adjectives ending in a vowel: buen**os**, buen**as**;
> by adding **-es** to singular adjectives ending in a consonant: ideal**es**, popular**es**.

⊃⊃   *Masculine plural adjectives* are used to describe groups containing both masculine and feminine nouns.

Pedro y José   Elena y Amalia   Mauricio, Linda, Delia y Consuelo

son simpáticos   son simpáticas   son simpáticos

ACTIVIDAD 6 En otra tienda (*At another store*)

The customer of Actividad 4 is now in another store looking for the items that were not available before. Play both roles according to the model.

 una guitarra: buena   el (la) cliente: Deseo una guitarra.
         el (la) vendedor(a): Tenemos unas guitarras buenas.

1. un libro: divertido
2. un disco: popular
3. una bicicleta: buena
4. una grabadora: pequeña
5. un reloj: barato
6. un televisor: grande

7. un bolso: caro
8. un radio: viejo
9. una cinta: interesante
10. un bolígrafo: barato
11. una cámara: nueva
12. un periódico: español

ACTIVIDAD 7 Orgullo nacional (*National pride*)

Ramón, who is from Argentina, boasts about the people of his country. Elena, from Mexico, tries to outdo him. Play both roles according to the model. (Note: **más** means *more*.)

 chico: simpático Ramón: Los chicos argentinos son simpáticos.
        Elena: Los chicos mexicanos son más simpáticos.

1. muchacho: guapo
2. muchacha: simpática
3. estudiante: inteligente
4. profesor: serio

5. mujer: bonita
6. chica: divertida
7. hombre: interesante
8. alumno: perseverante

vocabulario especializado   **Unos adjetivos**

¿cuánto?, ¿cuánta?	how much	**¿Cuánto** dinero tienes?
¿cuántos?, ¿cuántas?	how many	**¿Cuántos** discos y **cuántas** cintas tienes?
otro, otra	other, another	¿Tienes **otro** libro?
otros, otras	other, others	Hay **otras** personas aquí.
mucho, mucha	much, a lot of	No gano **mucho** dinero.
muchos, muchas	many, a lot of	Tengo **muchos** discos, pero no tengo **muchas** cintas.
todo (el), toda (la)	all, the whole	Trabajo **todo** el verano.
todos (los), todas (las)	all	**Todos** los alumnos y **todas** las alumnas estudian español.

NOTAS: 1. The adjectives **¿cuánto?, otro, mucho,** and **todo** agree with the noun they introduce.
2. The article **un, una** is *not* used before **otro, otra.**

ACTIVIDAD 8   Preguntas personales

1. ¿Tienes muchos amigos?
2. ¿Tienes muchas amigas?
3. ¿Cuántos chicos hay en la clase de español?
4. ¿Cuántas chicas hay en la clase?
5. ¿Cuántos profesores diferentes tienes?
6. ¿Cuántos radios tienes en casa *(at home)?* ¿Cuántos televisores?
7. ¿Tienes discos? ¿Cuántos?
8. ¿Tienes cintas? ¿Cuántas?

ACTIVITY: Ask students whether they want objects you are offering. They reply that they want another one:
— ¿Deseas el libro? (holding out a book)
— No, deseo otro libro.

9. ¿Trabajas todo el día? ¿toda la semana?
10. ¿Son serios todos los profesores?
11. ¿Son interesantes todas las clases?
12. ¿Son inteligentes todos los estudiantes?
13. ¿Deseas hablar otros idiomas *(languages)?*
14. ¿Estudias con otro estudiante?

 Pronunciación   **Unión de las palabras**

Model words: los‿amigos
Practice words: las‿alumnas   unos‿estudiantes   el‿lápiz   unas‿cintas
Practice sentences: Los‿alumnos escuchan‿unas‿cintas de‿español.
            Felipe‿estudia con‿Nora.

Spanish speakers tend to link words together so that a group of words sounds like a long series of syllables. Often the last consonant of one word is pronounced with the next word. If the last sound of one word is the same as the first sound of the next word, the two are pronounced as one sound.

Entre nosotros

Expresiones para la conversación

To attract someone's attention, Spanish speakers say:

¡Oye!	*Listen!*	**¡Oye,** Pepe!
¡Mira!	*Look!*	**¡Mira,** Anita!

Mini-diálogos

In this dialog, two customs officers are talking. Create new dialogs, replacing the underlined words with the expressions suggested in the illustrations.

Primer aduanero: ¡Oye! ¡Qué hay en <u>el bolso</u>?

Segundo aduanero: ¡Mira! ¡Hay <u>discos</u>!

Primer aduanero: ¿Cuán<u>tos</u> <u>discos</u>?

Segundo aduanero: ¡Hay <u>cuatro discos</u>!

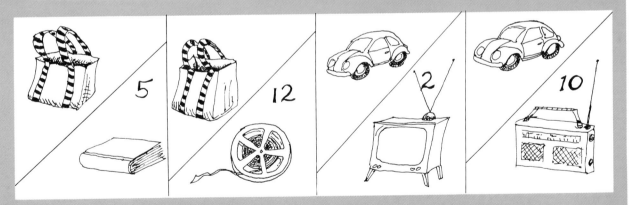

Tú tienes la palabra

With a classmate, prepare a short dialog in which the two of you comment on something you see in a car. Use the conversation between the customs officers as a model.

Soy española. Tengo diez y seis años. Tengo una colección muy grande de discos de música española. Deseo intercambiar discos con un muchacho mexicano o argentino de diez y seis a diez y ocho años.

Mari - Carmen Suárez
Santa Susana 823
Madrid, España

Tengo diez y seis años: *I'm sixteen*

intercambiar: *exchange*

Tengo diez y siete años. Soy argentina. Me gusta bailar, escuchar discos y viajar. Deseo tener correspondencia con una chica francesa o inglesa.

Consuelo Ortega
Avenida Santa Fe 603
Buenos Aires, Argentina

CONVERSACIÓN   OPTIONAL

Let's talk about your age and the age of other people you know.

1. **¿Tienes** doce (12) años?   Sí, **tengo** doce años. (No, no **tengo** doce años.)
2. **¿Tienes** catorce (14) años?
3. **¿Tienes** diez y seis (16) años?
4. ¿Cuántos años **tienes?**
5. ¿Cuántos años **tiene** tu mejor amigo *(your best friend)?*
6. ¿Cuántos años **tiene** tu mejor amiga?
7. **¿Tiene** cuarenta (40) años tu papá?
8. **¿Tiene** cuarenta años tu mamá?

OBSERVACIÓN   Est. A

In the above questions, you are asked *how old* certain people *are*.
- Which verb is used?   tener

Soy mexicano. Tengo diez y seis años. Deseo intercambiar cartas con amigos norteamericanos de diez y cinco a diez y siete años. Deseo hablar de música y de béisbol con ellas. Tienen que contestar en español porque no hablo inglés.

Pedro Borges
Paseo de las Palmas 472
México 11, D. F., México

cartas: *letters*

Tienen que contestar:
They must answer

Tengo ganas de: *I want to*

Soy un chico norteamericano que estudia español. Tengo ganas de visitar México. Deseo tener correspondencia con chicas mexicanas. Tienen que contestar en español porque tengo que practicar mucho. Deseo intercambiar periódicos y revistas con ellas.

Eric Brown
32 Ward Street
Newton, Massachusetts,
Estados Unidos

Plaza of the Three Cultures, Mexico City

Notas culturales OPTIONAL

Los americanos

To the Spanish Americans, the word *americano* refers to any person who lives in North or South America. Thus all Latin Americans are *americanos*. To identify a person who lives in the United States, Spanish speakers use the word *norteamericano*.

Tres ciudades hispánicas

If you were asked to name three large Spanish-speaking cities, you would probably say Madrid, Buenos Aires and Mexico City. Which one do you think is largest? Madrid? No! The population of greater Mexico City is over eleven million. The population of greater Buenos Aires is about nine million. And Madrid? It has about three and a half million inhabitants.

4th: Santiago (Chile), 5th: Bogotá (Colombia), 6th: Lima (Perú)

Lección cuatro
109

Estructura

A. Expresiones con *tener*

Note the use of **tener** in the following expressions.

tener [trece] años	*to be [13] years old*	—¿Cuántos años tienes?
		—**Tengo trece años.**
tener ganas de + infinitive	*to feel like*	—¿Tienes ganas de visitar México?
		—¡Por supuesto!
tener que + infinitive	*to have to*	—¿**Tienen que** estudiar mucho en clase?
		—Sí. Y también **tenemos que** hablar español.

There are many Spanish expressions in which **tener** does not mean *to have*.

ACTIVIDAD 1   Diálogo: ¿Cuántos años?

Ask a classmate how old certain people are.

> tu mejor amigo   Estudiante 1: ¿Cuántos años tiene tu mejor amigo?
> Estudiante 2: Tiene [trece] años.

1. tu mejor amiga
2. tu papá
3. tu mamá
4. tú
5. el (la) profesor(a)
6. yo

ACTIVIDAD 2   Pretextos *(Excuses)*

Carlos asked his friends to help him paint his room. Everyone found an excuse not to come. Give each person's reasons, using **tener que**.

> Anita: estudiar   Anita tiene que estudiar.

1. yo: estudiar también
2. nosotros: trabajar
3. Pablo: hablar con el profesor
4. tú: tocar el piano
5. Uds.: escuchar cintas
6. Carmen y Elena: visitar un museo

ACTIVIDAD 3   Diálogo: Deseos *(Wishes)*

Ask your classmates if they feel like doing the following things. Create dialogs according to the model.

ADDITIONAL CUES: bailar/ trabajar/visitar un museo/ escuchar una ópera.

> estudiar mucho   Estudiante 1: ¿Tienes ganas de estudiar?
> Estudiante 2: Sí, tengo ganas de estudiar.
> (No, no tengo ganas de estudiar.)

1. hablar español bien
2. viajar
3. visitar México
4. ganar mucho dinero
5. tener una moto
6. tener un coche
7. mirar la televisión ahora
8. cantar ahora

ACTIVIDAD 4 Diálogo: Obligaciones

Ask a classmate if he or she has to do the following things.

🔄 estudiar mucho Estudiante 1: ¿Tienes que estudiar mucho?
          Estudiante 2: Sí, tengo que estudiar mucho.
                (No, no tengo que estudiar mucho.)

1. hablar español en clase
2. escuchar las cintas de español
3. trabajar en casa *(at home)*
4. ser paciente
5. ser buen(a) estudiante
6. ser sincero(a) con amigos

7. escuchar bien el (la) profesor(a)
8. ganar mucho dinero
9. estudiar todo el año
10. trabajar toda la semana
11. practicar el piano
12. practicar la guitarra

B. *Venir*

Venir *(to come)* is an irregular verb. Note the present tense forms of this verb in the sentences below.

(yo)	**Vengo** en bicicleta.
(tú)	¿**Vienes** con nosotros?
(él, ella, Ud.)	¿**Viene** Carlos a la fiesta?
(nosotros)	**Venimos** en coche.
(vosotros)	¿**Venís** a la fiesta conmigo?
(ellos, ellas, Uds.)	¿**Vienen** con Anita?

The present tense of **venir** is like that of **tener,** except in the **nosotros** and **vosotros** forms.

🔄 Note the use of the interrogative expression **¿de dónde?** *(from where?):*

¿De dónde vienes?   Vengo **de** la cafetería.
¿De dónde es Juan?   Es **de** Puerto Rico.

ACTIVIDAD 5 Unos alumnos serios

Many students are not coming to the party tonight because there is a math exam tomorrow and they have to study. Explain this according to the model.

🔄 Ricardo   Ricardo no viene a la fiesta. Tiene que estudiar.

1. Eva
2. Francisco
3. Marta y Cecilia
4. ellos

5. yo
6. tú
7. nosotros
8. Uds.

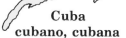

vocabulario especializado

El país y la nacionalidad

El **país** is active vocab.

Cuba
cubano, cubana

España
español, española

México
mexicano, mexicana

los Estados Unidos
norteamericano, norteamericana

Puerto Rico
puertorriqueño, puertorriqueña

NOTAS: 1. Adjectives of nationality are not capitalized in Spanish.
2. Adjectives of nationality that end in a consonant in the masculine, add
an **-a** in the feminine.

Luis es **español**.   Juanita es **española**.
Jim es **inglés**.   Jane es **inglesa**.
Robert es **francés**.   Caroline es **francesa**.

• The written accent is not necessary in the feminine form because the stress falls naturally on the next-to-last syllable.
• EXTRA VOCAB.: see Unit 5, p. 202.

ACTIVIDAD 6   En el aeropuerto de Montreal

Say where each of the following travelers is coming from and give his or
her nationality, according to the model.

▷ Felipe: España   Felipe viene de España. Es español.

1. Luisa: Cuba
2. Isabel: Puerto Rico
3. Pedro: México
4. Linda: los Estados Unidos
5. Inés y Ana: México

6. nosotros: Cuba
7. Federico: los Estados Unidos
8. Uds.: Puerto Rico
9. Juana: España
10. yo: los Estados Unidos

ACTIVIDAD 7   Las compras de Teresa

Teresa has won a three-week vacation trip. In each country she visits she
buys local products. Describe her purchases. (Note: **comprar** means *to buy*.)

▷ España: un libro   En España, Teresa compra un libro español.

1. España: dos discos
2. España: una guitarra
3. España: un bolso
4. México: un sombrero
5. México: una grabadora

6. México: cintas
7. Puerto Rico: libros
8. Puerto Rico: un disco
9. Puerto Rico: una cinta
10. Puerto Rico: unos periódicos

C. El pronombre relativo: *que*

Note the uses of **que** in the following sentences.

The relative pronoun **que** never has an accent.
The interrogative expression **¿qué?** has an
accent. Compare: — Me gusta el disco.
  — ¿Qué disco te gusta?
  — El disco que escuchamos.

¿Cómo se llama el chico **que** baila con María?
*What is the name of the boy **who** is dancing with Maria?*

¿Quién es la muchacha **que** miras?
*Who is the girl **(whom)** you're looking at?*

Los muchachos **que** escuchan vienen conmigo.
*The boys **who** are listening are coming with me.*

Necesito el bolígrafo **que** tú tienes.
*I need the pen **(that)** you have.*

Me gusta la cinta **que** tú escuchas.
*I like the tape **(that, which)** you are listening to.*

The pronoun **que** *(who, whom, that, which)* comes *after* a noun. It can refer to people or things.

➣ Although the pronouns *that, which* and *whom* are often omitted in English, **que** must always be used in Spanish.

ACTIVIDAD 8 **En la librería** *(In the bookstore)*

Manuel and Anita are in a bookstore. Anita asks Manuel what he is looking at. Play the role of Anita.

➣ el libro   ¿Cómo se llama el libro que miras?

1. el libro español
2. el disco
3. la cinta
4. el periódico
5. la revista
6. la novela

libreros colombianos
libreros colombianos
libreros colombianos
BOGOTA

LIBROS ANTIGUOS Y LIBROS NUEVOS.
Carrera 12 No. 84-07 Apartado Aéreo 90554
Teléfono 36 41 16
BOGOTA, D.E. COLOMBIA

ACTIVIDAD 9 **En la fiesta internacional**

Now Manuel and Anita are at an international party. Manuel asks where some of the guests are from. Play his role.

➣ Un chico habla francés.   ¿De dónde es el chico que habla francés?

1. Una chica habla inglés.
2. Un muchacho tiene una cámara.
3. Una muchacha baila muy bien.
4. Dos chicos tocan la guitarra.
5. Dos chicas cantan.
6. Una señorita habla con Miguel.
7. Un joven escucha a Carlos.
8. Un señor tiene una barba *(beard)*.
9. Una profesora habla francés.
10. Tres amigas tienen revistas españolas.

ACTIVIDAD 10 Preferencias personales

State your preferences according to the model. (**Prefiero** means *I prefer.*)

 los muchachos: guapos o simpáticos   Prefiero los muchachos que son guapos.
(Prefiero los muchachos que son simpáticos.)

1. las muchachas: bajas o altas
2. los amigos: serios o divertidos
3. las clases: grandes o pequeñas
4. los libros: interesantes o aburridos

5. los discos: nuevos o viejos
6. los chicos: morenos o rubios
7. las personas: sinceras o generosas
8. los profesores: estrictos o permisivos

OPTIONAL

Entre nosotros

Expresión para la conversación

To introduce a conclusion, you may say:

Entonces . . .   *Well, then* . . .   —No tengo discos.
—**Entonces** . . . tienes que escuchar la radio.

Mini-diálogos

Create new dialogs by replacing the underlined words with the words in the pictures.

Pedro   viernes

estudiar

Alfonso: ¿Viene Pedro a la fiesta?
  Anita: ¿Cuándo es la fiesta?
Alfonso: El viernes.
  Anita: El viernes Pedro tiene que estudiar.
Alfonso: Entonces, no viene.
  Anita: ¡Claro!
Alfonso: ¡Qué lástima!

 **Pronunciación** El sonido de la consonante ñ

Model word: español
Practice words: años señor señora señorita compañero
Practice sentences: El señor Núñez viene mañana.
La señora Muñoz tiene treinta años.

The sound of the Spanish consonant **ñ** is similar to the sound of the **ni** in the English word "companion."

Luisa   martes

trabajar

Roberto y Jaime   miércoles

visitar el museo

nosotros   sábado

viajar

Carmen   jueves

estudiar para el examen

Tú tienes la palabra

With a classmate, prepare a short dialog in which you talk about a friend who cannot come to a party you have planned. Use the conversation between Alfonso and Anita as a model.

Los secretos de la cara

Hay personas idealistas y románticas. Hay también personas realistas y muy prácticas . . . Todos somos un poco diferentes. Todos tenemos nuestra° personalidad, nuestra individualidad.

    ¿Cómo explicar las diferencias que hay entre° nosotros? Para algunas° personas, estas° diferencias son determinadas por° el aspecto físico de cada° uno, especialmente por la forma de la cara.° Así es que° una persona que tiene la cara ovalada no tiene las mismas° cualidades (ni° por supuesto los mismos defectos) que una persona que tiene la cara rectangular.

    ¿Es posible? . . . Tal vez . . . ¡Tú tienes que decidir!

nuestra: *our*

entre: *among*

algunas: *some,*
  estas: *these,*
  por: *by*

cada: *each,*
  cara: *face,*
  Así es que: *Thus*

mismas: *same*

ni: *nor*

¿Tienes la cara ovalada?

    Tienes muchos amigos porque eres una persona muy simpática y generosa. Eres romántico(a) también. Te gusta escuchar música. Te gusta bailar. Te gusta viajar.

    Tienes muchas ideas interesantes y originales. Tienes un temperamento artístico. Eres un poco tímido(a) y, a veces°, eres un poco . . . perezoso(a),° ¿verdad? En clase, estudias bien, pero en casa° . . . ¡no tienes muchas ganas de estudiar!

    ¡Tienes que ser más dinámico(a)!

a veces: *sometimes,*
  perezoso: *lazy*

en casa: *at home*

¿Tienes la cara rectangular?

    Eres una persona muy dinámica. Tienes la personalidad de un líder.° Por eso eres muy respetado(a) por tus profesores y amigos. Te gusta organizar, dominar . . . y, a veces, criticar también.

    Tienes muchas ambiciones y aspiraciones. Tienes ganas de ser una persona muy importante en el futuro, tal vez el presidente de una gran compañía internacional.

    ¡Tienes que ser más sociable en tus relaciones personales y menos° serio(a) en la vida!°

líder: *leader*

menos: *less*

vida: *life*

¿Tienes la cara cuadrada?

Eres realista y práctico(a) . . . Tienes también una gran curiosidad intelectual. Te gusta estudiar en clase y trabajar en casa. Eres muy ambicioso(a). Tienes mucho talento para las cosas mecánicas. Te gusta reparar relojes, televisores, bicicletas y otras cosas.

No eres muy generoso(a). ¡Tienes que mejorar° las relaciones con los amigos!

mejorar: *improve*

¿Tienes la cara redonda?

Eres muy realista. Tienes mucho sentido° común, pero los sentimientos° no tienen gran valor° para ti.

Eres muy serio(a) y trabajas mucho. Eres un estudiante muy bueno, y también eres deportista.° Te gusta nadar. Te gusta jugar° al tenis, al volibol, al básquetbol. Te gusta organizar fiestas. Eres activo(a) en todos los aspectos de la vida. Te gusta criticar, pero no te gusta ser criticado(a). ¡No eres muy tolerante!

¡Tienes que ser más generoso(a) y paciente con tus amigos!

sentido: *sense,*
  sentimientos: *feelings*
valor: *value*

deportista: *active in sports*
jugar: *to play*

¿Tienes la cara triangular?

Eres una persona muy intelectual. Te gusta mucho intercambiar° ideas. Siempre tienes ganas de expresar tu opinión y de escuchar la opinión de otras personas. Te gusta hablar de música, arte, política y especialmente de los problemas importantes de la vida. Tienes también una gran sensibilidad° y una gran imaginación. Pero eres un poco supersticioso(a), ¿verdad? Y cambias° de opinión muchas veces.°

¡Tienes que ser más disciplinado(a) y más estable en tus ideas y tus sentimientos!

intercambiar: *to exchange*

sensibilidad: *sensitivity*

cambias: *you change*
veces: *times*

ACTIVITY: Have students select pictures of well-known people and describe the shape of their faces and their personalities. How many seem to correspond to *Los Secretos*?

Variedades
117

Enriching your vocabulary: cognate patterns

Many Spanish adjectives ending in **-oso** correspond to English adjectives ending in *-ous*.

ambici**oso**	ambiti**ous**
curi**oso**	curi**ous**
gener**oso**	gener**ous**
supersitici**oso**	superstiti**ous**

Ejercicio

Give the English equivalents of the following Spanish adjectives. Then complete the sentences below with the appropriate Spanish forms of the adjectives.

delicioso   famoso   religioso   vigoroso

1. Abraham Lincoln es un presidente ___.
2. En general, los atletas son personas ___.
3. La Nochebuena *(Christmas Eve)* es una fiesta ___.
4. ¡Qué hamburguesa tan ___!

vista

número dos

2

El mundo de los estudios

LA EDUCACIÓN SECUNDARIA

En la mayoría de los países hispánicos, cuando un joven termina la escuela° primaria tiene en general tres posibilidades de estudios: el bachillerato clásico,* la escuela normal y la escuela comercial o técnica.

Mira° el diagrama comparativo:

Tipo de escuela	Tiempo° de estudios	Título	Actividad futura
Bachillerato clásico	5-6 años	Bachiller	Estudiar en la universidad
Escuela Normal	4-5 años	Maestro	Enseñar° en la escuela primaria
Escuela Comercial o Técnica	2-3 años	Técnico o Secretaria	Trabajar como técnico(a) o secretaria(o)

CONTENIDO

*El bachillerato clásico es un sistema de educación aproximado° al sistema de educación «High School» de los Estados Unidos.

escuela *school*   mira *look at*   tiempo *length of time*   enseñar *to teach*   aproximado *close to*

La Subdirección de la Escuela Secundaria MATUTINA "CIVILIZACION", A. C
PARA SRITAS., Clave: ES4-170, perteneciente al Sistema Educativo Nacion
CERTIFICA: que según constancias que obran en el archivo de este Plantel, ...l.
alumn a SANTA MORENO SALAZAR
cursó las materias del CICLO DE EDUCACION SECUNDARIA que a continuación
expresan con las calificaciones finales que se anotan:

No 277487

PRIMER GRADO	Núm. de Clases Semanarias	Período Lectivo	Calificación Final Cifra	Calificación Final Letra	OBSERVACIONES
ASIGNATURAS:					ESC.SEC.DNA. NO. 25
Español	4	1977-78	7	SIETE	CLAVE: ES1-25, de
Matemáticas	4	"	6	SEIS	México, D. F.
Biología	4	"	7	SIETE	
Geografía Física y Humana	3	----	6	SEIS	E.E.R. 27-VIII-73
Historia Universal	3	1977-78	6	SEIS	
Lengua Extranjera INGLÉS	3	"	6	SEIS	
ACTIVIDADES:					
Educación Cívica	2	"	8	OCHO	
Educación Artística	2	"	7	SIETE	
Tecnológicas TALAB.	6	"	10	DIEZ	
Educación Física	2	"	7	SIETE	
SEGUNDO GRADO					ESC.SEC.DNA. NO. 2
ASIGNATURAS:					CLAVE: ES1-25, de
Español	4	1978-79	8	OCHO	México, D. F.

Colegio Puertorriqueño De Niñas

Certificamos que

Carmen Ana Reyes Blassino

ha completado satisfactoriamente los requisitos para la graduación
de Escuela Superior por la cual le otorgamos este

Diploma

dado en Río Piedras, P.R. el 29 de mayo de 1973.

El horario° de clases

de María Lucía Palomo,
alumna del
Colegio Santa Teresita

Grado: 4°año	HORARIO			Año Escolar: 1980	
María Lucía Palomo			Colegio Santa Teresita		
No.	Período	Lunes	Martes	Miércoles	Jueves	Viernes
1	8:05-9:00	Castellano	Castellano	Castellano	Castellano	Castellano
2	9:05-10:00	Matemáticas	Matemáticas	Matemáticas	Matemáticas	
3	10:05-11:00	Ciencias Físico-Químicas		Ciencias Físico-Químicas		Ciencias Físico-Químicas
4	11:05-12:00	Economía	Arte y Dibujo	Economía	Economía	Arte y Dibujo
5	2:05-3:00	Inglés	Inglés	Inglés	Inglés	Período de estudio
6	3:05-4:00	Educación Física	Psicología	Psicología	Educación Física	Psicología
7	4:05-5:00	Biología	Período de estudio	Biología	Biología	Biología

*Castellano = la lengua española

LA VIDA ESCOLAR°

Me llamo Carlos Arturo López y soy de Guatemala. Tengo quince años y soy estudiante del tercer° año de bachillerato en el colegio° San Sebastián. Espero ser un buen médico, como mi papá. En las vacaciones espero visitar los Estados Unidos con unos amigos norteamericanos. En mi colegio hay un programa de intercambio° de estudiantes.

Me llamo Carmen García y soy peruana. Estudio en El Sagrado Corazón; es un colegio de monjas° y las monjas son muy estrictas. Aquí el uniforme es obligatorio.° Qué ridículo, ¿verdad? ¡En mi clase somos veinte chicas idénticas! Aquí, muchos colegios son sólo° para chicas o sólo para chicos. Por eso no hablo con mis amigos en el colegio. Sólo hablo con chicas. ¡Qué aburrido!

Yo soy Lupita Rodríguez, mexicana de Guadalajara. Estudio en una escuela normal. ¡En mi clase somos cincuenta y dos estudiantes! Es muy difícil estudiar así,° pero me gusta más que° trabajar siempre en casa, como mi mamá. Es muy importante estudiar para ser mejor.° Yo espero ser maestra y enseñar a otros chicos como yo, aquí en México.

Me llamo Rolando Santana y soy de Colombia. Tengo diez y siete años y espero ser mecánico. Es mi primer° año de estudios en el SENA (Servicio Nacional de Aprendizaje).° El SENA es una institución pública dedicada a la educación técnica y vocacional. Aquí los estudios no son sólo teoría.° La práctica también es muy importante. Por eso, parte de mis estudios es el trabajo.

---

la vida escolar *school life*   **tercer** *third*   **colegio** *school*   **intercambio** *exchange*
monjas *nuns*   **obligatorio** *required*   **sólo** *only*   **así** *like that*   **más que** *more than*
mejor *better*   **primer** *first*   **Aprendizaje** *Apprenticeship*   **teoría** *theory*

122

OPINIONES
SOBRE PROFESORES Y ASIGNATURAS

Aquí son las opiniones de cinco chicos y chicas sobre° sus profesores y sobre sus estudios:

Juan Domingo Rosas (diez y seis años)
Me gusta estudiar ciencias. Me gusta observar los procesos de la naturaleza.° También mi profesora es excelente. Ella explica° las ciencias con mucha claridad y paciencia.

Juanita Camacho (quince años)
¿Me gustan° las matemáticas? Sí, claro, el profesor es como un artista de cine.° El profesor también es Libra, como yo. Todos los Libras somos buenos para las matemáticas. Somos claros° y precisos.

Ernesto Gómez (diez y seis años)
Mi profesor de historia es justo,° inteligente y muy idealista. Me gusta el profesor de historia, pero ¡no me gusta la historia!

Jaime Correa (quince años)
Yo odio° el castellano — odio los libros de castellano, odio a la profesora de castellano, odio las reglas° del castellano. ¿Por qué tengo que estudiar castellano si yo hablo castellano?

Carmen Rodríguez (diez y seis años)
¡Qué bueno es estudiar otra lengua! Jugamos° con las palabras, escuchamos música diferente, ganamos° la comprensión de otra cultura y de otra gente. Además,° ¡mi profesora es muy divertida!

¿¿¿Quién explica qué???

Estos° profesores explican diferentes asignaturas.
¿Sabes°de qué° asignatura habla el profesor?

1. Simón Bolívar es libertador de cinco países de la dominación española: Colombia, Venezuela, el Ecuador, el Perú y Bolivia.
2. En un metro hay 10 decímetros, hay 100 centímetros, y hay 1.000 milímetros.
3. España y Portugal están° en la Península Ibérica.
4. El sistema solar forma parte de la Vía Láctea.°
5. "The cat is black." En esta frase,° "is" es el verbo, "black" es el adjetivo.

Asignatura	Número
Geografía	
Inglés	
Historia	
Matemáticas	
Ciencias	

RESPUESTAS: Geografía 3, Inglés 5, Historia 1, Matemáticas 2, Ciencias 4

sobre *about*   naturaleza *nature*   explica *explains*   **Me gustan** *Do I like them*
artista de cine *movie star*   claros *clear*   justo *fair*   odio *I hate*
reglas *rules*   Jugamos *We play*   ganamos *we gain*   **Además** *Besides*   **Estos** *These*
sabes *do you know*   de que *of which*   están *they are*   **Vía Láctea** *Milky Way*   frase *sentence*

mis LIBROS

mi DICCIONARIO

mi LIBRO de INGLÉS

New Revised
Velázquez
DICTIONARY

English and Spanish — Inglés y Español

A

el INGLÉS en Acción

ROBERT J. DIXSON

II. GRAMATICA EN ACCION

Como ya hemos aprendido, se forma el plural de los sustantivos en inglés añadiendo s al singular (one book, two books; one chair, two chairs). Si el sustantivo termina con el sonido de s (s, z, ch, sh, x), se añade es—por razones de pronunciación. Entonces es se pronuncia como una sílaba separada (one bench, two benches; one glass, two glasses).

También existen algunas palabras en inglés que tienen formas especiales en el plural:

Singular	Plural	Singular	Plural
man	men	child	
woman	women		

B. Ponga *much* o *many*, según corresponda:

1. (much) food
2. (many) books
3. _____ days
4. _____ time
5. _____ animals
6. _____ tigers
7. _____ monkeys
8. _____ ice cream
9. _____ coffee
10. _____ cups of coffee
11. _____ milk
12. _____ glasses of milk
13. _____ students
14. _____ cake
15. _____ wild animals
16. _____ policemen

REPASO: Dé dos oraciones acerca de cada uno de estos dibujos. En su primera oración, identifique el animal, diciendo que clase de animal es. En su segunda oración, diga si es un animal salvaje (wild) o doméstico (domestic). Siga el ejemplo:

 (Example: This is a horse. A horse is a domestic animal.)

65

124

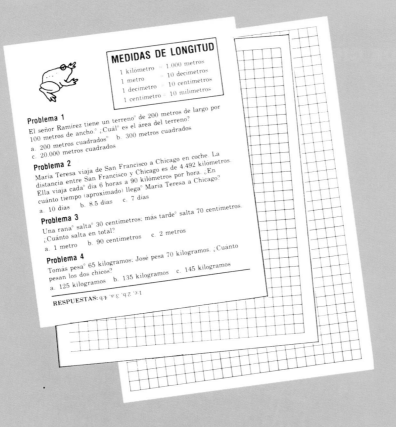

MEDIDAS DE LONGITUD

1 kilometro = 1.000 metros
1 metro = 10 decimetros
1 decimetro = 10 centimetros
1 centimetro = 10 milimetros

Problema 1

El señor Ramirez tiene un terreno° de 200 metros de largo por 100 metros de ancho.° ¿Cual° es el área del terreno?
a. 200 metros cuadrados° b. 300 metros cuadrados
c. 20.000 metros cuadrados

Problema 2

Maria Teresa viaja de San Francisco a Chicago en coche. La distancia entre San Francisco y Chicago es de 4.492 kilometros. Ella viaja cada° dia 6 horas a 90 kilometros por hora. ¿En cuánto tiempo (aproximado) llega° Maria Teresa a Chicago?
a. 10 dias b. 8.5 dias c. 7 dias

Problema 3

Una rana° salta° 30 centimetros; más tarde° salta 70 centimetros. ¿Cuánto salta en total?
a. 1 metro b. 90 centimetros c. 2 metros

Problema 4

Tomás pesa° 65 kilogramos; Jose pesa 70 kilogramos. ¿Cuánto pesan los dos chicos?
a. 125 kilogramos b. 135 kilogramos c. 145 kilogramos

RESPUESTAS: 1:c, 2:b, 3:c, 4:b

mi
LIBRO
de
MATEMÁTICAS

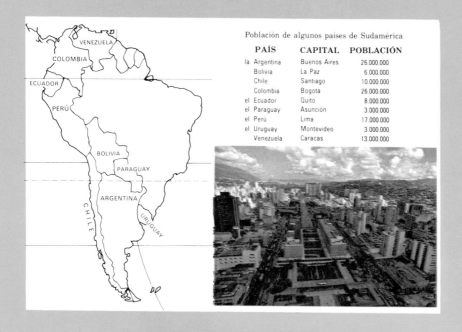

Población de algunos países de Sudamérica

PAÍS	CAPITAL	POBLACIÓN
la Argentina	Buenos Aires	26.000.000
Bolivia	La Paz	6.000.000
Chile	Santiago	10.000.000
Colombia	Bogota	26.000.000
el Ecuador	Quito	8.000.000
el Paraguay	Asunción	3.000.000
el Perú	Lima	17.000.000
el Uruguay	Montevideo	3.000.000
Venezuela	Caracas	13.000.000

mi
LIBRO
de
GEOGRAFÍA

terreno *field* **ancho** *width* **Cuál** *What* **cuadrados** *square* **cada** *each* **llega** *arrives*
rana *frog* **salta** *jumps* **más tarde** *later* **pesa** *weighs*

MI LIBRO DE CIENCIAS NATURALES

TABLA DE MATERIAS

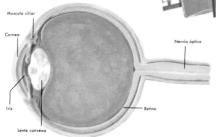

Cómo funcionan los ojos

Aquí ves un diagrama en el que aparecen aumentadas en tamaño las partes del ojo. La parte que realmente forma una imagen es la lente convexa. Has estudiado las lentes convexas en el capítulo acerca de los instrumentos ópticos. Repasemos algunos datos acerca de ellas. Los usarás al estudiar los ojos:

1. Una lente convexa es más gruesa en el centro que en los bordes.
2. Una lente convexa puede formar una imagen o cuadro de los rayos de luz que proceden del objeto. Formar una imagen es **enfocar** los rayos de la luz.
3. Cuando una lente convexa enfoca los rayos de luz de un objeto distante, la imagen es pequeña e invertida.

4. La distancia de la lente a la imagen de un objeto se llama la **distancia focal.**

5. Cuando el objeto se acerca a la lente, la imagen se agranda.

No puedes ver las lentes de tus ojos, ni tampoco las imágenes que las lentes enfocan, pero puedes investigar cómo funcionan si haces un modelo sencillo de un ojo, siguiendo las instrucciones del siguiente experimento.

233

...nen, ...a y ...Se ...de ...a-

...ace su

...ria que es la raíz gruesa de la planta del mismo nombre. La zanahoria tiene muchos tubos delgados que llevan el agua al tallo y a las hojas.

La capa externa de una zanahoria no permite que el agua y los minerales del suelo entren en la raíz. Pero tiene raíces más finas y pequeñas que permiten que el agua penetre. Quizá las hayas visto en una zanahoria recién arrancada.

Examina las raíces finas de una planta de la siguiente manera:

EXPERIMENTO

Arranca una hierba con todas sus raíces, Examínalas. ¿Es una sola raíz gruesa con pequeñas y finas raíces que salen de ella, como la zanahoria? ¿O es un racimo de raíces cortas y finas?

Observa con una lupa las raíces pequeñas y ve si hay granos de tierra adheridos a ellas. El agua y los minerales que están en estos granos de tierra penetran por esas raíces.

UNA RAÍZ DE ZANAHORIA

Tubos finos

Capa exterior

Raíces finas

LOS PLANETAS EN EL ESPACIO

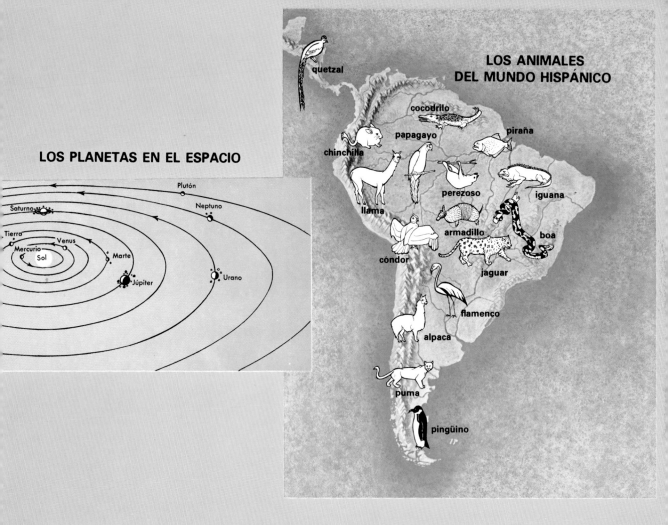

Plutón · Neptuno · Saturno · Urano · Júpiter · Marte · Tierra · Venus · Mercurio · Sol

LOS ANIMALES DEL MUNDO HISPÁNICO

quetzal · cocodrilo · piraña · papagayo · chinchilla · perezoso · iguana · llama · armadillo · boa · cóndor · jaguar · flamenco · alpaca · puma · pingüino

MI LIBRO DE QUÍMICA

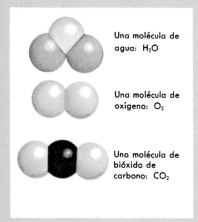

Una molécula de agua: H_2O

Una molécula de oxígeno: O_2

Una molécula de bióxido de carbono: CO_2

Oxígeno	O	8	8	8
Silicio	Si	14	14	14
Aluminio	Al	13	13	14
Hierro	Fe	26	26	30
Calcio	Ca	20	20	20
Sodio	Na	11	11	12
Potasio	K	19	19	20
Magnesio	Mg	12	12	12
Hidrógeno	H	1	1	0

¿QUÉ ESTUDIAS DESPUÉS DEL BACHILLERATO?

¿EN QUÉ TRABAJAS DESPUÉS DE° LA ESCUELA TÉCNICA?

después de *after*

Actividades

CATEGORÍAS   Can you fill each grid with words in the suggested category? To help you out, the number of the page where you can find these words is given in dark type. Remember that **ch** and **ll** are single letters.

Categoría 1: Asignaturas en la escuela secundaria

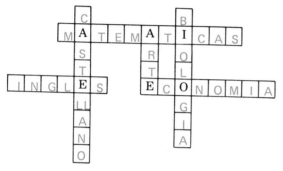

Categoría 2: Países

Categoría 3: Capitales

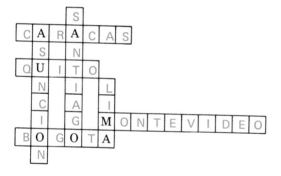

Categoría 4: Animales sudamericanos

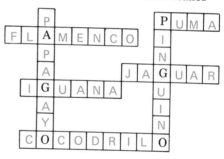

Categoría 5: Elementos químicos

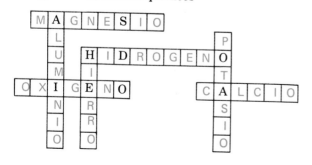

Categoría 1: **página 121**
Categoría 2: **página 123**
Categoría 3: **página 125**
Categoría 4: **página 127**
Categoría 5: **página 127**

Unidad 4

Y ahora . . . ¡México!

4.1 Un día de clases

OBJECTIVES:

Language

At this point the students have mastered the basic elements of a simple sentence (verb forms, subject-verb agreement, the noun group). This unit expands on that base by introducing:

- The personal **a**
- **Ir**, and the immediate future expressed with **ir a** + infinitive
- **Estar**, and an introduction to the **ser/estar** contrast
- The present progressive
- Third-person direct object pronouns: forms and position

Communication

By the end of this unit, students will be able to use Spanish:

- To describe their in-school and out-of-school activities
- To talk about where they live
- To describe how they feel
- To discuss future plans (especially weekend and vacation activities)
- To describe on-going actions and activities
- To write a postcard or short letter

Culture

This unit introduces the students to Mexico, the country with the largest Spanish-speaking population in the world and our closest Hispanic neighbor.

Orozco mural, Guadalajara

4.2 Un fin de semana   4.3 Correspondencia   4.4 ¿Eres un(a) buen(a) turista?

Dancers in Guadalajara

VARIEDADES—Otros países . . . otras lenguas

Lección 1

Un día de clases

Have students locate Puebla on the map of Mexico in this book.
STRUCTURES TO OBSERVE: personal a; contractions.

Carlos, Anita, Felipe y otros amigos estudian en el Colegio Americano de Puebla, México. Es un colegio bilingüe.

En la clase

Carlos mira un libro.
Anita mira una revista norteamericana.
Felipe mira a Anita . . . y a otras chicas que estudian.

¿Qué mira Carlos?
¿Qué mira Anita?
¿A quién mira Carlos?

En el laboratorio de lenguas

Ramón escucha una cinta.
Manuel escucha a la profesora de inglés.
¿Y Luisa?
¿A quién escucha?
¿A Manuel? ¿A la profesora de inglés?
¡No! Ella escucha al nuevo estudiante norteamericano.

A quién: *To whom*

¿Qué escucha Ramón?
¿A quién escucha Manuel?
¿A quién escucha Luisa?

En la cafetería

Juanita habla con Inés y Gloria.
¿De qué hablan ellas?
¿De la clase de matemáticas?
¿Del examen de inglés?
¿Del fin de semana?
¿De las próximas vacaciones?
¿De los chicos?
¡No! Ellas hablan de un asunto más importante . . .
Hablan del nuevo profesor de español.
Es muy estricto, pero interesante . . . y muy guapo también.

¿Con quiénes habla Juanita?
¿Hablan las chicas de los chicos?
¿De quién hablan ellas?

próximas: *next*

asunto: *topic*, más: *more*

Now Carlos is asking you about things you do.

1. En casa, ¿escuchas discos?
   Sí, escucho discos.
   (No, no escucho discos.)
2. En casa, ¿miras la televisión?
3. Con la clase, ¿visitas museos?
4. En clase, ¿escuchas **a** los profesores?
5. En la cafetería, ¿miras **a** los chicos?
   ¿**a** las chicas?
6. Para una fiesta, ¿invitas **a** los chicos de la clase?

OBSERVACIÓN Est. A

Reread questions 1-3.
- Do the questions concern *people* or *things?*   things

Reread questions 4-6.
- Do the questions concern *people* or *things?*   people
- What word comes right after the verb and before the noun?   a

Notas culturales OPTIONAL

Las escuelas

Un colegio is not a college, but a high school. Depending on the country and the type of institution, secondary schools have different names: *el colegio, el instituto, el liceo,* etc.

In Mexico, as in most Hispanic countries, there are many private high schools, most of which are Catholic. In these private schools students generally wear uniforms: boys are expected to wear ties, while girls often wear white blouses and dark skirts. Typically these schools are not coeducational.

Puebla

Puebla, the fourth largest city in Mexico, is situated in the Sierra Madre foothills between Mexico City and the port of Veracruz. On May 5, 1862, the Mexican Army defeated the French in a battle at Puebla. Today *el cinco de mayo* is a national holiday, and is also celebrated by many Mexican-Americans.

The Mexicans were led by Benito Juárez, a full-blooded Indian, who is now considered one of Mexico's greatest heroes.

Estructura

A. La *a* personal

Compare the sentences on the left with those on the right.

Pedro visita un monumento.	María visita **a** un amigo.
Ricardo mira los coches.	Luisa mira **a** los chicos.
Isabel escucha un disco.	Juan escucha **a** un guitarrista.

After most verbs, nouns designating persons are preceded by the personal **a.**

Note the use of the interrogative forms **¿a quién?** and **¿a quiénes?**

—**¿A quién** invitas a la fiesta? *Whom are you inviting to the party?*
—Invito a Pedro.

—**¿A quiénes** miras? *Whom are you looking at?*
—Miro a las chicas.

You may want to contrast **¿quién?** and **¿a quién?**:
— ¿Quién llama? — Carlos llama.
— ¿A quién llamas? — Llamo a Carl

Ser and **tener** are two verbs that do not take the personal **a.**

Nosotros somos estudiantes.
Manuel tiene amigos en México.

vocabulario especializado — Verbos en –*ar*

buscar

to look for

comprar

to buy

esperar

to wait for

invitar

to invite

enseñar

to teach

enseñar

to point out, to show

llegar

to arrive

llevar

to carry, to bring,
to take (something)

ACTIVIDAD 1   Unos turistas en México

Elena and Luis are visiting Mexico. Elena points out various people and things to Luis. Play the role of Elena.

· The familiar command ¡mira! was introduced as a conversational expression in Unit 3. Familiar commands are not formally presented until Unit 10.
· ADDITIONAL CUES: los chicos/los periódicos/las motos/las chicas.

> los monumentos   Mira los monumentos.
> las muchachas   Mira a las muchachas.

1. los cafés
2. las mujeres
3. los chicos
4. los turistas norteamericanos
5. las bicicletas
6. los hombres
7. los estudiantes
8. los coches

ACTIVIDAD 2   La llegada a Puebla (Arrival in Puebla)

Upon their arrival in Puebla, each of the following people has something to do. Report on these activities, using the personal **a** when necessary.

VARIATION: use nosotros:
Buscamos a un amigo.

> Alberto: buscar (una amiga)   Alberto busca a una amiga.

1. Miguel: buscar (un amigo)
2. Maura: buscar (un restaurante)
3. Felipe: esperar (un amigo)
4. Antonio: esperar (una amiga)
5. Manuel: esperar (un taxi)
6. José: comprar (un mapa)
7. Silvia: tomar (un autobús)
8. Luisa: sacar (fotos)

llevar	tomar	tomar	sacar fotos
to bring, to take (someone)	to take (a taxi)	to have (something to eat or drink)	to take pictures

NOTAS: 1. In English, many verbs are used with prepositions: *to look **for**, to point **out**, to wait **for**, to look **at**, to listen **to**.* In Spanish, the corresponding verbs usually consist of one word: **buscar, enseñar, esperar, mirar, escuchar.**

2. Spanish has many verbs which mean *to take:*

   Llevar means *to take* in the sense of to bring or carry.
   (**Llevo** a un amigo a la fiesta. = *I **am taking** a friend to the party.*)

   Tomar means *to take* in the sense of taking a taxi.
   (**Tomo** el autobús a las cinco. = *I **am taking** the bus at five.*)

   Sacar is used in the expression **sacar fotos**, *to take pictures*.
   (**Saco** fotos en la fiesta. = *I **am taking** pictures at the party.*)

ACTIVIDAD 3   De viaje *(On a trip)*

Say whether or not you like to do the following things when you are traveling.

⟐ sacar fotos   Cuando viajo, (no) me gusta sacar fotos.

1. tomar taxis
2. tomar el autobús
3. llevar maletas *(suitcases)*
4. llevar una cámara

5. comprar postales *(postcards)*
6. comprar recuerdos *(souvenirs)*
7. esperar un autobús
8. esperar un taxi

B. Contracciones: *al* y *del*

Note the contraction of the definite article **el** with the prepositions **a** *(at, to)* and **de** *(of, from, about)*.

	a + el = **al**	de + el = **del**
el restaurante	Juan llega **al** restaurante.	Isabel viene **del** restaurante.
el muchacho	Maribel escucha **al** muchacho.	Felipe habla **del** muchacho.
el profesor	Invitamos **al** profesor.	Busco el libro **del** profesor.

The definite article **el** contracts with **a** to form **al,** and with **de** to form **del.**

⟐ **Los, la** and **las** do not contract with **a** or **de.**
   Invito **a la** chica mexicana, **a los** amigos de Pedro y **a las** amigas de Eva.
   Busco las fotos **de la** muchacha, **de los** chicos y **de las** chicas.

ACTIVIDAD 4   Citas

These persons have appointments at various places. Say that they are arriving at these places.

⟐ Pedro: el restaurante   Pedro llega al restaurante.

1. Isabel: el club
2. el Sr. Vargas: el hotel
3. nosotros: el museo
4. tú: el aeropuerto *(airport)*

5. Consuelo y Victoria: el café
6. Roberto: el colegio
7. Uds.: el laboratorio
8. Ud.: el hospital

ACTIVIDAD 5   Invitaciones

Manuela invites many people to her birthday party. Say whom.

⟐ el amigo de Andrés   Invita al amigo de Andrés.

1. la amiga de Roberto
2. el profesor de piano
3. el novio de Carmen
4. la novia de Felipe

5. los chicos de la clase
6. las chicas de la clase
7. el director de la escuela
8. la profesora de español

ACTIVIDAD 6   Las fotos de Carmen

Carmen has a new camera and is taking pictures of everyone and
everything. Say what the subject of each picture is, according to the model.

> el museo   Carmen saca una foto del museo.

1. el hotel «San Miguel»
2. el restaurante «El Patio»
3. el colegio
4. los chicos de la clase
5. la profesora de francés
6. el Sr. Estrada

7. el amigo de Carlota
8. la amiga de Luis
9. la Sra. de Ortiz
10. las chicas francesas
11. la bicicleta de Rolando
12. el coche de Paco

Pronunciación El sonido de la consonante *d*

a) *d* inicial

Model word: <u>d</u>isco

Practice words: <u>d</u>ía <u>d</u>ónde <u>d</u>e <u>d</u>inero <u>D</u>iana <u>D</u>aniel

Practice sentence: ¿<u>D</u>ónde está el <u>d</u>inero <u>d</u>e Lin<u>d</u>a?

At the beginning of a word, and after **l** and **n**, the letter **d** represents a sound similar to the English **d** sound of "day." The difference is that in pronouncing the Spanish **d**, your tongue should touch the back of your upper front teeth.

OPTIONAL

Entre nosotros

Expresión para la conversación

When you don't quite understand something that was said, you may use the following expression to ask the other person to repeat the phrase:

¿Cómo?   *What?*   —El señor López llega el cuatro de julio
a las diez menos cuarto . . .
—**¿Cómo?**

Mini-diálogos

Create new dialogs, replacing the underlined words with the words in the illustrations.

el cine

María

Alejandro: ¿A quién invitas <u>al cine</u>?

Esteban: Invito a <u>María</u>.

Alejandro: ¿Cómo?

Esteban: Invito a <u>María</u>.

Alejandro: ¿A María? ¿Quién es <u>María</u>?

Esteban: Es un<u>a</u> amig<u>a</u>.

138

b) *d* medial

Model word: to<u>d</u>o

Practice words: ra<u>d</u>io graba<u>d</u>ora na<u>d</u>ar sába<u>d</u>o

Practice sentences: A<u>d</u>ela y Alfre<u>d</u>o son de los Esta<u>d</u>os Uni<u>d</u>os.

Eduar<u>d</u>o es un estu<u>d</u>iante muy <u>d</u>iverti<u>d</u>o.

Between vowels and after consonants other than **l** and **n**, the letter **d** represents the same sound as the **th** of the English word "that."

el teatro — Luisa

el club — Paco

el restaurante — Pablo

el café — Juan

el concierto — Silvia

la fiesta — Mónica

Tú tienes la palabra

With a classmate, prepare a short dialog in which you talk about someone you are inviting out. Use the conversation between Alejandro and Esteban as a model.

Un fin de semana

STRUCTURES TO OBSERVE: **estar** (location)
ir, ir a + infinitive.

Point out Cuernavaca on a map of Mexico.

Estamos en Cuernavaca, México . . .
Rebeca y sus amigos estudian mucho en la escuela. Pero hoy no.
Es sábado y no están en clase.
¿Adónde van los chicos?

sus: *her*
están: *they are*
Adónde van: *Where are they going to*

Rebeca va a la piscina.
Va a nadar.

la piscina: *swimming pool*
Va a nadar: *She's going to swim*

Cristóbal va al centro.
Va a comprar discos.

al centro: *downtown*

Federico y Mariana van a una fiesta.
Van a escuchar música mexicana.
También van a bailar.

¿Adónde va Rebeca?
¿A dónde va Cristóbal?
¿Qué va a comprar?
¿A dónde van Federico y Mariana?
¿Qué van a escuchar?
¿Dónde está Alberto?
¿Por qué no está en la piscina?

Y ¿dónde está Alberto?
¿Está en la piscina?
¿Está en el centro?
¿Está en la fiesta?
¡No! Está en casa.
Está en casa porque está enfermo.
¡Pobre Alberto! ¡Qué lástima!

en casa: *at home*
enfermo: *sick*
Pobre: *Poor*

CONVERSACIÓN

Now let's talk about you.

A. Ahora . . .

   1. ¿**Estás** en clase?   Sí, **estoy** en clase.
     (No, no **estoy** en clase.)

   2. ¿**Estás** en el laboratorio de lenguas?

   3. ¿**Estás** en la cafetería?

B. Durante la semana *(During the week)* . . .

   4. ¿**Vas** a la escuela?   Sí, **voy** . . .
     (No, no **voy** . . .)

   5. ¿**Vas** al cine?

   6. ¿**Vas** al teatro?

C. El próximo fin de semana *(Next weekend)* . . .

   7. ¿**Vas a** estudiar?   Sí, **voy a** . . .
     (No, no **voy a** . . .)

   8. ¿**Vas a** nadar?

   9. ¿**Vas a** bailar?

OBSERVACIÓN

Reread the questions under A. In them, you are asked where you *are presently located.*

- Which verb is used?   estar

In the questions under B, you are asked if *you go to* certain places during the week.

- Which verb is used?   ir

In the questions under C, you are asked about future plans.

- What expression is used to say that you *are going to* do certain things?   voy a

- Which verb is used in that expression?   ir

Notas culturales

La música

Hispanic people, especially the young, have a deep love for music. Not only do they enjoy listening to records, but they often participate actively — singing along and dancing.

The Mexicans trace their great feeling for music to the Indian cultures which existed centuries before the Spanish conquest. The Indians believed that music was a divine gift from the god Quetzalcóatl, the plumed serpent.

Cuernavaca

Cuernavaca, a former Aztec city, was the winter residence of the conqueror of Mexico, Hernán Cortés, as well as of later Mexican rulers. Located in the foothills south of Mexico City, it is known for its beautiful gardens and fine murals by Diego Rivera, one of the best-known Mexican artists.

SUGGESTED REALIA: records of Mexican music; pictures of Mexican murals.

Estructura

A. Estar   Note the irregularities of **estar**: the **yo**-ending **estoy**; the accent on the **á** of the **tú, él,** and **ellos** forms.

Estar *(to be, to be located)* is an irregular verb. Note the present tense forms of this verb in the following sentences.

(yo)	**Estoy** en Veracruz.	(nosotros)	**Estamos** en la piscina.
(tú)	**Estás** en México.	(vosotros)	**Estáis** en la fiesta.
(él, ella, Ud.)	**Está** en Cuernavaca.	(ellos, ellas, Uds.)	**Están** en el centro.

Estar and **ser** both mean *to be,* but they are used differently.
Estar indicates *location:* where someone or something is.
Ser indicates *origin:* where someone or something is from.

Rafael **está** en México.   *Rafael **is** in Mexico.*
Pero no **es** de México.   *But he **is** not from Mexico.*
Es de Arizona.   *He **is** from Arizona.*

vocabulario especializado   Lugares

EXTRA VOCAB.: **el parque, el teatro, el hospital, la avenida, la montaña, la oficina.**

ACTIVIDAD 1   Vacaciones

The following people are studying languages and have gone abroad for
their vacations to learn to speak better. Express this according to the model.

Anita: español, en México   Anita estudia español.
                              Está en México.

1. Bob: español, en España
2. Teresa: español, en México
3. Nancy y Jim: italiano, en Italia
4. Uds.: francés, en Francia

5. nosotros: inglés, en el Canadá
6. tú: español, en Panamá
7. Ud.: inglés, en los Estados Unidos
8. los amigos de Raúl: español, en Puerto Rico

ACTIVIDAD 2   ¿Cerca o lejos?

Say whether your school is near or far from the following places.

ADDITIONAL CUES: el hospital/
un parque/un café/el mar/la montaña.

el centro   La escuela está cerca (lejos) del centro.

1. la playa
2. una piscina pública
3. una iglesia
4. la ciudad
5. un cine

6. el teatro
7. unas tiendas
8. un museo
9. un hotel
10. un restaurante mexicano

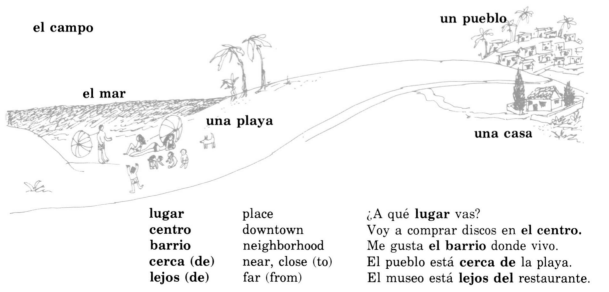

		¿A qué **lugar** vas?
lugar	place	
centro	downtown	Voy a comprar discos en **el centro.**
barrio	neighborhood	Me gusta **el barrio** donde vivo.
cerca (de)	near, close (to)	El pueblo está **cerca de** la playa.
lejos (de)	far (from)	El museo está **lejos del** restaurante.

NOTA: The term **el barrio** is often used in the United States to designate a district with a
large Spanish-speaking population, such as in New York, Los Angeles, Chicago
and San Antonio.

Turn to p. 127. *¿Qué planetas están cerca del sol? ¿lejos del sol?*

B. Ir

Ir *(to go)* is an irregular verb. Note the present tense forms of this verb in the following sentences.

(yo)	**Voy** a Cuernavaca.	(nosotros)	**Vamos** al centro.
(tú)	**Vas** a la piscina.	(vosotros)	**Vais** al campo.
(él, ella, Ud.)	**Va** al cine.	(ellos, ellas, Uds.)	**Van** a la plaza.

Note: **ir** has regular **-ar** endings, except in the **yo** form.

ACTIVIDAD 3   De vuelta a casa *(Going back home)*

You are among a group of exchange students from Latin America who are going home for Christmas vacation. Say where each is going.

VARIATION: They are not going to these places. Teresa no va a Puerto Rico.

▷ Teresa: a Puerto Rico   Teresa va a Puerto Rico.

1. Elena: a Panamá
2. Lucía: a Costa Rica
3. Luis y Felipe: a Chile
4. yo: a Colombia
5. nosotros: a Nicaragua
6. tú: a Guatemala
7. Ud.: a Venezuela
8. Uds.: a la República Dominicana

¡FELIZ NAVIDAD!

ACTIVIDAD 4   Diálogo: Los fines de semana

Ask your classmates whether they go to the following places a lot on the weekends.

VARIATION with **ahora**: ¿Vas al teatro ahora?

▷ el teatro   Estudiante 1: ¿Vas mucho al teatro?
              Estudiante 2: Sí, voy mucho al teatro.
                     (No, no voy mucho al teatro.)

1. el cine
2. la playa
3. la piscina
4. el campo
5. el centro
6. los restaurantes
7. la casa de un amigo
8. la casa de una amiga
9. el mar

ACTIVIDAD 5   La ciudad natal *(The hometown)*

The following Mexican people live in the United States. When they are in Mexico, they go to their hometowns. Express this according to the model.

▷ Pedro: Monterrey   Cuando está en México, Pedro va a Monterrey.

1. Marisela: Veracruz
2. yo: Puebla
3. el Sr. Hurtado: Guadalajara
4. Ud.: Cuernavaca
5. Pablo y César: Chihuahua
6. tú: San Luis Potosí
7. Eva y Sofía: Oaxaca
8. nosotros: Mérida

Monterrey: important industrial center and third-largest city in Mexico; Veracruz: port on the Gulf of Mexico where Hernán Cortés landed in 1519; Guadalajara: second-largest city of Mexico; Chihuahua: capital of the largest Mexican state; San Luis Potosí: city in the region of gold and silver mines; Oaxaca: city famous for its pottery and jewelry; Mérida: Capital of Yucatán, an area known for its Mayan ruins.

¿dónde?	where	**¿Dónde** estás?	*Where are you?*
¿adónde?	where (to)	**¿Adónde** vas?	*Where are you **going**?*
¿de dónde?	where (from)	**¿De dónde** vienes?	*Where are you coming **from**?*
en	in, at	Estamos **en** México.	*We are **in** Mexico.*
a	in, to	Vamos **a** Acapulco.	*We are going **to** Acapulco.*
de	from, of, about	Venimos **de** Puebla.	*We are coming **from** Puebla.*
en casa	at home	María está **en casa.**	*Maria is **at home**.*
en casa de	at . . .'s house	Estoy **en casa de** María.	*I am **at** Maria's **(house)**.*
a casa	home	Voy **a casa.**	*I am going **home**.*
a la casa de	to . . .'s house	Van **a la casa de** Olga.	*They are going **to** Olga's **(house)**.*
allí	there	Olga está **allí** ahora.	*Olga is **there** now.*

Make sure the students understand the distinctions between ¿dónde?, ¿adónde? and ¿de dónde?

ACTIVIDAD 6   ¿Y tú?

Luis talks about himself to Teresa, and would like some information about her. Play the role of Luis, using **¿dónde?, ¿adónde?** and **¿de dónde?,** as appropriate.

⟩⟩   Soy de Puerto Rico.   Luis: Soy de Puerto Rico. ¿Y tú? ¿De dónde eres?

1. Trabajo en un hospital.
2. Vengo de un pueblo pequeño.
3. El sábado, voy al campo.
4. El verano próximo *(next),* voy a España.
5. Estudio inglés en una escuela bilingüe.
6. En la tarde, voy a casa.
7. El domingo, voy a la casa de un amigo.
8. Mañana, voy a estar en casa de una amiga.

C. **El futuro próximo con** *ir*

Mañana **voy a visitar** un museo.   *Tomorrow I **am going to visit** a museum.*
Carlos **va a viajar** en junio.   *Carlos **is going to travel** in June.*

To express an action which is going to happen in the near future you may
use the construction:

$$\boxed{\textbf{ir a} + \text{infinitive}}$$

☟ The construction **ir a** + infinitive corresponds to the English
construction *to be going to* + infinitive.

ACTIVIDAD 7   Diálogo: Planes para las vacaciones

Ask your friends whether they are going to do any of these things during
the summer vacation.

ADDITIONAL CUES: visitar México/comprar una bicicleta.

☟ trabajar   Estudiante 1: ¿Vas a trabajar?
           Estudiante 2: Sí, voy a trabajar.
                (No, no voy a trabajar.)

1. viajar
2. visitar España
3. hablar español
4. sacar fotos
5. estudiar matemáticas
6. ir al campo
7. ir al mar
8. trabajar en un restaurante
9. trabajar en una tienda
10. ganar dinero
11. visitar México
12. comprar una bicicleta

Paradores are government-run Spanish hotels, often in or near historic monuments.

 Pronunciación   **El sonido de las consonantes** *s, c, z*

Model words: ca_s_a   pla_z_a   _c_inta
Practice words: televi_s_or   _s_erio   die_z_   tre_c_e   Jo_s_é   Ro_s_a
Practice sentences: Do_c_e y tre_s_ _s_on quin_c_e.
           Jo_s_é y Lui_s_a _s_on simpático_s_.
           Ro_s_ita Lópe_z_ e_s_ de _Z_aragoza.
           El die_z_ de mar_z_o, voy a vi_s_itar el mu_s_eo.

In Spanish, the letter **s** usually represents the sound /s/ in the English "sing."
The letter **z** also represents the sound /s/ (and never /z/).
The letter **c** before **e** and **i** also represents the /s/ sound.

• In Castilian Spanish the letters **z** and **c** (before **e** and **i**) represent the /th/ sound of "thin."
• Before voiced consonants like **m** and **d**, the letter **s** is pronounced /z/: **mismo, desde, buenos días.**
• Some Spanish-speakers tend not to pronounce a final **s**.

Entre nosotros

Expresiones para la conversación

When inviting others to do something with you, you may use the following constructions:

Vamos a + place   **¡Vamos a** la playa!   *Let's go to the beach.*
Vamos a + infinitive   **¡Vamos a** nadar!   *Let's swim.*
¡Vamos!   *Let's go!*

Mini-diálogos

Create new dialogs, replacing the underlined words with the words in the illustrations.

PLAYA

nadar

Enrique: ¡Vamos a la playa!
Jaime: ¡Qué buena idea!
Enrique: ¡Vamos a nadar!
Jaime: ¡Vamos!

PISCINA

mirar a las chicas

TEATRO

escuchar un concierto

CAFÉ

tomar una Coca-Cola

CAMPO

sacar fotos

Tú tienes la palabra

With a classmate, prepare a short dialog about something you plan to do. Use the conversation between Enrique and Jaime as a model.

Correspondencia

STRUCTURES TO OBSERVE: **estar** (to describe feelings); **estar** + present participle.

Point out Guadalajara and Manzanillo on a map of Mexico.

Laura y Lucía son mexicanas. Lucía es de Guadalajara. Laura es de Chicago. Las dos chicas son primas. Intercambian correspondencia con mucha frecuencia.

primas: *cousins*
Intercambian: *They exchange*

Querida: *Dear*

Sabes: *Do you know*

---

30 de diciembre

Querida Laura:

¿Sabes dónde estoy? Hoy estoy en Manzanillo con una amiga. Se llama Felicia. Es de Guadalajara también. Es una chica muy simpática.

Estamos en la playa. Felicia está nadando ahora. Yo no. No estoy nadando. Estoy tomando el sol. Hace muy buen tiempo, por supuesto. ¡Estoy muy contenta aquí en la playa!

Abrazos de tu prima,
Lucía

Srta. Laura Rosales

1107 North Avenue

Chicago, Illinois

está nadando: *is swimming*

tomando el sol: *sun-bathing*

Abrazos: *Hugs*
tu: *your*

¿De dónde es Lucía?
¿Dónde está hoy?
¿Con quién está?
¿Qué tiempo hace en Manzanillo?

---

6 de enero

Querida Lucía:

¡Qué suerte tienes! Cuando tú estás en la playa, yo estoy en clase. Tú, muy contenta, tomando el sol, y yo aquí, estudiando. ¡No es justo! Ahora estoy estudiando para un examen de francés. Estoy muy nerviosa porque el profesor es muy estricto.

¿Dices que en Manzanillo hace muy buen tiempo? Aquí en Chicago hace muy mal tiempo.

Un abrazo de tu triste prima,
Laura

Srta. Lucía Alvarez

Hotel Colonial

Calle México No. 100

Manzanillo, México

¡Qué suerte tienes!: *How lucky you are!*

justo: *fair*

es: *Do you say*
¿De dónde es Laura?
¿Dónde está?
¿Por qué está nerviosa?
¿Qué tiempo hace en Chicago?
triste: *sad*

See the *Expresiones para la correspondencia,* p. 361.

CONVERSACIÓN OPTIONAL

Let's talk about you.

1. **¿Eres** moreno(a)? Sí, soy . . .
   (No, no soy . . .)
2. **¿Eres** alto(a)?
3. **¿Eres** inteligente?

4. **¿Estás** contento(a) ahora? Sí, estoy . . .
   (No, no estoy . . .)
5. **¿Estás** enfermo(a) *(sick)* ahora?
6. **¿Estás** nervioso(a) ahora?

7. **¿Estás hablando** español? Sí, estoy
   hablando . . . (No, no estoy hablando. . .)
8. **¿Estás mirando** la televisión?
9. **¿Estás estudiando** matemáticas?

OBSERVACIÓN Est. A, B

Questions 1-3 ask about your general characteristics: what type of person *you are.*
• Which verb is used: **ser** or **estar?**   ser

Questions 4-6 ask how *you are feeling now.*
• Which verb is used: **ser** or **estar?**   estar

Questions 7-9 ask about what *you are doing* right now. The verbs in these questions are made up of two words.
• Is the first word a form of **ser** or a form of **estar?**   estar
• In what four letters does the second word end?   -ando

Notas culturales OPTIONAL

Las relaciones mexicanas-norteamericanas

Mexico is the only Spanish-speaking country which shares a common border with the United States. In the course of this century, many Mexicans have immigrated to the United States. For the most part, they have settled in southern California, Texas and the Southwest, but many have moved further north as far as Chicago.

A large proportion of the Mexican-Americans have kept their culture, their traditions and their language. They have also maintained very close ties to Mexico where they may still have friends and relatives.

Guadalajara y Manzanillo

Guadalajara, the second-largest city in Mexico, is located in a rich agricultural and mining area in the western part of the country. The university and many public buildings are decorated with the work of José Clemente Orozco, a famous Mexican artist who was born in that region.

Manzanillo is a seaport about one hundred miles south of Guadalajara. Its Pacific Ocean beaches make it a winter resort area.

Estructura

A. Ser y estar

Although **ser** and **estar** both correspond to the English verb *to be,* their meanings and uses are quite different. They cannot be substituted for each other.

Ser is used to tell *who* or *what* the subject is really like. It can be used with nouns, adjectives and expressions indicating:

Reminder: the indefinite article is not used after **ser** with nouns designating professions.

   1) origin: Luisa **es** de Manzanillo.
                       Pablo **es** mexicano.

   2) profession: Carlos **es** mecánico.
                       La Srta. Ortiz **es** profesora.

   3) basic characteristics: José **es** inteligente.
                       Lucía **es** una chica muy bonita.

Estar is used to tell *where* the subject is and *how* the subject feels. It is used to indicate:

   1) location: Luisa no **está** aquí.
                       Guadalajara **está** en México.

   2) conditions which may change:
      (physical)   ¿Cómo **está** Ud.? **Estoy** bien.
      (emotional)   **Estamos** contentos hoy.

ACTIVIDAD 1   La convención internacional de la juventud
(The International Youth Convention)

VARIATIONS: Have students tell where they now are and where they are from: **Estoy en** (Seattle). **Soy de** (Atlanta).

The following teenagers are attending this year's convention in Puebla, Mexico. Say where they are and where they come from.

  ☞ Felipe: Panamá   Felipe está en Puebla. Él es de Panamá.

1. June: Nueva York
2. Albert: Montreal
3. Antonio: Sevilla
4. Lidia y Telma: Buenos Aires

5. yo: Londres
6. tú: Berlín
7. nosotros: San Antonio
8. Uds.: Río de Janeiro

ACTIVIDAD 2   La gripe *(The flu)*

Several students are not in class today. They are sick. Explain this according to the model.

  ☞ Teresa   Teresa no está en clase. Está enferma.

1. Pablo
2. yo
3. Luisa y Carmen

4. Uds.
5. nosotros
6. ellas

7. Conchita
8. Isabel y Manuel
9. tú

vocabulario especializado   **Otros adjetivos**

alegre

contento

cansado

enfermo

FÍSICA
INGLÉS

triste

Note: These adjectives describe temporary conditions and are therefore used with **estar**.

Tell students that after **estar** predicate adjectives must agree with the nouns they modify in gender and number.

ACTIVIDAD 3   ¿Alegre o triste?

Say whether you are happy or sad in the following situations.

⟩⟩   Cuando voy a una fiesta . . .   Cuando voy a una fiesta, estoy alegre (triste).

1. Cuando estoy con mis amigos . . .
2. Cuando estoy de vacaciones . . .
3. Cuando estoy en la clase de español . . .
4. Cuando estoy enfermo(a) . . .
5. Cuando hay un examen . . .

6. Cuando el profesor está enfermo . . .
7. Cuando mis amigos están enfermos . . .
8. Cuando saco una buena nota *(When I get a good grade)* . . .
9. Cuando saco una mala nota . . .
10. Cuando escucho música latina . . .

ACTIVIDAD 4   Diálogo: ¿Cómo estás?

Ask your classmates how they feel right now.

⟩⟩   alegre   Estudiante 1: ¿Estás alegre ahora?
                  Estudiante 2: Sí, estoy alegre.
                  (No, no estoy alegre.)

1. triste
2. enfermo(a)
3. cansado(a)
4. contento(a)

5. nervioso(a)
6. muy alegre
7. de buen humor *(in a good mood)*
8. de mal humor

B. *Estar* + el participio presente   OPTIONAL

To emphasize that an action is in progress, you may use the *present progressive tense.* Note the forms of the verb in the sentences below:

Ahora Pedro **está sacando** fotos.   *Pedro **is taking** pictures now.*
Isabel y Carlos **están visitando** un museo. *Isabel and Carlos **are visiting** a museum.*

The present progressive is formed as follows:

> present tense of **estar**   +   present participle

The present participle of **–ar** verbs is formed by replacing the ending **–ar** with **–ando.**

tom**ar**	tom**ando**	mir**ar**	mir**ando**
visit**ar**	visit**ando**	estudi**ar**	estudi**ando**
escuch**ar**	escuch**ando**	habl**ar**	habl**ando**

In the present progressive construction, **estar** changes to agree with the subject. The present participle does not change.

The Spanish construction **estar** + present participle corresponds to the English construction *to be doing (something) right now,* but is much less frequently used.

Contrast:
Carlos trabaja en una oficina.   Carlos works in an office.
Ahora, está trabajando con el Sr.   Right now he is working with Mr. Sánchez.
Sánchez.

ACTIVIDAD 5   En Guadalajara

The following tourists are not in their hotel. Say whom or what they are visiting.

Paquita: el museo   Paquita no está en el hotel. Está visitando el museo.

1. Guillermo: la catedral
2. Alicia: el teatro
3. nosotros: la universidad
4. yo: las tiendas
5. Carmen: el Hospicio Cabañas
6. Uds.: a un artista
7. Ud.: a unos amigos
8. tú: a Lucía

ACTIVIDAD 6   Diversiones *(Leisure activities)*

The following people are engaging in their favorite activities. Say what each one is doing.

Pablo: sacar fotos   Pablo está sacando fotos.

1. Laura: nadar
2. yo: tocar la guitarra
3. Inés: escuchar discos
4. nosotros: mirar la televisión
5. Ud.: hablar con amigos
6. Rafael y Luisa: bailar
7. Uds.: visitar a amigas
8. Pedro: comprar libros
9. tú: tocar el piano
10. Ricardo y Ana: cantar

ACTIVIDAD 7 Preguntas personales

1. ¿Está trabajando tu *(your)* padre ahora? ¿Está mirando la televisión? ¿Está tomando café?
2. ¿Está trabajando tu mamá ahora? ¿Está mirando la televisión? ¿Está visitando a unas amigas?
3. ¿Estás estudiando ahora? ¿Estás escuchando al profesor? ¿Estás tomando notas?
4. ¿Está hablando español el (la) profesor(a) ahora? ¿Está hablando a los alumnos?
5. ¿Están estudiando los estudiantes ahora? ¿Están escuchando la radio? ¿Están preparando una fiesta?

In Guadalajara

Pronunciación   **La acentuación de las sílabas**

Be sure students pronounce the unstressed vowels distinctly, avoiding the "uh" sound of English.

In Spanish, as in English, some syllables are stressed more than others.
Here are three simple rules to let you know which syllable to stress:

a) If a word ends in a vowel, or in the letter **n** or **s**, the stress falls on the *next to last* syllable.

Practice words: c<u>a</u>mpo c<u>i</u>ne p<u>ue</u>blo c<u>a</u>sa c<u>a</u>lle
pl<u>a</u>ya h<u>a</u>blan b<u>u</u>scan c<u>o</u>mpras l<u>e</u>jos al<u>e</u>gre
cans<u>a</u>do enf<u>e</u>rmo restaur<u>a</u>nte

OPTIONAL

Entre nosotros

Expresiones para la conversación

To express amazement or doubt, you may use the expressions:

¡No me digas! *You don't say!*   —¡Pedro está viajando en África!
                                     —**¡No me digas!**

¿Cierto?   *Really? Are you sure?*   —¡El examen es para hoy!
                                       —**¿Cierto?**

Mini-diálogos

Create new dialogs, replacing the underlined words with the words in the
illustrations. Make the necessary changes.

Felipe   Puerto Rico

nadar en el mar

Yolanda: ¿Dónde <u>está</u> <u>Felipe</u>?

Rodolfo: No <u>está</u> aquí. <u>Está</u> en <u>Puerto Rico</u>.

Yolanda: ¿Cierto? ¿En <u>Puerto Rico</u>? ¡No me
            digas!

Rodolfo: ¡Sí! ¡<u>Está</u> <u>nadando</u> <u>en</u> <u>el</u> <u>mar</u>!

b) If a word ends in a consonant (except **n** or **s**), the stress falls on the *last* syllable.

Practice words: ho<u>tel</u>   ciu<u>dad</u>   invi<u>tar</u>   ense<u>ñar</u>   profe<u>sor</u>
televi<u>sor</u>   mu<u>jer</u>   us<u>ted</u>   ver<u>dad</u>

c) If a word contains an accent mark, the syllable with the accented vowel is stressed.

Practice words: ca<u>fé</u>   televi<u>sión</u>   auto<u>bús</u>   per<u>dón</u>
me<u>cá</u>nica   <u>mú</u>sica   sim<u>pá</u>tica   anti<u>pá</u>ticos   <u>Mé</u>xico

Clara · México · visitar a amigos

Carlos y Luis · Chile · visitar a un amigo

Elena y Susana · España · visitar los museos

Pedro · Guatemala · sacar fotos

Tú tienes la palabra

With a classmate, prepare a short dialog about someone who is away on a trip. Use the conversation between Yolanda and Rodolfo as a model.

Lección 4

¿Eres un(a) buen(a) turista?

STRUCTURES TO OBSERVE:
direct object pronouns: form
and position.

Te gusta viajar, ¿verdad?
Un día, tal vez, vas a visitar México . . . o Guatemala, Bolivia,
España u otros países hispánicos. ¿Qué tipo de turista eres? ¿Eres
un(a) turista bien preparado(a)?

Remember: **o → u** before
words beginning with **o** or **ho**.

preparado: *prepared*

Bueno. Vamos a ver. Aquí hay cinco preguntas. Tienes que contestar
cada pregunta con una de las tres respuestas posibles: A, B, o C.

Vamos a ver: *Let's see*
contestar cada
   pregunta: *answer*
   each question,
respuestas: *answers*

1. Cuando viajas, ¿llevas tu cámara?
   A. Sí, la llevo siempre.
   B. Sí, generalmente la llevo.
   C. No, no la llevo.

2. Cuando visitas una ciudad, ¿compras el mapa de la ciudad?
   A. Sí, lo compro siempre.
   B. Sí, lo compro si es muy barato.
   C. No, no lo compro.

3. Cuando visitas una ciudad, ¿visitas los monumentos principales?
   A. Sí, los visito siempre.
   B. Sí, los visito, pero sólo si tengo bastante tiempo.
   C. No, no los visito.

sólo: *only,* tiempo:
   time

4. Cuando visitas un museo o un lugar histórico, ¿escuchas las
   explicaciones del guía?
   A. Sí, las escucho siempre.
   B. Sí, las escucho, pero sólo si el guía es simpático.
   C. No, no las escucho.

guía: *guide*

5. Si hay una película sobre un país que deseas visitar, ¿vas a
   mirarla?
   A. Sí, voy a mirarla.
   B. Sí, voy a mirarla si es gratis.
   C. No, no voy a mirarla.

película: *film,* sobre:
   about

gratis: *free*

You may use this text for a class survey and tabulate the results.

Ahora analiza tus respuestas. Cada respuesta A representa dos puntos, cada respuesta B, un punto, y cada respuesta C, cero puntos. Suma los puntos. ¿Cuántos tienes?

Suma: *Add*

7-10 puntos: Eres un(a) turista bien preparado(a). Pero eres muy serio(a). No tienes que ser tan serio(a) cuando viajas.

tan: *so*

3-6 puntos: Eres un(a) turista muy bueno(a). Te gusta viajar.

0-2 puntos: Eres una persona que no aprecia los viajes. ¡No tienes que gastar dinero en viajes! ¿Para qué? ¡Quédate en casa y mira la televisión!

gastar: *spend,* ¿Para qué? *What for?*
Quédate: *Stay*

CONVERSACIÓN   OPTIONAL

What do you take along when you go on a trip?

Cuando viajas . . .

1.	¿llevas **el radio?**	Sí, **lo** llevo.	No, no **lo** llevo.
2.	¿llevas **la cámara?**	Sí, **la** llevo.	No, no **la** llevo.
3.	¿llevas **los discos?**	Sí, **los** llevo.	No, no **los** llevo.
4.	¿llevas **las cintas?**	Sí, **las** llevo.	No, no **las** llevo.

OBSERVACIÓN   Est. A

In the above questions, the nouns in heavy print are *directly* acted upon by the verb. These nouns are the *direct objects* of the verb. In the answers, the nouns are replaced by *direct object pronouns.*

- Which direct object pronoun replaces a masculine singular noun? a feminine singular noun? a masculine plural noun?
- a feminine plural noun?   lo/la/los/las
- Do these direct object pronouns come *before* or *after* the verb?   before

Mayan ruins in Uxmal

Nota cultural   OPTIONAL

El turismo en México

Mexico has an endless variety of natural and cultural attractions to offer the millions of American tourists who cross its borders every year. It also has a long history which dates back many centuries before the arrival of the Spaniards in 1519.

Mexican history is inscribed in many monuments, such as the pyramids of San Juan Teotihuacán. These are probably the most spectacular ruins in Mexico, located about thirty-five miles north of Mexico City. There you can admire the Pyramids of the Sun and the Moon, and the temple of the god Quetzacóatl. On the Yucatán peninsula you can visit the Mayan temples at Chichén Itzá and Uxmal.

Three great Indian civilizations flourished in Mexico before the arrival of the Spaniards: the Mayans, the Toltecs and the Aztecs.

Lección cuatro
157

Estructura

A. Los pronombres *lo, la, los, las*

Note the form and the position of the pronouns in heavy print.

• The use of object pronouns corresponding to **Ud.** and **Uds.** is presented in Unit 6.
• **Los** refers to groups containing at least one masculine element.

¿El museo?	**Lo** visito mañana.
¿La playa?	No **la** visito.
¿Los amigos de Luis?	**Los** invitamos a la fiesta.
¿Las amigas de Luis?	No **las** invitamos.

➔ In Spanish, the *direct object pronoun* usually comes right *before* the verb.

➔ The pronouns **lo, la, los** and **las** may refer to *people or things.*

¿Buscas **el museo?**   Sí, **lo** busco.   *Yes, I am looking for* **it.**
¿Buscas a **Miguel?**   Sí, **lo** busco.   *Yes, I am looking for* **him.**

In Spain the distinction is made between **le, les** (referring to people) and **lo, la, los, las** (referring to things).

ACTIVIDAD 1   La maleta *(The suitcase)*

Roberto is packing his suitcase for a trip. His mother asks whether he is taking certain things. Play both roles according to the model.

• ADDITIONAL CUES: los lápices, el cuaderno, los bolígrafos.
• VARIATIONS: —
— ¿Necesitas la cámara?   — Sí, la necesit
— ¿Buscas la cámara?   — Sí, la busco.

➔ la cámara   la mamá: ¿Llevas la cámara?
    Roberto: Sí, la llevo.

1. el radio	5. los discos
2. el mapa	6. los libros
3. la raqueta de tenis	7. las fotos
4. la grabadora	8. el reloj

ACTIVIDAD 2   Invitaciones

María Mercedes is drawing up a guest list for a party. Juan Carlos asks her whom she is inviting. Play both roles.

➔ Miguel: sí   Juan Carlos: ¿Invitas a Miguel?
    María Mercedes: Sí, lo invito.

   Raquel: no   Juan Carlos: ¿Invitas a Raquel?
    María Mercedes: No, no la invito.

VARIATION: — ¿Esperas a Miguel?
—Sí, lo espero.

1. Elena: sí
2. Carmen: no
3. el profesor de francés: sí
4. la profesora de español: sí
5. Jaime y Felipe: sí
6. Isabel y Teresa: no
7. Carlos y Antonio: no
8. Ángela, Estela y Roberto: sí

ACTIVIDAD 3 El viaje a la ciudad de México

A group of tourists is visting Mexico City. A tourist asks the guide whether they will visit certain places. Play both roles according to the model.

• Mexico City, the capital of Mexico, is given in addresses as México, D.F. (**Distrito Federal**).
• SUGGESTED REALIA: pictures of these places.

⮞ la catedral: sí   un(a) turista: ¿Visitamos la catedral?
                             el guía *(guide)*: Sí, la visitamos.
    la universidad: no   un(a) turista: ¿Visitamos la universidad?
                               el guía: No, no la visitamos.

1. el Palacio Nacional: sí
2. el Paseo de la Reforma: sí
3. las ruinas aztecas: no
4. la plaza Garibaldi: sí

5. el Museo Nacional de Antropología: sí
6. los murales de Orozco: no
7. el mercado Merced: no
8. el parque Chapultepec: sí

vocabulario especializado   **Transportes**

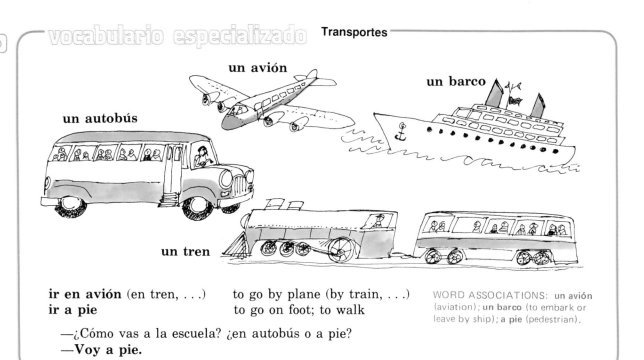

un avión

un barco

un autobús

un tren

ir en avión (en tren, . . .)   to go by plane (by train, . . .)
ir a pie   to go on foot; to walk

WORD ASSOCIATIONS: **un avión** (aviation); **un barco** (to embark or leave by ship); **a pie** (pedestrian).

—¿Cómo vas a la escuela? ¿en autobús o a pie?
—**Voy a pie.**

ACTIVIDAD 4 Preguntas personales

1. ¿Cómo vas a la escuela? ¿en auto? ¿en autobús? ¿en bicicleta? ¿a pie?
2. ¿Cómo vas a la casa de tu mejor amigo?
3. ¿Cómo vas a la casa de tu mejor amiga?
4. Cuando vas a España, ¿tomas el avión? ¿el barco? ¿el tren?
5. Cuando vas a México, ¿tomas el avión? ¿el autobús? ¿el tren?

B. Los pronombres con el infinitivo   OPTIONAL

Compare the position of the direct object pronouns in the answers to the questions below:

¿Vas a visitar a Carmen?	Sí, voy a visitar**la.**
	(Sí, **la** voy a visitar.)
¿Desean ellas invitar a Mario?	Sí, desean invitar**lo.**
	(Sí, **lo** desean invitar.)
¿Tienes que comprar los periódicos?	Sí, tengo que comprar**los.**
	(Sí, **los** tengo que comprar.)

In infinitive constructions, the direct object pronoun may come
—after the infinitive, and attached to it, or
—before the first verb.

The above pattern is also used with the present progressive:

¿Estás escuchando al profesor?	Sí, estoy escuchándo**lo.**
	(Sí, **lo** estoy escuchando.)

This construction is presented primarily for recognition. Note: the accent mark on **escuchándolo** is used to retain the original stress pattern of the present participle.

ACTIVIDAD 5   En la tienda

Juan is going to buy all the things the salesperson suggests. Play the two roles according to the model.

el cuaderno   el (la) vendedor(a): ¿Desea Ud. el cuaderno?
Juan: Sí, voy a comprarlo.

VARIATIONS: a) Lo voy a comprar. b) No, no voy a comprarlo.

1. el bolígrafo	4. los discos	7. la revista
2. el mapa	5. la cámara	8. el lápiz
3. los libros	6. las cintas	9. el reloj

ACTIVIDAD 6   Mañana

Luisa asks Roberto if he is doing certain things today. He answers that he is going to do them tomorrow. Play both roles according to the model.

estudiar la lección   Luisa: ¿Vas a estudiar la lección?
Roberto: Hoy no. Voy a estudiarla mañana.

VARIATION: Lo voy a estudiar mañana.

1. invitar a David	5. escuchar el disco nuevo
2. visitar a Manuela	6. escuchar las cintas de inglés
3. buscar el tocadiscos	7. sacar fotos
4. comprar la bicicleta	8. tocar la guitarra

ACTIVIDAD 7   Preguntas personales

With me gusta/te gusta, the object pronoun always comes after the infinitive:
— ¿Te gusta tomar el café?
— Sí, me gusta tomarlo.

1. ¿Te gusta mirar la televisión? ¿escuchar discos?
2. ¿Te gusta visitar a amigos? ¿a amigas?
3. ¿Te gusta visitar los museos? ¿las tiendas?
4. ¿Te gusta tomar el avión? ¿el barco?
5. ¿Te gusta escuchar al (a la) profesor(a)? ¿estudiar las lecciones del libro de español?

vocabulario especializado

Palabras frecuentes

si	if	Miro la televisión **si** hace mal tiempo.
casi	almost	**Casi** todos van a estar aquí.
más	more, most	¡Necesito ganar **más** dinero!
cada	each, every	**Cada** verano nadamos en el mar.
sólo	only	Alfredo tiene **sólo** quince años.
solo(a)	alone, single	¿Quién es la muchacha que está **sola?**
todos(as)	all, everybody	¿Vienen **todos** conmigo?
mismo(a)	same	¿Es el **mismo** periódico que compras?

• Note: **solo** (alone) is an adjective; **sólo** (only) is an adverb.
• The singular **todo el/toda la** (all, the whole) was introduced in Unit 3, Lesson 3.

ACTIVIDAD 8   Más preguntas personales

1. ¿Viajas cada verano si tienes dinero? ¿a dónde?
2. ¿Viajas solo(a) o con tu familia? ¿Te gusta más viajar solo(a)?
3. ¿Compras regalos para tus amigos en tu viaje? ¿Compras el mismo regalo para todos?
4. Cuando organizas una fiesta, ¿invitas a todos tus amigos?
5. ¿Vas al cine sólo los sábados? ¿Vas siempre con los mismos amigos?
6. ¿Vas casi siempre al mismo cine? ¿a la misma heladería *(ice cream parlor)?*

Pronunciación   Los acentos

Accent marks in Spanish have three functions.

a) The accent mark indicates that a syllable is stressed as an exception to the regular pattern.

Practice words: joven jóvenes; francés francesa; inglés ingleses; expresión expresiones

b) An accent mark over an **i** or **u** in a diphthong indicates that the two vowels are pronounced separately.

Practice words: día María Raúl frío país

c) The accent mark is used to distinguish between words which have the same pronunciation but different meanings.

Practice words: el *(the)*   él *(he)*;   cuando *(when)*   ¿cuándo? *(when?)*;
que *(that; who, which)*   ¿qué? *(what?)*

• When a diphthong is accented, the accent mark is on the strong vowel: **pronunciación.**
• Also: **mi** (my), **mí** (me); **tu** (your), **tú** (you)

Entre nosotros

Mini-diálogos

Create new dialogs, replacing the underlined words with the expressions
suggested in the illustrations, and making the necessary changes.

a) Ramón: ¿Tienes el libro?

   Isabel: Creo que no lo tengo.

   Ramón: Entonces, tienes que buscarlo.

   Isabel: ¿Por qué? No lo necesito.

b) Ramón: ¡Mira el libro! ¡Qué bueno!

   Isabel: ¿Lo compras?

   Ramón: Creo que no voy a comprarlo.

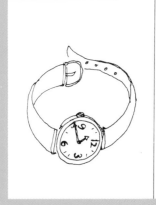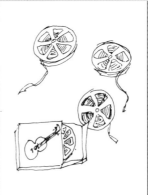

Tú tienes la palabra

With a classmate, prepare a short dialog about some common object. Use
one of the conversations between Ramón and Isabel as a model.

Otros países ... otras lenguas

Hablas inglés, ¿verdad?
Pero ¿hablas como los ingleses?
¡Claro que no! Hablas como los norteamericanos.

Los norteamericanos, los canadienses, los ingleses, los irlandeses, los australianos, los habitantes de Sudáfrica, todos hablan inglés ... con un acento diferente.

Es lo mismo° para los hispanos. Todos hablan español, pero de una manera un poco diferente. Un mexicano no habla exactamente como un puertorriqueño, ni° como un argentino, ni como un panameño, ni como un español.... Pronuncia con un acento mexicano y de vez en cuando° usa una palabra o una expresión típicamente° mexicana.

Afortunadamente,° las diferencias no son muy importantes. Aquí están algunas° diferencias.

lo mismo: *the same*

ni: *nor*

de vez en cuando:
  from time to time
típicamente: *typically*
Afortunadamente:
  fortunately
algunas: *some*

generalmente:	el auto
en España:	el coche
en Puerto Rico:	la máquina o el carro
en México:	el carro

generalmente:	el autobús
en Puerto Rico y en Cuba:	la guagua
en México:	el camión
en la Argentina:	el ómnibus
en Colombia:	el bus

generalmente:	la estación de servicio
en México:	la gasolinera

generalmente:	la finca
en España:	la granja
en la Argentina:	la chacra

163

Juego:° ¿De qué país son?

Unos chicos van a hablar de los planes del fin de semana. Los chicos son de países diferentes. Puedes adivinar° la nacionalidad de cada uno. No es muy difícil. Cada chico usa una palabra° especial que revela su° origen. ¡Escucha!

Carlos

El sábado, voy a ir a la playa con mis amigos. Voy a nadar y a jugar° al volibol. ¿Y el domingo? Voy a ir al campo con la familia. Vamos a visitar al tío° Esteban. Tiene una chacra donde pasamos todos los domingos. ¡Qué aburrido!

Carlos es de ■ España
■ Puerto Rico
■ la Argentina

Isabel

Yo también, voy a ir a la playa. Pero no voy a nadar. Me gusta más tomar el sol, hablar con mis amigas . . . y mirar a los chicos. ¿Y después? Voy a tomar la guagua e ir de compras para comprar discos.

Isabel es de ■ México
■ la Argentina
■ Puerto Rico

Ramón

No voy a pasar el fin de semana en la playa ni en el campo. ¡No! Yo tengo que trabajar para ganar un poco de dinero. Trabajo como mecánico en una gasolinera. Reparo los carros y las motos.

Ramón es de ■ México
■ España
■ Chile

Enrique

Voy a ir al cine, pero, ¿con quién? Con Manuel o con Francisco. Manuel es un chico simpático pero no tiene máquina. Francisco no es muy simpático pero tiene carro. ¡Qué problema!

Enrique es de ■ la Argentina
■ España
■ Puerto Rico

Mónica

Voy a pasar el sábado con mis amigas en las tiendas. ¿Cómo vamos a ir al centro? ¡En ómnibus, por supuesto!

Mónica es de ■ España
■ la Argentina
■ Puerto Rico

Juego: *Game*

Puedes adivinar: *You can guess*
palabra: *word,* su: *his*

jugar: *play*

tío: *uncle*

Enriching your vocabulary: recognizing –*ar* verbs

Many Spanish verbs ending in **–ar** closely resemble English verbs. Some have the same stem:

usar	*to use*
visitar	*to visit*

Others have a slightly different stem:

reparar	*to repair*
revelar	*to reveal*
pronunciar	*to pronounce*

Ejercicio

a) Determine which of the following Spanish verbs have the same stems as their English cognates and which have slightly different stems.

b) Use each verb in an original sentence.

aceptar   comparar   comunicar   Also: admirar, criticar, crear, revelar
observar   practicar   preparar

Unidad 5

Mi familia y yo

OBJECTIVES:

Language

This unit increases the students' flexibility in handling simple sentences. The following elements are presented:

- The concept of possession (as expressed by **de** and by possessive adjectives)
- The present tense of regular **–er** and **–ir** verbs
- The irregular verbs **decir, ver, hacer, dar**
- Third-person indirect object pronouns: forms and position

Communication

By the end of this unit, students will be able to use Spanish:

- To describe their homes
- To talk about their families and others in their lives
- To talk about their belongings and those of others
- To discuss actions and activities involving other people, using direct and indirect object pronouns

Culture

This unit focuses on Hispanic family life. It also presents Caracas (Venezuela) and the Spanish-speaking people of New York.

5.1 Olivia Ortiz, puertorriqueña de Nueva York

166

Gaudi building, Barcelona

5.2 Las fotos de Amalia   5.3 El edificio de apartamentos   5.4 ¿Eres servicial?

VARIEDADES — La historia de las cosas que comemos

Olivia Ortiz, puertorriqueña de Nueva York

STRUCTURES TO OBSERVE: –er and –ir verbs.

¡Hola amigos!

Me llamo Olivia Ortiz.

Soy de Puerto Rico, pero ahora no vivo en Puerto Rico. Vivo con mi familia en Nueva York. Tengo una hermana, Claudia, dos hermanos, José y Rubén . . . y un perro, Atila. Todos vivimos en un apartamento muy pequeño, pero bastante confortable. ¿Me gusta vivir en Nueva York?

Depende: hay días buenos y hay días malos.

vivo: *I live*

hermana: *sister,* hermanos: *brothers*
perro: *dog*
vivir: *to live*

Depende: *That depends*

Lo que no me gusta:

- Asistir a la clase de francés. . .
  El profesor se llama Sr. Moreau. Es francés y es muy simpático . . . pero no comprendo cuando él habla francés . . . ¡o inglés!

- Comer en la cafetería de la escuela. . .
  Cada día como en la cafetería, y cada día comemos las mismas cosas: papas o espaguetis. ¡Qué horror!

- Leer el periódico. . .
  . . . cuando el periódico habla de accidentes o de crímenes. ¡Me disgusta la violencia! ¡Qué terrible!

- Vivir en Nueva York en el invierno. . .
  Me gusta vivir en Nueva York, pero en el invierno, ¡no! Hace frío, y llueve. Y cuando no llueve, nieva.

¿Por qué no vivimos en Puerto Rico en el invierno y en Nueva York en el verano?

Lo que: *What*

Asistir a: *To attend*
se llama: *is called*
comprendo: *I understand*
Comer: *To eat*

papas: *potatoes*

Leer: *To read*
Me disgusta: *I really dislike*

¿De dónde es Olivia Ortiz? ¿En qué ciudad vive ahora? ¿Dónde come Olivia cada día? ¿Qué come ella? ¿Qué tiempo hace en Nueva York en el invierno? ¿Con quién va Olivia a los conciertos? ¿Dónde come Olivia los domingos? ¿Qué lee Olivia?

You may review weather expressions (Unit 1, Lesson 6).

Lo que me gusta:

- Asistir a los conciertos. . .
  Soy aficionada a la música clásica. Los sábados, asisto a menudo a los conciertos con Anita, mi mejor amiga.

- Comer en los restaurantes puertorriqueños. . .
  Hay un restaurante puertorriqueño muy bueno en el barrio donde vivimos. Los domingos, siempre comemos allí.

- Leer. . .
  Leo mucho: poesía, literatura inglesa, literatura española, dramas, novelas . . . ¡y por supuesto todas las mañanas leo el horóscopo!

- Vivir en Puerto Rico. . .
  Me gusta nadar y tomar el sol. En Puerto Rico, es posible ir a la playa todos los días. Es magnífico, ¿no?

aficionada a: *fond of*
Los sábados: *On Saturdays*, a menudo: *often*
mi mejor: *my best*

todas las mañanas: *every morning*
tomar el sol: *sunbathe*
todos los días: *every day*

CONVERSACIÓN   OPTIONAL

Vamos a hablar de las personas en la vida *(life)* de Olivia.

1. ¿Cómo se llama la hermana *(sister)* **de** Olivia?
2. ¿Cómo se llaman los hermanos *(brothers)* **de** Olivia?
3. ¿Cómo se llama el profesor de francés **de** Olivia?
4. ¿Cómo se llama la mejor amiga **de** Olivia?

OBSERVACIÓN   Est. C

Reread the first question.
- How do you say *Olivia's sister* in Spanish?
- Which word comes first, **Olivia** or **hermana?**
- Which word links these two words?

  - La hermana de Olivia
  - hermana
  - de

Nueva York, ciudad hispánica

¿Sabes° cuántos puertorriqueños viven° en Nueva York? Tal vez un millón . . . ¡o tal vez más! (¡Hay más puertorriqueños en Nueva York que° en San Juan, la capital de Puerto Rico!) Muchos de los puertorriqueños que viven en Nueva York tienen parientes° en Puerto Rico y mantienen contacto con ellos. Así,° muchos jóvenes visitan Puerto Rico, la «Isla Encantada,»° durante° las vacaciones.

También, hay otra gente que habla español en Nueva York: gente de origen cubano, panameño, dominicano, venezolano, etc. . . .

¡De veras, Nueva York es una gran ciudad hispánica!

Sabes *Do you know* **viven** *live* **que** *than* **parientes** *relatives* **Así** *So* **Isla Encantada** *Enchanted Isle* **durante** *during*

Puerto Rico is a tropical island of about 4 million people, whose capital is San Juan. It became a U.S. territory after the Spanish-American War (1898). It is now an "associated free state." Puerto Ricans are U.S. citizens.

Estructura

A. Verbos regulares que terminan en –er y en –ir

Many of the verbs you have been using have infinitives ending in **–ar.**
There are also verbs with infinitives ending in **–er** and **–ir.** Many (but not all) **–er** and **–ir** verbs are conjugated like **aprender** *(to learn)* or like **vivir** *(to live).* Such verbs are called *regular –er and –ir verbs.*

INFINITIVE	**aprend**er	**viv**ir
PRESENT TENSE		
(yo)	Aprend**o** español.	Viv**o** en Buenos Aires.
(tú)	Aprend**es** español también.	Viv**es** en Lima.
(él, ella, Ud.)	Aprend**e** inglés.	Viv**e** en Nueva York.
(nosotros)	Aprend**emos** portugués.	Viv**imos** en Lisboa.
(vosotros)	Aprend**éis** francés.	Viv**ís** en París.
(ellos, ellas, Uds.)	Aprend**en** italiano.	Viv**en** en Roma.

≫ The endings of **–er** and **–ir** verbs are the same, except in the **nosotros** and **vosotros** forms:

–er verb ⎱	**-o -es -e** ⎰ -emos -éis ⎱	⎰ **-en**
–ir verb ⎰		-imos -ís ⎱	

≫ The present participle of most regular **–er** and **–ir** verbs is formed by replacing **–er** and **–ir** with **-iendo.**

aprend**er** *(to learn)*   ¿Qué estás aprend**iendo** hoy en clase?
escrib**ir** *(to write)*   ¿A quién está escrib**iendo** ahora Luisa?

Verbs in **–eer** have present participles in **-yendo: leer →** leyendo.

vocabulario especializado Verbos que terminan en –er y en –ir

verbos en –er

aprender	to learn	**¿Aprendes** francés o español?
beber	to drink	¿Qué **bebe** Carlos? ¿Una Coca-Cola?
comer	to eat	**Comemos** mucho.
comprender	to understand	**¿Comprenden** Uds. cuando el profesor habla español?
creer	to believe, to think	**Creo** que Amalia es de la Argentina.
leer	to read	¿Qué **leen** Uds.?
vender	to sell	**Vendo** mi tocadiscos porque necesito dinero.

• WORD ASSOCIATIONS: **beber** (a *beverage* is a drink), **comprender** (to *comprehend*), **vender** (a *vending* machine sells items), **escribir** (a *scribe* is one who writes), **vivir** (to *revive* is to bring to life).
• EXTRA VOCAB.: **decidir, recibir.**

ACTIVIDAD 1   Los hábitos (Habits)

Guillermo and his friends always eat at the same place or with the same
people. Each one also has the habit of drinking the same thing. Express
this according to the model.

> Guillermo: en la cafetería / Coca-Cola   Guillermo siempre come en la cafetería.
> Siempre bebe Coca-Cola.

1. María: en un restaurante / café
2. nosotros: en casa / chocolate
3. tú: en la casa de Arturo / Pepsi-Cola
4. Juanito: en MacDonald's / Coca-Cola

5. Uds.: en la cafetería / café
6. El Sr. García: en la oficina / té (tea)
7. Paco y Delia: conmigo / Pepsi-Cola
8. yo: con mis amigos / limonada

ACTIVIDAD 2   Correspondencia

For Christmas, the following people write many letters (cartas). Express
this according to the model.

VARIATION: The people
receive letters (Introduce
recibir: to receive).

> Amparo   Amparo escribe muchas cartas para Navidad.

1. Alicia
2. nosotros
3. tú
4. mis amigos
5. ellas
6. Uds.
7. yo
8. mi mamá

ACTIVIDAD 3   Diálogo

Ask your classmates whether they do any of these things.

> aprender francés   Estudiante 1: ¿Aprendes francés?
> Estudiante 2: ¡Claro! Aprendo francés.
> (¡Claro que no! No aprendo francés.)

1. aprender español
2. aprender italiano
3. beber café
4. leer revistas en español
5. comer en la cafetería

6. escribir cartas en español
7. vivir en una gran ciudad
8. vivir cerca del mar
9. creer en el horóscopo
10. comprender portugués

verbos en –ir

asistir a	to attend, to go to	No **asistimos a** la universidad.
escribir	to write	**¿Escribes** poesía?
vivir	to live	¿Donde **vive** Miguel? ¿En Sevilla o en Toledo?

vocabulario especializado **La lectura** *(Reading)*

La lectura is active vocab.

un cuento story

una carta letter

una novela novel

una tarjeta card, postcard

ACTIVIDAD 4 Preguntas personales

1. ¿Te gusta leer? ¿Lees mucho? ¿Lees novelas? ¿Lees cuentos policíacos *(detective stories)*? ¿Lees cuentos de ciencia-ficción?

2. ¿Lees el periódico? ¿Lees la página de los deportes *(sports)*? ¿las noticias *(news)*? ¿el horóscopo? ¿las historietas cómicas *(comics)*?

Have students answer 3 and 4 with **él, ella** and **ellos.**

3. ¿Qué revista lee tu papá? ¿tu mamá?

4. ¿Comes a menudo *(often)* con tus amigos?

5. ¿Comen Uds. a menudo en la cafetería? ¿Comen Uds. a veces *(sometimes)* en un restaurante mexicano? ¿en un restaurante chino?

6. ¿Te gusta escribir? ¿Escribes cartas a veces? ¿Escribes composiciones para la clase de español? ¿para otras clases?

7. ¿Vives en una ciudad o en un pueblo? ¿en una casa o en un apartamento? ¿Vives cerca de la escuela o lejos de la escuela?

8. ¿Escribes muchas tarjetas de Navidad?

vocabulario especializado **Expresiones de tiempo** *(Expressions of time)*

ahora	now	**Ahora** estoy en clase.
después	later	**Después** voy a visitar a un amigo.
antes	before	**Antes** voy a llamarlo por teléfono.
a veces	sometimes	En el verano, voy a la playa **a veces.**
a menudo	often	No miro la televisión **a menudo.**
siempre	always	**Siempre** hablamos español en clase.
de vez en cuando	once in a while	Voy al cine **de vez en cuando.**

ACTIVIDAD 5 El momento perfecto

Speak about yourself, completing each sentence with an expression of time.

1. ____ estoy en clase.
2. ____ estoy hablando español.
3. ____ voy a comer en la cafetería.
4. ____ hablamos español en clase.

5. Voy al restaurante ____.
6. Leo el periódico ____.
7. Asisto a los conciertos ____.
8. Bebo Coca-Cola ____.

B. Ver

Note the present tense forms of the verb **ver** (to see) below.

Practice forms of **ver** with the animal pictures on p. 127: ¿**Ves** la chinchilla?

(yo)	**Veo** la calle.	(nosotros)	**Vemos** el mar.
(tú)	**Ves** la iglesia.	(vosotros)	**Veis** el pueblo.
(él, ella, Ud.)	**Ve** la plaza.	(ellos, ellas, Uds.)	**Ven** el museo.

The present tense of **ver** is like that of the regular –er verbs, with the exception of the **yo** form: **veo**.

Note the use of **ver** with the expressions ¡**A ver!**, ¡**Vamos a ver!** (Let's see!).

REFRÁN

Ver para creer.

Seeing is believing.

ACTIVIDAD 6   Turistas en San Juan

The following people are visiting Old San Juan, founded in 1521. Say what each one sees.

Josefina: la Plaza Colón   Josefina ve la Plaza Colón.

1. yo: El Morro
2. nosotros: El Morro también
3. Alberto: la iglesia San José
4. tú: la Fortaleza
5. Jaime y Beatriz: la Casa Blanca
6. Ud.: la Catedral de San Juan Bautista

El Morro is the great fortress of the 16th century which protected the city from attack by sea. San José church (begun in 1523) is the oldest Christian place of worship in the Western Hemisphere. La Fortaleza (begun in 1533), the governor's mansion, is the oldest executive mansion in the Western Hemisphere. La Casa Blanca (begun in 1521) was built for Ponce de León, who is buried in the Cathedral of San Juan Bautista. La Casa del Libro is a book museum in an 18th-century house. El Castillo de San Cristóbal was begun in the 17th century to protect the city from land attack.

C. El uso de de para indicar posesión

Note the use of **de** in these questions.

¿Dónde está la casa **de Olivia**?   *Where is **Olivia's** house?*
¿Quién es la hermana **de Paco**?   *Who is **Paco's** sister?*
¿Es el coche **del profesor**?   *Is that the **teacher's** car?*

REMINDER: **de** + **el profesor** → **del profesor**.

To indicate possession or relationship, Spanish speakers use the construction:

noun + **de** + noun

To remember the word order, think of **de** as meaning *of* or *which belongs to*.

Note also the use of **de** in the expressions **¿De quién?** and **¿De quiénes?**

¿De quién es?	*Whose is it?*
¿De quién es la guitarra?	*Whose guitar is it?*
Es la guitarra **de Carlos.**	*It's **Carlos'** guitar.*
¿De quiénes es el coche?	*Whose car is that?*
Es el coche **de las chicas.**	*That's **the girls'** car.*

ACTIVIDAD 7   ¿De quién es?

Roberto has the bad habit of borrowing things all the time. Identify the owners of the various objects Roberto has.

el radio: Carlos   Tiene el radio de Carlos.

1. el reloj: Inés
2. el tocadiscos: Ramón
3. la guitarra: Luis
4. los discos: la profesora
5. la grabadora: Pepe
6. la cámara: el novio de Sara
7. las cintas: los amigos de Luis
8. los libros: las amigas de Pilar
9. el coche: el señor Gómez

VARIATION: Students make original sentences with the pattern: **A veces uso el (la) _____ de _____ .**

Pronunciación   El sonido de la consonante *b*

Since words are often not separated in spoken Spanish, an initial **b** is treated as a medial **b** in the middle of a breath group.

a) *b* inicial

Model word: <u>b</u>ueno
Practice words: <u>b</u>usco <u>b</u>olso <u>b</u>arco <u>b</u>onito <u>b</u>arato <u>b</u>olígrafo
Practice sentences: Las <u>b</u>ananas son <u>b</u>uenas, pero no son <u>b</u>aratas.
                   <u>B</u>eatriz y Al<u>b</u>erto están en <u>B</u>il<u>b</u>ao.

At the beginning of a word, and after **l** and **n,** the letter **b** is pronounced like the **b** of the English word "boy."

b) *b* medial

Model word: escri<u>b</u>e
Practice words: auto<u>b</u>ús tra<u>b</u>ajar cu<u>b</u>ano gra<u>b</u>adora Este<u>b</u>an
Practice sentences: Isa<u>b</u>el tra<u>b</u>aja y escri<u>b</u>e.
                   Ro<u>b</u>erto <u>b</u>usca una gra<u>b</u>adora muy <u>b</u>arata.
                   Este<u>b</u>an le escri<u>b</u>e a su a<u>b</u>uelo.

Between vowels and after consonants other than **l** and **n,** the letter **b** represents the sound / ƀ /. You have already practiced this sound in words like "primavera" and "noviembre."

Note that the two pronunciations of **b** are the same as the two pronunciations of **v:** bien, viene; escribe, vive. For the / ƀ / sound the lips do not come together.

Entre nosotros

Expresiones para la conversación

To wish someone good luck you can say:
¡Buena suerte!   *Good luck!*

To comment on someone's good fortune, you can say:
¡Qué suerte!   *What luck! How lucky!*

You can also use the expression **tener suerte** (to be lucky):
¡Qué suerte tienes!   *How lucky you are!*

Mini-diálogos

Create new dialogs by replacing the underlined expressions with the words
in the pictures. Make any other needed changes.

Alicia

estudiante   (Madrid)

Martín: ¿Qué lees?

Rosa: Leo una carta de <u>Alicia</u>.

Martín: ¿No viv<u>e</u> aquí?

Rosa: No. <u>Es</u> <u>estudiante</u> en <u>Madrid</u>.

Martín: ¡Qué suerte tien<u>e</u>!

la Srta. Baudillo	el Sr. López	Juan y Carlos	Ana y Carmen

arquitecta (Bogotá)	profesor (México)	fotógrafos (Lima)	periodistas (Santiago)

Tú tienes la palabra

With a classmate, prepare a short dialog in which you talk about someone
who lives in another city. Use the conversation between Martín and Rosa
as a model.

Ask the students to identify the countries in which these cities are located.

Lección 2

Las fotos de Amalia

¡Hola!
Me llamo Amalia Santana.
Tengo diez y seis años.
Soy de España.
Tengo una familia muy simpática.
Aquí tengo fotos de mi familia.

Mi padre

Mi padre trabaja para una compañía
de textiles.
Es vendedor viajero.
Tiene que hacer muchos viajes.
En la foto está preparando el café.
Es un esposo muy moderno: él hace
muchas cosas cuando está en casa.

padre: *father*

vendedor viajero:
*traveling sales-
person*
hacer viajes: *to take
trips*
esposo: *husband,*
hace cosas: *does
things*

Mi mamá

Mi mamá es una persona muy activa.
Trabaja en un salón de belleza.
También trabaja mucho en casa.
¡Las mujeres hispánicas tienen mucho
que hacer!

belleza: *beauty*

mucho que hacer: *a
lot to do*

Mis hermanos

Tengo dos hermanos.
Mi hermano mayor se llama Juan Carlos
y tiene veinte y tres años.
Trabaja en una agencia de viajes.
Mi hermano menor se llama Miguel y
tiene catorce años. Hace muchas cosas:
toca la guitarra, saca fotos, va al cine,
organiza fiestas . . . pero no hace sus
tareas.
¡Mi hermano no es un alumno serio!

hermanos: *brothers*
mayor: *older*

menor: *younger*

no hace sus tareas:
*doesn't do his
homework*

Mis abuelos

Mis abuelos viven con nosotros.
Son viejos y son muy simpáticos.

abuelos: *grandparents*

Mi perro

Se llama Pluto.
Claro, no es una persona . . .
pero es mi perro . . . ¡y mi mejor amigo!

perro: *dog*

¿Para quién trabaja el padre de Amalia? ¿Por qué es un esposo moderno? ¿Dónde trabaja la madre de
Amalia? ¿Cuántos hermanos tiene Amalia? ¿Cómo se llama el hermano menor? ¿Cuántos años tiene?
¿Qué cosas hace? ¿Por qué no es un alumno serio? ¿Cómo se llama el perro de Amalia?

CONVERSACIÓN OPTIONAL

Ahora, vamos a hablar de tu familia.

1. ¿Es simpática **tu** familia?
   Sí, **mi** familia . . . (No, **mi** familia . . .)
2. ¿Trabaja mucho **tu** padre?
3. ¿Trabaja mucho **tu** madre?
4. ¿Habla español **tu** mejor amigo?
5. ¿Habla español **tu** mejor amiga?
6. ¿Hablan español **tus** padres *(parents)?*
   Sí, **mis** padres . . . (No, **mis** padres . . .)
7. ¿Son simpáticos **tus** amigos?
8. ¿Son generosos **tus** padres?
9. ¿Son estrictos **tus** profesores?
10. ¿Son muy viejos **tus** abuelos *(grandparents)?*

OBSERVACIÓN Est. A

Another way of indicating *relationship* (and *possession*) is to use possessive adjectives. In the questions and answers to the left, the words in heavy print are *possessive adjectives*. The questions concern your friends and your family.

- Which Spanish possessive adjective corresponds to *your* before a singular noun (questions 1-5)? before a plural noun (questions 6-10)?   tu/tus

- In the answers, which Spanish possessive adjective corresponds to *my* before a singular noun? before a plural noun?   mi/mis

Nota cultural 📼 OPTIONAL

La familia hispánica

Cuando un joven hispánico habla de su familia, no habla solamente° de sus padres° y de sus hermanos.° Habla también de sus abuelos,° de sus tíos,° de sus primos,° y de otros parientes° . . . Incluye° a todas las personas emparentadas° por la sangre° o por el matrimonio. Todos son parientes. Todos son miembros de la misma familia.

En muchas familias, los abuelos viven con sus hijos y sus nietos° en la misma casa, o si no, en otra casa que está cerca. Las familias hispanas casi siempre son muy grandes . . . ¡y también muy unidas!°

solamente *only*   **sus padres** *his parents*   **hermanos** *brothers and sisters*   **abuelos** *grandparents*   **tíos** *aunts & uncles*   **primos** *cousins*   **parientes** *relatives*   **Incluye** *He includes*   **emparentadas** *related*   **sangre** *blood*   **nietos** *grandchildren*   **unidas** *united*

- Godparents (**los padrinos**) are also part of the extended family.
- ¿De quiénes habla un joven cuando habla de su familia? ¿Son grandes las familias hispanas? ¿Son unidas?

Estructura

A. Los adjetivos posesivos: *mi* y *tu*

The *possessive adjectives* **mi** *(my)* and **tu** *(your)* correspond to the subject
pronouns **yo** and **tú** and have the following forms:

	BEFORE A SINGULAR NOUN		BEFORE A PLURAL NOUN	
(yo)	**mi**	**mi** mamá	**mis**	**mis** hermanos
(tú)	**tu**	**tu** padre	**tus**	**tus** hermanas

The form to use depends on whether the noun that follows is singular
or plural.

> Vivo con **mi** padre, **mi** madre y **mis** hermanos.
> ¿Dónde están **tus** amigas y **tu** amigo?

Reminder: Accent marks help to
differentiate between mí (me) and
mi (my), tú (you) and tu (your).

ACTIVIDAD 1 La maleta de Luisa

Luisa is packing for a trip. Roberto asks her where some of her belongings
are. Luisa answers that they are already in the suitcase. Play both roles
according to the model.

> el bolso   Roberto: ¿Dónde está tu bolso?
>   Luisa: ¿Mi bolso? Está en la maleta.

1. los discos
2. el libro de español
3. el diccionario
4. las revistas
5. la cámara
6. los periódicos
7. las fotos
8. el pasaporte

VARIATION: Roberto is looking
for his belongings. Luisa tells him
that they are in the suitcase:
—Busco mi bolso.
—¿Tu bolso? Está en la maleta.

OAXACA en un gran paquete

4 días 3 noches por sólo $165.00 *

En el más exclusivo y moderno hotel

Visite Oaxaca en plan grande! Viva entre grandes jardines y
dominando el valle de la Ciudad Esmeralda en el Hotel
Victoria, con todos los servicios de un hotel de lujo.
Descubra su increíble arqueología, artes populares, folclor,
sus deliciosos platillos.. practique su deporte favorito.
Reserve sus vacaciones hoy mismo
Además, le obsequiamos:
Coctail de Bienvenida
Olla típica de mezcal
Cancha de tenis sin cargo   Asesoría en tours

Consulte a su agente de viajes o directamente a:

HOTEL VICTORIA
...el placer de vivir
AP. POSTAL 248. OAXACA, OAX, TEL. 6-26-33. TELEX- 018-824
OFICINA EN MEXICO: GALILEO No. 20-20 PISO, TEL. 260-06-55

vocabulario especializado — La familia

La familia is active vocab.

el hermano	brother	la hermana	sister
el hijo	son	la hija	daughter
el padre } el papá }	father	la madre } la mamá }	mother
el esposo	husband	la esposa	wife
los padres	parents		
el abuelo	grandfather	la abuela	grandmother
el primo	cousin	la prima	cousin
el tío	uncle	la tía	aunt
los parientes	relatives		

mayor	older	Tengo una hermana **mayor** ...
menor	younger	y tres hermanas **menores**.

WORD ASSOCIATIONS: padre (*paternal*), madre (*maternity*), esposo (*spouse*), mayor (*majority*), menor (*minority*).

ACTIVIDAD 2 Preguntas personales

1. ¿Es grande tu familia? ¿Es pequeña?
2. ¿Cuántos hermanos tienes? ¿Son mayores o menores? ¿Cómo se llaman?
3. ¿Cuántas hermanas tienes? ¿Son mayores o menores? ¿Cómo se llaman?
4. ¿Tienes muchas fotos de tu familia?
5. ¿Tienes primos? ¿Son simpáticos? ¿Los visitas a menudo?
6. ¿Tienes abuelos? ¿Los visitas? ¿Cuándo?
7. ¿Tienes parientes en otros países? ¿Dónde?

ACTIVIDAD 3 Diálogo: Los nombres, por favor

Ask your classmates the names of the persons below.

el padre   Estudiante 1: ¿Cómo se llama tu padre?
                Estudiante 2: Mi padre se llama ...

1. la madre
2. el mejor amigo *(best friend)*
3. la mejor amiga
4. los hermanos
5. las hermanas
6. los primos
7. las primas
8. el (la) profesor(a) de inglés
9. el (la) dentista
10. el (la) doctor(a)

B. Sustantivo + *de* + sustantivo   OPTIONAL

Compare the word order in the Spanish expressions in heavy print and their English equivalents.

This can be taught for recognition only.

Estamos en clase.	Es una **clase de español.** *It's a Spanish class.*
Mi mamá es profesora.	Es **profesora de música.** *She is a music teacher.*
Mi papá trabaja en una agencia.	Es una **agencia de viajes.** *It is a travel agency.*
Voy a un partido.	Es un **partido de béisbol.** *It's a baseball game.*

Expressions like **profesora de música** consist of two nouns: **profesora** and **música.** The main noun (**profesora**) comes *first*. The noun that describes the type of **profesora** (**música**) plays the role of an adjective: it comes *second* and is preceded by **de**.

ACTIVIDAD 4   Preferencias

People in the left column like music. Say what type of records they listen to. People in the right column like sports. Say what type of games (**partidos**) they go to.

Fernando: jazz
   Fernando escucha un disco de jazz.

Inés: fútbol
   Inés va a un partido de fútbol.

1. Amalia: música clásica
2. Roberto: rock
3. Antonio: Beethoven
4. Ana: música popular
5. Mario: música latina

6. Silvia: básquetbol
7. Ricardo: tenis
8. Laura: béisbol
9. Dolores: volibol
10. Miguel: hockey

ACTIVIDAD 5   Preguntas personales

1. ¿Tienes una raqueta de tenis? ¿una raqueta de ping pong? ¿un libro de español?
2. ¿Tienes discos de música clásica? ¿de música popular? ¿de jazz? ¿de rock?
3. ¿Te gusta ir a los partidos de fútbol? ¿a los partidos de béisbol?
4. ¿Qué programas escuchas en la radio? ¿Escuchas programas de música clásica? ¿de música popular?

C. *Hacer*

Note the present tense forms of **hacer** *(to do, to make)* in the following sentences.

(yo)	**Hago** mucho en clase.	(nosotros)	**Hacemos** mucho en casa.
(tú)	**Haces** poco.	(vosotros)	**Hacéis** planes.
(él, ella, Ud.)	**Hace** proyectos.	(ellos, ellas, Uds.)	**Hacen** un viaje.

⟫ **Hacer** has regular **–er** endings. The **yo** form is irregular: **hago.**
⟫ The present participle is regular: ¿Qué estás **haciendo?**
⟫ **Hacer** is used in many expressions:

Also **hacer un papel** (to play a role or part).

hacer las tareas,	*to do homework,*
la tarea	*the assignment*
hacer un viaje	*to go on a trip*
hacer la maleta	*to pack a suitcase*

REFRÁN

La práctica hace al maestro.

Practice makes the master (makes perfect).

ACTIVIDAD 6   Viajeros *(Travelers)*

These people have decided to spend the summer abroad. Say where each one is going.

VARIATION: Why are they packing? Because they are going on a trip.
—¿Por qué hace la maleta Natalia?
—Porque hace un viaje a México.

⟫ Natalia: México   Natalia hace un viaje a México.

1. Pablo: Francia
2. Rebeca: Portugal
3. Paulina: Bolivia
4. nosotros: la Argentina
5. tú: Colombia
6. Ud.: Costa Rica
7. Uds.: Puerto Rico
8. mis amigos: Guatemala

ACTIVIDAD 7   Preguntas personales

1. ¿Haces muchos viajes?
2. ¿Vas a hacer un viaje a España el verano próximo *(next)*?
3. ¿Haces siempre las tareas?
4. ¿Haces muchos errores en tus tareas?
5. ¿Haces muchos planes?

vocabulario especializado

Los animales domésticos

un gato

un mono

un pájaro

un papagayo

un perro

un pez

EXTRA VOCAB.: See pp. 43 and 392.

The plural of **pez** is **peces**. A fish caught to be eaten is **un pescado**.

ACTIVIDAD 8   Diálogo: ¿Tienes animales?

Ask your classmates whether they have any of the following pets. If so, ask their names.

  un gato
Estudiante 1: ¿Tienes un gato?
Estudiante 2: Sí, tengo un gato.
Estudiante 1: ¿Cómo se llama tu gato?
Estudiante 2: Mi gato se llama ____.

1. un perro
2. un pájaro
3. un canario

4. un papagayo
5. un hámster
6. un pez

7. un pez de color (goldfish)
8. un mono
9. un armadillo

Pronunciación   **El sonido «erre»**

Model word: pe<u>rr</u>o
Practice words: guita<u>rr</u>a te<u>rr</u>ible ho<u>rr</u>ible ho<u>rr</u>or abu<u>rr</u>ido
<u>r</u>adio <u>r</u>estaurante <u>r</u>eloj <u>R</u>amón <u>R</u>aúl <u>R</u>ita
Practice sentences: <u>R</u>oberto <u>r</u>epara la guita<u>rr</u>a.

Erre con erre cigarro,
Erre con erre barril,
Rápido corren los carros,
Por la línea del ferrocarril.

R + R = cigar.
R + R = barrel.
The railroad cars run rapidly along the train tracks.

The trilled "erre" sound is written **rr** in the middle of a word and **r** at the beginning of a word. The Spanish "erre" sound is produced by tapping or "trilling" the tongue two or more times against the gum ridge behind your teeth. Say the English nonsense word "petter-o" as quickly as you can: you will be very close to producing the Spanish word **"perro."**

OPTIONAL

Entre nosotros

> **Expresión para la conversación**
>
> To apologize, you can say:
> **¡Perdón!**   *Excuse me.   Pardon me.*

Mini-diálogos

Create new conversations, replacing the underlined words with words suggested by the pictures.

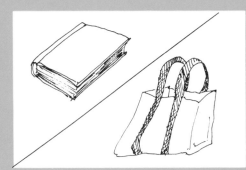

a)   Julia: ¿Dónde está mi libro?

   Rodrigo: ¿Tu libro? Está en tu bolso.

   Julia: ¡Claro!

b)   Rodrigo: ¿Dónde está mi libro?

   Julia: ¿Tu libro?

   Rodrigo: ¡Sí! ¡Mi libro!

   Julia: ¡Perdón! Está en mi bolso.

Tú tienes la palabra

With a classmate, prepare a short dialog in which you talk about some object you are looking for. Use one of the conversations between Julia and Rodrigo as a model.

To ask permission you say: **¡Con permiso!**   Excuse me (e.g., may I open the window).

Lección 3

El edificio de apartamentos

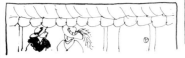

Mira el edificio de apartamentos.
Está en la Castellana, un barrio elegante de Caracas.
Tiene siete pisos.

edificio: *building*

pisos: *floors*

En el primer piso vive la familia Vargas.

primer: *first*

En el segundo piso, vive la familia Martínez: el señor Martínez, su señora y sus dos hijos.

segundo: *second*

* When the subject consists of several nouns following the verb, the verb often agrees with the noun closest to it.

En el tercer piso, vive la Srta. López. La Srta. López no está casada pero tiene una familia muy grande. En su apartamento vive su perro, sus tres gatos, sus dos papagayos y su mono, Coco. Mi padre dice que la Srta. López es un poco loca. Yo digo que es una señorita muy original.

tercer: *third*
casada: *married*

dice: *says*
loca: *crazy*
digo: *say*

En el cuarto piso, vive la familia Miranda. El señor Miranda y su esposa no tienen niños.

cuarto: *fourth*

En el quinto piso, vive mi amigo Pedro Gómez con su hermana Patricia, sus padres y su abuela.

quinto: *fifth*

En el sexto piso, vive un muchacho extraordinario, muy inteligente y muy simpático. Este muchacho alegre y simpático soy yo, José Antonio del Río. Nuestro apartamento no es grandísimo. No es muy moderno. Pero es confortable . . . ¡y es nuestro apartamento!

sexto: *sixth*

este: *this,* alegre: *happy*

Nuestro: *Our*

¿Quién vive en el primer piso? ¿Quién vive en el segundo piso? ¿Quién vive en el tercer piso? ¿Por qué tiene una familia muy grande la Srta. López? ¿Cuántas personas viven en el cuarto piso? ¿Cuántas personas viven en el quinto piso? ¿Cómo se llama el muchacho alegre?

Vamos a hablar de tu mejor amigo.

1. ¿Cómo se llama **su** padre?
   Su padre se llama . . .
2. ¿Cómo se llama **su** madre?
3. ¿Cómo se llaman **sus** hermanos?
4. ¿Cómo se llaman **sus** hermanas?

Ahora, vamos a hablar de tu mejor amiga.

5. ¿Cómo se llama **su** padre?
   Su padre se llama . . .
6. ¿Cómo se llama **su** madre?
7. ¿Cómo se llaman **sus** hermanos?
8. ¿Cómo se llaman **sus** hermanas?

OBSERVACIÓN   Est. B

These questions ask about your friends' families. Reread the questions about your best male friend.

- What is the Spanish word that means *his* when the noun that follows is singular (questions 1, 2)? when the noun is plural (questions 3, 4)?   su/sus

Now reread the questions about your best female friend.

- What is the Spanish word that means *her* when the noun that follows is singular (questions 5, 6)? when the noun is plural (questions 7, 8)?   su/sus

Notas culturales OPTIONAL

La vivienda° en apartamento

No hay muchas casas individuales en las ciudades hispánicas. La mayoría° de la gente vive en apartamentos. En España los edificios de apartamentos generalmente no son muy altos. Pero en Latinoamérica los edificios modernos tienen diez, veinte o treinta pisos . . . como en los Estados Unidos.

En los países hispánicos, los pisos no son numerados° como en los países norteamericanos. El primer piso hispánico corresponde al segundo piso norteamericano. En español, el primer piso norteamericano se llama la *planta baja*.

vivienda *living*   **mayoría** *majority*   **numerados** *numbered*

Caracas

Caracas es la capital de Venezuela. Tiene una población de tres millones de habitantes, y por eso es una de las ciudades más grandes° de Latinoamérica. Es una ciudad muy moderna, pero tiene barrios viejos muy pintorescos.° Es también una ciudad importante en la historia: la independencia de Venezuela fue proclamada° allí en 1811 (mil ochocientos once).

más grandes *biggest*   **pintorescos** *picturesque*   **fue proclamada** *was proclaimed*

En las ciudades, ¿dónde vive la mayoría de la gente? ¿Cómo se llama el primer piso en español? ¿Cómo se llama la capital de Venezuela? ¿Cuántos habitantes tiene Caracas? ¿Por qué es una ciudad importante en la historia de Venezuela?

Estructura

A. *Decir*

Decir *(to say, to tell)* is an irregular verb. Note the present tense forms of this verb in the following sentences.

(yo)	**Digo** que soy simpático.	(nosotros)	**Decimos** que él es guapo.
(tú)	**Dices** que estudias mucho.	(vosotros)	**Decís** que Ana estudia.
(él) (ella) } (Ud.)	**Dice** la verdad *(truth)*.	(ellos) (ellas) } (Ud.)	**Dicen** la verdad.

⟳ The present participle of **decir** is irregular: **diciendo.**

Note irregularities: irregular **yo** ending, stem vowel change (e → i) in the **yo, tú, él** and **ellos** forms.

⟳ **Decir** is often followed by the construction: **que** + clause.

Dicen **que** hablas español muy bien.   *They say **(that)** you speak Spanish very well.*
Jaime dice **que** eres loco.   *Jaime says **(that)** you are crazy.*

⟳ Note also the construction: **Dice que sí (no).**   *He says yes (no).*

ACTIVIDAD 1   ¿Son las chicas más inteligentes que los chicos?

Are girls more intelligent than boys? Everyone has a different opinion on that topic. Express these opinions using **decir que.**

VARIATION: They all express their beliefs. Carmen cree que sí.

⟳ Carmen: sí   Carmen dice que sí.

1. Ricardo: no
2. Teresa: es la verdad *(truth)*
3. Irene y Pilar: es obvio
4. Paco y Roberto: es una idea tonta
5. nosotros: no es la verdad
6. tú: es imposible
7. Ud.: no es posible
8. ellos: es una observación justa

ACTIVIDAD 2   Preguntas personales

1. ¿Dices siempre la verdad *(truth)*?
2. ¿Dices mentiras *(lies)* a veces?
3. ¿Dicen tus amigos que eres simpático(a)?
4. ¿Dice el (la) profesor(a) que hablas bien el español?

vocabulario especializado   Adjetivos

adjetivos numerales ordinales

primero	first	**cuarto**	fourth	**séptimo**	seventh	**décimo**	tenth
segundo	second	**quinto**	fifth	**octavo**	eighth		
tercero	third	**sexto**	sixth	**noveno**	ninth		

otros adjetivos

Regular (cardinal) numbers are used beyond 10: **el siglo veinte** (the twentieth century).

próximo	next	¿Cuándo llega el **próximo** autobús?
último	last	Diciembre es el **último** mes del año.

NOTAS: 1. Ordinal numbers are used to rank persons or objects and to put them in a given order. They are adjectives and agree in gender and number with the nouns they describe.

Vivo en la **tercera** casa.   *I live in the **third** house.*

Enero y febrero son los   *January and February are the*
    primeros meses del año.   ***first** months of the year.*

2. Before a masculine singular noun, the final **-o** of **primero** and **tercero** is dropped.

Marzo es el **tercer** mes del año.   *March is the **third** month of the year.*

WORD ASSOCIATIONS: *primary, secondary, tertiary, quartet, sextet, September, October, November, December, proximity, ultimatum.*

ACTIVIDAD 3   La carrera de bicicletas *(The bicycle race)*   OPTIONAL

Several friends are having a bicycle race. Give their order of arrival at the finishing line.

⇝   Elena: 7   Elena es la séptima.

1. Raúl: 10
2. Luisa: 5
3. Dolores: 2
4. Federico: 9
5. Alfredo: 1

6. Anita: 3
7. Susana: 6
8. Pablo: 4
9. Claudia: 7
10. Ricardo: 8

B. El adjetivo posesivo: *su*

Like **mi** and **tu,** the possessive adjective **su** has two forms.

	BEFORE A SINGULAR NOUN	BEFORE A PLURAL NOUN	
(él, ella, Ud.) } (ellos, ellas, Uds.) }	**su**	**sus**	Pedro vive con **su** hermana y **sus** padres. Mis amigos están con **su** tío y **sus** primos.

📎 The form to use depends on whether the noun that follows is singular or plural.

📎 Since **su** and **sus** may refer to all third person subjects and subject pronouns, they have several different English meanings.

la casa de Carlos	**su** casa	*his* house
la casa de María	**su** casa	*her* house
la casa de Ana y Paco	**su** casa	*their* house
la casa de Ud.	**su** casa	*your* house
los discos de Carlos	**sus** discos	*his* records
los discos de María	**sus** discos	*her* records
los discos de Ana y Paco	**sus** discos	*their* records
los discos de Uds.	**sus** discos	*your* records

📎 Because **su** and **sus** have several meanings, you may substitute the following construction for clarification:

noun + **de** +	{ **él**		**ellos**
	{ **ella**	or	**ellas**
	{ **Ud.**		**Uds.**

¿Vamos en el coche de Carlos? Sí, vamos en **su** coche.
                              Sí, vamos en **el coche de él.**

¿Vamos en el coche de las chicas? Sí, vamos en **su** coche.
                                  Sí, vamos en **el coche de ellas.**

REFRÁN

Mi casa es su casa.

My house is your house.

ACTIVIDAD 4 La venta en el garaje de Luisa (*Luisa's garage sale*)

VARIATION (for direct object pronouns): Are people selling their belongings?
— ¿Vende su bicicleta Ricardo?
— Sí, la vende.

Luisa is selling several things that belong to her friends. Paco wants to know what things she is selling. Play both roles according to the model.

> la bicicleta: Ricardo   Paco: ¿Vendes la bicicleta de Ricardo?
> Luisa: Sí, vendo su bicicleta.

1. la bicicleta: Isabel
2. los discos: Enrique
3. los discos: Silvia
4. el tocadiscos: Rafael

5. el coche: Pedro y Felipe
6. el piano: Elena y Carmen
7. la guitarra: Federico
8. los libros: Ana y Eduardo

ACTIVIDAD 5 En el restaurante

The following people are eating with friends or family. Express this according to the model.

> Arturo: los amigos   Arturo come con sus amigos.

1. Ricardo: el padre
2. Elena: la madre
3. Eduardo: los primos
4. Benjamín: las primas

5. el Sr. Gómez: la esposa
6. la Srta. Martínez: la mejor amiga
7. el Sr. Ortega y su esposa: los hijos
8. la Sra. de Díaz: el esposo y las hijas

C. El adjetivo posesivo: *nuestro*

The possessive adjective **nuestro** (*our*) has four forms:

		SINGULAR	PLURAL	
(nosotros)	masculine	**nuestro**	**nuestros**	**Nuestro** profesor y **nuestros** amigos están aquí.
	feminine	**nuestra**	**nuestras**	**Nuestra** profesora y **nuestras** amigas están aquí.

> The form to use depends not only on the *number* (singular or plural) of the noun that follows, but also on its *gender* (masculine or feminine).

ACTIVIDAD 6 Bienvenida

Carmen and Federico are at the airport welcoming June, an exchange student from San Francisco. On the way home they point out various things. Play the role of Carmen and Federico according to the model.

> el coche   Aquí está nuestro coche.

1. el barrio
2. la escuela
3. el restaurante favorito
4. las tiendas favoritas

5. la casa
6. el perro
7. los amigos
8. las amigas

vocabulario especializado   La casa

un apartamento   apartment   **un piso**   floor

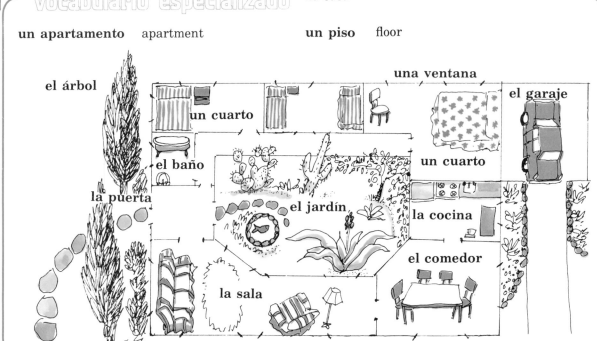

el árbol

una ventana

el garaje

un cuarto

un cuarto

el baño

la puerta

el jardín

la cocina

el comedor

la sala

Other words for "apartment": (most of Latin America) **un apartamento**; (Chile, Argentina, Peru) **un departamento**; (Spain) **un piso**.
For "bedroom": (Latin America) **un dormitorio**; (Spain) **una alcoba**.

ACTIVIDAD 7   Preguntas personales

1. ¿Vives en una casa o en un apartamento?
2. Si vives en un apartamento, ¿en qué piso estás?
3. ¿Cuántos pisos tiene tu casa (tu apartamento)?
4. ¿Cuántos cuartos tiene tu casa (tu apartamento)?
5. ¿Cuántos baños tiene tu casa (tu apartamento)?
6. ¿Cuántas ventanas tiene tu cuarto?
7. ¿Hay un jardín? ¿Hay árboles? ¿Cuántos?
8. ¿Hay un garaje?

Pronunciación   El sonido de la consonante *g* antes de *a, o, u*

a) *g* inicial
Model word: gato
Practice words: garaje gordo guapo grande ganas Guillermo
Practice sentences: Guillermo es guapo.
          El domingo, Gabriela va al cine con el grupo.

At the beginning of a word, and after **l** and **n**, the letter **g** (before **a, o,** or **u**)
is pronounced like the **g** of the English word "go."

b) *g* medial

Model word: ami**g**o

Practice words: ha**g**o di**g**o lle**g**o me **g**usta conmi**g**o

Practice sentences: Me **g**usta **g**anar dinero.

Mis ami**g**os lle**g**an al cine conmi**g**o.

Between vowels and after consonants other than **l** and **n**, the letter **g** (before **a, o,** or **u**) represents the sound /**g**/ which is similar to the **g** of the English "sugar" when spoken quickly.

 OPTIONAL

Entre nosotros

Expresiones para la conversación

To express surprise or astonishment, you can say:

¡Caramba!	*Wow! Hey! What!*
¡Dios mío!	*Gosh!*

Mini-diálogos

Create new dialogs, replacing the underlined words with the expressions suggested in the pictures.

Miguel

Vicente: ¿Qué busca <u>Miguel</u>?

Teresa: Creo que está buscando <u>sus libros</u>. <u>Los</u> tienes, ¿verdad?

Vicente: ¡Caramba! ¡Yo no <u>los</u> tengo!

Jaime

Linda

Aurelio

Maribel

Tú tienes la palabra

With a classmate, prepare a short dialog about some missing object. Use the conversation between Teresa and Vicente as a model.

Lección 4

¿Eres servicial?

Eres una persona simpática, ¿verdad? Pero . . . ¿eres servicial también? Una persona servicial es una persona que ayuda a otros. Es generosa y amable con todos. ¿Eres este tipo de persona? ¿Qué haces tú en los siguientes casos?

1. Tu padre está trabajando en el jardín. ¿Lo ayudas?
   - Sí, lo ayudo.
   - No, no lo ayudo.

2. Tu mamá está preparando una gran comida para una reunión familiar. ¿La ayudas?
   - Sí, la ayudo.
   - No, no la ayudo.

3. Tus hermanitas están haciendo una tarea muy difícil. ¿Las ayudas?
   - Sí, las ayudo.
   - No, no las ayudo.

4. Unos amigos están en casa enfermos. ¿Los vas a visitar?
   - Sí, los voy a visitar.
   - No, no los voy a visitar.

5. Tu abuelo está enfermo en el hospital. ¿Le mandas una tarjeta?
   - Sí, le mando una tarjeta.
   - No, no le mando una tarjeta.

6. En el autobús no hay asiento para una señora mayor. ¿Le das tu asiento?
   - Sí, le doy mi asiento.
   - No, no le doy mi asiento.

7. Tus compañeros de clase están organizando una fiesta. No tienen tocadiscos. ¿Les prestas tu tocadiscos?
   - Sí, les presto mi tocadiscos.
   - No, no les presto mi tocadiscos.

8. Unas amigas tienen problemas con sus padres. ¿Les das buenos consejos?
   - Sí, les doy buenos consejos.
   - No, no les doy buenos consejos.

servicial: *helpful*
ayuda: *helps*
amable: *kind,*
este: *this*
siguientes: *following,*
casos: *cases*

comida: *meal*
familiar: *family*

mandas: *send*

asiento: *seat,*
das: *you give*

prestas: *you loan*

consejos: *advice*

You may want to review the notion of direct and indirect objects in English. Eg.,
Direct object: I help *my parents* (them).
Indirect object: I speak *to the teacher* (to him/her).
Direct and indirect objects: I give *the book to Mary* (it to her).

INTERPRETACIÓN

Cada respuesta afirmativa vale un punto y cada respuesta negativa vale cero. Suma todos tus puntos. ¿Cuántos tienes?

7-8 puntos: Eres realmente excepcional. ¡Eres un(a) santo(a)!
5-6 puntos: Eres muy servicial y muy generoso(a).
              Probablemente tienes muchos amigos.
3-4 puntos: En general eres generoso(a). A veces eres un poco
              egoísta. ¡Eres como la mayoría de la gente!
1-2 puntos: La generosidad no es tu cualidad principal. ¡Tienes
              que ser más servicial con la familia y los amigos!
0 puntos: ¿Eres realmente tan indiferente y egoísta?

respuesta: *answer*,
  vale: *is worth*,
  punto: *point*
Suma: *Add*

mayoría: *majority*
cualidad: *quality*

realmente: *really*,
  tan: *so*

CONVERSACIÓN   OPTIONAL

Vamos a hablar de tu mejor amigo . . .

1. ¿**Lo** invitas a tu casa?
   Sí, lo . . . (No, no lo . . .)
2. ¿**Le** hablas de tus problemas
   personales?
   Sí, le . . . (No, no le . . .)

Vamos a hablar de tu mejor amiga . . .

3. ¿**La** invitas a tu casa?
   Sí, la . . . (No, no la . . .)
4. ¿**Le** hablas de tus problemas
   personales?
   Sí, le . . . (No, no le . . .)

Ahora vamos a hablar de tus primos . . .

5. ¿**Los** visitas a menudo?
   Sí, los . . . (No, no los . . .)
6. ¿**Les** escribes a menudo?
   Sí, les . . . (No, no les . . .)

Finalmente, vamos a hablar de tus primas . . .

7. ¿**Las** visitas a menudo?
   Sí, las . . . (No, no las . . .)
8. ¿**Les** escribes a menudo?
   Sí, les . . . (No, no les . . .)

OBSERVACIÓN   Est. B, D

When you say *I invite Jane* or *I visit Jane*, Jane is the *direct* object of the verb. On the other hand, when you say *I speak to Jane* (about my problems) or *I write* (letters) *to Jane*, Jane is the *indirect* object of the verb.

Reread questions 1, 3, 5 and 7. The pronouns in heavy print replace *direct objects*.

• What is the masculine singular form of the direct object pronoun? the feminine singular form? the masculine plural form? the feminine plural form?   lo/la/los/las

Now reread questions 2, 4, 6 and 8. The pronouns in heavy print replace *indirect objects*.

• What is the masculine singular form of the indirect object pronoun? Is it the same as the feminine singular form?   le/yes

• What is the plural form of the indirect object pronoun?   les

La familia unida

En los países hispánicos, las reuniones familiares° son muy frecuentes. A veces toda la familia se reúne° en la casa de un pariente los fines de semana. También se reúne para celebrar los días de fiesta y las fechas importantes, como el Día de la Madre y la Navidad. Hay una gran comida familiar° para celebrar estas° ocasiones felices.°

En la familia hispánica las diversiones incluyen° a todos. A menudo hijos y padres van juntos° al cine, al teatro, al museo, al campo, a la playa. Cuando hacen un viaje, lo hacen juntos. Así,° ¡la familia hispánica permanece° muy unida!°

familiares *family*   **se reúne** *gets together*   **comida familiar** *family meal*   **estas** *these*   **felices** *happy*   **incluyen** *include* **juntos** *together*   **Así** *Thus*   **permanece** *stays*   **unida** *united*

Estructura

A. Repaso: los adjetivos posesivos

The chart below contains all the forms of the possessive adjectives:

	SINGULAR	PLURAL	
(yo)	mi	mis	¿Dónde están **mis** discos y **mi** cámara?
(tú)	tu	tus	**Tu** amiga es muy simpática.
(él) (ella) (Ud.)	su	sus	Miguel llega con **sus** amigos.
(nosotros)	nuestro, nuestra	nuestros, nuestras	**Nuestra** abuela vive con nosotros.
(vosotros)	vuestro, vuestra	vuestros, vuestras	¿Dónde están **vuestros** amigos?
(ellos) (ellas) (Uds.)	su	sus	Mis primos no tienen **sus** discos.

ACTIVIDAD 1   ¡Hasta luego!

The following persons are taking a trip to South America, and various people are seeing them off. Say with whom each one is arriving at the airport.

ADDITIONAL CUES:
Ud.: el hermano, la novia, los primos
Uds.: los padres, el tío, la tía

▷ Marina: el novio, las amigas   Marina llega al aeropuerto con su novio y sus amigas.

1. Roberto: los amigos
2. Anita: el padre
3. Rita: los hermanos
4. el Sr. Gómez: la esposa
5. la Sra. de Argías: el esposo
6. Miguel y Felipe: el primo
7. Teresa y María: las primas
8. tú: el padre, la madre, las hermanas
9. nosotros: el tío, las primas
10. yo: los amigos, la abuela
11. los hermanos de Carmen: los amigos
12. la hija del Sr. Vargas: el novio, el padre

B. Repaso: los pronombres *lo, la, los, las*

Review the direct object pronouns in the chart below:

	SINGULAR			PLURAL	
masculine	**lo**	¿Miguel? No **lo** invito.	**los**	¿Mis amigos?	Sí, **los** invito.
feminine	**la**	¿María? No **la** busco.	**las**	¿Mis cintas?	Sí, **las** busco.

When the verb is followed by an infinitive, the direct object pronoun is usually attached to that infinitive. (It may come before the first verb.)

¿Vas a invitar a María?   Sí, voy a invitar**la**.
                                (Sí, **la** voy a invitar.)

¿Tienes que hacer las tareas?   Sí, tengo que hacer**las**.
                                (Sí, **las** tengo que hacer.)

vocabulario especializado   Verbos que usan objetos directos

ayudar	to help	¿**Ayudas** a tus amigos? Sí, los **ayudo**.
buscar	to look for	¿**Buscas** a Pepe? No, no lo **busco**.
esperar	to wait for	¿**Esperas** a Juana? Sí, la **espero**.
llamar	to call	¿**Llamas** por teléfono a tus primas?
(por teléfono)	(on the phone)	Sí, las **llamo**.
necesitar	to need	¿**Necesitas** tu cámara? Sí, la **necesito**.

Review other verbs which take direct objects: escuchar, llevar, mirar, leer, recibir, tener, ver, hacer.

ACTIVIDAD 2   Un viaje

Imagine you are going on a trip to South America. Here are some items.
Which ones do you need to take along?

¿tu tocadiscos?   Sí, lo necesito.
                    (No, no lo necesito.)

1. ¿tu cámara?	3. ¿tu bolso?	5. ¿tus discos?	7. ¿tus libros de español?
2. ¿tu grabadora?	4. ¿tu bicicleta?	6. ¿tus cintas?	8. ¿tu bolígrafo y tu lápiz?

ACTIVIDAD 3   El teléfono

Ask your classmates whether they often call the following people.

tu mejor amigo   Estudiante 1: ¿Llamas por teléfono a tu mejor amigo a menudo?
                   Estudiante 2: Sí, lo llamo a menudo.
                                 (No, no lo llamo a menudo.)

1. tu profesor	3. tus amigos	5. tus abuelos	7. tu papá
2. tus primos	4. tu mamá	6. tu doctor	8. tus tíos

ACTIVIDAD 4 El cumpleaños de Carolina

Enrique wants to know whom Carolina is going to invite to her birthday party. She answers him. Play both roles according to the model.

VARIATION: Carolina is not inviting any of these people. No, no voy a invitarlos.

🐍 tus primos   Enrique: ¿Vas a invitar a tus primos?
              Carolina: Sí, voy a invitarlos. Siempre los invito.

1. María
2. Roberto
3. tus abuelos

4. Paco y Marina
5. el profesor de matemáticas
6. las primas de Eduardo

ACTIVIDAD 5 Una buena razón (A good reason)

Federico asks Claudia if she does the following things, but Claudia doesn't like to do anything. Play both roles according to the model.

🐍 visitar el museo   Federico: ¿Visitas el museo?
              Claudia: No, no lo visito.
              Federico: ¿Por qué no?
              Claudia: Porque no me gusta visitarlo.

1. hacer las tareas
2. llevar a tu hermana menor al cine
3. leer la revista
4. escuchar las cintas de inglés

5. organizar una fiesta
6. preparar el café
7. ayudar a tu mamá
8. llamar a tus primos

C. Dar

Note the present tense forms of the verb **dar** (to give) in the following sentences.

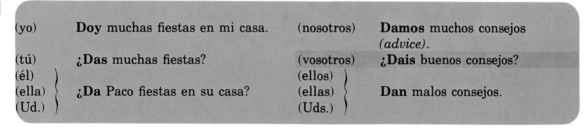

(yo)	**Doy** muchas fiestas en mi casa.	(nosotros)	**Damos** muchos consejos (advice).
(tú)	¿**Das** muchas fiestas?	(vosotros)	¿**Dais** buenos consejos?
(él) (ella) (Ud.)	¿**Da** Paco fiestas en su casa?	(ellos) (ellas) (Uds.)	**Dan** malos consejos.

🐍 **Dar** has regular **–ar** endings except in the **yo** form: **doy.**

🐍 The present participle is regular: ¿Qué están **dando** Uds.?

Note: there is no accent on the vosotros form: dais.

ACTIVIDAD 6 Consejos (Advice)

Say what type of advice the following people give.

🐍 Pedro: buenos   Pedro da buenos consejos.

1. yo: magníficos
2. Esteban: tontos
3. nosotros: buenos
4. Ud.: malos

5. tú: excelentes
6. mis padres: útiles (useful)
7. Uds.: serios
8. la profesora: importantes

D. Los pronombres *le, les*

Note the form and the position of the pronouns in heavy print.

Tengo un amigo en Chile.	**Le** escribo a veces.	*I sometimes write (to) him.*
Tengo una amiga aquí.	No **le** escribo.	*I don't write (to) her.*
Tengo dos hermanos.	**Les** presto mis discos.	*I lend them my records.*
		(I lend my records to them.)
Tengo dos primas.	No **les** presto mi radio.	*I don't lend them my radio.*
		(I don't lend my radio to them.)

The pronouns **le** and **les** may refer to either males or females.

The position of the *indirect object pronouns* is the same as that of the direct object pronouns.

Usually the indirect object pronoun comes directly *before* the verb.

When used with an infinitive, the indirect object pronoun usually comes *after* the infinitive and is attached to it. (It may come *before* the first verb.)

¿A Manuel? ¡Claro! Ahora voy a escribir**le.**
(¿A Manuel? ¡Claro! Ahora **le** voy a escribir.)

 Le and **les** are used even when the indirect object noun is expressed.

Le presto mi guitarra **a María.**   *I am lending my guitar to Maria.*
Les escribo **a mis primos.**   *I am writing to my cousins.*

---

vocabulario especializado — Verbos que usan objetos indirectos

Review other verbs which take indirect objects: enseñar, hablar, escribir, decir, dar.

comprar (algo) a (alguien)   **Le compramos** una cinta a José.
to buy (something) for (someone)

mandar (algo) a (alguien)   **Les mando** una carta a mis padres.
to send (something) to (someone)

prestar (algo) a (alguien)   **Le presto** mi radio a Juanita.
to lend (something) to (someone)

Practice these verbs by handing pictures of objects to various students. Eg., — ¿A quién le presto la cámara? —Ud. le presta la cámara a Ricardo.

ACTIVIDAD 7   Diálogo: Los problemas

Everyone has little problems. Ask your classmates whether they talk about them with the following people.

 tu mejor amigo   Estudiante 1: ¿Le hablas de tus problemas a tu mejor amigo?
Estudiante 2: Sí, le hablo de mis problemas.
(No, no le hablo de mis problemas.)

1. tu mejor amiga   4. tus hermanos   7. tu abuela
2. tu papá   5. tus profesores   8. tu familia
3. tu mamá   6. tus primos

ACTIVIDAD 8   Diálogo: La correspondencia

Ask your classmates to whom they write when they are away on summer vacation.

tu mejor amigo   Estudiante 1: ¿Le escribes a tu mejor amigo?
Estudiante 2: Sí, le escribo.
(No, no le escribo.)

1. tus padres
2. tus abuelos
3. tus hermanos
4. tus tíos
5. tus amigos favoritos
6. tu profesor(a) de español
7. tu primo(a) favorito(a)
8. tu perro

VARIATION: Do your classmates send postcards to the same people? ¿Le mandas tarjetas postales a tu mejor amigo?

ACTIVIDAD 9   Regalos de Navidad

Paco is thinking about what to get the following people for Christmas. Express his thoughts, according to the model.

María: una cinta   ¿Qué le doy a María? ... Voy a darle una cinta.

1. mamá: un bolso
2. papá: un libro
3. Pedro: un libro también
4. sus abuelos: unas fotos
5. su hermana menor: un sombrero
6. sus primas: un disco

VARIATION: Paco and his sister are wondering what to buy.
— ¿Qué le compramos a María?
— Vamos a comprarle una cinta.

ACTIVIDAD 10   Preguntas personales

1. ¿Le prestas tu bicicleta a tu hermano? ¿a tu hermana? ¿a tu papá?
2. ¿Les prestas tus discos a tus hermanos? ¿a tus amigos?
3. ¿Qué le vas a dar a tu papá para su cumpleaños? ¿una cámara? ¿un reloj? ¿un radio?
4. ¿Te gusta mandar tarjetas de Navidad?
5. ¿Les mandas tarjetas de Navidad a tus amigos? ¿a tus primos? ¿a tus abuelos? ¿a tus profesores?

 Pronunciación   **El sonido de la consonante l**

Model word: Felipe
Practice words: le les lo las leo lápiz lunes
abuela sala maleta bailo miércoles
árbol sol español hotel abril Isabel
Practice sentences: El lunes, Manuel va al Hotel Plaza.
El alumno habla español.
Le doy a Luisa la maleta.
Leo el libro de Isabel.

The sound of the Spanish l is similar to the sound of the l in the English word "leaf." In pronouncing the Spanish l, only the tip of the tongue touches the upper gum ridge.

The Spanish l never represents the sound of the "dark l" in the English word "lake," in which much of the tongue touches the roof of the mouth.

OPTIONAL

Entre nosotros

Expresiones para la conversación

To express admiration, you can use one of the following adjectives with a noun and **tan**:

estupendo	¡Qué chico **tan estupendo**!
fabuloso	¡Qué chica **tan fabuloso**!
magnífico	¡Qué regalo **tan magnífico**!
fantástico	¡Qué profesor **tan fantástico**!

Mini-diálogos

Create new dialogs by replacing the underlined words with the words suggested by the pictures.

Marta: ¿Qué compras?
Tomás: Compro <u>un tocadiscos</u>.
Marta: ¿Para quién?
Tomás: Para <u>Miguel</u>.
Marta: ¿Y por qué <u>le</u> compras <u>un tocadiscos</u>?
Tomás: Porque mañana es su cumpleaños.
Marta: ¡Qué regalo tan fabuloso!

Miguel

tu primo

tus primas

tus hermanas

tu hermano

Manuela

Tú tienes la palabra

With a classmate, prepare a short dialog about a present you are buying for a friend. Use the conversation between Marta and Tomás as a model.

The **tan** is sometimes omitted in conversation.

La historia de las cosas que comemos

En 1492 (mil cuatrocientos noventa y dos), cuando Cristóbal Colón llega a América, los españoles descubren° no sólo un continente nuevo. También descubren otros pueblos,° otras civilizaciones y ... otros productos. Al mismo tiempo, los españoles introducen en América cosas que se usan° en España.

    Los siguientes productos tal vez no son tus favoritos. Pero los comes a veces, ¿verdad?

    Ahora, adivina° su origen. ¿De dónde crees que son originalmente:

descubren: *discover*

pueblos: *people*

se usan: *are used*

adivina: *guess*

1. la piña? ¿De Hawai? ¿de Florida?

2. el maní? ¿De Georgia? ¿de África?

3. la papa? ¿De Irlanda? ¿de Francia?

4. el tomate? ¿De Italia? ¿de California?

5. la banana? ¿Del Ecuador? ¿de Panamá?

6. el café? ¿Del Brasil? ¿de Colombia?

Éstas° son las respuestas° correctas:

1. Es cierto que casi todas las piñas que venden los supermercados° son de Hawai, pero los cultivadores° originales de las piñas son los indios de Cuba y Puerto Rico.
2. Es cierto que hay una variedad de maní que viene de Georgia, pero los cultivadores originales del maní son los indios de Bolivia, Perú y Ecuador.
3. Es cierto que las papas son muy populares en Irlanda, pero los cultivadores originales de las papas también son los indios de Bolivia, Perú y Ecuador.
4. Es cierto que los italianos preparan una deliciosa salsa° de tomate, pero los cultivadores originales del tomate son los indios de México.
5. Es cierto que el Ecuador es el mayor° productor° de bananas del mundo,° pero las bananas son de origen africano. Llegaron° a América porque los españoles las introdujeron.°
6. Es cierto que el Brasil es el mayor productor de café del mundo, pero el café también es de origen africano. Y también llegó° a América porque los españoles lo introdujeron.

Éstas: *These,* respuestas: *answers*

supermercados: *supermarkets,* cultivadores: *cultivators*

salsa: *sauce*

mayor: *largest,* productor: *producer,* mundo: *world* Llegaron: *They came,* introdujeron: *introduced*

llegó: *it came*

Adjetivos de nacionalidad

Adjectives of nationality are derived from the names of countries. These adjectives, however, do not all have the same endings.

The following list of adjectives of nationality covers all the Spanish-speaking countries. Can you match these adjectives with the corresponding countries?

argentino	(la) Argentina	mexicano	México
boliviano	Bolivia	nicaragüense	Nicaragua
colombiano	Colombia	norteamericano	(los) Estados Unidos
costarricense	Costa Rica	panameño	Panamá
cubano	Cuba	paraguayo	(el) Paraguay
chileno	Chile	peruano	(el) Perú
dominicano	la República Dominicana	puertorriqueño	Puerto Rico
ecuatoriano	(el) Ecuador	salvadoreño	El Salvador
español	España	uruguayo	(el) Uruguay
guatemalteco	Guatemala	venezolano	Venezuela
hondureño	Honduras		

Now you can match the following adjectives of nationality with their countries.

alemán	Alemania	indio	(la) India
australiano	Australia	irlandés	Irlanda
belga	Bélgica	israelí	Israel
brasileño	(el) Brasil	neozelandés	Nueva Zelanda
canadiense	(el) Canadá	ruso	Rusia
chino	(la) China	senegalés	Senegal
egipcio	Egipto	sueco	Suecia
griego	Grecia	turco	Turquía
húngaro	Hungría		

Have students find these countries on a map of the world: ¿Dónde está la Argentina?   ¡Aquí está!

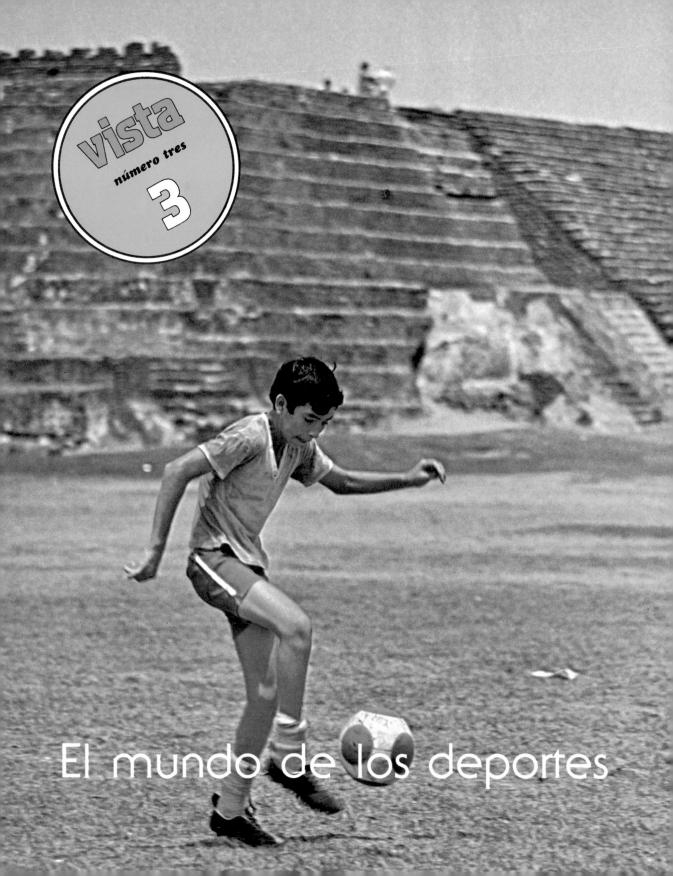

vista

número tres

3

El mundo de los deportes

El béisbol
ES MÁS POPULAR EN
México, Puerto Rico, Cuba, Venezuela, La República Dominicana, Nicaragua

El fútbol°
ES MÁS POPULAR EN
España, Chile, Uruguay, Argentina

Es el juego° número uno en Sudamérica. En muchas ciudades grandes y pequeñas hay equipos° de fútbol y cada equipo tiene muchísimos aficionados.° Los partidos° nacionales tienen gran importancia en cada país, pero el gran evento es la Copa Mundial,° cada cuatro años. En 1978, el país ganador° de la copa fue un país hispánico — la Argentina. Otros países hispanos finalistas fueron° México, el Perú y España.

Si el fútbol es número uno en Sudamérica y España, el béisbol es rey° en los países del Caribe; el deporte tiene equipos muy populares, especialmente en Venezuela y en la República Dominicana. Hay muchos jugadores° de origen hispánico en las grandes ligas de béisbol en los Estados Unidos.

fútbol *soccer*   **juego** *game*   **equipos** *teams*   **aficionados** *fans*   **partidos** *matches*
Copa Mundial *World Cup*   **ganador** *winner*   **fueron** *were*   **rey** *king*   **jugadores** *players*

El volibol
ES MÁS POPULAR EN   México, Cuba, Colombia, Bolivia

Este° deporte° y pasatiempo°cada día es más y más popular por todas partes.° Muchos profesores de educación física dicen que es excelente para los jóvenes, especialmente para las chicas. Hay varios grupos profesionales de chicas, pero en muchos barrios y parques, grupos mixtos de muchachos y muchachas lo juegan° simplemente como un pasatiempo.

El esquí
ES MÁS POPULAR EN   Chile, Argentina, España

Cuando la gente en los Estados Unidos habla del esquí, habla de Colorado, de Vermont, de los Alpes, de los Pirineos y del Japón. Pero en Sudamérica, las montañas de los Andes son fantásticas para este deporte, especialmente en la Argentina y en Chile. En las Olimpíadas de Invierno de 1972 el español Francisco Fernández Ochoa ganó° la medalla de oro° en el slalom especial.

El mundo° hispánico y los deportes°

En los países hispánicos los deportes son tan° populares como en los Estados Unidos, pero hay una gran variedad de deportes en diferentes países.

El ciclismo
ES MÁS POPULAR EN   Venezuela, México, Uruguay, Colombia, Chile, Costa Rica, Guatemala, Cuba

Éste es un deporte que tiene millones de aficionados en España y en América Latina. En España el evento principal es la «Vuelta». Es una carrera° de ciclismo que dura° dos o tres semanas durante el verano. Los competidores cruzan° ríos° y montañas con buen clima° o con mal clima. La llegada° de los ciclistas es un evento nacional.

Este *this*   **deporte** *sport*   **pasatiempo** *pastime*   **por todas partes** *everywhere*   **juegan** *they play*
ganó *won*   **medalla de oro** *gold medal*   **mundo** *world*   **deportes** *sports*   **tan** *as*   **carrera** *race*
dura *lasts*   **cruzan** *cross*   **ríos** *rivers*   **clima** *climate*   **llegada** *arrival*

205

El jai alai
ES MÁS POPULAR EN España, México, Cuba, Venezuela

Es un juego de origen vasco° que quiere decir° «fiesta alegre». Es uno de los deportes más peligrosos° y rápidos; la pelota° viaja a velocidades de más de doscientos kilómetros por hora; por eso las canchas° tienen tres paredes° de catorce metros de altura° y son de cemento sólido. Hoy los mejores° jugadores de jai alai vienen a los Estados Unidos a jugar en las canchas de Florida y de Connecticut.

La corrida de toros
ES MÁS POPULAR EN España, México, Colombia, Perú

Unos dicen que es un arte y otros dicen que es un deporte. Unos dicen que es un acto de barbarie° y otros que es un acto simbólico en que se oponen° la fuerza° bruta de un animal con la valentía° y la gracia del hombre. Ésta es una actividad que no se practica en muchos países del mundo: España, México, Colombia y a veces en el Perú y Guatemala.

LOS JUEGOS PANAMERICANOS

Los Juegos Panamericanos son como las Olimpíadas, excepto que sólo participan los países de Norte y Sudamérica.

Los Juegos Panamericanos se celebran cada cuatro años en uno de los principales países de América. Los atletas compiten en diez y nueve deportes diferentes. Éstos son los países ganadores en los deportes de equipo en 1975:

Deporte	País ganador
Fútbol	México y Brasil
Béisbol	Cuba
Volibol (masculino y femenino)	Cuba
Básquetbol (masculino y femenino)	Estados Unidos

vasco *Basque*   **quiere decir** *means*   **peligrosos** *dangerous*   **pelota** *ball*   **canchas** *courts*
paredes *walls*   **altura** *height*   **mejores** *best*   **barbarie** *savagery*   **se oponen** *are opposed*
fuerza *force*   **valentía** *courage*

Los deportes y tu personalidad

¿Cuáles deportes practicas? ¿Qué deporte es tu favorito? El fútbol, el básquetbol, el volibol, el tenis, el ciclismo, el esquí, la natación° . . . Hay deportes de equipo y hay deportes individuales; nuestra preferencia por cierto deporte dice mucho de nuestra personalidad. Primero decide qué tipo de persona eres; después busca cuál es tu deporte.

SI TÚ ERES . . .	TU DEPORTE ES . . .	PORQUE . . .
• independiente y enérgico(a)	el correr°	En las carreras tú compites contigo mismo.°
• inteligente y perseverante	el tenis	Juegas al tenis para ganar, y para ganar necesitas tener buenas tácticas.
• gregario(a)	el ciclismo, la natación, el esquí	El objetivo de estos deportes no es sólo ganar° sino° también hacer ejercicio con otra gente.
• agresivo(a)	el fútbol	Tienes que pegarle° a la pelota, pero ¡primero tienes que llegar a ella!
• seguro de ti mismo°	el básquetbol	No puedes esperar; tienes que saber° qué hacer con la pelota.
• perfeccionista	el volibol	Éste es un deporte que requiere disciplina y precisión.

natación *swimming* **correr** *running* **contigo mismo** *with yourself* **ganar** *to win* **sino** *but*
pegarle *kick it* **seguro de ti mismo** *sure of yourself* **saber** *know*

EL FÚTBOL

campo de fútbol

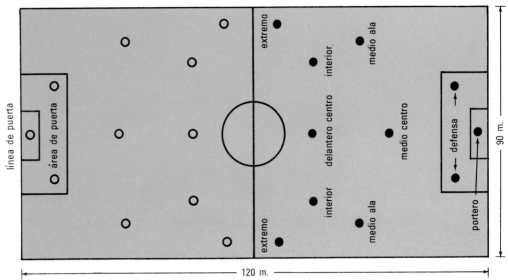

línea de puerta

área de puerta

extremo

interior

delantero centro

medio ala

medio centro

defensa

portero

extremo

interior

medio ala

90 m.

120 m.

las posiciones

los pases

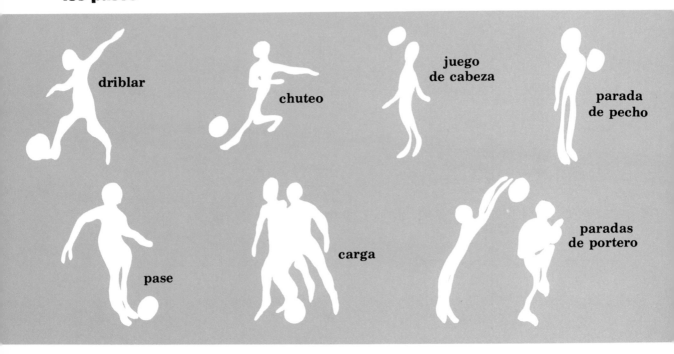

driblar

chuteo

juego
de cabeza

parada
de pecho

pase

carga

paradas
de portero

¿¿¿QUÉ SABES DEL FÚTBOL???

¿Cuál es el deporte que llena° más estadios en el mundo, que tiene más jugadores profesionales y aficionados y que paga° más dinero a los equipos profesionales?

¡El fútbol! . . . y el fútbol es rey en los países hispánicos. En los Estados Unidos este deporte es cada día más popular. ¿Qué sabes tú del fútbol?

Vamos a ver . . .

	sí	no
1. Un equipo de fútbol tiene once jugadores.	■	■
2. La duración de un partido es de dos partes de cuarenta y cinco minutos cada una.	■	■
3. Para° ser buen jugador es necesario ser alto.	■	■
4. El juego consiste en hacer entrar° la pelota en la portería° del equipo contrario.	■	■
5. Los jugadores toman la pelota con las manos.°	■	■
6. El fútbol es un deporte de origen hispánico.	■	■
7. Un gol vale° dos puntos.	■	■
8. En el fútbol los jugadores usan cascos.°	■	■
9. Pelé, el mejor jugador, es de la Argentina.	■	■
10. En los Estados Unidos hay equipos profesionales de fútbol.	■	■

RESPUESTAS

Hay cuatro respuestas afirmativas y seis negativas.

Las respuestas afirmativas son 1-2-4-10.

Las respuestas negativas son 3-5-6-7-8-9.

- Hay excelentes jugadores que son muy bajos.
- Usan los pies,° pero nunca las manos.
- Sólo el portero° toma la pelota con las manos para parar° los goles.

- El fútbol es un deporte de origen inglés.
- Un gol vale sólo un punto.
- Los jugadores de fútbol no usan cascos.
- Pelé es del Brasil.
- Sí, hay equipos profesionales de fútbol en los Estados Unidos, como los Cosmos de Nueva York.

llena *fills*   **paga** *pays*   **Para** *In order*   **hacer entrar** *making enter*   **portería** *goal area*
manos *hands*   **vale** *is worth*   **cascos** *helmets*   **pies** *feet*   **portero** *goalie*   **parar** *stop*

GOLF

Nancy López, Estados Unidos

De origen mexicano-americano, Nancy López es una de las estrellas más brillantes del golf mundial. A la edad de veinte y uno años y en su primer año como jugadora profesional, ella hizo° lo imposible: ganar unos diez de los torneos más difíciles en el circuito profesional norteamericano.

BOXEO

Carlos Monzón, Argentina

Cuando la gente habla del boxeo en los Estados Unidos, la gente piensa° generalmente en Mohamed Alí, Joe Frazier o el legendario Joe Louis. Es cierto que este país es el campeón en pesos pesados;° pero en otras categorías, como en peso welter, peso ligero° o peso pluma,° los boxeadores hispánicos son los campeones. Entonces, Carlos Monzón es un campeón de peso medio.

TOROS

Conchita Cintrón, Perú

Es la primera mujer en la historia de toreo° y en abrir° las puertas del toreo a otras mujeres, un deporte exclusivamente para hombres en el pasado.° Cintrón toreó° en su vida° más de cuatrocientos toros.° Hoy día hay varias° jóvenes famosas como Maribel Atienza, quien comenzó° a torear a la edad° de diez y seis años.

210

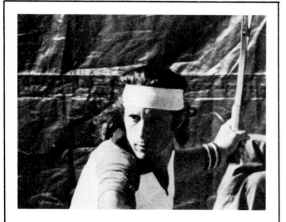

TENIS
Guillermo Vilas, Argentina

Ganador de muchos campeonatos° y torneos°
en Francia, Inglaterra y los Estados Unidos,
Vilas es uno de los grandes del tenis y parte
de la excelente tradición hispánica en este
deporte. Otras estrellas° son Manuel
Orantes, español; Raúl Ramírez, mexicano; y
Ricardo Icaza, ecuatoriano.

CARRERAS DE CABALLOS
Ángel Cordero, Puerto Rico

Ganador del Kentucky Derby en 1974 y
1976, Cordero es uno de los muchos jinetes°
latinoamericanos que son grandes estrellas
en los hipódromos° de los Estados Unidos.

ATLETISMO
Alberto Juantorena, Cuba

En las Olimpíadas de Montreal en 1976
ganó dos medallas de oro en carreras de
cuatrocientos y ochocientos metros. En 1977
Juantorena excedió° el récord mundial de
ochocientos metros en sólo un minuto,
cuarenta y tres segundos.
Juantorena es extraordinario, pero no es el
único° campeón de Cuba. El gobierno°
cubano ayuda mucho a los deportes,
especialmente en las escuelas. Esto° explica
el éxito° de Cuba en los Juegos
Panamericanos y en las Olimpíadas.

El radio deportivo°

Tú estás solo en un desierto . . .
Tienes sólo un radio transistor.
Enciendes° el radio y . . . ¡caramba! ¡una transmisión en
español! ¡El radio está completamente loco!° En cada
estación sólo habla de deportes. Tu única° posibilidad de
pasar el tiempo es adivinar° qué deporte corresponde a
las siguientes palabras:

1. . . . Y ahora Gutiérrez toma la pelota, corre° en zig-zag y . . .
   Gooooooooooooool, Gooooooooooooool de la Argentina . . . Dos del
   Uruguay, Tres de la Argentina . . .

2. . . . Rodríguez llega a la segunda base . . . Ted deja caer° la bola° en
   tercera base . . . ¡García marca!°

3. Juanita Torres de México corre a la red° y va detrás de° la pelota en el
   match del torneo de dobles femenino . . .

4. Gamarro gana en este momento el campeonato mundial de peso
   pluma. ¡Gamarro se lleva° en esta ocasión la medalla de oro!

5. El piloto Carlos Perea toma mal la curva: sólo hay humo° en la pista°
   . . . ¡Accidente en la pista! . . . ¡Una ambulancia, una ambulancia! . . .

6. ¡Estrella de repente° pasa a Rayo y gana por una nariz!° Señores,
   ¡sólo una nariz!

RESPUESTAS:
1. fútbol 2. béisbol 3. tenis 4. boxeo 5. carrera° de autos 6. carrera de caballos

deportivo *of sports* Enciendes *You turn on* loco *crazy* única *only* adivinar *guess* corre *runs*
deja caer *drops* bola *ball* marca *scores* red *net* detrás de *behind* se lleva *takes away*
humo *smoke* pista *track* de repente *suddenly* nariz *nose* carrera *race*

212

Actividades

CRUCIGRAMA   You have heard of the World Series in baseball, of the Davis cup in tennis, of the World Cup in soccer. But there is another sporting event which is more important than all the above. To discover the Spanish name of this event, complete the crossword puzzle below with the words matching the definitions given. To help you, the page numbers on which these words occur are given in dark type. When the puzzle is finished, you will be able to read the name of this sports event in the longest vertical column.

páginas 204-205

1. El deporte número uno del mundo hispánico.
2. Un país de Sudamerica donde es popular el volibol.
3. Si tienes una bicicleta, es posible practicar este deporte.
4. Un país asiático.
5. Un país finalista en la Copa Mundial de futbol en 1978.
6. El país de origen de Francisco Fernández Ochoa.

página 206

7. Las palabras «jai alai» significan «fiesta ___».
8. Para unos, este deporte es un arte; para otros es un acto de barbarie.

página 207

9. El tenis, el fútbol y el volibol son ___.

página 208

10. El jugador que está en la área de puerta.

página 209

11. Este jugador fue el mejor jugador de fútbol del mundo.
12. Once judadores forman un ___.

páginas 210-211

13. Un boxeador argentino.
14. El país de origen de Conchita Cintrón.
15. El deporte de Manuel Orantes.
16. Un jinete latinoamericano.
17. El deporte de Alberto Juantorena.

página 212

18. Cuando no tienes amigos contigo, estás ___.

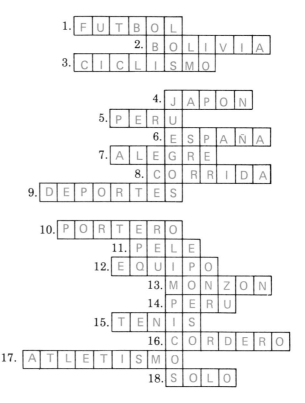

1. FUTBOL
2. BOLIVIA
3. CICLISMO
4. JAPON
5. PERU
6. ESPAÑA
7. ALEGRE
8. CORRIDA
9. DEPORTES
10. PORTERO
11. PELE
12. EQUIPO
13. MONZON
14. PERU
15. TENIS
16. CORDERO
17. ATLETISMO
18. SOLO

Unidad 6

Nuestras diversiones

Language

This unit completes the initial presentation of the simple sentence. (The next units will introduce the reflexives, the preterite and the commands.) The grammatical focus here is on:

- The object pronouns me, te, se
- The use of the definite article in a general sense
- Affirmative and negative expressions
- Stem-changing verbs
- Verbs in -cer and -cir

Communication

By the end of this unit, students will be able to use Spanish:

- To discuss what they earn and spend
- To talk about sports
- To discuss leisure activities such as movies, TV, and reading

Culture

This unit presents the Hispanic view of money and leisure activities such as sports, movies and dating.

6.1 El problema del dinero

Young people in Argentina

214

Museum of Anthropology, Mexico City

6.2 Los deportes   6.3 Las diversiones y tú   6.4 Los sábados por la noche

Soccer game, Oaxaca

Café de Tecala, Mexico City

VARIEDADES — El correo del corazón

Lección 1

El problema del dinero

¿Cuánto dinero te dan tus padres? ¿Te dan mucho? ¿Te dan poco?
¿Qué haces con tu dinero?

El problema del dinero es un problema universal. Todos los jóvenes
del mundo tienen este problema. Hoy, cinco jóvenes hispanos nos van
a hablar de este importante problema.

mundo: *world*,
este: *this*

Carlos (Es del Uruguay y tiene quince años.)

Mis padres me dan diez pesos cada semana. Con eso compro discos y
revistas, y voy al cine de vez en cuando.

eso: *that*

María Victoria (Es la hermana de Carlos y tiene trece años.)

A mi hermano mis padres le dan diez pesos cada semana. Pero a mí
me dan sólo cinco. No es mucho y . . . ¡no es justo! ¡Yo también tengo
gastos! ¡Yo también necesito comprar discos y revistas! ¡Yo también
tengo ganas de ir al cine! . . . Pero no voy nunca . . . ¡No tengo
suficiente dinero!

gastos: *expenses*

Elena (Es de México y tiene diez y seis años.)

A mí mi papá no me da nada. De vez en cuando mi mamá me da
cincuenta pesos . . . ¡especialmente cuando saco buenas notas en clase!
Afortunadamente tengo amigos generosos. Me invitan al cine, a los
conciertos, a tomar café . . . ¡Y yo no pago nada, por supuesto!

nada: *nothing*
saco: *get*, notas: *grades*
Afortunadamente:
Fortunately
pago: *pay*

Guillermo (Es de Bolivia y tiene quince años.)

Mis padres me dan cien pesos cada semana. ¿Crees que es mucho?
Realmente es muy poco. Tengo muchas amigas . . . y cuando invito a
una chica al café, claro, tengo que pagar por ella. ¡Después no tengo
dinero el resto de la semana!

pagar: *to pay*

Esteban (Es de San Francisco y tiene diez y nueve años.)

¡Yo nunca pido dinero! ¡No me gusta pedir nada! . . . No necesito el
dinero de mis padres. Trabajo en una estación de servicio. Soy
mecánico y gano mucho. El dinero que gano no lo gasto. Lo ahorro
para comprar una moto . . . una Kawasaki 500.

nunca: *never*, pido:
ask for
gasto: *spend*, ahorro:
save

• 500 = quinientos (centímetros cúbicos)
• ¿De dónde es Carlos? ¿Cuántos años tiene? ¿Quién le da dinero a Elena? ¿Cuándo? ¿Quiénes invitan a Elena al cine? ¿Cuánto dinero recibe Guillermo? ¿Es mucho? ¿Por qué no? ¿Qué hace Esteban con su dinero? ¿Qué va a comprar?

Notas culturales OPTIONAL

¡Una cuestión de honor!

En los países hispánicos, cuando un grupo de amigos va al cine o al café, las muchachas nunca° pagan. Los muchachos pagan por° ellas. Para un joven hispánico es imposible aceptar dinero de una amiga. En la sociedad hispánica el hombre es la persona que tradicionalmente provee° el dinero. ¡ Es una cuestión° de honor para él !

nunca *never*   **pagar por** *pay for*   **provee** *provides*   **cuestión** *matter*

¡Hay pesos y pesos!

El peso es la unidad de moneda en varios países de Latinoamérica. Claro, no tiene el mismo valor° en cada uno de esos° países. Abajo° están las correspondencias aproximadas entre° el valor de los pesos y del dólar norteamericano.

valor *value*   **esos** *those*   **Abajo** *Below*   **entre** *between*

EL PAÍS		CENTAVOS NORTEAMERICANOS
la Argentina	el peso argentino	$1/10$
Bolivia	el peso boliviano	4
Chile	el peso chileno	3
Colombia	el peso colombiano	3
la República Dominicana	el peso dominicano	75
México	el peso mexicano	4
el Uruguay	el peso uruguayo	15

Estructura

A. Los pronombres *me, te, nos*

Note the uses of the object pronouns in heavy print.

— ¿**Me** invitas al cine?
*Are you inviting **me** to the movies?*

— ¡Por supuesto **te** invito!
*Of course I am inviting **you**.*

— ¿**Te** dan dinero tus padres?
*Do your parents give **you** (= to you) money?*

— Sí, pero no **me** dan mucho.
*Yes, but they don't give **me** (= to me) much.*

— ¿**Nos** llamas por teléfono, Luisa?
*Are you phoning **us**, Luisa?*

— ¿**Nos** prestas tu coche?
*Are you lending **us** (= to us) your car?*

➢ **Me** *(me, to me)*, **te** *(you, to you)* and **nos** *(us, to us)* may refer to nouns that are direct or indirect objects. These pronouns do not have separate direct and indirect forms like the pronouns you have already learned.

The object pronoun for vosotros is os.

➢ The position of **me, te** and **nos** is the same as that of the other object pronouns:
- Usually the pronouns come directly *before* the verb.
- When used with an infinitive, the pronouns usually come *after* the infinitive and are attached to it. (They may come *before* the first verb.)

Voy a invitar**te** al cine.   ¿Vas a prestar**me** tu bicicleta?
(**Te** voy a invitar al cine.)   (¿**Me** vas a prestar tu bicicleta?)

➢ The object pronouns corresponding to **Ud.** and **Uds.** are the same as the third person object pronouns.

(usted)	**lo, la**	*(you)*	Srta. López, ¡no **la** comprendo!
	le	*(to you)*	Sr. Alonso, **le** vendo mi coche.
(ustedes)	**los, las**	*(you)*	Carlos y Felipe, **los** invito a mi fiesta.
	les	*(to you)*	¿**Les** vendo mis discos a Uds.?

vocabulario especializado   El dinero

un consejo	(piece of) advice	¿**Te** dan buenos **consejos** tus amigos?
el dinero	money	¿Tienes **dinero** para ir al cine?
un gasto	expense	No tengo dinero porque tengo muchos **gastos**.
el trabajo	work, job	¿Tienes **trabajo** de verano?
ganar	to earn (money)	Trabajo mucho pero no **gano** mucho.
pagar (por)	to pay for	¿Tienen los chicos que **pagar** por las chicas cuando van al cine?

WORD ASSOCIATIONS: consejo *(counselor)*, ganar *(gain)*, pobre *(poverty)*.

The pronouns **me, te, nos** are often reinforced by the expressions
a mí, a ti, a nosotros(as):

A mí, mis padres no **me** dan dinero.

ACTIVIDAD 1   Diálogo: La vida de tus compañeros *(The life of your classmates)*

Ask your classmates about their relationships with the people in
parentheses. You may use the expression **a menudo** in your questions and
answers.

VARIATION: Students work in small groups and ask questions in the Uds. form. ¿**Les escriben Uds. a menudo a sus primos?**

✆ escribir (tus primos)   Estudiante 1: ¿Te escriben a menudo tus primos?
                             Estudiante 2: Sí, me escriben a menudo.
                                           (No, no me escriben a menudo.)

1. escribir (tus abuelos; tu mejor amigo;
   tus tíos)
2. invitar (tus primos; tu mejor amiga; los
   chicos de la clase)
3. llamar por teléfono (tu mejor amiga; tu
   mejor amigo; tus primos)

4. comprender (tu mejor amigo; tus
   padres; tus profesores)
5. ayudar con tus tareas (tus profesores;
   tu mamá; tus hermanos)
6. hablar de sus problemas (los chicos de
   la clase; tus primos; tu mejor amigo)

ACTIVIDAD 2   Diálogo: ¡Favores!   OPTIONAL

Ask your classmates if they intend to do the following things for you. Use
me in the questions and **te** in the answers.

VARIATION: Use the plural.
— ¿Vas a invitarnos al cine?
—Sí, voy a invitarles.

✆ invitar al cine   Estudiante 1: ¿Vas a invitarme al cine?
                       Estudiante 2: Sí, voy a invitarte al cine.
                                     (No, no voy a invitarte al cine.)

1. invitar a tu casa
2. llamar por teléfono
3. ayudar con la tarea

4. hablar de tus planes
5. prestar tus discos
6. prestar tu bicicleta

gastar	to spend (money)	¿Cuánto **gastas** cuando vas al cine?
≠ **ahorrar**	to save (money)	Betsy está **ahorrando** para ir a España.
ser rico	to be rich	Los amigos de Gloria **son ricos.**
≠ **ser pobre**	to be poor	Mis amigos **son pobres.**
demasiado(a)	too much	En clase tenemos **demasiado** trabajo . . . y
demasiados(as)	too many	**demasiados** exámenes.

NOTA: Like **mucho, demasiado** agrees with the noun which follows.

ACTIVIDAD 3   La fiesta de cumpleaños de Carlos

Carlos is having a birthday party. His friends are asking him whether they are being invited. He says yes. Play both roles according to the model.

Luisa y Elena

Luisa y Elena: ¿Nos invitas a tu cumpleaños?
Carlos: ¡Claro, las invito!

1. Enrique
2. Mónica
3. Pablo y Paco

4. Sara y María
5. Felipe y Miguel
6. Tomás y Carmen

ACTIVIDAD 4   Preguntas personales

1. ¿Tienes un trabajo? ¿Cuánto ganas?
2. ¿Ahorras dinero? ¿Estás ahorrando para un viaje? ¿para comprar una bicicleta? ¿un tocadiscos? ¿una grabadora? ¿una calculadora?
3. ¿Gastas mucho dinero cuando vas al cine? ¿a la playa? ¿al concierto?
4. ¿Eres muy generoso(a)? Y tus padres, ¿son generosos?
5. ¿Son ricos tus amigos? ¿Son generosos?
6. ¿Cuánto pagas por una Coca-Cola en la cafetería? ¿Cuánto por un sándwich?
7. ¿Tienes demasiado trabajo en esta clase? ¿demasiadas tareas?

B. Palabras afirmativas y negativas

The words in columns A and B are opposites. Note the use of these words in the sentences below.

A	B	
siempre *(always)*	**nunca** *(never)*	—¿**Siempre** vas al cine los sábados? —No, **no** voy **nunca**.
alguien *(someone, anyone)*	**nadie** *(no one, not anyone)*	—¿Estás con **alguien**? —No, **no** estoy con **nadie**.
algo *(something, anything)*	**nada** *(nothing, not anything)*	—¿Le dices **algo** al profesor? —No, **no** le digo **nada**.
alguno *(some, any)*	**ninguno** *(no, not any, none)*	—¿Tienes **algunas** amigas en México? —No, **no** tengo **ninguna** amiga en México.

The negative words **nunca, nadie, nada** and **ninguno** may come before or after the verb. When they come after the verb, **no** is used before the verb.

Nunca vamos al cine. }
No vamos **nunca** al cine. }   *We **never** go to the movies.*

 **Alguno** and **ninguno** agree with the nouns they describe.
Before a masculine singular noun, they become **algún** and **ningún.**

No tengo **ningún** amigo en España.   *I don't have **any** friends in Spain.*
Algún día voy a visitar México.   ***Some** day I am going to visit Mexico.*

Ninguno is almost always used in the singular.

ACTIVIDAD 5   Diálogo: Esta noche *(Tonight)*

Ask your classmates about their plans for tonight. Use **alguien** in
sentences 1-5, and **algo** in sentences 6-10. Your classmates may answer
affirmatively or negatively.

invitar   Estudiante 1: ¿Vas a invitar a alguien a la fiesta?
            Estudiante 2: Sí, voy a invitar a alguien a la fiesta.
                          (No, no voy a invitar a nadie a la fiesta.)

1. visitar
2. ver
3. invitar al cine
4. llevar al teatro
5. llamar por teléfono

6. hacer
7. leer
8. escribir
9. comprar
10. buscar

ACTIVIDAD 6   ¡No!

Today Felipe is in a very contrary mood. He says no to every one of
Isabel's questions. Play both roles according to the model.

hacer algo   Isabel: ¿Haces algo, Felipe?
               Felipe: ¡No, no hago nada!

VARIATION: Say Felipe is not doing these things. *Felipe no hace nada.*

1. escribir algo
2. leer algo
3. comprar algo para tus amigos
4. invitar a alguien al cine
5. hablar de tus problemas con alguien
6. ir siempre al cine los domingos

7. trabajar siempre en clase
8. decir siempre la verdad *(truth)*
9. tener alguna amiga en España
10. tener algún disco bueno
11. desear ir a algún café
12. necesitar algún consejo

C. *Pedir* (e → i)

Note the forms of the verb **pedir** *(to ask for).*
Pay attention to the vowel of the stem of the verb.

INFINITIVE:	pedir		
PRESENT:			
(yo)	Pido cuatro pesos.	(nosotros)	Pedimos tu coche.
(tú)	Pides cinco pesos.	(vosotros)	Pedís un favor.
(él, ella, Ud.)	Pide dinero.	(ellos, ellas, Uds.)	Piden consejos.
PRESENT PARTICIPLE: **pidiendo**			

The verb **pedir** has regular –ir endings. Note, however, that the vowel **e** of the stem (**ped-**) changes to **i** in the **yo, tú, él** and **ellos** forms, and in the present participle. **Pedir** is called a *stem-changing verb*.

Although both **pedir** and **preguntar** may mean *to ask* in English, their uses are different:

- **Pedir** means *to ask for, to request, to order (something)*.

  ¿Le **pides** el coche a tu papá?   *Do you **ask** your father **for** the car?*
  No, no le **pido** nunca el coche.   *No, I never **ask** him **for** the car.*

  You may contrast:
  No te pido nada.   I am not asking you (to give me anything.

- **Preguntar** means *to ask (a question), to inquire (about something)*.

  Cuando no comprendo   *When I don't understand*
    le **pregunto** al profesor.   *I **ask** the teacher.*

  No te pregunto nada.   I am not asking you (to tell me anything.

ACTIVIDAD 7   Regalos de cumpleaños

Say what the following people are asking for as birthday presents. Follow the model.

Isabel (un radio)   Isabel pide un radio.

1. Carlos (una guitarra eléctrica)
2. Manuela (una bicicleta)
3. Jaime (discos)
4. nosotros (un reloj)

5. Paco y Roberto (una moto)
6. yo (una calculadora)
7. tú (una cámara de cine)
8. María y Pilar (una raqueta de tenis)

ACTIVIDAD 8   Diálogo: ¿Qué pides? ¿Qué preguntas?

Ask your classmates whether they request (1-5) or ask (6-10) the following things of their family and friends. Use the indirect object pronouns **le** and **les** in your questions and answers.

pedir: dinero a tu mamá

Estudiante 1: ¿Le pides dinero a tu mamá?
Estudiante 2: Sí, le pido dinero.
(No, no le pido nunca dinero.)

preguntar: a tus padres si ganan mucho

Estudiante 1: ¿Les preguntas a tus padres si ganan mucho?
Estudiante 2: Sí, les pregunto si ganan mucho.
(No, no les pregunto nunca si ganan mucho.)

1. dinero a tus padres
2. el coche a tu papá
3. consejos a tu mejor amiga
4. sus discos a tus amigas
5. buenas notas (*grades*) a tus profesores

6. a tus padres si gastan mucho
7. a tus amigos si son ricos
8. a tus amigas si ahorran su dinero
9. a tus primos si necesitan dinero
10. a tus profesores si van a dar un examen difícil

El sonido de la consonante p inicial

Model word: p̲oco
Practice words: p̲ago p̲ido p̲obre p̲erdón p̲reguntar P̲aco
Practice sentences: P̲aco le p̲ide un p̲eso a su p̲apá.
¿P̲or qué está P̲ablo siempre en la p̲laza?
En P̲anamá, no p̲ago con p̲esos.

In English, the sound / p / at the beginning of a word is pronounced with a puff of air. Hold your hand by your mouth as you say the English word "poke" and you should feel the air. Now say the English word "spoke": there is almost no puff of air. In Spanish, the sound / p / is always pronounced *without* a puff of air, even at the beginning of a word.

OPTIONAL

Entre nosotros

Expresiones para la composición

regularmente	*regularly*
a menudo	*often*
a veces	*sometimes*
raras veces	*rarely, seldom*

Mini-composición   Mi problema con el dinero

Escribe un pequeño párrafo, explicando cómo resuelves el problema del dinero. Usa las preguntas como guía para la composición, y usa las expresiones para la composición.

Presupuesto de la semana

	pesetas
Transporte	30
Cine	70
Revistas	35
Café	50
Sellos	20
Teléfono	20
total	225

- ¿Te dan dinero regularmente tus padres? ¿Cuánto?
- ¿Les pides dinero a tus abuelos?
- ¿Recibes dinero cuando ayudas a tu papá o a tu mamá?
- ¿Tienes un trabajo? ¿Cuánto ganas?
- ¿Recibes dinero cuando sacas buenas notas (*grades*) en clase?
- ¿Vas al cine a menudo? ¿a los conciertos?
- ¿Compras discos? ¿periódicos? ¿revistas?
- ¿Tienes amigos generosos? ¿Te invitan al cine? ¿al teatro? ¿a la heladería (*ice cream parlor*)?

✍ **Regularmente** mi mamá me da dinero. Cada semana, recibo dos dólares. **A veces** mis abuelos me dan cinco o diez dólares . . .

presupuesto (budget), sellos (stamps)

Lección 2

Los deportes

STRUCTURES TO OBSERVE: **jugar; me gusta(n)**; definite article with nouns used in the general sense.

¿Te gustan los deportes? . . . ¿Qué deporte te gusta más? . . . Cuatro jóvenes hispánicos (dos muchachos y dos muchachas) contestan:

Te gustan: *Do you like*, deportes: *sports*

contestan: *answer*

Josefina

Me gusta nadar . . . Nado bastante bien . . . ¡Soy la campeona de mi escuela! También me gusta el tenis . . . Juego un poco, pero no juego muy bien.

campeona: *champion*
Juego: *I play*

Enrique

Me gusta el fútbol. Es mi deporte favorito. ¡Qué deporte! ¡Es sensacional! ¡Estupendo! ¡Fabuloso! . . . Juego al fútbol en la escuela. Tenemos un equipo tremendo . . . Con suerte, vamos a ser los campeones interescolares.

fútbol: *soccer*

equipo: *team*

interescolares: *intermural*

Benjamín

A mí también me gusta el fútbol . . . Soy un gran aficionado. Los domingos siempre asisto a los partidos de fútbol. Mi equipo favorito es el Real Madrid. ¡Son formidables! ¡Qué agilidad! ¡Viva el Real Madrid!

¿Me preguntas si juego al fútbol? ¿Yo? Bueno . . . no . . . No tengo tiempo para practicar. Me gusta más mirar los partidos. Es más emocionante.

aficionado: *fan*, los domingos: *on Sundays*
partidos: *games*, equipo: *team*

me gusta más: *I prefer*
emocionante: *exciting*

Ana María

A mí me gusta el boxeo . . . Me gusta el karate . . . Me gusta el judo . . . ¡Sí! Me gustan los deportes violentos . . . pero sólo mirarlos en la televisión.

En realidad, no soy una persona violenta y no practico deportes violentos . . . Yo juego al volibol. También me gustan el tenis y la natación.

boxeo: *boxing*

practico: *take part in*

natación: *swimming*

¿Cómo nada Josefina? ¿Cuál es el deporte favorito de Enrique? ¿Dónde juega al fútbol? ¿Qué hace Benjamín los domingos? ¿Cuál es su equipo favorito? ¿Juega al fútbol? ¿Por qué no? ¿Cuáles son los deportes favoritos de Ana María?

CONVERSACIÓN OPTIONAL

Vamos a hablar de los deportes *(sports)*.

1. **¿Te gusta** el tenis?
   Sí, **me gusta**... (No, **no me gusta**...)
2. **¿Te gusta** el karate?
3. **¿Te gusta** el volibol?

4. **¿Te gustan** los deportes?
   Sí, **me gustan**... (No, **no me gustan**...)
5. **¿Te gustan** los deportes violentos?
6. **¿Te gustan** los partidos *(games)* de béisbol?

OBSERVACIÓN Est. B, C

Reread the above questions.

- What is the Spanish expression which corresponds to *do you like* when the question concerns a *single* activity such as tennis, karate, or volleyball? ¿te gusta ...?

- What expression is used when the question concerns *several* activities, such as sports or baseball games? ¿te gustan ...?

When you ask a Spanish speaker **¿Te gusta el tenis?** or **¿Te gusta el karate?** you are asking whether this person likes tennis or karate *in general*.

- Which word comes before **tenis** and **karate**? el

- Does English use the definite article in constructions of this sort? no

Nota cultural OPTIONAL

¡Fútbol!

Hay fútbol y fútbol. El fútbol que juegan° los hispanohablantes no es como el fútbol norteamericano. En los Estados Unidos, el fútbol hispanoamericano se llama *soccer*.

En todas partes° donde hay espacios° abiertos,° los jóvenes hispánicos juegan al fútbol: en el estadio,° en la escuela, pero también en el campo, en la playa, en la calle. Los domingos, millones de aficionados° aplauden a sus equipos° favoritos: el Real Madrid en España, el Peñarol en el Uruguay, el Boca Juniors en la Argentina...

¡De veras, el fútbol es rey° en el mundo° hispánico!

juegan *play* **en todas partes** *everywhere* **espacios** *spaces*
abiertos *open* **estadio** *stadium* **aficionados** *fans*
equipos *teams* **rey** *king* **mundo** *world*

Spanish-speaking countries usually figure prominently in the international soccer World Cup which takes place every 4 years. In 1978 Argentina was the winner of the World Cup. For more on soccer, turn to pp. 208-209.

Estructura

Los deportes (*Sports*)

El deporte is active vocab.

Deportes individuales

el esquí

el tenis

la gimnasia

la natación

Deportes de equipo

el básquetbol

el fútbol

el béisbol

el volibol

el fútbol americano

un equipo	team	Nuestra escuela tiene un **equipo** de fútbol muy bueno.
un(a) jugador(a)	player	Hay once **jugadores** en un equipo de fútbol.
un partido	game, match	¿Vas a asistir al **partido** de béisbol mañana?
un(a) atleta	athlete	¿Hay muchos **atletas** buenos en tu escuela?
un aficionado(a) a	a fan (of)	Soy **aficionado** al fútbol. Mi hermana es **aficionada** al tenis.
deportista	active in sports, athletic	Carlos no es **deportista,** pero tiene dos hermanas que son muy **deportistas.**
deportivo(a)	(concerning) sports	¿Lees las revistas **deportivas**?
jugar (u → ue) a	to play (a sport)	¿**Juegas** bien al ping pong?

- EXTRA VOCAB.: See *Vista* 3, pp. 205-212.
- Alternate terms: **baloncesto** (basketball) and **balonvolea** (volleyball).
- Also: the noun **un(a) deportista** (someone who is active in sports).

ACTIVIDAD 1　Preguntas personales

1. ¿Eres deportista? ¿Qué deportes practicas? ¿el tenis? ¿el básquetbol? ¿el esquí? ¿la natación?
2. ¿Eres aficionado(a) al béisbol? ¿al volibol? ¿a la gimnasia?
3. ¿Hay en tu escuela un equipo de fútbol? ¿de fútbol americano? ¿de básquetbol? ¿Son buenos los equipos?
4. ¿Miras los partidos de tenis en la televisión? ¿los partidos de béisbol?

ACTIVIDAD 2　Un sondeo de opinión *(Opinion poll)*

Vote for the best sports, the best athletes, the best teams. The results of this class survey may be presented as percentages or in tabular form.

1. El mejor deporte individual es . . .
2. El mejor deporte de equipo es . . .
3. El mejor jugador de béisbol es . . .
4. El mejor jugador de básquetbol es . . .
5. El mejor jugador de tenis es . . .
6. La mejor jugadora de tenis es . . .
7. El mejor equipo de béisbol es . . .
8. El mejor equipo de básquetbol es . . .
9. El mejor equipo de fútbol americano es . . .

A. *Jugar* (u → ue)

Note the forms of the stem-changing verb **jugar** *(to play).*
Pay special attention to the stem vowels.

INFINITIVE:	jugar		
PRESENT:			
(yo)	**Jue**go al fútbol.	(nosotros)	**Juga**mos al béisbol.
(tú)	**Jue**gas al básquetbol.	(vosotros)	**Jugá**is al ping pong.
(él, ella, Ud.)	**Jue**ga al volibol.	(ellos, ellas, Uds.)	**Jue**gan al tenis.
PRESENT PARTICIPLE:	jugando		

》 The **u** of the stem (**jug-**) becomes **ue** in the **yo, tú, él** and **ellos** forms of the present tense. Like all other stem-changing verbs, the endings of **jugar** are regular.

》 With the name of a sport, **jugar** is followed by the preposition **a**.

ACTIVIDAD 3　Hay buenos y malos jugadores

Roberto, the captain of the soccer team, wants your opinion of the players. Express your opinion of each player according to the model.

》 Alejandro: muy bien　　Alejandro juega muy bien.

1. Lorenzo: mal
2. Gabriel: estupendamente
3. mis hermanos: bastante bien
4. Luis y yo: bien
5. Federico: muy mal
6. Alberto: muy bien
7. Roberto: bien, a veces
8. tú: muy mal
9. yo: bastante bien

B. El uso del artículo definido en el sentido general

Note the use of the definite article (**el, la, los, las**) in the following sentences.

El tenis es un deporte sensacional.	*Tennis (**in general**) is a sensational sport.*
No me gusta **la** violencia.	*I don't like violence (**in general**).*
Los hispanohablantes son aficionados al fútbol.	*Hispanic people (**in general**) are soccer fans.*
¿Son **las** chicas más deportistas que **los** chicos?	*Are girls (**in general**) more active in sports than boys (**in general**)?*

In Spanish, the definite article is used to introduce nouns used in a general sense. This is not the case in English.

ACTIVIDAD 4   Tu opinión de los deportes

Give your general opinion of the sports in column A, using one of the adjectives in column B. Your opinions may be positive or negative. (Note: The words marked with an asterisk (*) are feminine; all others are masculine.)

A		**B**	
tenis	ping pong	divertido	sano *(healthy)*
fútbol	esquí	aburrido	fácil *(easy)*
béisbol	natación*	violento	difícil
volibol	golf	artístico	peligroso *(dangerous)*
boxeo	gimnasia*	sensacional	espectacular
judo	fútbol americano		
karate	básquetbol		

tenis   El tenis (no) es un deporte sensacional (fácil, . . .).

ACTIVIDAD 5   Otras opiniones personales

Give your general opinion of the following, according to the model.

música popular: ¿estupenda?   La música popular es estupenda.
(La música popular no es estupenda.)

1. música clásica: ¿divertida?
2. deportes de equipo: ¿violentos?
3. violencia: ¿terrible?
4. programas deportivos: ¿interesantes?
5. televisión: ¿una diversión intelectual?
6. dinero: ¿útil? *(useful)*
7. español: ¿difícil?
8. francés: ¿útil?
9. atletas: ¿personas interesantes?
10. chicos norteamericanos: ¿buenos atletas?
11. chicas norteamericanas: ¿buenas atletas?

ACTIVIDAD 6   Generalizaciones

Express your general opinion about the following topics. You may want to use adjectives such as **interesante, fantástico, fabuloso, estupendo, divertido, tonto, aburrido.** Your sentences may be affirmative or negative. (The feminine nouns are indicated by an asterisk.)

> violencia*   ¡La violencia (no) es tonta!

1. ciencia ficción*
2. novelas históricas*
3. novelas románticas*
4. historietas* (comic strips)
5. revistas deportivas*
6. comedias musicales*
7. jazz
8. rock
9. karate
10. deportes violentos

C. Gustar

Note the forms of **gustar** in the following questions and answers:

—¿**Te gusta** el tenis?　　　　　　　　***Do you like*** *tennis?*
—Sí, **me gusta** el tenis.　　　　　　*Yes,* ***I like*** *tennis.*

—¿**Te gustan** los deportes violentos?　***Do you like*** *violent sports?*
—No, **no me gustan** los deportes violentos.　*No,* ***I don't like*** *violent sports.*

> The expressions **me gusta (el tenis), me gustan (los deportes)** are equivalent to the English expression *I like (tennis, sports).* Word for word, however, these expressions mean:
>
> *(Tennis) pleases me (is pleasing to me).*
> *(Sports) please me (are pleasing to me).*

> In the expression **me gusta(n), te gusta(n)** ... **me** and **te** are object pronouns. The verb **gustar** does not agree with these pronouns, but with the following noun which is the subject.

> The expression **me gusta(n) más** means *I like better, I prefer.*
> Me gusta el fútbol pero **me gusta más** el volibol.

> When speaking to people whom you address as **Ud.** or **Uds.,** the pronouns to use are **le** and **les.**
>
> ¿**Le gusta** el tenis, Sra. de González?　***Do you like*** *tennis ... ?*
> ¿**Les gusta** el fútbol a Uds.?　　　　***Do you like*** *soccer ... ?*

> When speaking for yourself and others, the pronoun to use is **nos.**
> A Jaime y a mí **nos gusta** la natación.　　... *we like* swimming.

The forms le gusta, les gusta, nos gusta are presented primarily for recognition.

ACTIVIDAD 7   Diálogo: Preferencias personales

Ask your classmates what they prefer, according to the model.

 ¿el cine o el teatro?   Estudiante 1: ¿Te gusta más el cine o el teatro?
Estudiante 2: Me gusta más el cine.
(Me gusta más el teatro.)

1. ¿nadar o jugar al volibol?
2. ¿mirar la televisión o escuchar discos?
3. ¿el béisbol o el fútbol americano?
4. ¿el tenis o el ping pong?
5. ¿la televisión o el cine?
6. ¿la música clásica o la música popular?
7. ¿los deportes individuales o los deportes de equipo?
8. ¿las comedias musicales o los eventos deportivos?
9. ¿los chicos deportistas o los chicos intelectuales?
10. ¿los profesores estrictos o los profesores tolerantes?

VARIATION with the plural: ¿**Les** gusta más el cine o el teatro? **Nos** gusta más el cine.

Pronunciación   Los sonidos de las consonantes *g, j*

Model word: jue<u>g</u>o
Practice words: <u>j</u>ugador <u>j</u>ugadora <u>g</u>imnasia <u>g</u>ano <u>g</u>asto
al<u>g</u>o al<u>g</u>uno

Be sure students are not tempted to use the English **g** of ''George.''

Practice sentences: <u>J</u>osé <u>J</u>iménez via<u>j</u>a con <u>J</u>uan <u>G</u>onzáles.
¿<u>J</u>uega bien Ben<u>j</u>amín?
¿Quién es el me<u>j</u>or <u>j</u>ugador, <u>J</u>orge o <u>J</u>aime?

Remember: The ''jota'' sound is represented by: **j** in all positions
g (before **e** and **i**).
The / g / sound is represented by: **g** (before **a, o, u** and consonants).

Entre nosotros

Expresión para la composición

en mi opinión   *in my opinion*

Mini-composición   Mi deporte favorito

Prepara un pequeño párrafo describiendo tu deporte favorito. Usa las preguntas como guía para la composición. Usa también la expresión para la composición.

- ¿Qué deporte es tu favorito?
- ¿Es un deporte individual o un deporte de equipo? Si es un deporte de equipo, ¿cuántos jugadores hay en un equipo? ¿Hay un equipo en tu escuela? ¿Cómo se llama?
- ¿Es un deporte muy popular en los Estados Unidos? ¿en los países hispánicos?
- ¿Qué necesitas para practicar este deporte? ¿una raqueta? ¿una pelota *(ball)?* ¿un balón *(inflated ball)?*
- ¿Dónde lo practicas? ¿en tu escuela? ¿en el gimnasio? ¿en un estadio? ¿en el campo?
- ¿Cuándo lo practicas? ¿en el verano? ¿en el invierno? ¿en el otoño? ¿en la primavera? ¿en todas las estaciones?
- ¿Es un deporte para las muchachas y los muchachos?
- ¿Quiénes son los mejores atletas norteamericanos que lo practican? ¿y las mejores atletas?

☞   Mi deporte favorito es el béisbol. . . . **En mi opinión,** los mejores atletas norteamericanos que lo practican son. . . .

Students can turn to *Vista* 3 for ideas.

Lección 3

Las diversiones y tú

STRUCTURES TO OBSERVE: stem-changing verbs (e → ie).

¿Hay una relación entre nuestra personalidad y las diversiones que preferimos? Vamos a ver.

entre: *between*
diversiones: *pastimes*

Para cada pregunta, escoge una respuesta (A, B, o C) y descubre tu personalidad.

escoge: *choose,*
   respuesta: *answer,*
   descubre: *discover*

1. ¿Qué tipo de música prefieres?
   - ■ A. Prefiero la música clásica.
   - ■ B. Prefiero la música popular.
   - ■ C. Prefiero las comedias musicales.

prefieres: *do you prefer*

2. ¿Qué tipo de películas prefieres?
   - ■ A. Prefiero los dramas psicológicos.
   - ■ B. Prefiero las películas de aventuras.
   - ■ C. Prefiero las películas románticas.

películas: *films*

3. ¿Qué programas de televisión prefieres?
   - ■ A. Prefiero los programas científicos.
   - ■ B. Prefiero los programas deportivos.
   - ■ C. Prefiero los programas de variedades musicales.

4. ¿Qué prefieres leer en un periódico?
   - ■ A. Prefiero leer la página editorial.
   - ■ B. Prefiero leer la página deportiva.
   - ■ C. Prefiero leer el horóscopo.

página: *page*

5. De las tres siguientes actividades, ¿cuál quieres hacer este fin de semana?
   - ■ A. Quiero ir a un museo.
   - ■ B. Quiero ir al estadio.
   - ■ C. Quiero ir al campo con mis amigos.

cuál: *which,*
   quieres: *do you want*
este: *this*
estadio: *stadium*

6. De las tres siguientes actividades, ¿cuál quieres hacer durante las vacaciones?
   - ■ A. Quiero estudiar una lengua extranjera.
   - ■ B. Quiero trabajar para ganar dinero.
   - ■ C. Quiero hacer un viaje a otro país.

lengua extranjera:
   foreign language

You may use this questionnaire as the basis of a class survey and tabulate the results.

INTERPRETACIÓN

Ahora, suma el número de respuestas A, B, y C.

Si tienes cuatro respuestas A (o más), eres un ratón de biblioteca.
Tienes una curiosidad intelectual muy grande.

Si tienes cuatro respuestas B (o más), tienes mucho sentido práctico.
Eres una persona dinámica y realista.

Si tienes cuatro respuestas C (o más), eres romántico(a) e idealista.

Si tienes menos de cuatro respuestas A, B, o C, eres una persona
equilibrada, pero no tienes una personalidad muy fuerte.

suma: *add*

ratón de biblioteca:
*"bookworm" (lit.:
library mouse)*
sentido: *sense*

equilibrada:
well-balanced,
fuerte: *strong*

CONVERSACIÓN OPTIONAL

Vamos a hablar de las preferencias de la clase.

1. ¿**Prefieren** Uds. estudiar francés o español?
   Preferimos . . .
2. ¿**Prefieren** Uds. hablar español o inglés
   en clase?
3. ¿**Prefieren** Uds. ir al cine o al teatro?
4. ¿**Prefieren** Uds. vivir en una ciudad o en el
   campo?

OBSERVACIÓN Est. B

The questions and answers to the left use the
verb **preferir** *(to prefer).*
- Does the stem of **preferir** change in the
  Uds. form? What is the change? yes / e → ie
- Does it change in the **nosotros** form? no

Nota cultural OPTIONAL

El cine

¿Vas a menudo al cine? El cine es una de las
diversiones favoritas de la juventud° hispánica.

¿Qué ven los jóvenes hispánicos en el cine?
Puede° ser una película° mexicana, española o
argentina. España, Argentina y México son países
que producen muchas películas. También puede
ser una película norteamericana. Las películas
norteamericanas son muy populares en el mundo°
hispánico. Claro, tienen que ser en español. A
veces° las películas norteamericanas tienen
subtítulos. Otras veces están dobladas.°

Estos° son los títulos en español de algunas
películas norteamericanas muy famosas. ¿Puedes°
identificarlas?

juventud *youth* **Puede** *It may* **película** *film* **mundo** *world*
veces *times* **dobladas** *dubbed* **Estos** *These* **puedes** *can
you*

El mago de Oz (1939)
El puente sobre el Río Kwai (1951)
De aquí a la eternidad (1953)
La vuelta al mundo en ochenta días (1956)
Lo que el viento se llevó (1939)
Blancanieves y los siete enanitos (1937)
El día más largo (1962)
Tiburón (1975)
La guerra de las galaxias (1977)

- SUGGESTED REALIA: movie section of a Spanish
  magazine or newspaper printed in the United States.
  See also ads on p. 297.
- English titles: The Wizard of Oz; Bridge Over the River Kwai; From Here to Eternity;
  Around the World in Eighty Days; Gone with the Wind; Snow White and the Seven Dwarfs;
  The Longest Day; Jaws; Star Wars.

Estructura

Las diversiones

las diversiones	pastimes
el cine	
una película	film, movie
una película romántica	love movie
una película de aventuras	adventure movie
una película del oeste	western
una película policíaca	police or detective movie
el teatro	
una comedia musical	musical comedy
una obra de teatro	play
la televisión	
las noticias	news
un programa	program
un programa de variedades	variety show

un(a) comediante

un actor   **una actriz**

un(a) cantante

ACTIVIDAD 1   **¿Eres aficionado(a) al cine?**

Give an example of each of the following.

🔊 una película de horror   «Frankenstein» es una película de horror.

1. una película de aventuras
2. una película romántica
3. una película policíaca
4. una película del oeste
5. un actor norteamericano muy bueno
6. una actriz norteamericana muy buena
7. un actor extranjero *(foreign)*
8. una actriz extranjera

ACTIVIDAD 2   **Tus diversiones**

What we do often depends on where we are, what time it is, and how we feel. What would you do at the following times?

🔊 Cuando estoy alegre . . .   Cuando estoy alegre, voy a ver una comedia.

1. Cuando estoy solo(a) en casa . . .
2. Cuando estoy en casa con amigos . . .
3. Cuando estoy con mi mejor amiga . . .
4. Cuando estoy con mi mejor amigo . . .
5. Cuando estoy triste . . .
6. A las siete de la noche . . .

A. ¿Cuál? OPTIONAL

This can be taught for recognition only.

The question word **¿cuál?** *(which, what)* has the following forms:

SINGULAR	**¿cuál?**	**¿Cuál** es tu película favorita?
PLURAL	**¿cuáles?**	**¿Cuáles** son tus libros favoritos?

> **¿Cuál?** is used instead of **¿qué?** before **ser** when a choice is asked for.

ACTIVIDAD 3 Diálogo: Tus favoritos

Ask a classmate about his or her favorites.

> el programa de televisión
>
> Estudiante 1: ¿Cuál es tu programa de televisión favorito?
>
> Estudiante 2: Mi programa favorito es [Happy Days].

1. la película
2. los deportes
3. la comedia musical
4. los discos
5. las clases
6. el día de la semana
7. el actor
8. la actriz
9. el comediante
10. la comediante
11. el cantante
12. la cantante

This can be the basis of a class survey. The results can be tabulated.

B. Pensar, querer, preferir (e → ie)

The verbs **pensar** *(to think)*, **querer** *(to want)* and **preferir** *(to prefer)* are stem-changing verbs. Note their forms in the chart below.

INFINITIVE:	pensar	querer	preferir
PRESENT:			
(yo)	pienso	quiero	prefiero
(tú)	piensas	quieres	prefieres
(él) (ella) (Ud.)	piensa	quiere	prefiere
(nosotros)	pensamos	queremos	preferimos
(vosotros)	pensáis	queréis	preferís
(ellos) (ellas) (Uds.)	piensan	quieren	prefieren
PRESENT PARTICIPLE:	pensando	queriendo	prefiriendo

Have the students observe that the stem-changing verbs in –ir have another irregularity in the present participle (e → i). (This is for recognition only.)

> All the verb forms have regular endings.

> The **e** of the stem becomes **ie** in the **yo, tú, él** and **ellos** forms of the present tense.

ACTIVIDAD 4   Un sondeo de opinión (*An opinion poll*)

A youth magazine wants to know what forms of entertainment teenagers prefer. Give the answers of the following people.

⟩⟩ Susana: las comedias   Susana prefiere las comedias.

1. Tomás y Rafael: los conciertos
2. los amigos de Rafael: las obras de teatro
3. Carmen: las variedades
4. yo: las películas del oeste
5. tú: los dramas psicológicos
6. Uds.: las películas policíacas
7. Enrique y Luisa: las películas de horror
8. nosotros: las comedias musicales

vocabulario especializado   Verbos con cambios (e → ie)

verbos que terminan en –ar:

empezar	to begin	¿Cuándo **empieza** el verano?
empezar a	to begin to	¿Cuándo **empieza a** tocar la orquesta?
pensar	to think	¿Qué **piensas?**
pensar en	to think about	¿María, **en** qué **piensas?**
pensar de	to think of, about	¿Qué **piensas de** John Travolta?
pensar que	to think that	**Pienso que** John Travolta tiene mucho talento.
pensar + infinitive	to plan to	¿**Piensas ir** al cine mañana?

verbos que terminan en –er:

entender	to understand	¿**Entiendes** la película?
perder	to lose	¿**Pierdes** tus libros a menudo?
perder tiempo	to waste time	Juan **pierde** mucho **tiempo** mirando la televisión.
querer	to want	¿**Quieres** mucho dinero?
querer a	to like, to love (someone)	¿**Quiere** Paco a María?
querer + infinitive	to want to	¿**Quieres ir** al cine con nosotros?
querer decir	to mean	¿Qué **quiere decir** la palabra «obra»?

verbos que terminan en –ir:

preferir	to prefer	¿**Prefieres** el teatro o el cine?
sentir	to feel	¿**Sientes** mucha emoción cuando ves películas románticas?

Sentir may also mean to regret or to feel sorry.
Lo siento mucho. I am very sorry.

ACTIVIDAD 5 Viajes

Several students are discussing where they plan to go during vacation and which cities they plan to visit. Express this according to the model.

VARIATION: They prefer visiting these countries. Ramón prefiere visitar Puerto Rico.

> Ramón: Puerto Rico / San Juan   Ramón piensa ir a Puerto Rico.
> Quiere visitar San Juan.

1. Isabel y Teresa: Francia / París
2. nosotros: Italia / Roma
3. Pablo: la Argentina / Buenos Aires
4. tú: el Japón / Tokio
5. Uds.: Venezuela / Caracas
6. nosotros: España / Barcelona
7. Enrique: Chile / Santiago
8. Pilar y Elena: el Canadá / Quebec
9. yo: Alemania / Berlín
10. ella: Costa Rica / San José

ACTIVIDAD 6 Diálogo: ¿Cómo son tus compañeros?

Ask your classmates questions, according to the model.

> entender: español   Estudiante 1: ¿Entiendes español?
> Estudiante 2: Sí, entiendo español.
> (No, no entiendo español.)

entender:
1. francés
2. inglés
3. italiano
4. al profesor

perder a menudo:
5. el tiempo
6. tus cosas

empezar a:
7. hablar español bien
8. pensar en español

sentir admiración por:
9. los artistas de cine
10. los deportistas profesionales
11. los cantantes

en el futuro, pensar:
12. ser actor (actriz)
13. hacer una película
14. escribir una novela

ACTIVIDAD 7 Entrevista con el representante de la clase

Use the questions in the preceding activity to interview a class representative. This representative will answer for the group.

Change "representatives" every few questions, or address the questions to groups of students.

> entender español   Estudiante 1: ¿Entienden Uds. español?
> Estudiante 2: Sí, entendemos español.
> (No, no entendemos español.)

ACTIVIDAD 8　Creación

See how many logical sentences you can build in five minutes, using elements of columns A, B and C. The sentences may be affirmative or negative.

A	B	C	
yo	pensar	el dinero	inglés
mi mejor amigo(a)	entender	el tiempo	ir al teatro
nosotros	querer	español	ver una película
las personas inteligentes	perder		

Ɔ꒦　Mi mejor amigo no entiende español.

C. Encontrar, poder, dormir (o → ue)

Encontrar *(to find, to meet)*, **poder** *(can, to be able)*, and **dormir** *(to sleep)* are stem-changing verbs. Note their forms in the chart below.

INFINITIVE:	encontrar	poder	dormir
PRESENT:			
(yo)	encuentro	puedo	duermo
(tú)	encuentras	puedes	duermes
(él) (ella) (Ud.)	encuentra	puede	duerme
(nosotros)	encontramos	podemos	dormimos
(vosotros)	encontráis	podéis	dormís
(ellos) (ellas) (Uds.)	encuentran	pueden	duermen
PRESENT PARTICIPLE:	encontrando	pudiendo	durmiendo

Ɔ꒦　All the verb forms have regular endings.　The present participles of **poder** and **dormir** (o → u) are presented for recognition only.

Ɔ꒦　The **o** of the stem becomes **ue** in the **yo, tú, él** and **ellos** forms of the present tense.

ACTIVIDAD 9　¡Imposible!　ADDITIONAL CUES: Ud.: correr / Uds.: jugar al fútbol / tú y yo: ir al teatro

It is Sunday and there are many things the following young people would like to do ... but there is a big exam coming up and they have to study. Say that they can't do what they want to do.

Ɔ꒦　Pablo: ir al cine　　Pablo quiere ir al cine pero no puede.

1. Manuela: bailar
2. yo: ver una película
3. tú: jugar al tenis
4. Alfonso: visitar a sus amigos
5. mis primos: invitar a un amigo
6. nosotros: dormir

ACTIVIDAD 10   No pueden hacer nada

Say that the following people will not be able to do certain things if they don't find what they need.

⟐   Elena: sus libros / estudiar   Si Elena no encuentra sus libros no puede estudiar.

1. María: su cámara / sacar fotos
2. Esteban: su raqueta de tenis / jugar
3. nosotros: la pelota (ball) / jugar
4. ellas: a Miguel / hablarle
5. yo: la carta / contestarla
6. ellos: el tocadiscos / bailar

7. Uds.: el dinero / ir al cine
8. María: su bolso / comprar discos
9. nosotros: nuestros trajes de baño (swimming suits) / nadar
10. tú: a Tomás / invitarlo al estadio (stadium)

---

vocabulario especializado   Verbos con cambios (o →ue)

WORD ASSOCIATIONS: **contar** (count), **encontrar** (encounter), **volver** (revolve), **dormir** (dormitory).

verbos que terminan en –ar

contar	to count	Emilio **cuenta** su dinero.
	to tell, relate	Paco nos **cuenta** algo divertido.
costar	to cost	¿Cuánto **cuesta** ir al cine?
encontrar	to find (something that is lost)	No **encuentro** mis discos. ¿Los tienes tú?
	to meet, to run into	**Encuentro** a mis amigos en el café.
recordar	to remember	No **recuerdo** cuándo empieza la película.

verbos que terminan en -er

poder	can, to be able to, may	Pepe, ¿**puedes** prestarme tu guitarra?
		Sr. Vargas, ¿**puedo** ayudarlo?
volver	to return, to go back	**Volvemos** a casa a las tres.

verbos que terminan en –ir

dormir	to sleep	Los niños **duermen** ahora.

REFRÁN

Querer es poder.

To want is to be able.
(Where there's a will, there's a way.)

ACTIVIDAD 11   Preguntas personales

1. ¿A qué hora vuelves a casa cuando vas a una fiesta por la noche *(at night)*? ¿Y a qué hora vuelves a casa cuando sales de la escuela?
2. ¿Te gusta contar chistes *(jokes)*? ¿A quiénes les cuentas chistes?
3. ¿Recuerdas algún chiste?
4. ¿Recuerdas los nombres *(names)* de tus profesores del año pasado *(last year)*?
5. ¿Duermes bien o mal? ¿En tu casa duermen todos bien? ¿Quiénes duermen bien? ¿Quiénes duermen mal?
6. ¿Cuánto cuesta ir al cine?
7. ¿Cuánto cuesta una raqueta de tenis? ¿una bicicleta?

ACTIVIDAD 12   Creación   OPTIONAL

See how many logical sentences you can build in five minutes, using elements of columns A, B, and C. The sentences may be affirmative or negative.

The Creación activities may be done as written exercises.

A	B	C	
yo	contar	a casa	mal
tú	recordar	en casa	chistes *(jokes)*
Carlos	volver	a la una	cosas muy divertidas
nosotros	dormir	a las siete	dónde está el cine
mis amigos			el nombre *(name)* de la película

No recuerdo los chistes.

Pronunciación   Los diptongos *ie, ue*

Model words: qu**ie**re   p**ue**do
Practice words: pref**ie**ro emp**ie**zo ent**ie**nden p**ie**nsas
              d**ue**rmes c**ue**stan c**ue**nto v**ue**lve rec**ue**rdan
Practice sentences: ¿D**ue**rmes b**ie**n cuando ll**ue**ve o hace v**ie**nto?
              No p**ie**rdo el t**ie**mpo cuando j**ue**go al tenis.
              Man**ue**l enc**ue**ntra a Cons**ue**lo en P**ue**bla.
Pronounce the vowels **ie** and **ue** together in one syllable.

Entre nosotros

Expresión para la composición

a fin de cuentas   *all in all*

Mini-composición   **El cine**

Describe a tu actor (actriz) favorito(a). Usa las preguntas como guía para la composición. Usa también la expresión para la composición.

- ¿Cómo se llama?
- ¿Es norteamericano(a) o extranjero(a)?
- ¿Es joven o viejo(a)? ¿Cuántos años tiene?
- ¿Es guapo (bonita)? ¿rubio(a) o moreno(a)? ¿alto(a)? ¿delgado(a)?
- ¿En qué tipo de películas trabaja generalmente? ¿en películas del oeste? ¿películas románticas? ¿comedias musicales?
- ¿Canta él (ella) también?
- ¿Cómo se llama su última película?
- ¿Cuál es su mejor película?

Su última película se llama _____, pero **a fin de cuentas** no es su mejor película. Su mejor película es _____.

A fin de cuentas literally means "at the end of the accounts."

Lección 4

Los sábados por la noche

STRUCTURES TO OBSERVE:
definite article with days of the
week; verbs in -go; conocer

Para nosotros los jóvenes, la noche del sábado es una noche muy especial. No tenemos que estudiar. No tenemos que hacer las tareas. No tenemos que aprender verbos irregulares y otras tonterías . . . Bueno, entonces ¿qué hacemos los sábados por la noche? Depende. No todos tenemos los mismos gustos ni . . . ¡los mismos padres!

tonterías: *foolishness*
Depende: *It depends*
gustos: *tastes,*
 ni: *nor*

Rafael (quince años, de los Estados Unidos)

¿Qué hago los sábados? Casi siempre voy al cine con una chica. Conozco a muchas chicas simpáticas . . . ¿A quién voy a invitar el sábado próximo? ¿A Carmen? . . . ¿a Anita? . . . ¿a Silvia?

Conozco: *I know*

Tomás (diez y seis años, de Costa Rica)

Yo también conozco a muchas chicas simpáticas, pero no salgo con ellas. Salgo con mis amigos . . . Hay muchas cosas que podemos hacer juntos . . . Cuando tenemos bastante dinero, vamos al cine o a una cafetería. Si no, vamos a la casa de otro amigo y escuchamos discos.

salgo: *go out*

juntos: *together*

Carolina (quince años, del Perú)

Yo no salgo mucho. Mis padres son muy estrictos. Casi nunca me dan permiso para salir de noche. Así es que me quedo en casa mirando la televisión. Realmente no hago mucho los sábados por la noche.

permiso: *permission*
de noche: *at night*
 Así es que me quedo:
 Consequently I stay

María Luisa (diez y seis años, de México)

Yo no salgo tampoco. Mis padres no me permiten salir de noche. Por suerte, de vez en cuando me dan permiso para hacer una fiesta. Invito a algunos amigos, ponemos discos y bailamos hasta las tres de la mañana . . . Es más divertido que mirar la televisión, ¿verdad?

tampoco: *either*
Por suerte: *Luckily*

ponemos: *we put on*
hasta: *until*
más divertido: *more
 fun*

¿Adónde va Rafael los sábados? ¿con quién? ¿Cuántos años tiene Tomás? ¿Con quiénes sale? ¿Adónde va cuando tiene dinero? ¿Adónde va cuando no tiene dinero? ¿Por qué no sale Carolina? ¿Qué hace los sábados por la noche? ¿Qué hace María Luisa de vez en cuando? ¿Por qué no puede dormir su hermano?

Mario Lorenzo (diez años, hermano de María Luisa)

¿Qué hago los sábados por la noche?
Duermo . . . ¡como todas las otras noches!
Excepto cuando mi hermana invita a sus
amigos. ¡Hacen mucho ruido y es
absolutamente imposible dormir!

ruido: *noise*

CONVERSACIÓN   OPTIONAL

Vamos a hablar de tus diversiones.

1. ¿Sales a menudo los sábados por la noche?
   Sí, sal**go** . . . (No, no sal**go** . . .)
2. ¿Sal**es** a menudo los domingos?
3. ¿Sal**es** solo(a) o con amigos?
4. ¿Pon**es** mucho énfasis en las diversiones?
   Sí, pon**go** . . . (No, no pon**go** . . .)
5. ¿Pon**es** mucho énfasis en los deportes?
6. ¿Pon**es** mucho énfasis en el dinero?

OBSERVACIÓN   Est. B

In the questions and answers to the left you have
been using the verbs **salir** *(to go out)*
and **poner** *(to put)*. Compare the **yo** and **tú**
forms of these verbs.

- Is the ending of the **tú** form regular?   yes
- In which two letters does the **yo** form end?   -go

Nota cultural    OPTIONAL

Solos no, en grupo sí

En los países hispánicos las relaciones entre°
un muchacho y una muchacha son generalmente
más° formales que en los Estados Unidos. Casi
nunca sale° una muchacha sola con un
muchacho. Los jóvenes hispánicos habitualmente
salen en grupo. El grupo de amigos va a fiestas,
a la playa, al campo, o al café y en estos°
lugares casi siempre encuentra a otros grupos de
amigos.

Los muchachos tienen más libertad que las
muchachas. Un muchacho puede salir solo de
noche cuando tiene quince años o más. Pero si él
sale mucho y siempre vuelve tarde° a casa, tiene
problemas con sus padres. Las chicas casi nunca
tienen permiso° para salir solas de noche. En todo
el mundo° hispánico, los padres son más estrictos
con las hijas. Y la supervisión de las hijas a
menudo continúa hasta° el matrimonio.°

entre *between*   **sale** *goes out*   **estos** *those*   **tarde** *late*
permiso *permission*   **mundo** *world*   **hasta** *until*
matrimonio *marriage*

Estructura

A. El artículo definido con los días de la semana

Note the use of the definite article in the questions and answer below.

—¿Vas al cine **el sábado?**   *Are you going to the movies **(on) Saturday?***
—No, no voy nunca al cine **los sábados.**   *No, I never go to the movies **on Saturdays.***

⟫ The definite article is regularly used before days of the week, except after **ser.**

Hoy es **lunes.**   Mañana es **martes.**   Except for **domingo** and **sábado**, the days of the week have the same form in the singular and the plural.

vocabulario especializado   Expresiones con los días de la semana

el lunes	(on) Monday
el próximo martes	next Tuesday
el miércoles pasado	last Wednesday
el jueves por la mañana	(on) Thursday morning
el viernes por la tarde	(on) Friday afternoon
el sábado por la noche	(on) Saturday night, evening
los domingos	(on) Sundays
los sábados por la noche	(on) Saturday nights
todos los días	every day

ACTIVIDAD 1   El horario

Complete the schedule of your weekly activities, as appropriate.

⟫ Miro la televisión . . .   Miro la televisión todos los días.

1. Tengo clases de inglés . . .
2. Tengo clases de español . . .
3. Tengo clases de matemáticas . . .

4. Practico deportes . . .
5. Voy al cine . . .
6. Visito a mis amigos . . .

VARIATION: Ask questions about María Lucía's schedule (p. 121). ¿Cuándo tiene la cla[...] de castellano? ¿A qué hora empiezan su clase de matemáti[...]

B. *Salir, poner, traer, oír*

The verbs **salir** *(to go out, to leave)*, **poner** *(to put)*, **traer** *(to bring)* and **oír** *(to hear)* have the ending **-go** in the **yo** form of the present. Note the forms in the chart below.

You may remind students that **hacer (hago)** and **decir (digo)** have this same pattern.

INFINITIVE:	**salir**	**poner**	**traer**	**oír**
PRESENT:				
(yo)	sal**go**	pon**go**	trai**go**	oi**go**
(tú)	sales	pones	traes	oyes
(él)				
(ella)	sale	pone	trae	oye
(Ud.)				
(nosotros)	salimos	ponemos	traemos	oímos
(vosotros)	salís	ponéis	traéis	oís
(ellos)				
(ellas)	salen	ponen	traen	oyen
(Uds.)				
PRESENT PARTICIPLE:	saliendo	poniendo	trayendo	oyendo

☜ The endings of these verbs are regular.

Have the students observe that:
- The verbs **traer** and **oír** end in **-igo** in the **yo** form: **traigo, oigo.**
- The stem of the verb **oír** ends in **-y** in the **tú, él** and **ellos** forms of the present.
- The stems of the verbs **oír** and **traer** end in **-y** in the present participle.

ACTIVIDAD 2   Diálogo: ¿Qué hacen tus compañeros?

Ask your classmates whether they do the following things.

☜ salir los sábados por la noche

Estudiante 1: ¿Sales los sábados por la noche?
Estudiante 2: Sí, salgo los sábados por la noche.
(No, no salgo los sábados por la noche.)

VARIATION: Use the plural, making all necessary changes.
—¿Salen Uds. ...?
--Sí, salimos ...

salir:
1. mucho
2. con tus amigos a menudo .
3. los domingos
4. con amigos hispánicos

poner:
5. tus libros en un bolso
6. tu dinero en el banco
7. tus fotos en un álbum
8. azúcar *(sugar)* en el café

traer:
9. revistas a la escuela
10. muchos libros a la clase
11. regalos para tus compañeros
12. regalos para tu profesor(a)

oír:
13. música ahora
14. cosas interesantes en clase
15. tonterías *(nonsense)*
16. chistes *(jokes)* buenos en la escuela

C. Conocer (c → zc)

Note the forms of **conocer** *(to know)* in the chart below.

INFINITIVE:	conocer		
PRESENT:			
(yo)	Conozco a tus amigos.	(nosotros)	Conocemos a Clara.
(tú)	Conoces a María.	(vosotros)	Conocéis San Juan.
(él, ella, Ud.)	Conoce a Paco.	(ellos, ellas, Uds.)	Conocen México.
PRESENT PARTICIPLE:	conociendo		

↜ In the present tense, many verbs ending in **-cer** and in **-cir** end
in **-zco** in the **yo** form. The other forms of the present are regular.

↜ **Conocer** means *to know* in the sense of being acquainted with people
and places.

—¿**Conoces** a María?   —No, no la **conozco,** pero **conozco** a su hermana.
—¿**Conoces** México?   —No, pero **conozco** San Juan.

ACTIVIDAD 3   Diálogo: ¿Los conocen?

Ask your classmates whether they know the following people and places.

↜   el profesor de francés   Estudiante 1: ¿Conoces al profesor de francés?
                                  Estudiante 2: Sí, lo conozco.
                                      (No, no lo conozco.)

1. el (la) director(a) de la escuela
2. el padre de tu mejor amigo
3. la mamá de tu mejor amiga
4. los hermanos de tu mejor amigo
5. los amigos de tus amigos
6. tus vecinos *(neighbors)*
7. el presidente de los Estados Unidos
8. Nueva York
9. Los Ángeles
10. San Antonio

VARIATION: Use the plural.
  —¿Conocen Uds. ...?
  —Sí, lo conocemos.

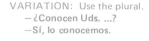

Verbos con cambios (c → zc)

vocabulario especializado

conocer	to know	**Conozco** la Argentina.
obedecer	to obey	No **obedezco** a mis padres todo el tiempo.
ofrecer	to offer	Te **ofrezco** mi ayuda *(help)*.
conducir	to drive	**Conduzco** un coche francés.
traducir	to translate	**Traduzco** una carta de un amigo italiano.

ACTIVIDAD 4   Preguntas personales

1. ¿Obedeces a tu mamá siempre? ¿a tu papá? ¿a tus profesores?
2. ¿Les ofreces algo de beber a tus amigos cuando vienen a tu casa? ¿algo de comer?
3. Cuando lees algo en español, ¿traduces muchas palabras?
4. ¿Traduces cartas en español para tus amigos?
5. ¿Conduce bien tu papá? ¿tu mamá?
6. ¿Qué tipo de coche conducen tus padres?

ACTIVIDAD 5   Creación   OPTIONAL

See how many logical sentences you can build in five minutes, using elements of columns A, B, C and D. The sentences may be affirmative or negative.

Make sure that students use the personal **a** when necessary.

A	B	C	D
yo	conducir	el coche	de francés
tú	conocer	un libro	de Pedro
Carlos	traducir	el tocadiscos	en la mesa *(table)*
mis hermanos	poner	música	en mi cuarto
	traer	ruido *(noise)*	de mis amigos
	oír	los padres	en la discoteca
		el profesor	
		las fotos	

Yo oigo música en la discoteca.

Model words: d̲ía   sába̲do
Practice words: d̲omingo   d̲ormir   d̲eportes   d̲inero   condu̲cir
    tradu̲ce   pasa̲do   tod̲os   pod̲er   obed̲ece
Practice sentences: A̲d̲ela no pued̲e tradu̲cir mi carta.
    El d̲omingo por la tard̲e escucho la rad̲io.
    A̲d̲ela d̲esea condu̲cir el coche d̲e su pad̲re.

Remember that in the beginning of a word, and after **n** and **l**, the letter **d** is like the **d** of the English "day." In other positions, the letter **d** is pronounced / đ / like the **th** of the English "they."

OPTIONAL

Entre nosotros

Expresiones para la composición

generalmente
por lo general } *generally*
en general

Mini-composición   Fiestas

Describe las fiestas que das o que quieres dar. Puedes usar las contestaciones de las preguntas siguientes.

- ¿Das muchas fiestas?
- ¿Cuándo das fiestas?
- ¿Dónde das fiestas? ¿en la sala? ¿en el sótano *(basement)*? ¿o en el jardín?
- ¿A quiénes invitas? ¿A cuántas personas máximo?
- ¿Sirves Coca-Cola? ¿limonada? ¿jugos de frutas?
- ¿Pones discos? ¿Qué tipo de música?
- ¿Bailan tus amigos?
- ¿Hacen mucho ruido *(noise)* tus amigos?
- ¿Quién limpia *(cleans up)* la mañana próxima?

⟫ No doy muchas fiestas. Cuando doy fiestas, las doy **generalmente** el sábado por la noche. . .

Variedades

El correo del corazón

¿Con quién hablas tú cuando tienes un problema personal . . . o sentimental? ¿Con tu mejor amigo . . . o tu mejor amiga . . . o tal vez con tu mamá?

Puedes también escribirle a Perlita Paz, una consejera° de Caracas. Ella tiene soluciones para cada problema. Perlita Paz tiene una gran correspondencia con muchachos y muchachas . . . Cada semana, les contesta° en su columna «El correo° del corazón.»°

consejera: *advisor*

contesta: *she answers,* correo: *mail,* corazón: *heart*

Estimada consejera:

Soy un estudiante de intercambio° de los Estados Unidos. Ahora asisto al colegio Andrés Bello de Caracas. Me gustan mucho mis profesores y mis nuevos amigos. Especialmente me gusta una muchacha que es muy simpática y muy atractiva. Creo que yo también le gusto a ella.° Quiero invitarla al cine o llevarla a almorzar° a un restaurante bonito.

Pero hay un problema: sus padres. Cada vez° que llamo por teléfono a Carmen (así se llama mi amiga), me contesta su mamá, y me dice que su hija no está en casa. Yo creo que ella no me está diciendo la verdad,° porque Carmen siempre me dice que ella nunca sale, excepto para ir al colegio.

¿Qué puedo hacer en esta° situación? Necesito buenos consejos, y usted puede dármelos.°

Desesperado,
Jim Newman

Querido° Jim:

Seguramente° eres un muchacho norteamericano muy simpático, pero aquí, no estás en los Estados Unidos; estás en Venezuela. Tenemos nuestro modo° de vivir que no es como el modo norteamericano. Aquí los padres de una muchacha no le dan permiso para salir sola con un muchacho, especialmente cuando no lo conocen. ¡Tienes que aceptar esta situación!

Perlita Paz

intercambio: *exchange*

yo también le gusto a ella: *she likes me too* almorzar: *have lunch* vez: *time*

verdad: *truth*

esta: *this* dármelos: *give them to me*

Querida: Dear

seguramente: *surely*

modo: *style*

Estimada consejera:

Tengo quince años y soy del signo de Libra. Conozco a un muchacho muy simpático. Se llama Jorge y es del signo de Acuario. Ese es el problema. El horóscopo dice que los Acuarios son muy excéntricos y a mí, no me gustan las personas excéntricas.

¿Puede Ud. darme su opinión sincera sobre° mi problema?

If students are interested in horoscope signs, turn to p. 385.

sobre: *about*

Preocupada,
Silvia Ortiz

Preocupada: *Worried*

Querida Silvia:

¿En qué tienes más fe?° ¿En el horóscopo o en tus sentimientos? ¡Tú tienes que decidir!

fe: *faith*

Perlita Paz

Estimada consejera:

Tengo diez y ocho años y trabajo como secretaria para una agencia de viajes. Mi novio tiene veinte años y trabaja como mecánico.

El problema es que tiene una moto nueva y ahora pasa más tiempo con su moto que° conmigo.

¿Puedo hacer algo para cambiar° esta situación?

que: *than*

Abandonada,
Luisa Morales

Querida Luisa:

Una moto es un objeto . . . y tú eres una persona. Si tu novio no puede entender la diferencia, ¡tienes que buscar a otro más atento!°

atento: *attentive*

Perlita Paz

Estimada consejera:

Tengo diez y seis años. Tengo muchos amigos que me comprenden. Y mis padres son fantásticos porque también me comprenden. Pero tengo un problema del que no puedo hablarles. Voy a contarle este° problema.

En la escuela hay una muchacha que me gusta mucho y creo que ella me encuentra° simpático. En clase me mira a menudo, pero nunca me habla.

¿Por qué no me habla? ¿Por qué no me da la oportunidad que necesito para decirle que me gusta mucho?

este: *this*

me encuentra: *she finds me*

Perplejo,°
Luis Ernesto López Paredes

Perplejo: *Perplexed*

Querido Luis Ernesto:

¿Quién es más tímido? ¿Tú o ella? Si tu amor° por ella es realmente muy grande, tienes que hablarle a esa° muchacha. . . Si no dices nada, tal vez ella va a perder la paciencia.

amor: *love*
esa: *that*

Perlita Paz

Estimada consejera:

Soy una muchacha de diez y seis años. Salgo a menudo con un grupo de amigos, y hay un muchacho en particular que me gusta mucho. Lo encuentro muy simpático y atractivo.

Mi problema es mi hermana. Ella también lo encuentra muy atractivo. Sólo tiene doce años, pero creo que ella está secretamente enamorada de° él. Cuando lo invito a mi casa, ella le habla a él constantemente. Y él, como es muy atento, no la ignora. Muchas veces° la invita a la heladería.° Yo no soy celosa,° pero no puedo aceptar esta situación. Necesito su opinión y su ayuda,° Sra. Consejera.

Furiosa,
María Mercedes Lima

enamorada de: *in love with*

veces: *times,*
heladería: *ice cream parlor,*
celosa: *jealous*
ayuda: *help*

Querida María Mercedes:

¿Cuál es realmente tu problema? ¿Tu hermana? ¡No, no es ella! ¿Recuerdas el refrán° que dice, «Donde hay amor, hay celos»?°

Sí, María Mercedes, creo que tú estás celosa. Pero es un sentimiento normal . . . como los sentimientos de tu hermana. Tienes que aceptarlos . . . y estar alegre de tener un amigo atento con todos.

Perlita Paz

refrán: *proverb,*
celos: *jealousy*

El arte de la lectura   OPTIONAL

Enriching your vocabulary: cognates in -ción

Many Spanish nouns ending in **-ción** correspond to English nouns ending in *-tion*. These Spanish nouns are feminine. In the plural they end in **ciones.**

(una) situa**ción**   *situation*
(una) solu**ción**   *solution*

Ejercicio

Complete the following cognates. Then fit them into the sentences below.

comunica ___, na ___, imagina ___, investiga ___, inven ___

1. Generalmente, los artistas tienen una gran _____.
2. México es una _____ hispánica.
3. El teléfono es un modo *(means)* de _____.
4. La policía hace una _____.
5. El avión es una _____ de los hermanos Wright.

Unidad 7

Los secretos de una buena presentación

OBJECTIVES:

Language

The main grammatical focus of this unit is on the reflexive construction.
The unit also introduces:

- Comparative and superlative constructions
- Demonstrative adjectives
- The nominalization of adjectives
- The use of the definite article with parts of the body

Communication

By the end of this unit, students will be able to use Spanish:

- To shop for clothes
- To talk about personal fitness and grooming
- To discuss daily activities

Culture

This unit focuses on the importance of personal appearance in Hispanic society, and introduces shopping customs, clothing, and personal fitness.

7.1 Modas para los jóvenes

Fair in Guadalajara

252

7.2 La ropa es un problema

7.3 ¡El pobre Sr. Ochoa!

7.4 Una persona pulcra

Store in downtown Bogotá

VARIEDADES — ¿Cómo mantenerte en buena salud?

Lección 1 — Modas para los jóvenes

Aquí están Carmen, Luisa, Inés, Juanita y Bárbara . . . cinco modelos que hoy presentan los últimos estilos de la moda para jóvenes.

estilos: *styles,*
moda: *fashion*

| Carmen | Luisa | Inés | Juanita | Bárbara |

¡Mira a Carmen!

Tiene sólo diez y siete años. ¡Es la más joven de las modelos!

Ahora, compara a Carmen con las otras modelos.

   ¿Es Carmen más alta que Luisa?

   ¿Es más delgada que Inés?

   ¿Es más (o menos) elegante que Juanita?

   ¿Es más (o menos) bonita que Bárbara?

¡Mira a todas las modelos!

De las cinco, ¿quién es

   . . . la más alta?

   . . . la más baja?

   . . . la más delgada?

   . . . la más elegante?

   . . . la más bonita?

Mira: *Look*
la más joven: *the youngest*

más alta que: *taller than*
delgada: *thin*

bonita: *pretty*

la más alta: *the tallest*

Unidad siete
254

- Carmen=youngest, Luisa=tallest, Inés=shortest, Juanita=most elegant, Bárbara=prettiest.
- **Modelo** is invariable: **un(a) modelo**
- EXTRA VOCAB.: **unas botas** (boots), **una bufanda** (scarf), **una piel** (fur).

La elegancia hispánica

OPTIONAL

Para los jóvenes hispánicos es importante vestirse° bien y ser elegante. La ropa° no tiene que ser cara (en realidad la mayoría de las familias no tiene mucho dinero), pero tiene que ser de buen gusto.°

El buen gusto quiere decir no usar estilos exagerados o colores fuertes° que no van.° La ropa de las muchachas tiene que ser discreta siempre. La ropa de los chicos tiene que ser seria. Generalmente los jóvenes van a la escuela con uniforme: pantalones° y camisa° para ellos, falda° y blusa° para ellas.

vestirse *to dress*   **ropa** *clothes*   **gusto** *taste*   **fuertes** *bright*
no van *don't match*   **pantalones** *pants*   **camisa** *shirt*
falda *skirt*   **blusa** *blouse*

¿Compran mucha ropa cara los jóvenes? ¿Cómo tiene que ser la ropa? ¿Cómo tiene que ser la ropa de los muchachos? ¿En qué consiste el uniforme de las chicas?

Estructura

A. Repaso: los adjetivos

Note the forms of the adjectives in the sentences below:

Pablo es **alto** y **elegante.** Carlos y Felipe son **altos** y **elegantes.**
Manuela es **alta** y **elegante.** Silvia y Ana son **altas** y **elegantes.**

⟫ If an adjective ends in **-o** in the masculine, the feminine form ends in **-a**. Most adjectives ending in other letters have identical masculine and feminine forms.

⟫ The plural of most adjectives is formed by adding **-s** to the singular form if it ends in a vowel, or **-es** if it ends in a consonant.

⟫ Adjectives agree with the noun they describe in gender and number.

vocabulario especializado   El aspecto exterior de una persona

El aspecto general   Eres . . .

¿alto o bajo?   ¿delgado o gordo?   ¿fuerte o débil?   ¿joven o viejo?

¿elegante o vulgar?   ¿bonita, linda o fea?   ¿guapo o feo?

Vulgar means common, ordinary.

ACTIVIDAD 1   Personas y personajes famosos

Describe these famous persons and characters using adjectives listed in the **Vocabulario especializado** under *El aspecto general*. For each person, create three sentences. These may be affirmative or negative and you may use adverbs like **muy, bastante** and **poco.**

🗩   Burt Reynolds es bastante guapo.
Burt Reynolds no es muy alto.
Burt Reynolds no es muy gordo.

1. Elizabeth Taylor
2. el Ratón Miguelito (*Mickey Mouse*)
3. el Pato Donaldo (*Donald Duck*)
4. Carlitos (*Charlie Brown*)

5. King Kong
6. los Rolling Stones
7. Robert Redford y Paul Newman
8. el Papá Noel (*Santa Claus*)

La cara   Tienes . . .

La cara is active vocab.

el pelo (hair)
¿**liso** (straight) o **rizado** (curly)?
¿**largo** o **corto?**

la frente (forehead)
¿**estretcha** (narrow) o **ancha** (wide)?

los ojos (eyes)
pequeños? o ¿**grandes**

las orejas (ears)
¿**pequeñas** o **grandes?**

la nariz (nose)
¿**pequeña** o **grande?**

la boca (mouth)
¿**pequeña** o **grande?**

los dientes (teeth)
¿**pequeños** o **grandes?**

¿Tienes el pelo . . . **negro** *(black)?*   ¿**rubio** *(blond)?*   ¿**castaño** *(brown)?*
¿Tienes los ojos . . . **azules** *(blue)?*   ¿**verdes** *(green)?*   ¿**café** *(brown)?*

NOTAS: 1. **Largo** means *long;* **grande** means *large, big.*
2. In Spanish, the definite article is often used before parts of the body. In English, we use the possessive adjective.
    Tengo **el** pelo corto. *My hair is short. (I have short hair.)*

ACTIVIDAD 2   Caras

Describe the faces of the following persons using the words listed in the **Vocabulario especializado** under *La cara*. For each person, create at least three sentences.

VARIATION: have students bring to class a magazine picture of a person and prepare 3 descriptive sentences.

> Mohamed Alí tiene el pelo corto.
> Mohamed Alí tiene los ojos negros.
> Mohamed Alí tiene el pelo rizado.

1. Drácula
2. La Mujer Maravilla (*Wonder Woman*)
3. mi padre
4. mi mamá
5. mi profesor(a)
6. mi mejor amigo
7. mi mejor amiga
8. yo

ACTIVIDAD 3   Un juego: ¿Quién es?

Choose one person to fit each of the following descriptions. Create six sentences describing this person as accurately as possible. When you are finished, read your sentences to your classmates who will try to guess who is the person you have chosen.

1. un actor famoso
2. una actriz famosa
3. un cantante famoso
4. una cantante famosa
5. un personaje (*character*) histórico
6. un(a) deportista famoso(a)
7. un(a) profesor(a)
8. un(a) político(a)

B. La forma comparativa

To make comparisons, you use the *comparative* form of the adjective. Note the following sentences.

> Soy **más** alto **que** mi hermana.
> Mis hermanas son **más** independientes
>   **que** yo.
> Carmen es **menos** generosa **que**
>   Josefina.
> Soy **tan** inteligente **como** Uds.

> *I am taller **than** my sister.*
> *My sisters are **more** independent*
>   ***than** I.*
> *Carmen is **less** generous **than***
>   *Josefina.*
> *I am **as** intelligent **as** you.*

> To express comparisons with adjectives, Spanish speakers use these constructions:

+ **más** }	+ adjetivo + **que**	*more* }	+ *adjective* + ***than***
− **menos** }		*less* }	
= **tan**	+ adjetivo + **como**	*as*	+ *adjective* + ***as***

> In comparative constructions, the adjective agrees in gender and number with the noun or pronoun to which it refers.

Make sure that students understand that the construction **más ___ que** has two English equivalents: ___er than (greater than); more ___than (more intelligent than).

ACTIVIDAD 4 Comparando precios *(Comparing prices)*

Imagine that you paid twenty-five dollars for a pocket calculator. Say whether the following objects are more expensive, less expensive, or as expensive as your calculator.

VARIATION: Compare various objects in the classroom in physical terms: size, height, age.

⟫ una raqueta de tenis: $25   La raqueta de tenis es tan cara como la calculadora.
una raqueta de tenis: $45   La raqueta de tenis es más cara que la calculadora.
una raqueta de tenis: $10   La raqueta de tenis es menos cara que la calculadora.

1. un reloj: $30
2. un radio: $45
3. una cámara: $80
4. una revista: $1
5. un disco: $6

6. una maleta: $25
7. un bolso: $25
8. un libro: $10
9. un televisor: $150
10. una cinta: $4

vocabulario especializado   Adjetivos con comparativos irregulares

ADJETIVO	COMPARATIVO		
bueno	**mejor**	*better*	Carlos es **mejor** que yo en los deportes.
malo	**peor**	*worse*	Mis amigos son **peores** que yo en matemáticas.
grande	**mayor**	*older*	Soy **mayor** que mi hermano,
	más grande	*larger, bigger*	pero no soy **más grande** que él.
pequeño	**menor**	*younger*	Elena es **menor** que Alicia, y es **más**
	más pequeño	*smaller*	**pequeña** que ella.

NOTA: **Mayor** and **menor** are almost always used to refer to a person's age. They do not refer to physical size.

EXTRA VOCAB.: **los mayores** (adults), **los menores** (young people).

ACTIVIDAD 5 Diálogo: Tu compañero(a)

Ask the student next to you to compare himself or herself to his or her best male friend.

Be sure that students use **mejor** for **bueno** in 8, 9, 10, and in other such exercises.

⟫ alto   Estudiante 1: ¿Eres más alto(a) que tu mejor amigo?
     Estudiante 2: Sí, soy más alto(a) que él.
         (No, soy menos alto(a) que él.)
         (Soy tan alto(a) como él.)

1. delgado(a)
2. independiente
3. pequeño
4. grande
5. individualista

6. generoso(a)
7. fuerte
8. bueno(a) en español
9. bueno(a) en los deportes
10. buen(a) estudiante

ACTIVIDAD 6 Puntos de vista *(Points of view)*

Using the adjectives given, compare the following according to your own
personal point of view.

⋙ útil *(useful)*: el español / el inglés   El español es más útil que el inglés.
(El español es menos útil que el inglés.)
(El español es tan útil como el inglés.)

útil:

1. el francés / el español
2. las matemáticas / la filosofía
3. un reloj / una calculadora
4. un coche / una bicicleta

interesante:

5. el cine / la televisión
6. el béisbol / el fútbol
7. las películas románticas / las películas de aventuras
8. Nueva York / Los Ángeles
9. México / España

simpáticos:

10. los chicos / las chicas
11. los amigos intelectuales / los amigos deportistas
12. las personas divertidas / las personas generosas

ACTIVIDAD 7 Preguntas personales

1. ¿Tienes hermanos? ¿Cuántos? ¿Son mayores o menores que tú?
2. ¿Tienes hermanas? ¿Cuántas? ¿Son mayores o menores que tú?
3. ¿Eres mayor o menor que tu mejor amigo? ¿que tu mejor amiga?
4. ¿Quién es mayor, tu papá o tu mamá?

C. La forma superlativa

To compare a person or object with a group, you use the *superlative* form
of the adjective. Note the following sentences.

Diego es **el** chico **más** popular de la clase.   *Diego is **the most** popular boy in the class.*

Manuela es **la** chica **más** bonita de la escuela.   *Manuela is **the prettiest** girl in the school.*

¿Quiénes son **los** actores **más** guapos del mundo?   *Who are **the most** handsome actors in the world?*

The noun is often not expressed:
Diego es el más popular de la clase.

In Spanish, the superlative is expressed with the following construction:

definite article (**el, la, los, las**)	+ (noun) +	{ **más** **menos** }	+ adjective +	**de**

▷ In a superlative construction, the word **de** expresses the idea of *in*.

▷ **Mejor, peor, mayor** and **menor** are also used in superlative constructions. These words usually come before the noun:

¿Quién es **la mejor** actriz del mundo?

¿Quiénes son **los mejores** jugadores de tenis?

ACTIVIDAD 8   Un voto

Imagine you are preparing a special yearbook spread about your Spanish
class. Vote for each of the suggested categories. (You may want to add
other categories!)

▷ el chico: divertido   El chico más divertido de la clase es ...

el chico:
1. serio
2. elegante
3. bueno en español
4. bueno en inglés

la chica:
5. seria
6. elegante
7. buena en español
8. buena en inglés

los dos chicos:
9. simpáticos
10. generosos
11. populares

las dos chicas:
12. simpáticas
13. generosas
14. populares

ACTIVIDAD 9   Un sondeo de opinión (*An opinion poll*)

In a group of people, you can find the best and also the worst. Again as a class you are going to participate in an opinion poll to determine the best and the worst in the following categories. Cast your votes according to the model.

 el actor: popular   El actor más popular es . . .
El actor menos popular es . . .

These "poll" exercises may be done as class activities: the results may be tabulated and compared with those of other classes.

el actor:
1. guapo
2. bueno

la actriz:
3. guapa
4. buena

el cantante:
5. bueno
6. popular

la cantante:
7. buena
8. popular

el atleta:
9. bueno
10. simpático

la atleta:
11. buena
12. simpática

ACTIVIDAD 10   Otro sondeo de opinión

Now the opinion poll has to do with these things:

el programa de televisión:
1. apasionante (*thrilling*)
2. violento

el deporte:
3. apasionante
4. violento

la canción (*song*):
5. bonita
6. popular

la clase:
7. difícil
8. interesante

 **El sonido de la consonante z**

Model word: a̲zul
Practice words: nari̲z   ri̲zado   actri̲z   empe̲zar
Practice sentences: No cono̲zco a Gon̲zalo Pérez.
El die̲z de mar̲zo voy a Zaragoza con Loren̲zo López.
Los ̲zapatos de Constan̲za son a̲zules.

Remember: The letter **z** in Spanish always represents the sound / s / as in the English "yes."

In Castilian Spanish, the letter **z** represents the **th** sound of the English word "thin."

Entre nosotros

> **Expresión para la composición**
>
> **sin embargo**   *however, nevertheless*

Mini-composición   Los otros y yo

Escribe un párrafo comparándote con dos de las siguientes personas.
Si quieres, puedes usar los adjetivos entre paréntesis.

  (guapo / alto / delgado / elegante / vulgar / fuerte /
  débil / inteligente / divertido / serio / simpático)

Usa la expresión para la composición.

Las personas:
  King Kong
  Mohamed Alí
  Peter Pan
  Drácula
  la Mujer Maravilla
    (Wonder Woman)
  Carlitos *(Charlie*
    Brown)
  Blancanieves *(Snow*
    White)
  Jane Fonda
  Bill Cosby

 Soy más fuerte que Carlitos; **sin embargo** no soy tan fuerte como King Kong . . .

Students may want to add other names to this list.

Lección 2

La ropa es un problema

STRUCTURES TO OBSERVE: nominalization of adjectives (el rojo, el verde); demonstrative adjectives.

¿Qué camisa voy a comprar? Bueno . . . ¿la azul o la verde? ¿o la amarilla? . . . ¿y por qué no la roja? . . . ¿o tal vez la blanca? ¿o la negra?

¡Qué problemas!

Escoger ropa es un problema para todos los chicos y todas la chicas del mundo . . .

camisa: *shirt,*
  la azul: *the blue one*
amarilla: *yellow,*
  roja: *red,*
  blanca: *white*
Escoger: *Choosing*

En «El Pacífico», una gran tienda en Buenos Aires

Adela: ¡Mira, Pilar, ese bolso! Es elegante, ¿verdad?

Pilar: ¿Qué bolso? ¿El blanco o el negro?

Adela: ¡El negro! Es muy bonito, ¿verdad?

Pilar: ¡No! No me gusta. Es demasiado grande. No es práctico.

ese: *that*

En «Los Gobelinos», un almacén en Santiago de Chile

Ana María: ¡Mamá! ¡Mira esa falda!

Sra. de Suárez: ¿La roja o la verde?

Ana María: ¡La roja! Es muy bonita.

Sra. de Suárez: ¿Esa falda? ¡Qué horror! ¡Es demasiado corta!

Ana María: ¡Pero Mamá, está a la moda!

Sra. de Suárez: ¡A mí, no me gusta la moda de las faldas cortas!

Ana María: Pero Mamá, . . .

almacén: *department store*

falda: *skirt*

corta: *short*
a la moda: *in fashion*

En «La Chouette», una tienda muy elegante en Bogotá

Sonia: Marina, mira esos zapatos. Son muy bonitos, ¿verdad?

Marina: ¡Chica! ¡Son fabulosos!

Sonia: Vamos a preguntar cuánto cuestan . . . Perdón, señorita, ¿cuánto cuestan aquellos zapatos?

zapatos: *shoes*

aquellos: *those*

Unidad siete

264

¿Qué está mirando Adela? ¿De qué color es? ¿Por qué no le gusta a Pilar? ¿Le gusta la falda a la mamá de Ana María? ¿Por qué no? ¿Cuánto cuestan los zapatos?

Srta.: Los rojos . . . vamos a ver . . .
      cuestan . . . mil pesos.
Sonia: ¡Mil pesos! ¡Dios mío! Me
      gusta el color . . . me gusta el
      estilo . . . pero ¡no me gusta el
      precio!

1,000 Colombian pesos =
about U.S. $30.

estilo: *style*
precio: *price*

CONVERSACIÓN OPTIONAL

Vamos a ver qué piensas de esta *(this)* clase.

1. ¿Te gusta **esta** clase? Sí, me gusta **esta** clase.
   (No, no me gusta **esta** clase.)
2. ¿Comprendes **esta** lección?
3. ¿Te gusta **este** libro?
4. ¿Te gusta **este** asiento *(seat)*?
5. ¿Tienes amigos en la clase? ¿Son buenos
   alumnos **estos** chicos?
6. ¿Tienes amigas en la clase? ¿Son buenas
   alumnas **estas** chicas?

OBSERVACIÓN Est. A

In these questions and answers, the words
in heavy print are used to point out specific
people and objects. They are called
demonstrative adjectives.

- What is the form of this demonstrative
  adjective before a *masculine singular* noun?
  before a *feminine singular* noun? before a
  masculine plural noun? before a *feminine
  plural* noun?

  este / esta / estos / estas

Nota cultural ▭ OPTIONAL

La ropa

   ¿Qué significa la ropa° para ti? En una
encuesta° tomada° en la ciudad de México, el
95% (noventa y cinco por ciento) de los jóvenes
piensa que la ropa es una reflexión de la
personalidad. Por eso los jóvenes del mundo
hispánico cuidan° su ropa.

   La selección de la ropa es a veces un
problema. Y es más serio cuando la mamá insiste
en ir con su hijo o su hija a comprarla. Muchos
jóvenes prefieren ir solos. Los gustos° de ellos
son modernos y los padres pueden° tener gustos
anticuados.° Sin embargo, la costumbre° de ir con
la mamá a comprar ropa es bastante común en
los países hispánicos porque los jóvenes no
tienen su propio° dinero.

ropa *clothes* **encuesta** *poll* **tomada** *taken* **cuidan** *take
care of* **gustos** *tastes* **pueden** *may* **anticuados**
old-fashioned **costumbre** *custom* **propio** *own*

¿Tienen mucho dinero los jóvenes? ¿Quién les compra su
ropa?

La ropa (Clothing)

La ropa is active vocab.

Para él

una camisa (unos) calcetines

una corbata

un traje

Para ella

un vestido una blusa

una falda

Para él o para ella

(unos) zapatos

(unos) pantalones (unos) blue-jeans

(unos) anteojos

Para el invierno

un impermeable

un abrigo

una chaqueta

Para el verano

(unas) sandalias un traje de baño una camiseta

(unos) pantalones cortos

un suéter un sombrero (unos) anteojos de sol

llevar to wear Pedro **lleva** pantalones azules.

¿De qué color . . . ?

amarillo gris verde

azul negro castaño

blanco rojo

NOTA: The indefinite article (**un, una, unos, unas**) is often omitted before items of clothing unless something specific is said about these items.

¿El profesor no lleva corbata? *Isn't the teacher wearing **a** tie?*

Sí, lleva **una** corbata amarilla. *Yes, he is wearing **a** yellow tie.*

• Other words for glasses are **las gafas, los espejuelos, las lentes.** Contact lenses are **lentes de contacto** or **lentillas de contacto.**
• EXTRA VOCAB.: **estar de moda** to be in fashion; **estar a la moda** to follow the (latest) fashion

ACTIVIDAD 1   Colores

Describe the colors of the clothes that
the following people are wearing.

🔊   mi mamá   Hoy mi mamá lleva una
                      falda azul, un suéter rojo
                      y unos zapatos negros.

1. yo
2. mi padre
3. el (la) profesor(a)
4. el (la) chico(a) a mi derecha *(right)*
5. el (la) chico(a) a mi izquierda *(left)*
6. mi mejor amigo
7. mi mejor amiga
8. la secretaria de la escuela

3er PISO NIÑOS Y NIÑAS
BEBES
CALZADO·JUGUETES
CUNAS·MUEBLES

2o PISO   MODAS
SOMBRERERIA
CORSETERIA·LENCERIA
CALZADO

1er PISO SASTRERIA
TRAJES·CALZADO
ARTICULOS DE VIAJE
DEPORTES·FOTOS
Salon de Belleza

PLANTA BAJA   REGALOS
ARTICULOS PARA CABALLEROS
PERFUMERIA·

OPTICA·RELOJERIA

BAJO PISO   HOGAR
ELECTRICOS·DISCOS
CRISTALERIA·LOZA·PELTRE
MUEBLES DE COCINA

lencería (linen shop)
calzado (footwear)
sastrería (tailoring)
hogar (housewears)
loza (china)
peltre (pewter)

Note that *first, second,*
etc. are often abbreviated
with the letters they
would end in.

ACTIVIDAD 2   Ropa para cualquier ocasión
(Clothes for any occasion)

What you wear often depends on the occasion, the place where you are
going, and so on. Say what you generally wear on the following occasions.

🔊   Cuando voy a un concierto de rock . . .
       Cuando voy a un concierto de rock, llevo blue-jeans y sandalias.

1. Cuando voy a una fiesta . . .
2. Cuando voy a un restaurante elegante . . .
3. Cuando voy a la playa . . .
4. Cuando voy al campo . . .
5. Cuando voy a un partido de fútbol americano . . .
6. Cuando llueve . . .
7. Cuando nieva . . .
8. Cuando hace mucho calor . . .
9. Cuando hace mucho frío . . .
10. Cuando estoy en casa . . .

Have students bring to class a picture of a person in one of these situations. Have them
describe what the person is wearing.

REFRÁN

El hábito
no hace
al monje.

Literally, the habit does not make the monk.

ACTIVIDAD 3 Preguntas personales

1. ¿Cuál es tu color favorito?
2. ¿Lees revistas de modas *(fashion)*? ¿Cuáles?
3. ¿Usas anteojos?
4. ¿Usas anteojos de sol? ¿Cuándo?
5. ¿Quieres ser modelo?
6. ¿Estás a la moda *(in style)*?
7. ¿Cuál es más elegante para una chica, llevar pantalones o llevar falda?
8. ¿Cuáles son mas elegantes, los vestidos cortos o los vestidos largos?

A. Los adjetivos demostrativos

There are three groups of demonstrative adjectives in Spanish. Note the forms of these adjectives in the chart below:

		this / these	*that / those*	
SINGULAR	masculine	**este** chico	**ese** chico	**aquel** chico
	feminine	**esta** chica	**esa** chica	**aquella** chica
PLURAL	masculine	**estos** chicos	**esos** chicos	**aquellos** chicos
	feminine	**estas** chicas	**esas** chicas	**aquellas** chicas

Demonstrative adjectives always come before the noun.
They agree with it in gender and number, like all other adjectives.

The choice of which demonstrative adjective to use depends on the location of the object or person with relation to the speaker. Look at the diagram:

1. **¡Esta** blusa es muy bonita!
2. **¡Esa** blusa es muy bonita también!
3. **¡Aquella** blusa no es bonita!

1.   2.   3.

- **Este** *(this)* is used by the speaker to point out people or things which are near him or her.
- **Ese** *(that)* is used to point out people or things that are near the person being spoken to.
- **Aquel** *(that . . . over there)* is used to point out people or things which are far from both the speaker and the person being spoken to.

* Make sure students note the difference between **esta** (this) and **está** (he/she/it is).
* Tell students they can derive the **ese** forms from the **este** forms by dropping the t.

Unidad siete

ACTIVIDAD 4   ¿Cómo se llaman . . .?

Pedro has taken his girlfriend Marta to the cafeteria where he usually goes. On the way to their table they pass other people. Marta wants to know their names. Play Marta's role according to the model.

VARIATION: Marta wants to know where each person is from. ¿De dónde es ese chico?

⟯⟩   el chico   Marta: ¿Cómo se llama aquel chico?

1. la chica
2. el estudiante
3. las estudiantes
4. los muchachos
5. las muchachas
6. el profesor
7. la profesora
8. los señores

ACTIVIDAD 5   En «Las Galerías Preciados»

Imagine you are in the Spanish department store, «Las Galerías Preciados». A customer is looking at various items and wants the salesperson to bring over some other items. Play both roles, according to the model.

VARIATION: The customer wants to know how much each item costs. Señorita, ¿cuánto cuesta ese bolso, por favor?

⟯⟩   un bolso: Cliente: Señorita, quiero ver ese bolso, por favor.
                        Empleada: ¿Este bolso aquí?

1. una corbata
2. un vestido
3. unos zapatos
4. unos calcetines
5. un abrigo
6. un impermeable
7. un sombrero
8. una chaqueta
9. un suéter
10. una camisa

B. El uso del adjetivo como sustantivo   OPTIONAL

This may be taught for recognition only.

Note the use of the definite article and adjective in the answers to the following questions.

—¿Te gusta el suéter blanco?   *Do you like the white sweater?*
—No, prefiero **el rojo.**   *No, I prefer **the red one.***

—¿Te gusta la camisa verde?   *Do you like the green shirt?*
—Sí, pero prefiero **la azul.**   *Yes, but I prefer **the blue one.***

—¿Y las faldas?   *And the skirts?*
—**Las cortas,** por supuesto.   ***The short ones,** of course.*
  Son más bonitas.   *They are prettier.*

To avoid repeating a noun, Spanish speakers often use this construction:

> definite article
> **(el, la, los, las)** + adjective
> The equivalent English construction is:
> *the* + adjective + *one (ones)*

ACTIVIDAD 6 Obsesión

Arturo thinks that red is very fashionable. Whenever he goes shopping with his sister Luisa, he declares his preference for that color. Play both roles according to the model.

ADDITIONAL CUES: el impermeable blanco/el sombrero azul/las sandalias negras/el traje de baño verde

⊳ la camisa verde   Luisa: ¿Vas a comprar la camisa verde?
                      Arturo: No, prefiero la roja.

1. la chaqueta blanca
2. el traje azul
3. los calcetines negros
4. la camisa blanca
5. los anteojos azules
6. las corbatas verdes
7. los pantalones blancos
8. los zapatos amarillos

ACTIVIDAD 7 Diálogo: Las preferencias de tus compañeros

Ask the classmates next to you what their preferences are.

⊳ los zapatos: negros o rojos   Estudiante 1: ¿Prefieres los zapatos negros o los rojos?
                                   Estudiante 2: Prefiero los negros.
                                     (Prefiero los rojos.)

1. las faldas: cortas o largas
2. los pantalones: anchos o estrechos
3. las películas: violentas o románticas
4. los restaurantes: italianos o franceses
5. los coches: norteamericanos o europeos
6. la moda *(fashion)*: norteamericana o europea
7. las tiendas: grandes o pequeñas
8. las corbatas: anchas o estrechas

vocabulario especializado

Los números de 100 a 1.000.000

OPTIONAL

This may be taught for recognition only.

100	**ciento (cien)**	700	**setecientos(as)**
101	**ciento uno(a)**	800	**ochocientos(as)**
102	**ciento dos**	900	**novecientos(as)**
200	**doscientos(as)**	1.000	**mil**
300	**trescientos(as)**	1.500	**mil quinientos(as)**
400	**cuatrocientos(as)**	2.000	**dos mil**
500	**quinientos(as)**	1.000.000	**un millón**
600	**seiscientos(as)**		

NOTAS: 1. **Ciento** becomes **cien** before a noun and before the number **mil**.
    Cien dólares **más** *(plus)* **cien** dólares son doscientos dólares.
2. The word **y** is not used after **ciento**:
    La bicicleta cuesta **ciento veinte** dólares.
3. Numbers above one thousand are always expressed with **mil**.
    ¿Dónde vas a estar en el año **mil novecientos noventa**?
4. Periods, not commas, are used in Spanish to mark off thousands.
5. The hundreds from two to nine hundred have masculine and feminine forms.
    They agree with the nouns they introduce.
    Doscient**os** pes**os**.   Doscient**as** peset**as**.

• 100 Spanish pesetas = approximately $1.25 U.S.
• Make sure that students make the hundreds agree with the feminine word pesetas.

ACTIVIDAD 8   En la tienda de ropa

The customer in a Spanish store is asking the salesperson what the prices of various items are. Play both roles, according to the model.

 el sombrero: 350   Cliente: Por favor, ¿cuánto cuesta este sombrero?
                         Vendedor: ¿Ese sombrero? Cuesta trescientas cincuenta pesetas.

1. la camisa blanca: 300   4. el abrigo: 2.000   7. el impermeable: 1.000
2. los pantalones: 800   5. la falda azul: 600   8. el traje de baño: 250
3. los pantalones cortos: 500   6. los zapatos negros: 700   9. los zapatos blancos: 550

Pronunciación   Los sonidos de las consonantes *l, ll*

In Castilian Spanish, the ll represents a sound similar to the sound of lli in the English word "million."

Model words: mil millón
Practice words: aquel sandalias calcetines pantalones débil liso
                amarillo llevo ella calle llega llaman
Practice sentences: Las sandalias blancas son de Isabel.
                    Luisa lleva una blusa azul.
                    Guillermo lleva pantalones amarillos.
                    ¿Cómo se llama la calle donde está el Hotel Sevilla?

Remember: When you pronounce the Spanish l, imitate the l of the English "leaf" and touch the tip of your tongue to your upper front teeth.
The Spanish ll is pronounced like the y of the English "yes."

OPTIONAL

Entre nosotros

Expresión para la composición

por eso   *therefore*

Mini-composición   Invitación
Imagina que vas a las siguientes ocasiones. Escribe la descripción de la ropa que vas a llevar. Usa la expresión para la composición.

• la boda *(wedding)* de tu prima
• un baile de máscaras *(costume party)*
• una fiesta internacional donde los participantes tienen que llevar ropa típica de sus países

 Esta boda va a ser una ocasión muy elegante. **Por eso,** debo llevar un vestido nuevo . . .

Lección 3

¡El pobre señor Ochoa!

STRUCTURE TO OBSERVE: reflexive constructions.

7:10

El señor Ochoa se levanta.
Va al baño,
pero está ocupado...

— Pam, pam, pam.
— ¿Sí?
— ¿Eres tú, Marina?
— ¡Sí, Ramón! . . . ¡Un momento!
  Me estoy peinando.

Me estoy peinando:
I'm combing my hair

7:30

El señor Ochoa vuelve al baño.
Está todavía ocupado.

todavía: *still*

— Pam, pam, pam.
— ¿Sí?
— ¿Eres tú, Felipe?
— ¡Sí, papá! . . . ¡Un momentito!
  Me estoy lavando.

Me estoy lavando: *I'm washing*

8:00

El señor Ochoa se pone los pantalones.
Vuelve al baño . . .
¡Todavía ocupado!

se pone: *puts on*

— Pam, pam, pam.
— ¿Sí?
— ¿Eres tú, Olga?
— Sí, papá. Un minuto, por favor.
  Me estoy bañando.

Me estoy bañando:
I'm taking a bath

El señor Ochoa se pone la camisa.
Vuelve al baño.
¡Está ocupado!

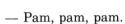

8:15

— Pam, pam, pam.
— ¿Sí?
— ¿Eres tú, Anita?
— ¡Sí, papá! . . . ¡Un momentito, por favor!
Me estoy lavando el pelo.

Me estoy lavando el pelo: *I'm washing my hair.*

Finalmente, el baño está libre.
Con mucho prisa, el señor Ochoa se lava, se afeita, se peina.

8:30

libre: *free*
prisa: *hurry*
se afeita: *shaves*

Después, va al comedor.
La familia está tomando café.

8:45

— ¿Quieres café, Ramón?
— Sí, claro . . . pero . . . ¿qué hora es, Marina?
— Son las nueve menos cuarto, Ramón.
— ¡Las nueve menos cuarto!
¡Dios mío! ¡No tengo tiempo para tomar café!
¡Adiós, Marina! ¡Adiós, chicos!

tiempo: *time*

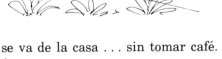

. . . Y el señor Ochoa se va de la casa . . . sin tomar café.
¡El pobre señor Ochoa!

se va: *leaves*

CONVERSACIÓN OPTIONAL

Vamos a hablar de tu dinero. ¿Cómo lo gastas?

1. ¿**Te** compras libros?
   Sí, **me** compro . . . (No, no **me** compro . . .)
2. ¿**Te** compras discos?

3. ¿**Te** compras revistas?
4. ¿**Te** compras ropa?
5. ¿**Te** compras dulces *(candy)?*

OBSERVACIÓN   Est. A, B

In the above questions you are asked about things you buy for yourself.

- What object pronoun is used to express the idea of *for yourself?*   te
- Do this pronoun and the subject of the question (**tú**) refer to the same person?   yes

Now reread the sample answers.

- What object pronoun expresses the idea of *for myself?*   me
- Do this pronoun and the subject of the question (**yo**) refer to the same person?   yes

La Purísima Concepción Mission, California

Los ruidos españoles

¿Qué ruido° hace una persona cuando llama a la puerta?° ¡Depende!° Si la persona es norteamericana, hace «knock, knock». Si la persona es francesa, hace «toc, toc, toc». Si la persona es alemana, hace «klopf, klopf».

Pero si es española, hace «pam, pam, pam».

ruido *noise*   **llama a la puerta** *knocks on the door*
Depende *It depends*

Éstos son otros ruidos españoles:

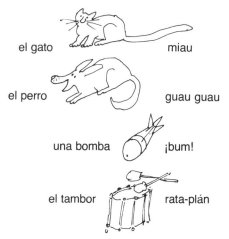

el gato   miau

el perro   guau guau

una bomba   ¡bum!

el tambor   rata-plán

la campana   din don

el teléfono   ring, ring

el reloj   tic tac

el tren   cha-ca cha-ca cha-ca

- See also animal sounds on p. 43.
- There are variations on these sounds. For example, a ringing sound may also be "**talán, talán**" (big bell) or "**tilín tilín**" (small bell).

Estructura

A. Los pronombres reflexivos

Read the illustrated sentences below, noting the different pronouns used in situations A and B.

A   B

Inés tiene un coche.

Inés **lo** lava.   Después, Inés **se** lava.

Manuel tiene una amiga
   muy elegante.

Manuel **la** mira.   Después, Manuel **se** mira
                                               en el espejo.

Pedro tiene dos hermanas.

Pedro **les** compra   Después, Pedro **se** compra
dos Coca-Colas.   una Coca-Cola.

↪ In sentences A, Inés, Manuel and Pedro perform an action on or for something or someone else:

Inés washes her car, Manuel looks at a friend,
Pedro buys Cokes for his sisters.

The pronouns **lo, la, les** represent persons or objects which are *different* from the subject.

↪ In sentences B, Inés, Manuel and Pedro are performing actions on or for *themselves:*

Inés washes *herself,* Manuel looks at *himself* in the mirror, Pedro buys *himself* a Coke.

The pronoun **se** represents the same person as the subject. **Se** is called a *reflexive pronoun* because it indicates that the action is reflected back to the subject.

↪ Verbs which use a reflexive pronoun (**se lava, se mira, se compra**) are called *reflexive verbs.*

The following chart shows the reflexive pronouns and the present tense forms of **lavarse** *(to wash oneself).*

SUBJECT PRONOUN	REFLEXIVE PRONOUN	lavarse	*to wash oneself*
(yo)	**me**	**me lavo**	*I wash myself*
(tú)	**te**	**te lavas**	*you wash yourself*
(él) (ella) (Ud.)	**se**	**se lava**	*he washes himself* *she washes herself* *you wash yourself*
(nosotros)	**nos**	**nos lavamos**	*we wash ourselves*
(vosotros)	**os**	**os laváis**	*you wash yourselves*
(ellos) (ellas) (Uds.)	**se**	**se lavan**	*they wash themselves* *you wash yourselves*

> Except for **se** (the third person reflexive pronoun), reflexive pronouns have the same forms as object pronouns.

> The reflexive pronouns **me, te,** ... often correspond to the English pronouns *myself, yourself,* ...

> Like object pronouns, reflexive pronouns usually come *before* the verb.

> In a dictionary or vocabulary listing, reflexive verbs are indicated with **se** attached to the infinitive: **lavarse, mirarse, comprarse.**

ACTIVIDAD 1 Después del partido de básquetbol

After the basketball game, some of the players take a shower while others go home directly. Say who is washing up and who is not.

> Paco (no)   Paco no se lava.

1. Roberto (sí)
2. Luis y Pedro (no)
3. Clara (sí)
4. Elena y Carmen (sí)
5. yo (no)
6. tú (no)
7. nosotros (sí)
8. Uds. (no)

VARIATION: The players are getting ready for the victory party (prepararse). Paco no se prepara para la fiesta.

ACTIVIDAD 2   El espejo *(The mirror)*

There is a large mirror in the school hall. Some students look at themselves in it and admire themselves. Express this according to the model.

ADDITIONAL CUES: Uds. (no); Ana y José (sí); tú y yo (sí).

☞ Enrique (no)   Enrique no se mira en el espejo.
                    No se admira.

1. Elena (sí)
2. Eduardo y Tomás (sí)
3. Mónica (sí)
4. Luisa e Inés (no)
5. yo (sí)
6. tú (no)
7. Ud. (sí)
8. nosotros (no)

ACTIVIDAD 3   Con cinco dólares

There are many ways of spending five dollars. Say what the following people are buying for themselves.

☞ Ricardo: un disco   Ricardo se compra un disco.

 1. yo: un sombrero
 2. tú: una caja *(box)* de chocolates
 3. el Sr. Vargas: una corbata
 4. la Sra. de Durán: un bolso
 5. Pedro y Felipe: unos anteojos de sol
 6. Elena: unas revistas de modas
 7. María y Luisa: unos dulces *(candy)*
 8. nosotros: unos sombreros de sol
 9. Uds.: un álbum para fotos
10. mis amigos: unos libros

ACTIVIDAD 4   El costo de la vida *(The cost of living)*

Say what the following people buy themselves with certain amounts of money. Use elements from A, B and C to form logical sentences.

This may be assigned as a written activity.

A	B	C	
25 centavos	yo	un coche	un traje de baño
1 dólar	tú	una guitarra	un disco
5 dólares	mi mejor amigo	una tarjeta	un tocadiscos
10 dólares	mis padres	un periódico	una entrada de
100 dólares		una revista	cine *(movie ticket)*
5.000 dólares		un sombrero	

☞ Con un dólar, te compras una revista (o cuatro periódicos, o cinco tarjetas, o un periódico y cuatro tarjetas ...).

B. Los verbos reflexivos: el arreglo personal *(Personal care)*

Compare the reflexive and non-reflexive uses of the verbs in the following pairs of sentences.

Mi papá **lava** el coche.	*My father is **washing** the car.*
Se lava.	*He **is washing** (himself).*
Clara **pone** la blusa en la mesa.	*Clara **puts** the blouse on the table.*
Se pone la blusa.	*She **puts** the blouse **on** (herself).*
Peino mi perro.	*I am **combing** my dog.*
Me peino.	*I am **combing** my hair.*

- In Spanish, verbs relating to personal care are used reflexively when the subject performs the action on or for himself / herself.

- In English, the reflexive pronouns *(myself, yourself, . . .)* are usually not expressed, although they are implied.

vocabulario especializado **El arreglo personal**

bañarse
to take a bath

Me baño cada mañana.

lavarse
to wash (oneself)

¿Cuándo **te lavas?**

peinarse
to comb (one's hair)

Manuel **se peina.**

ACTIVIDAD 5   El baile *(The dance)*

Everyone is getting dressed for the school dance. Say what each of the
following people is putting on, using the verb **ponerse.**

⊅   Susana: una falda azul   Susana se pone una falda azul.

VARIATION: The party is over and
all the people are home. Say they are
taking off these clothes. **Susana se
quita la falda azul.**

1. Ricardo: una camisa roja
2. nosotros: unos zapatos negros
3. mi hermano: una chaqueta elegante
4. Uds.: unos pantalones blancos
5. yo: un suéter amarillo
6. tú: una corbata gris
7. mis primos: unos pantalones azules
8. Ana: un vestido verde
9. Guillermo: un traje negro

ponerse
to put (something) on
(oneself)

Isabel **se pone** los zapatos.

quitarse
to take (something) off
(oneself)

Me quito el suéter.

vestirse (e → i)
to dress (oneself),
  to get dressed

¡**Te vistes** con mucha elegancia,
María!

NOTA: Spanish speakers use the *definite article* before articles of clothing when it is clear
     who the possessor is. (In English, the possessive adjective is used.)

Me pongo **el** suéter.	*I'm putting on **my** sweater.*
El profesor se quita **el** sombrero.	*The teacher is taking off **his** hat.*

Articles are often dropped with plurals: **Llevo pantalones.**

ACTIVIDAD 6 La ropa adecuada *(The right clothes)*

Which of the following items of clothing would you put on for the occasions mentioned below?

> un suéter / blue-jeans / una camiseta / pantalones cortos / un vestido (traje) elegante / un impermeable / anteojos de sol / un traje de baño / una chaqueta de esquí

 Cuando voy a la playa . . .   Cuando voy a la playa, me pongo una camiseta
                                                 y pantalones cortos.

1. Cuando voy a la piscina . . .   6. Cuando esquío . . .
2. Cuando hace mucho sol . . .   7. Cuando voy al restaurante . . .
3. Cuando hace frío . . .   8. Cuando voy a la casa de mis amigos . . .
4. Cuando llueve . . .   9. Cuando tengo una cita . . .
5. Cuando nado . . .   10. Cuando voy al baile de mi escuela . . .

ACTIVIDAD 7 Diálogo: Todas las mañanas *(Every morning)*

There are things we do every morning, and others we don't do. Ask your classmates whether they do the following.

> ponerse ropa elegante   Estudiante 1: ¿Te pones ropa elegante todas las mañanas?
>   Estudiante 2: Sí, me pongo ropa elegante.
>   (No, no me pongo ropa elegante.)

1. ponerse perfume   5. lavarse el pelo
2. mirarse en el espejo *(mirror)*   6. vestirse
3. peinarse   7. quitarse los pijamas
4. lavarse   8. bañarse

Pronunciación   El sonido de la consonante *ch*

Model word: mu<u>ch</u>o
Practice words: o<u>ch</u>enta an<u>ch</u>o estre<u>ch</u>o no<u>ch</u>e <u>ch</u>ico mu<u>ch</u>a<u>ch</u>a
Practice sentences: ¿Quién es el mu<u>ch</u>a<u>ch</u>o <u>ch</u>ileno?

Marisol O<u>ch</u>oa come mu<u>ch</u>o <u>ch</u>ocolate.

<u>Ch</u>ina, <u>ch</u>ina
Capu<u>ch</u>ina
En esta mano
Está la <u>ch</u>ina.

Una china is a pebble. Spanish-speaking children use the "**china china**" rhyme to guess which hand an object is in. It corresponds to the American "eenie, meenie, minie mo."

In Spanish, **ch** is always pronounced like the **ch** of the English word "chicken."

Entre nosotros

> **Expresión para la composición**
> **todavía** *still*

Mini-composición   Los problemas del Sr. Ochoa

Imagina que tú eres el Sr. Ochoa. Ahora estás en la oficina *(office)*.
Escribe un pequeño párrafo contando a tus colegas *(colleagues)* los
problemas de la mañana.

Usa la expresión para la composición.

Me levanto a las siete. A las siete y diez, voy al baño. Está ocupado.
A las siete y media el baño **todavía** está ocupado . . .

Lección 4

Una persona pulcra

STRUCTURES TO OBSERVE: position of reflexive pronouns in infinitive constructions; use of article with parts of the body.

Una persona pulcra es limpia y elegante. Su presentación es siempre impecable. Para ella, la apariencia personal es muy importante.

pulcra: *perfectly dressed*, limpia: *clean*

Questions about the art: ¿A la chica le gusta bañarse todas las mañanas? Y su hermano, ¿se baña todas las mañanas?

¿Y para ti? ¿Es absolutamente necesario hacer las siguientes cosas para ser una persona pulcra?

siguientes: *following*

sí no

- ■ ■ 1. Bañarse todas las mañanas . . .
- ■ ■ 2. Bañarse todas las noches . . .
- ■ ■ 3. Lavarse las manos antes de comer . . .
- ■ ■ 4. Lavarse el pelo todos los días . . .
- ■ ■ 5. Cortarse el pelo frecuentemente . . .
- ■ ■ 6. Ponerse perfume o colonia . . .
- ■ ■ 7. Mirarse en el espejo frecuentemente . . .
- ■ ■ 8. Cambiarse de ropa varias veces al día . . .
- ■ ■ 9. Comprarse un traje de baño nuevo cada verano . . .
- ■ ■ 10. Ponerse un traje o un vestido elegante cuando vas a una fiesta . . .

Cortarse: *To cut*
colonia: *cologne*
espejo: *mirror*
Cambiarse: *To change*, veces: *times*

EXTRA VOCAB.: el cocodrilo, la pulga (flea), el burro, la araña (spider), la tinta (ink), el corazón de la manzana.

CONVERSACIÓN OPTIONAL

Vamos a hablar de las cosas que vas a comprarte el verano próximo.

1. ¿Vas a comprar**te** anteojos de sol?
   Sí, voy a comprar**me** ... (No, no voy a comprar**me** ...)
2. ¿Vas a comprar**te** un traje de baño nuevo?
3. ¿Vas a comprar**te** pantalones cortos?
4. ¿Vas a comprar**te** blue-jeans nuevos?
5. ¿Vas a comprar**te** sandalias?

OBSERVACIÓN Est. C

In the above questions and answers you were talking about things you were going to buy for yourself.

- What is the position of the reflexive pronoun with respect to the infinitive? It comes after and is attached to it.
- Is it the same position as that of other object pronouns?

 OPTIONAL

Nota cultural

La apariencia personal

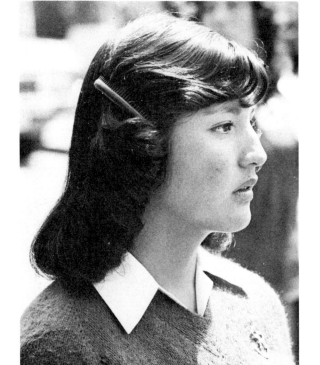

Hay un viejo refrán° español que dice: «El hábito no hace al monje».°

Sí ... pero un joven hispánico que no es limpio° o que no se pone la ropa adecuada° para la ocasión es mal visto° por la familia y la sociedad. Por ejemplo,° las chicas pueden ir de compras° en pantalones, pero no a la iglesia. Para los muchachos el traje oscuro° (especialmente el azul marino°) es muy importante para las ocasiones especiales. Los pantalones cortos son adecuados en la casa, pero son inaceptables en la calle. Los blue-jeans son el uniforme universal de los jóvenes en la playa o en el campo ... ¡pero no en ocasiones más formales!

Hay otro refrán viejo que dice, «Una persona bien vestida,° por todas partes° bien recibida».° ¡Si un día vas a un país hispánico, éste es un refrán que tienes que respetar!

refrán *proverb* **monje** *monk* **limpio** *clean* **adecuada** *appropriate* **mal visto** *poorly considered* **por ejemplo** *for example* **ir de compras** *go shopping* **oscuro** *dark* **azul marino** *navy blue* **vestida** *dressed* **por todas partes** *everywhere* **recibida** *received*

- The "uniforme universal" is shown on p. 388.
- ¿Qué dice el primer refrán? ¿Y el segundo?

Lección cuatro

Estructura

A. El uso del artículo con las partes del cuerpo

Note the use of the definite article in the following sentences.

Tengo **el** pelo corto.	*My hair is short. (I have short hair.)*
Me lavo **las** manos.	*I am washing **my** hands.*
Inés se corta **el** pelo.	*Inés is cutting **her** hair.*

The same construction is used with clothing.

Spanish speakers use the definite articles **el, la, los, las,** before parts of the body, when it is clear whose body is referred to.

vocabulario especializado

El cuerpo *(The body)*

El cuerpo is active vocab.

el pie izquierdo
el pie derecho

la pierna

la rodilla

la espalda

la cabeza

el brazo

la mano

los dedos

EXTRA VOCAB.: **el corazón** (heart), **el codo** (elbow), **el estómago** (stomach).

ACTIVIDAD 1   Después de acampar

The following people are back from a camping trip. They are now washing up. Express this according to the model.

Ⅺ   Elena: el pelo   Elena se lava el pelo.

1. Roberto: la cara
2. Inés: las manos
3. Felipe y Carlos: los pies
4. nosotros: las piernas
5. tú: los brazos
6. yo: la espalda

ACTIVIDAD 2   El uso del cuerpo

Tell which parts of the body you use to perform the following activities.

Ⅺ   Para mirar. . .   Para mirar, uso los ojos.

1. Para escuchar. . .
2. Para escribir . . .
3. Para jugar al básquetbol . . .
4. Para jugar al volibol . . .
5. Para jugar al fútbol . . .
6. Para nadar . . .
7. Para tocar la guitarra . . .
8. Para cantar . . .

ADDITIONAL CUES: para bailar/para tocar el violín/para esquiar/para comer.

B. Verbos reflexivos: otros usos

Read each pair of sentences carefully. The same verbs are used with and without a reflexive pronoun. Note the differences of meaning in the English equivalents.

Elena va al cine.	*Elena **is going** to the movies.*
Se va de la casa a la una.	*She **leaves** home at one o'clock.*
Duermo bien de noche.	*I **sleep** well at night.*
Por eso no **me duermo** en la clase.	*Therefore I don't **fall asleep** in class.*
Llamo a Carlos.	*I **am calling** Carlos.*
Me llamo Isabel.	***My name is** Isabel. **(I call myself,** or **I am called** Isabel.)*

Many Spanish verbs can be used with reflexive pronouns.

Ⅺ   Reflexive pronouns are used in Spanish to show that the action indicated by the verb reflects on the subject. In English, reflexive pronouns are not always expressed.

Ⅺ   With certain Spanish verbs, the use of a reflexive pronoun changes the meaning of the verb.

There is usually a relationship between the reflexive and the non-reflexive meaning of the verb: **me duermo** literally means "I put myself to sleep"; **me llamo** literally means "I call myself."

vocabulario especializado

acostarse (o → ue) to go to bed	Los sábados **me acuesto** a las doce de la noche.
divertirse (i → ie) to enjoy oneself, to have fun	**Nos divertimos** mucho en esta clase.
dormirse (o → ue) to fall asleep	Cuando me acuesto, **me duermo** inmediatamente.
irse to go away, to leave	¿**Te vas** a México?
levantarse to get up	Los domingos **me levanto** a las diez.
quedarse to stay, remain	Paco **se queda** en casa porque está enfermo.
sentarse (e → ie) to sit down	¿**Te sientas** en el comedor para comer?
sentirse (e → ie) to feel	¿Por qué **se sienten** Uds. tristes hoy?

Note: the **yo** forms of both **sentarse** and **sentirse** are the same.
Me siento I sit down or I feel.

REFRÁN

Aunque la mona
se vista de seda,
mona se
queda.

CACAO

Although a monkey may dress in silk, she's still a monkey.

ACTIVIDAD 3   ¿Cómo se sienten?

Say how the following people are feeling today.

∞ Manuel: cansado   Hoy Manuel se siente cansado.

1. Isabel: triste
2. tú: muy bien
3. yo: así, así
4. Uds.: nerviosos

5. nosotros: muy malos
6. ellas: un poco malas
7. Esteban: alegre
8. la Srta. Pérez: enferma

ACTIVIDAD 4   Preguntas personales

1. ¿A qué hora te acuestas los lunes? ¿los sábados? ¿los domingos?
2. ¿A qué hora te levantas los lunes? ¿los sábados? ¿los domingos?
3. ¿A qué hora te vas para la escuela?
4. ¿A qué hora se va tu papá para el trabajo? ¿y tu mamá?
5. ¿Ahora te sientes bien o mal? ¿Cansado(a) o descansado(a) *(rested)*? ¿alegre o triste? ¿nervioso(a) o quieto(a) *(calm)*?
6. ¿Te sientes nervioso(a) antes de un examen? ¿Se siente nervioso(a) tu mejor amigo(a)?

VARIATION: Ask these questions (except No. 4) in the plural.
—¿A qué hora se acuestan Uds. ...?
—Nos acostamos...

ACTIVIDAD 5   Diálogo: Actividades

Ask your classmates whether they do the following things.

∞ divertirse (con tus amigos)   Estudiante 1: ¿Te diviertes con tus amigos?
Estudiante 2: Sí, me divierto con mis amigos.
(No, no me divierto con mis amigos.)

divertirse

1. en casa
2. durante el fin de semana
3. en la clase de español

dormirse

4. mirando la televisión
5. en la clase de inglés
6. en la clase de matemáticas

sentirse

7. mal ahora
8. mal durante un examen
9. cansado(a) ahora

quedarse en casa

10. durante el fin de semana
11. durante las vacaciones
12. todos los domingos

ACTIVIDAD 6   Creación

You have five minutes to create as many logical sentences as you can, using an element from each column. Your sentences may be affirmative or negative.

A	B	C	
Pepe	acostarse	a las siete	bien
nosotros(as)	dormirse	a las diez	triste(s)
mis amigos(as)	irse	en casa	cansado(a)(s)
	quedarse	en la clase	un poco nervioso(a)(s)
	sentarse	hoy a México	en una silla *(chair)*
	sentirse	de la playa	en la cama *(bed)*

𝒮 Pepe se acuesta a las diez.

C. El infinitivo de los verbos reflexivos

Note the position of the reflexive pronouns in the answers to the following questions.

¿Te lavas ahora, Miguel?   No, voy a lavar**me** después.
                              (No, **me** voy a lavar después.)

¿Por qué no va Elena al cine?   Porque tiene que quedar**se** en casa.
                               (Porque **se** tiene que quedar en casa.)

𝒮 Reflexive pronouns, like other object pronouns, are usually placed *after* the infinitive and are attached to it. (They may also come *before* the *first* verb.)   Note: the same word order applies to the present progressive: **Me estoy lavando** or **Estoy lavándome.**

ACTIVIDAD 7   La gripe *(The flu)*

Paco is in bed with a severe flu. In your opinion, is he going to do any of the following things tomorrow?

𝒮 levantarse   Sí, va a levantarse.
                 (No, no va a levantarse.) .

1. bañarse
2. lavarse la cara
3. quedarse en casa
4. quedarse en la cama *(bed)*
5. divertirse
6. sentirse cansado
7. sentirse bien
8. dormirse temprano *(early)*

ACTIVIDAD 8   Diálogo: Los sábados

Ask your classmates whether they like to do the following things on Saturdays.

𝒮 levantarse temprano *(early)*   Estudiante 1: ¿Te gusta levantarte temprano?
                                  Estudiante 2: Sí, (No, no) me gusta levantarme temprano.

1. levantarse tarde *(late)*
2. quedarse en casa
3. divertirse con unos amigos
4. irse al campo
5. acostarse temprano
6. acostarse tarde

Pronunciación   **El sonido de la consonante v**

Model words: v̲erde la̲v̲ar
Practice words: v̲estido v̲estirse v̲iejo v̲olv̲er v̲olibol
    me di̲v̲ierto te le̲v̲antas nos v̲estimos lle̲v̲o jo̲v̲en
Practice sentences: Me̲ v̲oy a las nue̲v̲e.
    E̲v̲a lle̲v̲a un v̲estido nuevo.
    El̲ v̲iernes, V̲íctor v̲a a V̲alencia.
    ¡V̲amos a v̲isitar a V̲icente V̲elásquez!

Remember: At the beginning of a word, or after **n** or **l**, the letter **v**
    is pronounced like the **b** of the English "boy."
    In all other positions, the letter **v** represents the sound / b /,
    in which the lips do not come together.

OPTIONAL

Entre nosotros

Expresión para la composición

por ejemplo   *for instance, for example*

Mini-composición   Mis sentimientos

Nuestros sentimientos *(feelings)* cambian *(change)* durante el día.
Escribe un pequeño párrafo describiendo tus sentimientos. Puedes usar
las siguientes expresiones:

- Me siento de buen humor . . .
- Me siento de mal humor . . .
- Me siento alegre . . .
- Me siento cansado(a) . . .
- Me siento libre *(free)* . . .
- Me siento triste . . .

Generalmente me siento de buen humor. **Por ejemplo,** me siento
alegre cuando me levanto y hace sol. . . .

¿Cómo mantenerte en buena salud?

This reading may be used for vocabulary review (sports, parts of the body, numbers) and cognate recognition.

Para mantenerte° en buena forma física necesitas perder las calorías superfluas.° ¿Cómo hacerlo? Hay una solución muy fácil: ¡practica un deporte!
Pero, ¿qué tipo de deporte?
Depende de° tu condición física . . . y de tu personalidad.

mantenerte: *to keep yourself*
superfluas: *extra*

Depende de: *It depends on*

150 calorias

Caminar

Puedes ir a pie a la escuela, al centro, al cine, a la playa . . . Caminar° es un ejercicio que no necesita ninguna aptitud física en particular . . . ¡y que no cuesta nada! Es excelente para las piernas, los músculos de la espalda, y el corazón.° También calma la tensión nerviosa.
. . . Y cuando caminas por° media hora, pierdes ciento cincuenta calorías.

Caminar: *Walking*

corazón: *heart*

por: *for*

400 calorias

Correr

Si piensas que caminar es un deporte demasiado fácil, puedes correr° . . . Es un ejercicio realmente vigoroso que necesita mucha energía. Practicando° ese deporte, ejercitas° los músculos de las piernas, del abdomen y de la espalda, y mejoras° las funciones cardiovasculares. Correr no es necesariamente un deporte solitario. Puedes practicarlo solo o con tus amigos.
. . . Y cuando corres por media hora, pierdes cuatrocientas calorías.

correr: *run*
Practicando: *By practicing*, ejercitas: *you exercise*
mejoras: *you improve*

300 calorias

La natación

La natación° es el deporte ideal. Cuando nadas, ejercitas no sólo las piernas y los brazos, sino° todos los músculos del cuerpo. La natación ayuda° al corazón y aumenta° la capacidad de los pulmones.° La natación es un deporte social que puedes practicar con tus amigos.
. . . Y cuando nadas por media hora, pierdes trescientas calorías.

La natación: *Swimming*
sino: *but*
ayuda: *helps*, aumenta: *increases*, pulmones: *lungs*

300
calorias

El ciclismo

¡Otro deporte excelente! Como nadar y correr, el ciclismo° mejora tu resistencia y tu energía, y usa todos los músculos. Puedes escoger° tu propio° ritmo,° rápido o lento.°

... Y cuando lo practicas por media hora, pierdes trescientas calorías.

el ciclismo: *bicycling*
escoger: *choose,*
    propio: *own,* ritmo:
    rhythm, lento:
    slowly

210
calorias

El tenis

Cuando juegas al tenis, usas todos los músculos del cuerpo y mejoras tu concentración y tu sentido° del equilibrio. El tenis es también un deporte intelectual: no sólo tienes que usar las manos, los brazos y las piernas, ¡tienes que usar la cabeza!

... Y cuando juegas al tenis por media hora, pierdes doscientas diez calorías.

sentido: *sense*

300
calorias

El esquí

El esquí es un deporte que necesita mucha agilidad y concentración. Tonifica° los músculos de los brazos y de las piernas. Pero, ¡cuidado!° El esquí puede ser un deporte peligroso.° ¡No te rompas° un brazo o una pierna!

... Y cuando esquías por media hora, pierdes trescientas calorías.

Tonifica: *It tones.*
    ¡cuidado!: *be careful!*
peligroso: *dangerous,*
    no te rompas:
    don't break

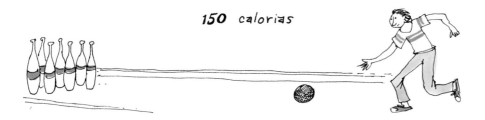

150 calorías

El juego de bolos

El juego de bolos° es otro deporte que necesita mucha concentración intelectual. Es un deporte excelente para calmar la tensión nerviosa, pero no es el deporte ideal para bajar de peso.°

. . . Y cuando lo practicas por media hora, pierdes ciento cincuenta calorías.

El juego de bolos: *Candlepin bowling*

bajar de peso: *lose weight*

El arte de la lectura   OPTIONAL

Enriching your vocabulary: adverbs in —*mente*

Many Spanish adverbs end in **-mente.** This ending usually corresponds to the English ending **-ly.**

realmente	*really*
necesariamente	*necessarily*

Most of the adverbs in **-mente** are formed as follows:

> feminine singular form of the adjective   +   **-mente**

sincero	**sincera**	¡No hablas **sinceramente**!
rápido	**rápida**	Juan trabaja **rápidamente**.
fácil(*easy*)	**fácil**	No aprendo **fácilmente**.

Ejercicio

Say that the following people act according to their characters.

🏵 Pablo es un chico alegre. Canta *alegremente*.

1. Mi hermano es loco. Está _____ enamorado de Carmen.
2. Tomás es estúpido. Se expresa _____.
3. Rafael es serio. Trabaja _____.
4. Silvia es inteligente. Se expresa _____.
5. Emilia y Luisa son francas. Hablan _____.
6. Felipe y Carlos son sinceros. Hablan _____.

vista
número cuatro
4

El mundo de las diversiones

LOS PASATIEMPOS

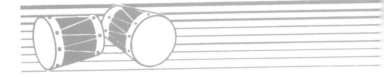

**Johnny González,
Nueva York**
En los veranos tengo mucho
tiempo libre; entonces voy con mis
hermanos a tocar la conga y los
tambores° al Parque Central. ¡Es
increíble! A veces hay unas cien
personas que se reúnen° a bailar o
a escucharnos.

**José María Ordóñez,
Cádiz, España**
Como buen español, dedico parte de mi tiempo
libre a jugar al ajedrez,° a jugar al fútbol los
sábados, y a charlar° con mis amigos en el café
de la esquina.°

CONTENIDO

tambores *drums*   se reúnen *gather*   ajedrez *chess*   charlar *chat*   esquina *corner*

FAVORITOS

¿Qué haces tú cuando tienes tiempo libre?°
Éstos son los pasatiempos° de algunos chicos hispanos.

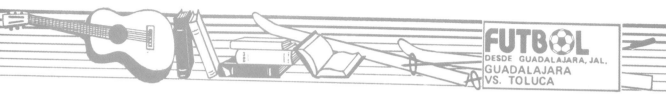

**Enrique Salvatierra,
San José, Costa Rica**
A mí me gusta leer y pasar el
tiempo libre en mi casa. Me
gustan las revistas y las novelas.
En las novelas hay grandes
aventuras que no encuentras todos
los días en Costa Rica . . .

**Margarita MacKenzie,
Valparaíso, Chile**
A mí me gusta el aire puro, el sol
y las montañas. En agosto siempre
voy a esquiar con un grupo de
chicos. En Chile tenemos los
mejores lugares para esquiar. Otra
cosa que me gusta mucho es tocar
la guitarra. Yo llevo mi guitarra a
todas partes.°

---

tiempo libre *free time*   pasatiempos *pastimes*   a todas partes *everywhere*   **295**

**José Fernando Orozco,
Lima, Perú**
Yo dedico todo mi tiempo libre a correr las olas°
en el club Waikiki de Lima. Las olas° son
enormes y . . . ¡es una sensación fabulosa!

**Alicia Durán,
Bogotá, Colombia**
Para muchos chicos bogotanos, el pasatiempo
favorito es ir al cine. ¿Por qué? . . . ¡porque en
Bogotá llueve mucho! A mí me encantan° las
películas mexicanas. Yo voy todos los domingos
por la tarde al cine con mis amigos.

**Lupita Cabrera,
San Diego, California**
Mi pasatiempo favorito es ir al
zoológico con mis amigos y mirar
los animales. Yo creo que los
animales también se divierten
mucho con nosotros.

296

correr las olas *surfing* **olas** *waves*
me encantan *I love*

GALERÍA de ESTRELLAS

Rita Moreno
Actriz puertorriqueña de cine y teatro. Su película más popular: *West Side Story*.

Fernando Bujones
Bailarín° de origen cubano-americano; estrella° del American Ballet Theatre.

Anthony Quinn
Actor mexicano de cine. Su película más popular: *Zorba, el Griego*.

Vikki Carr
Cantante popular de orígen mexicano-americano. Su canción en español más popular: *La Nave° del Olvido.°*

Joan Baez
Cantante folklórica de origen mexicano-americano. Su canción° en español más popular: *El Preso° Número Nueve.*

José Feliciano
Cantante popular puertorriqueño. Su canción más popular: *California Dreaming*.

canción *song*   **preso** *prisoner*   **bailarín** *dancer*   **estrella** *star*   **nave** *ship*   **olvido** *oblivion*

MUY BUENA  BUENA DIVERTIDA PASABLE FLOJA

hoy domingo

10:15 ARREOLA Y SU CIRCUNSTANCIA
"LOPE DE VEGA" —SONETO—

10:45 En Ensayo
CON LA ORQUESTA FILARMONICA
DE LAS AMERICAS

11:45 FUTBOL
DESDE GUADALAJARA, JAL.
GUADALAJARA
VS. TOLUCA

2:00 sép7imo día
REPORTAJES DE LA SEMANA
Y NOTICIAS DE ULTIMA HORA

2:30 UN CANTO A LA VIDA:
SOR JUANA INES DE LA CRUZ

3:00 FUTBOL AMERICANO
DESDE GREEN BAY
"VAQUEROS" DE DALLAS VS.
"EMPACADORES" DE GREEN BAY

6:00 EL SHOW DE LOS OSMOND
DONNY Y MARIE EN SU NUEVA TEMPORADA

7:00 LOS MUPPET'S
LA RANA RENE Y LA COCHINITA PIBIL
INVITADO: PETER SELLERS

7:30 deport
CON JOSE RAMON FERNANDEZ

9:00 LA LLAMADA DEL TROPICO
(PAUL GAUGUIN)
"TAHITI"

10:00 LO ESPECIAL
DEL FUTBOL AMERICANO

MUY BUENO   BUENO   MALO

MIRAR Y ESCUCHAR

① **TU** (Umberto Tozzi).

② **CALLADOS** (Angela Carrasco y Camilo Sesto).

③ **GREASE** (Banda original del film).

④ **A TI** (Joe Dassin).

⑤ **VIVIR ASI ES MORIR DE AMOR** (Camilo Sesto).

⑥ **MACHO** (Celi Bee).

⑦ **CAMBIO DE GUARDIA** (Bob Dylan).

⑧ **WAR OF THE WORLDS** (Jeff Wayne).

⑨ **FATELO CON ME** (Anna Oxa).

⑩ **ONE FOR ME, ONE FOR YOU** (La Bionda).

⑪ **LOVE IS IN THE AIR** (John Paul Young).

⑫ **BESO A BESO, DULCEMENTE** (Paloma San Basilio).

⑬ **DUST IN THE WIND** (Kansas).

⑭ **COPACABANA** (Barry Manilow).

⑮ **LA GALLINA COCOUA** (Ana).

⑯ **ACORDES** (Pecos).

⑰ **ME SIENTO SEGURO** (Mocedades).

⑱ **SI AMANECE** (Rocío Jurado).

⑲ **IT'S DOWN TOWN** (New Trolls).

⑳ **LA LUNA ENAMORA** (Elsa Baeza).

¿Qué sabes tú de la música hispánica?

La música en los países hispánicos es extraordinaria. ¿Por qué? . . . porque es la mezcla° del alma° de tres continentes: América, África y Europa. Por ejemplo, en los instrumentos, los tambores son de origen africano; las maracas y las flautas de origen indio; la guitarra, el arpa y el piano de origen europeo.

Éstos son algunos instrumentos usados en algunas composiciones hispánicas. ¿Sabes qué palabra corresponde a cada instrumento?

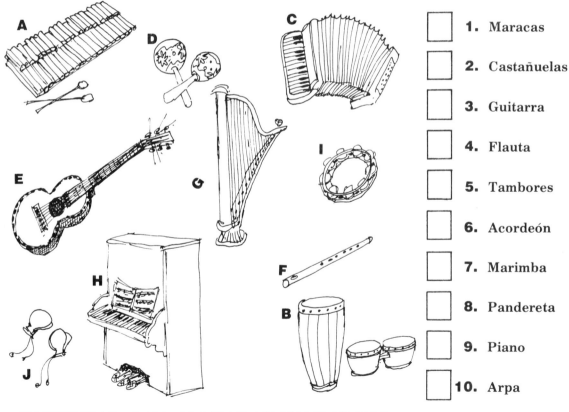

1. Maracas
2. Castañuelas
3. Guitarra
4. Flauta
5. Tambores
6. Acordeón
7. Marimba
8. Pandereta
9. Piano
10. Arpa

RESPUESTAS: 1-D, 2-J, 3-E, 4-F, 5-B, 6-C, 7-A, 8-I, 9-H, 10-G

mezcla *mixture*   **alma** *soul*

LA GUITARRA

La guitarra es uno de los instrumentos favoritos de los jóvenes hispanos modernos. Pero la guitarra es un instrumento muy viejo. Los árabes la llevan a España desde° el Oriente, y en España, durante muchos siglos,° tiene cambios° en forma y expresión.

Hay muchos tipos de guitarras. Algunas son de madera,° otras son de metal. Hay guitarras acústicas y hay guitarras eléctricas. Una guitarra casi siempre tiene seis cuerdas.° Pero también hay guitarras de cuatro, ocho y doce cuerdas. La variedad es infinita. Para seleccionar una guitarra, primero debemos preguntarnos: ¿vamos a usarla para tocar música de rock? . . . ¿música clásica? . . . ¿música folklórica? . . .

La guitarra folklórica es de madera y tiene seis cuerdas de acero.° Es la guitarra que tocan los artistas como Paul Simon, Cat Stevens y Joan Baez.

La guitarra clásica también es de madera y tiene seis cuerdas. Pero tiene un tono suave,° dulce° y delicado. Es la guitarra de la música seria, la guitarra que tocan los artistas como Andrés Segovia y Julian Bream.

La guitarra flamenca tiene un tono muy brillante, para expresar la pasión del flamenco, la música típica del sur de España.

La guitarra eléctrica es la más popular. Si quieres ser como Jimi Hendrix y expresar tus emociones creando° sonidos° y vibraciones electrónicas, ésta es tu guitarra. Es la guitarra para el «rock».

No digas° «Quiero una guitarra», si no sabes qué guitarra quieres.

---

desde *from*   **siglos** *centuries*   **cambios** *changes*   **madera** *wood*   **cuerdas** *strings*
acero *steel*   **suave** *soft*   **dulce** *sweet*   **creando** *by creating*   **sonidos** *sounds*   **No digas** *Don't say*

CELEBRACIONES Y FIESTAS EN EL MUNDO HISPÁNICO

¡Música y baile° en el Parque Central!

NUEVA YORK, ESTADOS UNIDOS — Los organizadores del Día de San Juan invitan a todos los hispanohablantes a celebrar este día. La gran fiesta es este domingo, empezando a las diez de la mañana, en el Parque Central de la ciudad. El veinte y cuatro de junio es el Día de San Juan, el santo patrón° de San Juan, la capital de Puerto Rico. No importa° si bailas bien o mal. ¡Éste es un día para bailar en el parque!

¡Adiós, Sr. del Mal Humor!

MAZATLÁN, MÉXICO — Son muy famosos el Carnaval de Río de Janeiro y el Mardi Gras de Nueva Orleans. Pero el carnaval de este puerto mexicano es uno de los más alegres. Además,° los tamales, los tacos, las enchiladas y los chiles rellenos son más irresistibles en las calles llenas de° flores,° confeti y serpentinas.° Como siempre, el Carnaval de Mazatlán comienza con el solemne entierro° del Sr. del Mal Humor. Este gran muñeco° que representa el mal humor, es enterrado° todos los años en las aguas° del Océano Pacífico. ¡Viva el Carnaval! ¡Viva el buen humor!

¡30.000 personas en una aventura diferente!

PAMPLONA, ESPAÑA — Esta ciudad del norte de España va a recibir la visita de treinta mil personas la próxima semana. Vienen jóvenes de todas partes de España y del mundo entero.° Todos van a participar en una aventura diferente: el tradicional «encierro».° El siete de julio, Día de San Fermín, a las siete de la mañana, los toros° de la corrida° de la tarde salen libres° por las calles que van del corral a la Plaza de Toros. Los jóvenes esperan con impaciencia el momento para correr° delante de° los toros.

baile *dance*   **santo patrón** *patron saint*   **No importa** *It doesn't matter*   **Además** *Besides*
llenas de *filled with*   **flores** *flowers*   **serpentinas** *streamers*   **entierro** *burial*   **muñeco** *dummy*
enterrado *buried*   **aguas** *waters*   **mundo entero** *entire world*   **encierro** *enclosure*   **toros** *bulls*
corrida *fight*   **libres** *free*   **correr** *run*   **delante de** *in front of*

¿Actividades

UNA PELÍCULA FAMOSA   By completing this game, you will discover the Spanish name of one of the most famous movies of all times. Fill in the blanks with the words matching the definitions given. Then transfer the numbered letters to the squares at the bottom of the page. To help you, the numbers of the pages on which the words appear are given in dark type. Remember that in Spanish **ch** and **ll** are single letters.

página 294

A. En inglés, este juego se llama «chess».

a j e d r e z
        1   2

página 295

B. Un mes de invierno en Chile.

a g o s t o
      3 4

página 296

C. Una ciudad de Sudamérica donde llueve mucho.

B o g o t a
          5

página 297

D. Esta palabra española, que significa «war», está en el título de una película famosa.

g u e r r a
      6 7

página 298

E. El nombre de familia de un cantante de origen puertorriqueño.

F e l i c i a n o
      8   9

página 299

F. En inglés este equipo de fútbol norteamericano se llama «Cowboys».

V a q u e r o s
10   11

página 300

G. Los indios tocan este instrumento.

f l a u t a
    12   13

página 301

H. La guitarra flamenca tiene un tono ___.

b r i l ll a n t e
        14 15

página 302

I. La primera palabra de una ciudad norteamericana muy grande.

N u e v a
    16 17

J. Una ciudad de España.

P a m p l o n a
          18 19

La película famosa:

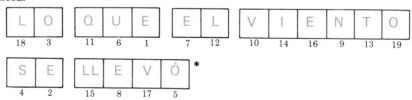

L	O		Q	U	E		E	L		V	I	E	N	T	O
18	3		11	6	1		7	12		10	14	16	9	13	19

S	E		LL	E	V	Ó	*
4	2		15	8	17	5	

*This is the Spanish title of the movie *Gone with the Wind*. Literally, it means "what the wind carried away."

Unidad 8

La vida y sus sorpresas

OBJECTIVES:
Language
This unit introduces students to the description of past events, specifically:
- The construction **acabar de** + infinitive
- The construction **hace** + present
- The preterite forms of **–ar**, **–er** and **–ir** verbs
- The preterite of stem-changing verbs
- The preterite of **dar** and **ver**

Communication
By the end of this unit, students will be able to use Spanish:
- To report on past events
- To talk about events which happened recently
- To keep a diary

Culture
This unit expands on familiar topics: skiing, school, birthdays, and various parts of the Hispanic world.

8.1 ¡Estas cosas ocurren siempre!

Skiing in the Pyrenees, Spain

304

Lottery tickets, Guadalajara

8.2 Un día que no empezó bien

8.3 ¡Qué suerte!

8.4 Noticias de todos los días

Noon hour rush in La Paz

la Plaza Mayor, Salamanca

VARIEDADES — ¿Qué hicieron?

Lección 1

¡Estas cosas ocurren siempre!

—¿Qué hace Pedro? ¿Juega al tenis?

—¡Ahora no! ¡Acaba de jugar . . . y ahora tiene un ojo morado!

Acaba de: *He has just*
ojo morado: *black eye*

—¿Qué hace Anita? ¿Esquía?

—¡Ahora no! ¡Acaba de esquiar . . . y ahora tiene una pierna rota!

rota: *broken*

—¿Qué hacen Manuela y Paco? ¿Bailan?

—¡Ahora no! ¡Acaban de bailar . . . y ahora están muy cansados!

¿Por qué tiene Pedro el ojo morado? ¿Por qué tiene Anita la pierna rota? ¿Por qué están muy cansadas Manuela y Paco?

—¿Qué mira Carlos? ¿La televisión?

—¡Ahora no! ¡Acaba de mirarla . . . y ahora tiene un fuerte dolor de cabeza!

dolor de cabeza: *headache*

—¿Qué escucha María? ¿Un concierto de rock?

—¡Ahora no! ¡Acaba de escucharlo . . . y ahora no oye nada!

—¿Qué hace el Sr. Montero? ¿Saca el coche del garaje?

Saca: *Is he taking out*

—¡Ahora no! ¡Acaba de sacarlo . . . y de estrellarlo contra un árbol!

estrellar: *to smash,* contra: *against*

¿Por qué tiene Carlos un fuerte dolor de cabeza? ¿Por qué no oye nada María? ¿Por qué no saca su coche del garaje el Sr. Montero?

Vamos a hablar de las cosas que vas a hacer inmediatamente **después de** *(after)* la clase de español.

1. ¿**Vas a** ir a otra clase?
   Sí, **voy a** ir . . . (No, no **voy a** ir . . .)
2. ¿**Vas a** ver a tus amigos?
3. ¿**Vas a** ir a casa?
4. ¿**Vas a** mirar la televisión?
5. ¿**Vas a** comer un sándwich?

Ahora vamos a hablar de las cosas que acabas de hacer **recientemente.**

6. ¿**Acabas de** venir de otra clase?
   Sí, **acabo de** venir de . . .
   (No, no **acabo de** venir de . . .)
7. ¿**Acabas de** llegar a la escuela?
8. ¿**Acabas de** hablar con tus amigos?
9. ¿**Acabas de** comer algo?
10. ¿**Acabas de** beber una Coca-Cola?

OBSERVACIÓN   Est. A

In questions 1-5, you are asked about things you *are going* to do.

- Which expression is used for *are you going?*   ¿Vas a...?
- Is the verb which follows an infinitive?   yes

In questions 6-10, you are asked about things you *have just* done.

- Which expression is used for *have you just?*   ¿Acabas de...?
- Is the verb which follows an infinitive?   yes

CUSTODIA SKI
SKI CHECK

SOLO PARA PASAJEROS
ONLY FOR HOTEL GUESTS

HORARIO - OPEN
8.30   17.30

NO SE RECIBEN SKIS
SIN BASTONES

WE DO NOT RECEIVE SKIS
WITHOUT POLES

SALIDA

Nota cultural   **OPTIONAL**

El esquí, ¿un deporte hispánico?

¿Cómo imaginas Sudamérica? ¿Como un continente plano° donde hace siempre calor? La realidad es diferente. Claro, hay llanos° muy vastos, pero hay también montañas muy altas. En julio y agosto, que son meses de invierno en Sudamérica, hay mucha nieve° en aquellas montañas.

Así es que° hay muchos lugares ideales para esquiar en las montañas de los Andes, especialmente en Chile y en la Argentina. Muchos jóvenes van a esquiar en las «canchas° de esquí» de Portillo o de San Carlos de Bariloche. Los países hispánicos tienen excelentes esquiadores.° ¿Conoces a Francisco Fernández Ochoa que fue° campeón° olímpico de slalom especial?

plano *flat* **llanos** *plains* **nieve** *snow* **Así es que** *So it is that* **canchas** *resorts* **esquiadores** *skiers* **fue** *was* **campeón** *champion*

• For more on skiing, see p. 205.
• Usually the word **cancha** refers to a playing field or court.

Estructura

A. El pasado inmediato: *acabar de* + infinitivo

Compare the following sentences.

Acabo de hablar español.	**Voy a** hablar inglés.
*I **have just** spoken Spanish.*	*I **am going** to speak English.*
Dolores **acaba de** salir.	**Va a** comprar una revista.
*Dolores **has just** gone out.*	*She **is going** to buy a magazine.*
Acabamos de volver a casa.	**Vamos a** mirar la televisión.
*We **have just** come back home.*	*We **are going** to watch television.*

To express an event which has just taken place, you may use the following construction:

> (present tense of) **acabar de** + infinitive

- **Acabar** is a regular **-ar** verb which agrees with the subject. By itself, it means *to finish, to end:* ¿Puedes **acabar** el trabajo a las seis?

- Remember, to express an event which is going to take place in the near future, Spanish speakers use the construction:

> (present tense of) **ir a** + infinitive

Lo que comienza mal, acaba mal.

What begins badly ends worse.

ACTIVIDAD 1   ¿Por qué están cansados?

Algunos alumnos se están durmiendo en la clase de ciencias. Explícale al profesor por qué están cansados.

> Ramón: jugar al fútbol   Ramón acaba de jugar al fútbol.

1. Elena: jugar al tenis
2. Paco: jugar al volibol
3. yo: nadar
4. tú: correr *(run)* dos millas

5. Uds.: correr cinco millas
6. nosotros: tener un examen muy difícil
7. Manuel y Carlos: hacer sus tareas
8. Carmen y Dolores: jugar al básquetbol

vocabulario especializado — La escuela

un examen (los exámenes)

contestar	to answer	Carmen **contesta** la pregunta del profesor.
tomar	to take (an exam)	Voy a **tomar** el examen de francés.
salir bien (en)	to pass (an exam)	¿**Sales bien** en los exámenes de inglés?
salir mal (en)	to flunk (an exam)	Sí, pero siempre **salgo mal** en los exámenes de matemáticas.

una nota	grade	
sacar	to get (a grade)	Pedro **saca** una buena nota en historia.
recibir	to receive	**Recibe** una mala nota en ciencias.

una tarea	assignment	
las tareas	homework	Tengo muchas **tareas** para mañana.
el fin	end	Espero el **fin** de la clase.

fácil ≠ difícil	easy ≠ difficult	La tarea de español no es **difícil.**
útil ≠ inútil	useful ≠ useless	¿Es **útil** estudiar francés?
feliz (felices)	happy	Carlos es un estudiante **feliz.**
enojado	upset, angry	Juan está **enojado:** acaba de sacar una «F».

ACTIVIDAD 2   ¡Demasiado tarde! *(Too late!)*

Carlos no tiene suerte: quiere hacer algo con Laura, y ella le dice que
acaba de hacerlo con Rafael. Haz los papeles de Carlos y Laura según el modelo.

∑⟩   jugar al tenis   Carlos: ¿Quieres jugar al tenis conmigo?
    Laura: ¡Demasiado tarde! Acabo de jugar al tenis con Rafael.

1. ir al cine
2. ir a la playa
3. escuchar discos
4. mirar la televisión
5. salir al parque
6. tomar café
7. ir de compras *(to go shopping)*
8. hacer las tareas
9. ir a nadar

ACTIVIDAD 3   Creación

Vamos a ver cuántas oraciones lógicas puedes crear en cinco minutos. Usa
un elemento de las columnas A, B, C y D.

VARIATION: Have students select 2 drawings in the book and construct similar sentences about them.

A	B	C	D
yo			trabajar
Enrique	estar { alegre(s)	porque { ir a	jugar al fútbol
nosotros	triste(s)	acabar de	hacer un viaje
mis amigos	cansado(a)(s)		perder el partido de volibol
	enojado(a)(s)		sacar una buena (mala) nota
			tener un accidente
			encontrar a unos amigos

∑⟩   Enrique está enojado porque acaba de sacar una mala nota.
    Nosotros estamos alegres porque vamos a hacer un viaje.

B. La duración de una acción: *hace* + el presente

Read carefully each of the following pairs of sentences. The first sentence in each group describes an activity or situation occurring now. The second sentence describes an activity or situation which began at some time in the past and which is still going on. Pay attention to the forms of the verbs, both in Spanish and in English.

Estudio español.	*I study (am studying) Spanish.*
Hace seis meses que **estudio** español.	*I have been studying Spanish for six months.*
Carlos **vive** en México.	*Carlos lives (is living) in Mexico.*
Hace tres años que Carlos **vive** en México.	*Carlos has been living in Mexico for three years.*

To express the duration of an action or a situation which began in the past and is still going on, you may use the construction:

You may point out that literally **Hace 3 años que...** means It makes 3 years that....

> **hace** + period of time + **que** + (subject) + verb in the present

Note also the interrogative expression: OPTIONAL

> **¿Cuánto tiempo hace que** (+ verb in the present)?

¿Cuánto tiempo hace que estudias español?   *(For) How long have you been studying Spanish?*   This may be taught for recognition only.

ACTIVIDAD 4   El Instituto de Estudios Profesionales

En el Instituto de Estudios Profesionales hay muchos estudiantes. Di cuánto tiempo hace que estudian, y qué estudian, las siguientes personas.

Arturo: dos años / inglés   Hace dos años que Arturo estudia inglés.

1. Guillermo: tres años / mecánica
2. Manuela: seis meses / italiano
3. Rafael: diez semanas / inglés
4. yo: un año / fotografía
5. tú: cuatro meses / piano
6. nosotros: un año / decoración interior
7. Paco y Marisol: dos años / japonés
8. Uds.: seis semanas / guitarra

ACTIVIDAD 5   Diálogo: ¿Cuánto tiempo hace que . . .?   OPTIONAL

Pregúntales a tus compañeros si hacen las siguientes cosas. Si contestan
afirmativamente, pregúntales también cuánto tiempo hace que las hacen.

   tocar la guitarra   Estudiante 1: ¿Tocas la guitarra?
                      Estudiante 2: Sí, toco la guitarra. (No, no toco la guitarra.)
                      Estudiante 1: ¿Cuánto tiempo hace que tocas la guitarra?
                      Estudiante 2: Hace (seis meses) que toco la guitarra.

1. estudiar español
2. jugar al tenis
3. tocar el piano
4. tener radio
5. tener bicicleta
6. sacar buenas notas
7. hablar francés
8. asistir a esta escuela
9. estar cansado(a)
10. esperar el fin de la clase

Pronunciación   **Las vocales**

Model word: difícil
Practice words: comediante pantalones camiseta impermeable
Practice sentences: El mecánico trabaja en la estación de servicio.
                     El examen de matemáticas es muy difícil.
                     ¡Este artículo es maravilloso!

In English, the vowels in unstressed syllables are often pronounced "uh":
comedian, difficult. In Spanish, the vowels in unstressed syllables are
pronounced as distinctly as those in stressed syllables. Avoid the "uh"
sound when pronouncing longer Spanish words.

OPTIONAL

Entre nosotros

Expresión para la composición

además   *moreover, in addition*

Mini-composición   Autobiografía

Imagina que acabas de ganar un gran premio *(prize)* deportivo en tu deporte favorito. Un periodista quiere escribir un artículo sobre *(about)* tus actividades. En un pequeño párrafo descríbele tus actividades y dile cúanto tiempo hace que haces estas actividades. Puedes usar los siguientes verbos. Usa también la expresión para la composición.

  vivir / estudiar / trabajar / jugar / asistir a / practicar

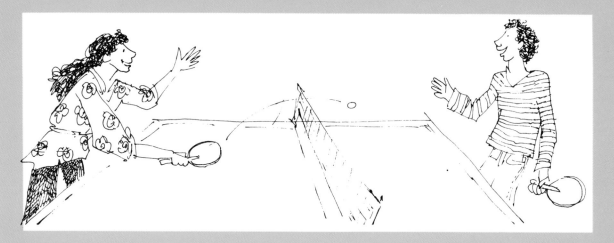

≫   Hace dos años que juego al tenis. **Además** sé jugar al ping pong y al básquetbol . . .

Lección 2

Un día que no empezó bien

STRUCTURE TO OBSERVE: the **él** form of the preterite of **–ar** verbs.

Todos los días:

Carlos Enrique se despierta a las seis y media.
(Su despertador funciona bien siempre.)

Ayer:

Carlos Enrique se despertó a las nueve.
(¡Su despertador no funcionó ayer!)

se despertó: *woke up*

despertador: *alarm clock*, no funcionó: *didn't work*

Se levanta, se baña, se lava los dientes.

Se levantó, se bañó, se lavó los dientes . . . ¡con mucha prisa!

con mucha prisa: *in a hurry*

Después se desayuna.

Ayer, no se desayunó.

se desayuna: *he has breakfast*

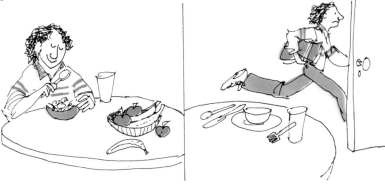

A las siete y media, toma su bicicleta . . .
y a las ocho, llega al colegio.

No tomó su bicicleta, tomó el autobús . . .
y llegó al colegio a las diez.

Entró a la clase de francés y buscó sus tareas . . . pero no las encontró. (¡Caramba! Las olvidó en el autobús.)

olvidó: *he forgot*

Sus profesores lo felicitan por ser siempre muy puntual y serio.

El profesor de francés no felicitó a Carlos Enrique. Lo castigó por llegar tarde y ser negligente.

felicitan: *congratulate*

castigó: *punished,*
por llegar tarde y ser negligente: *for arriving late and being careless*

Así empieza la rutina diaria de Carlos Enrique, ¡estudiante modelo!

¡Qué día! Realmente no empezó bien para el pobre Carlos Enrique . . . pero ¡así es la vida!

Así: *Thus,*
rutina: *routine,*
diaria: *daily,*
empezó: *began*
así es la vida: *that's life*

Generalmente, ¿a qué hora se despierta Carlos Enrique? ¿A qué hora se despertó ayer? ¿Por qué? Generalmente, ¿qué hace después de lavarse? ¿Se lavó ayer? Generalmente, ¿a qué hora llega a la escuela? ¿A qué hora llegó ayer? ¿Por qué felicitan sus profesores a Carlos Enrique? ¿Lo felicitó ayer su profesor de francés? ¿Por qué no?

CONVERSACIÓN

Vamos a hablar de tus actividades de los fines de semana.

1. ¿Trabajas los fines de semana?
   Sí, trabajo. (No, no trabajo.)
2. ¿Estudias?
3. ¿Te levantas temprano *(early)?*
4. ¿Te quedas en casa?
5. ¿Visitas a tus amigos?
6. ¿Invitas a tus amigos a tu casa?

Ahora, vamos a hablar del fin de semana pasado.

7. ¿Trabaj**aste** el fin de semana pasado?
   Sí, trabaj**é**. (No, no trabaj**é**.)
8. ¿Estudi**aste**?
9. ¿Te levant**aste** temprano?
10. ¿Te qued**aste** en casa?
11. ¿Visit**aste** a tus amigos?
12. ¿Invit**aste** a tus amigos a tu casa?

OBSERVACIÓN   Est. A

In questions 1-6, you are asked about what you *do on weekends* (any weekend). The verbs are in the *present tense.* In your answers, you also use verbs in the present tense.

In questions 7-12, you are asked about what you *did last weekend.* The verbs are in a *past tense.*

- In what four letters do the verbs in the **tú** form end?   -aste
- In what letter do the verbs in the **yo** form end?   -é   Make sure that students note the accent mark.

Nota cultural

La disciplina escolar

En los países hispánicos, la disciplina escolar es generalmente más fuerte que en los Estados Unidos. Cuando un alumno llega tarde° a la escuela, cuando no hace las tareas o cuando es negligente, generalmente recibe° un castigo.° ¿En qué consiste el castigo? Pues ... depende. A veces el alumno tiene que hacer una tarea suplementaria o memorizar un poema. A veces tiene que quedarse hasta más tarde,° e incluso° pasar° el sabado en la escuela.

tarde *late*   **recibe** *receives*   **castigo** *punishment*   **hasta más tarde** *until later*   **incluso** *even*   **pasar** *spend*

¿Es fuerte la disciplina escolar en los países hispánicos? ¿Por qué recibe un castigo un alumno? ¿En qué consiste el castigo?

Estructura

A. El pretérito: verbos que terminan en -ar

When you want to describe an action or event which took place in the past, you use a verb in a *past tense*. In Spanish, one such past tense is the *preterite*. Compare the present tense and the preterite tense forms of **visitar** in the following sentences, paying special attention to the endings.

	PRESENT	PRETERITE	PRETERITE ENDINGS
	Hoy,	Ayer,	
(yo)	**visito** un museo.	**visité** las tiendas.	**-é**
(tú)	**visitas** San Juan.	**visitaste** Mayagüez.	**-aste**
(él) (ella) (Ud.)	**visita** Valencia.	**visitó** Barcelona.	**-ó**
(nosotros)	**visitamos** El Paso.	**visitamos** San Antonio.	**-amos**
(vosotros)	**visitáis** San Francisco.	**visitasteis** Monterey.	**-asteis**
(ellos) (ellas) (Uds.)	**visitan** a sus amigos.	**visitaron** a sus primos.	**-aron**

➤ To form the preterite of regular **-ar** verbs, the **-ar** ending of the infinitive is replaced by the endings shown above.

➤ Note the English equivalents of the Spanish preterite tense:

Point out that the **nosotros** forms of the present and the preterite are the same.

Visité Madrid.	*I visited Madrid.*
	I did visit Madrid.
No visité Madrid.	*I did not visit Madrid.*

ACTIVIDAD 1   María está enferma

Hace una semana que María está enferma. Ayer, varios amigos la llamaron por teléfono. Di quién la llamó.

VARIATION: They visited her. **Felipe la visitó.**

➤ Felipe   Felipe la llamó por teléfono.

1. Carlos
2. mis hermanos
3. mi primo
4. Ud.
5. yo
6. tú
7. nosotros
8. Ramón y su hermana
9. Dolores y Elena
10. Uds.

Verbos y expresiones

cambiar	to change	El tiempo **cambió** en la primavera.	
dejar	to leave (something behind)	**Dejé** mi bicicleta en el garaje.	
equivocarse	to make a mistake	Ana acaba de **equivocarse.**	
olvidarse (de)	to forget	**Me olvidé** de la fecha del examen.	
pasar	to spend (time)	**Pasé** el fin de semana en San Juan.	
	to pass (by)	**Pasé** por Nueva York.	
	to happen	¿Qué **pasó** en la fiesta?	
anoche	last night	**Anoche,** miré un partido de béisbol.	
ayer	yesterday	**Ayer,** me levanté a las siete.	
a tiempo	on time	No llegó **a tiempo** a la escuela.	
tarde	late	Llegó **tarde.**	
temprano	early	Mis amigos llegaron **temprano.**	
hasta	until	Esperé en casa **hasta** las tres.	
durante	during	¿Qué pasó **durante** la semana?	

REFRÁN

De rico a pobre pasé, y sin amigos me quedé.

I went from rich to poor, and was left without friends.

ACTIVIDAD 2   El apagón *(The blackout)*

Las siguientes personas miran la televisión todas las noches. Anoche no la miraron a causa de *(because of)* un apagón. Expresa esta situación según el modelo.

VARIATION: Yesterday they did not listen to the radio. **El Sr. Montoya escucha la radio. Ayer no la escuchó.**

     el Sr. Montoya   El Sr. Montoya mira la televisión todas las noches. Anoche no la miró.

1. yo
2. tú
3. nosotros
4. Ingrid
5. la profesora

6. mis abuelos
7. la Sra. de Montoya
8. Diego y Alberto
9. Manuel y sus hermanas
10. Roberto

ACTIVIDAD 3   En la playa

Un grupo de amigos pasó el sábado en la playa. Di qué hizo *(did)* cada uno.

> María: nadar   María nadó.

1. Manuela: tomar el sol *(to sunbathe)*
2. tú: nadar
3. Isabel y Luis: nadar
4. mis amigos: mirar a las chicas
5. Carmen: mirar a los chicos
6. nosotros: mirar a Carmen
7. Rafael: escuchar su radio transistor
8. el grupo: jugar al volibol

ACTIVIDAD 4   Diálogo: El sábado de tus compañeros

VARIATION: Use the plural. ¿Estudiaron Uds. ...? Sí, estudiamos...

Pregúntales a tus compañeros si hicieron *(did)* estas cosas el sábado pasado.

> estudiar   Estudiante 1: ¿Estudiaste el sábado pasado?
> Estudiante 2: ¡Sí, estudié! Siempre estudio los sábados.
> (¡No, no estudié! Nunca estudio los sábados.)

1. trabajar
2. ayudar a tu mamá
3. ayudar a tu papá
4. comprar discos
5. gastar dinero
6. tomar el autobús de la escuela
7. mirar la televisión
8. nadar
9. esquiar
10. levantarse temprano

B. El pretérito: verbos que terminan en *–car, –gar* y *–zar*

Compare the **tú** and **yo** forms of the preterite in the following questions and answers.

tocar *(to play)*
—¿**Tocaste** la guitarra ayer?
—Sí, **toqué** la guitarra.

llegar *(to arrive)*
—¿A qué hora **llegaste** a la escuela?
—**Llegué** a las ocho.

empezar *(to begin)*
—¿**Empezaste** el libro?
—Sí, lo **empecé.**

> In the preterite, verbs ending in **–car, –gar** and **–zar** have a spelling change which occurs only in the **yo** form.

–car	c → qu	Busqué un libro.
–gar	g → gu	Pagué dos dólares por el libro.
–zar	z → c	Empecé este libro.

ACTIVIDAD 5   Preguntas personales

1. ¿Empezaste bien el día hoy?
2. ¿Llegaste a la escuela a tiempo?
3. ¿Jugaste al tenis el fin de semana pasado? ¿Con quién jugaste?
4. ¿Jugaste al volibol? ¿Jugaste bien o mal?
5. ¿Sacaste fotos? ¿de qué? ¿de quién?
6. ¿Tienes un radio? ¿Cuánto pagaste por tu radio?
7. ¿Tienes una bicicleta? ¿Cuánto pagaste por tu bicicleta?
8. ¿Tienes una cámara? ¿Cuánto pagaste por tu cámara?
9. ¿Tocas la guitarra? ¿La tocaste ayer?

ACTIVIDAD 6   Problemas

¿Cómo fue *(was)* el día de ayer para ti? ¿Bueno o malo? Di si tuviste *(you had)* los siguientes problemas.

levantarte tarde   Sí, me levanté tarde ayer.
(No, no me levanté tarde ayer.)

1. llegar tarde a la escuela
2. llegar tarde a una cita
3. dejar tus libros en el autobús
4. olvidarte de tu almuerzo *(lunch)* en casa
5. olvidarte de tus tareas en casa
6. olvidarte de una cita importante
7. sacar una mala nota
8. equivocarte en las tareas
9. pasar un día malo
10. hablar con alguien antipático

 Pronunciación   Los sonidos /k/ y /g/

Practice syllables: ca co cu que qui
                    ga go gu gue gui
Model words: tocó toqué pagó pagué
Practice words: sacar contestar cuerpo busqué aquí
                llegar algo ninguno jugué guitarra
Practice sentences: ¿Por qué no toca la guitarra Carlos?
                    Carmen se equivocó en el cálculo.
                    Los jugadores del equipo ganaron el campeonato.

The consonants **c** and **g** before **a, o,** and **u** are pronounced like the hard English **c** in "case" and the hard English **g** in "girl." To keep the "hard" sound before **e** and **i,** the spellings **qu** and **gu** are used.
Occasionally the **u** after a **g** is to be pronounced as a vowel sound; it is then marked with a dieresis (¨): **"pingüino," "bilingüe."**

Entre nosotros

Expresión para la composición

entonces *then*

Mini-composición   Mi diario

Escribe un párrafo en tu diario. Puedes hablar de lo que hiciste *(what you did)* realmente, o puedes imaginar que fuiste *(you were)* otra persona y describir sus actividades. Puedes usar los siguientes verbos:

    levantarse / quedarse / tomar / mirar / visitar /
    llegar / invitar / escuchar / llamar por teléfono /
    buscar / comprar / gastar / trabajar / ayudar

Debes usar también la expresión para la composición.

El domingo me levanté muy temprano. Llamé por teléfono a mi amigo y **entonces** lo invité a jugar al tenis. . . .

Lección 3

¡Qué suerte! STRUCTURE TO OBSERVE: the **yo** form of the preterite of -**er** and -**ir** verbs.

Las personas que tienen suerte, ¿son siempre las mismas? ¡Claro que no! A veces, todos tenemos suerte; otras veces, no. La suerte cambia. Varios jóvenes nos cuentan aquí un suceso (afortunado o desafortunado) que les ocurrió el mes pasado.

suceso: event

Buena suerte

Elena: Recibí dos mil pesetas de mis padrinos por mis quince años.

Pedro: Recibí una buena nota en el examen de inglés.

Isabel: Vendí mi bicicleta vieja a un precio muy bueno.

Doris: Le escribí una carta al famoso cantante Julio Iglesias, y me contestó con su foto y su autógrafo.

Esteban: Perdí mi cartera (con mil pesos y la foto de mi novia), pero la encontré dos días después.

Inés: Decidí participar en un concurso fotográfico y gané el primer premio: ¡un viaje a Roma!

Recibí: I received, padrinos: godparents

precio: price

cartera: wallet

Decidí: I decided, concurso: contest
premio: prize

Mala suerte

Benjamín: Recibí una nota muy mala en el examen de matemáticas.

Patricia: Le escribí una carta al famoso actor norteamericano Robert Redford, pero no me contestó.

Marisela: Perdí mi bolso (con veinte dólares y el permiso de conducir) y no lo encontré.

Diego: Conocí a una chica muy simpática, pero perdí su número de teléfono.

Felipe: Rompí una ventana jugando al béisbol.

Miguel: Me rompí la pierna jugando al fútbol y mi equipo perdió el campeonato.

permiso de conducir: driver's license

Conocí: I met

Me rompí: I broke

campeonato: championship

• The él form may be introduced with the following questions: ¿Cuánto dinero recibió Elena? ¿Qué vendió Isabel? ¿A quién le escribió Doris? ¿Qué perdió Esteban? ¿A quién le escribió Patricia? ¿Qué rompió Felipe?

• SUGGESTED REALIA: A record of Iglesias or other popular Spanish singer.

La quinceañera

Para una chica hispánica el cumpleaños más importante es el de los quince años. Es como los diez y seis años de una norteamericana. Sus padrinos° le dan regalos especiales. A menudo recibe joyas:° un collar° de perlas o un anillo° de oro.°

Sus padres organizan una gran fiesta, generalmente con música y baile.° La fiesta es en la casa de la *quinceañera*° o en un club social. En algunos países, la ocasión se anuncia° en el periódico. Todos los amigos y parientes se reunen° para celebrar esta ocasión alegre y se divierten hasta las altas horas de la madrugada.°

padrinos *godparents*   **joyas** *jewelry*   **collar** *necklace*
anillo *ring*   **oro** *gold*   **baile** *dance*   **quinceañera** *girl who is 15*
se anuncia *is announced*   **se reunen** *gather*
altas horas de la madrugada *early morning hours*

Estructura

Locate these cities on a world map. Use other cities to practice sentences similar to those of the chart. E.g. yo (Akron): Aprendí inglés. Viví en Akron.

A. El pretérito: verbos que terminan en –er y en –ir

In the preterite, regular –**er** and –**ir** verbs have the same endings:

INFINITIVE:	aprender	vivir	PRETERITE ENDINGS:
PRETERITE:			
(yo)	Aprendí español.	Viví en Sevilla.	-í
(tú)	Aprendiste francés.	Viviste en París.	-iste
(él) (ella) (Ud.)	Aprendió portugués.	Vivió en Río de Janeiro.	-ió
(nosotros)	Aprendimos japonés.	Vivimos en Tokio.	-imos
(vosotros)	Aprendisteis inglés.	Vivisteis en Boston.	-isteis
(ellos) (ellas) (Uds.)	Aprendieron italiano.	Vivieron en Roma.	-ieron

The preterite of most –**er** and –**ir** verbs is formed by replacing the infinitive endings (–er, –ir) by the endings shown above.

Point out that the **nosotros** forms of the present and the preterite are the same for –ir verbs, but not for –er verbs.

vocabulario especializado   Otros verbos que terminan en –er y en –ir

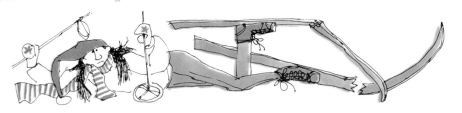

verbos que terminan en –er

deber + infinitive	should, ought to	¡**Debo** estudiar más!
romper	to break	María **rompió** sus esquís.
romperse + part of the body	to break one's (arm, etc.)	También **se rompió** la pierna.

verbos que terminan en –ir

descubrir	to discover	¿**Descubrió** América Cristóbal Colón?
recibir	to get, to receive	Para mis quince años, **recibí** un reloj.

ACTIVIDAD 1 Otros problemas

VARIATION: Use plural forms.
—¿Recibieron Uds. malas noticias?
—Sí, (No, no) recibimos malas noticias.

Di si tuviste *(you had)* los siguientes problemas el año pasado.

 recibir malas noticias *(news)*   Recibí malas noticias.
                                                 (No recibí malas noticias.)

1. recibir un regalo inútil   3. romperte el brazo   5. perder tu cartera *(wallet)*
2. romper una ventana   4. romperte la pierna   6. descubrir algo desagradable

ACTIVIDAD 2 ¿Eres aficionado(a) a la historia?

Escoge *(Choose)* a una de estas personas famosas y escribe un párrafo de
seis oraciones diciendo si hizo *(did)* las cosas siguientes:

Jorge Washington / William Shakespeare / Abraham Lincoln / los hermanos Wright

Columbus: 1451–
1506; Washington:
1732–1799; Shakes-
peare: 1564–1616;
Lincoln: 1809–
1865; Wilbur Wright:
1867–1912; Orville
Wright: 1871–1948

1. vivir en los Estados Unidos   4. descubrir algo importante
2. vivir en el siglo *(century)* veinte   5. transformar la sociedad
3. escribir mucho   6. cambiar el curso de la historia

 Cristóbal Colón: No vivió en los Estados Unidos. No vivió en el siglo veinte . . .

ACTIVIDAD 3 Creación

Vamos a ver cuántas oraciones lógicas puedes crear en cinco minutos. Usa
un elemento de las columnas A, B y C. Empieza cada oración con **Ayer** y
usa el pretérito.

A	B		C	
yo	aprender	asistir	una carta	un espejo *(mirror)*
Carlos	comer	escribir	la pierna	un regalo estupendo
nosotros	beber	recibir	una guitarra	en un restaurante
mis amigos	perder	salir	una Coca-Cola	con unos amigos
	romper(se)			un partido de tenis
	vender			algo bueno
				una mala nota en
				un examen

 Ayer mis amigos recibieron una carta.

B. El pretérito: *dar* y *ver*

Note the preterite forms of the verbs **dar** *(to give)* and **ver** *(to see)*.

(yo)	**di**	**vi**	(nosotros)	**dimos**	**vimos**
(tú)	**diste**	**viste**	(vosotros)	**disteis**	**visteis**
(él, ella, Ud.)	**dio**	**vio**	(ellos, ellas, Uds.)	**dieron**	**vieron**

 In the preterite, **dar** and **ver** take the endings of the –**er** and –**ir**
verbs, except that the accent mark is not used on the **yo** and **él**
forms.

ACTIVIDAD 4 Los regalos de Navidad *(Christmas presents)*

Unos amigos comparan los regalos que recibieron y que dieron para
Navidad. Di qué recibió y qué dio cada uno.

 María: una bicicleta / discos   María recibió una bicicleta. Dio discos.

1. mi primo: un abrigo / libros
2. tú: un tocadiscos / una caja *(box)* de chocolates
3. yo: una cámara / dulces *(candy)*
4. nosotros: dinero / camisas
5. Elena: una raqueta de tenis / sandalias
6. Carmen y Emilia: vestidos / discos
7. Enriqueta: un bolso / su foto
8. mis amigos: ropa / corbatas

VARIATION: Use plural forms. –¿Vieron Uds. ...? –No, no vimos ...

ACTIVIDAD 5 Diálogo: El fin de semana

Pregúntales a tus compañeros si hicieron *(did)* las siguientes cosas el fin
de semana pasado.

 ver una película mexicana   Estudiante 1: ¿Viste una película mexicana el fin de semana pasado?

Estudiante 2: Sí, vi una película mexicana.
(No, no vi una película mexicana.)
(No, no vi ninguna película.)

1. ver a una actriz de televisión en la calle
2. recibir una carta de un artista de cine
3. recibir un regalo fabuloso
4. comer en un restaurante muy elegante
5. salir con un amigo hispánico
6. aprender muchos verbos irregulares
7. asistir a un concierto de rock
8. dar una fiesta en tu casa

C. El pretérito: *caer, creer, leer* y *oír*

Note the preterite forms of the verbs **caer** *(to fall)*, **creer** *(to believe)*, **leer**
(to read) and **oír** *(to hear)*.

INFINITIVE:	caer	creer	leer	oír
PRETERITE:				
(yo)	caí	creí	leí	oí
(tú)	caíste	creíste	leíste	oíste
(él, ella, Ud.)	cayó	creyó	leyó	oyó
(nosotros)	caímos	creímos	leímos	oímos
(vosotros)	caísteis	creísteis	leísteis	oísteis
(ellos, ellas, Uds.)	cayeron	creyeron	leyeron	oyeron

 The í of the endings always has an accent mark.
In the **él** and **ellos** forms, the i → y.

The verb **caer** is new to the students. You may point out that in the present it is irregular in the **yo** form: caigo.

ACTIVIDAD 6   Las noticias

Los chicos leyeron las noticias en el periódico. Las oyeron también en la radio. Expresa esto *(this)* según el modelo.

 Carmen   Carmen leyó las noticias en el periódico.
          Las oyó también en la radio.

1. tú
2. Clara
3. Uds.

4. Paco y Luis
5. yo
6. Isabel

7. nosotros
8. Ud.

Pronunciación   **Las vocales: *io, ío, ió***

Model words: di<u>o</u>   t<u>í</u>o   com<u>ió</u>
Practice words: v<u>io</u>   prec<u>io</u>   camb<u>io</u>   prec<u>io</u>so   romp<u>ió</u>   recib<u>ió</u>
          m<u>í</u>o   fr<u>í</u>o   t<u>í</u>o
Practice sentences: ¡Dios m<u>í</u>o! ¡Hace mucho fr<u>í</u>o!
          El secretar<u>io</u> le escrib<u>ió</u> a mi t<u>í</u>o.
          Estud<u>ió</u> en el coleg<u>io</u> San Gregor<u>io</u>.
          Mi t<u>í</u>o viv<u>ió</u> en el barr<u>io</u>.

The letters **io** represent a diphthong: the **i** is pronounced very much like the **y** in "yoyo." When the diphthong **io** comes at the end of a word and is to be stressed, an accent mark is placed over the **o**: **vivió**.
If the **i** and the **o** do not form a diphthong, that is, if they are pronounced separately, an accent mark is placed on the **i**: **un tío**.

OPTIONAL

Entre nosotros

> **Expresión para la composición**
> **al mismo tiempo**   *at the same time*

Mini-composición   La suerte cambia

Describe cinco sucesos *(events)* afortunados y cinco sucesos desafortunados que te ocurrieron a ti o a tus parientes el año pasado. Si quieres, puedes usar los siguientes verbos:

ganar / asistir / salir / escribir / recibir / descubrir / ver / romper / romperse / olvidarse / equivocarse / dejar / caer / caerse

Usa también la expresión para la composición.

 Mi hermano se cayó de mi bicicleta y la rompió. **Al mismo tiempo** se rompió la pierna.

ALTERNATE: Write a similar composition about a character in one of the drawings in this book.

Noticias de todos los días:
nuestros periodistas escriben

STRUCTURES TO OBSERVE:
review of regular preterite;
preterite of stem-changing verbs.

¡Un millonario de doce años!

—DE LA PROVINCIA DE MURCIA

La semana pasada, el joven
Roberto Ruiz descubrió un tesoro
en una casa abandonada. Este
tesoro consiste en dos mil monedas
de oro antiguas . . .

Muerte de un anciano simpático.

—DE LA PROVINCIA DE BARCELONA

Ayer Ángel Molina, un anciano de
ciento siete años de edad, murió en
un accidente de bicicleta. Su hijo
(de ochenta y cinco años de edad)
nos contó que el Sr. Molina nunca
se sintió enfermo ni cansado en
toda su vida . . .

¡Un nuevo récord!

—DE LA PROVINCIA DE VALENCIA

La Sra. de Muñoz descubrió un
tomate de más de cuatro kilos en
su huerta. Un nuevo récord
mundial . . . ¡para un tomate!

Un mono secretario

—DE LA PROVINCIA DE SEGOVIA

Ayer por la tarde, un mono se
escapó del circo AMAR. Unas
horas más tarde, la policía
encontró el mono en la oficina del
alcalde, escribiendo a máquina y
usando el teléfono.

Un profesor cansado

—DE LA PROVINCIA DE LEÓN

Un profesor de la universidad de
Salamanca se durmió durante un
examen. La universidad nos pidió
no revelar el nombre de este
profesor cansado.

tesoro: *treasure,*

monedas: *coins*
oro: *gold,*
antiguas: *ancient,*
alcalde: *mayor,*
escribiendo a
máquina: *typing*
Muerte: *Death,*
anciano: *old man*

edad: *age,*
murió: *died,*
nombre: *name*

se sintió: *felt*
vida: *life*

descubrió: *found*

huerta: *vegetable
garden*
mundial: *world's*

¿Qué descubrió Roberto Ruiz? ¿Cómo murió Ángel Molina? ¿Qué descubrió la Sra. de Muñoz? ¿Dónde
encontró el mono la policía? ¿Cuándo se durmió el profesor?

CONVERSACIÓN   OPTIONAL

Vamos a hablar del día de ayer. Esta vez *(this time)* imagina que un periodista te
hace las preguntas. (Él usa **usted** contigo.)

1. ¿Jugó Ud. al volibol?
   Sí, jugué . . . (No, no jugué . . .)

2. ¿Jugó Ud. al básquetbol?

3. ¿Volvió Ud. a casa después de *(after)* la
   clase? Sí, volví . . . (No, no volví . . .)

4. ¿Volvió Ud. a casa con unos amigos?

5. ¿Se divirtió Ud. en clase?
   Sí, me divertí . . . (No, no me divertí . . .)

6. ¿Se divirtió Ud. después de la clase?

7. ¿Durmió Ud. bien anoche?
   Sí, dormí . . . (No, no dormí . . .)

8. ¿Durmió Ud. por la tarde?

OBSERVACIÓN   Est. A, B

In the above questions, the verbs **jugar** *(to play)*,
volver *(to return)*, **divertirse** *(to have fun)*
and **dormir** *(to sleep)* are used in the preterite.

- Do these verbs have a stem change in the
  present?   yes

Look carefully at the verbs in questions 1-4.

- What are the infinitives of these two verbs?
- In which letters do the infinitive forms end?
- Do these verbs have a stem change in the **yo**
  form of the preterite? in the **Ud.** form?

Now look carefully at the verbs used in
questions 5-8.

- What are the infinitives of these two verbs?
- In which letters do the infinitive forms end?
- Do these verbs have a stem change in the **yo**
  form of the preterite? in the **Ud.** form? What
  is this change?

- jugar, volver   • divertirse, dormir
- –ar, –er   • –ir
- no / no   • no / yes / e → i, o → u

Nota cultural

Las provincias y las regiones de España

¿Eres norteamericano? ¡Por supuesto! Pero
estás también orgulloso° de ser de California, de
Florida, de Texas o de Nuevo México, ¿verdad?

Hoy España es un país de treinta y cinco
millones de habitantes, dividido en cincuenta
provincias politicales y trece regiones tra-
dicionales. Cada región mantiene su originalidad, sus tradiciones . . . ¡y a veces su propio
idioma!° Claro, son todos españoles, pero son
también catalanes, vascongados, andaluces . . .

orgulloso *proud*   **propio idioma** *own language*

SUGGESTED REALIA: map of Spain showing geography
and provinces; posters, slides, postcards, stamps, travel
brochures, etc.

Estructura

A. Repaso: el pretérito de los verbos que terminan en −ar, −er, −ir

The preterite forms of verbs in −ar, −er and −ir are summarized below:

INFINITIVE:	hablar	comer	escribir
PRETERITE:			
(yo)	hablé	comí	escribí
(tú)	hablaste	comiste	escribiste
(él, ella, Ud.)	habló	comió	escribió
(nosotros)	hablamos	comimos	escribimos
(vosotros)	hablasteis	comisteis	escribisteis
(ellos, ellas, Uds.)	hablaron	comieron	escribieron

The −ar and −er verbs which have a stem change in the present tense do not have this change in the preterite.

	hoy (presente)	ayer (pretérito)
pensar (e → ie)	Elena piensa ir a la playa.	Elena pensó ir al cine.
encontrar (o → ue)	Encuentro a Paco.	Encontré a Luis.
perder (e → ie)	Carlos nunca pierde nada.	Perdió su libro.
volver (o → ue)	Casi siempre vuelvo a casa a las tres.	Volví a las cuatro.

ACTIVIDAD 1 El viaje de Angélica del Río

Imagina que eres un(a) periodista (*journalist*) que trabaja para una revista argentina. Tienes que describir el viaje a Madrid de Angélica del Río, una famosa actriz de la televisión argentina. Éstas son tus notas del viaje. Están en el presente. Prepara tu artículo, cambiando tus notas al pretérito.

VARIATIONS with other subjects: **yo** (Angélica narrates her trip);**Nosotros** (Angélica and a friend narrate their trip).

El lunes llega a Madrid.　El lunes llegó a Madrid.

1. Busca un buen hotel.
2. En la tarde sale con una amiga.
3. El martes visita el Museo del Prado.
4. El miércoles come en el restaurante «Jockey».
5. Después asiste a un concierto flamenco.
6. El jueves da una fiesta.
7. El viernes recibe la visita de un periodista italiano.
8. Habla con él de su carrera en Buenos Aires.
9. El sábado se queda en el hotel.
10. Recibe un telegrama de su agente.
11. Llama por teléfono a la Argentina.
12. El domingo vuelve a Buenos Aires.

ACTIVIDAD 2 La vida no es siempre una fiesta

Los siguientes problemas están ocurriendo ahora. Descríbelos dos horas después.

🔊 Elena se despierta a las nueve.   Elena se despertó a las nueve.

1. Miguel se despierta de mal humor.
2. Rafael pierde sus libros.
3. El profesor pierde la paciencia.
4. Carlos encuentra a su peor enemigo *(enemy)*.
5. Susana encuentra a su peor enemiga.
6. Felipe vuelve a casa muy tarde.
7. Isabel no juega con sus amigas.
8. Luisa se rompe la pierna.
9. Carmen no entiende al profesor.
10. Miguel no recuerda la hora de su cita con María.

B. El pretérito: verbos con cambios que terminan en –*ir*

The –**ir** verbs which have a stem change in the present (and only these verbs) also have a stem change in the preterite. Note the change that takes place in the preterite forms of **sentirse** and **dormir**.

INFINITIVE:	**sentirse**	**dormir**
PRETERITE:		
(yo)	Me sentí bien.	Dormí bien.
(tú)	Te sentiste cansado.	Dormiste poco.
(él, ella, Ud.)	Se sintió en buena forma.	Durmió mucho.
(nosotros)	Nos sentimos cansados.	No dormimos bastante.
(vosotros)	Os sentisteis contentos.	Dormisteis bien.
(ellos, ellas, Uds.)	Se sintieron nerviosos.	No durmieron bastante.

🔊 The –**ir** verbs which have a stem change in the present have the following stem change in the **él** and **ellos** forms of the preterite.

Note: Students have seen this same stem change in the present participle of these verbs.

e → i	pedir	Manuel me pidió mi bicicleta.
o → u	dormir	Isabel no durmió bien anoche.

ACTIVIDAD 3 La fiesta de Margarita

Margarita invitó a muchos amigos a una fiesta, pero no todos se divirtieron. Di quién se divirtió y quién no.

🔊 tú: no   No te divertiste.

VARIATION: The same people attended a boring lecture. Say who fell asleep and who did not.
Tú: **No te dormiste.**

1. Pablo: sí
2. Rebeca: no
3. yo: sí
4. nosotros: sí
5. mis amigos: no
6. los amigos de Carmen: sí
7. Lucía: sí
8. el novio de Lucía: no

vocabulario especializado

las bebidas (drinks)

el agua   el café   el té   la leche   el jugo de frutas   el vino   la cerveza   la gaseosa

las comidas (food)

un sándwich   una hamburguesa   una ensalada   un helado   un pastel

servir (e → i)   to serve   Mis amigos **sirvieron** una gran comida.

tener sueño	to be sleepy
tener sed	to be thirsty
tener calor	to be hot
tener frío	to be cold
tener hambre	to be hungry

NOTA: In Spanish, expressions of how one feels physically usually use **tener**.
Tengo hambre means *I am hungry* (or literally, *I have hunger*).

• **El agua** is feminine. **El** and **un** are used before a feminine noun beginning with a stressed **a**.
• EXTRA VOCAB.: **las papas fritas** (french fries), **las rositas de maíz** (popcorn), **el yogur** (yogurt).

ACTIVIDAD 4   En la cafetería

Las siguientes personas están en la cafetería. Di qué pidieron estas personas.

VARIATION: The same people helped serve food and drink at a party.
Serviste un helado.

✍ tú: un helado   Pediste un helado.

1. Paco: jugo de frutas
2. María: una hamburguesa
3. nosotros: cervezas
4. Guillermo: una ensalada
5. yo: un pastel
6. mi hermano: un sándwich
7. Uds.: gaseosas
8. las amigas de Juan: café
9. mi mamá: té
10. mi hermana menor: leche

ACTIVIDAD 5   Para cada ocasión

Completa las siguientes oraciones con el verbo **beber** o **comer** y la bebida o la comida apropiada.

1. Cuando tengo sed . . .
2. Cuando tengo hambre . . .
3. Cuando tengo frío . . .
4. Cuando tengo calor . . .
5. Cuando tengo sueño . . .
6. Cuando mis padres van al restaurante . . .
7. Los ingleses . . .
8. Los norteamericanos . . .
9. Los alemanes . . .
10. Los franceses . . .

Checa 76

Kra. 51 Calle 76.

DELEITESE:

Sifón Negro y Blanco

Seviche - Pizzas
Lazagne - Canaloni
Ravioli

Cocina Internacional

Helados "Montemar"
Batidos - Jugos
Sandwiches - Perros
Hamburguesas

Aire Acondicionado
Música Ambiental
CHECA 76 - Cra. 51 Calle 76

ACTIVIDAD 6   La indigestión

Carlos celebró su cumpleaños en un restaurante, pero comió demasiado. VARIATIONS with other sub-
Cuenta qué le pasó a Carlos. jects: **Carlos y Pablo decidieron**

Carlos decide ir a un restaurante.
Carlos decidió ir a un restaurante.

VARIATIONS with other subjects: **Carlos y Pablo decidieron ir..., Yo decidí..., Tú decidiste..., Tú y yo decidimos...**

1. Pide una hamburguesa.
2. Pide dos ensaladas.
3. Pide un helado.
4. Pide otro helado.
5. Come demasiado.
6. Bebe vino.
7. Bebe demasiado.
8. Se siente mal.
9. Vuelve a su casa.
10. Se siente muy enfermo.
11. Se acuesta.
12. Se duerme.
13. Duerme doce horas.
14. Se siente mejor cuando se levanta.

ACTIVIDAD 7   Conversación con el Dr. Ruiz

Carlos llamó al Dr. Ruiz para contarle las cosas que le pasaron. Haz el
papel de Carlos usando **decidir** y las oraciones de la actividad anterior.

Carlos decide ir a un restaurante.   Decidí ir a un restaurante.

ACTIVIDAD 8   ¡Así es la vida!   This can be done as a written activity.

Vamos a ver cuántos incidentes (afortunados o desafortunados) de la vida
puedes describir en cinco minutos. Usa los elementos de las columnas A, B
y C para crear oraciones afirmativas o negativas. Usa el pretérito.

A	B		C	
yo	encontrar	romperse	diez dólares	de mal humor
Juan	ganar	divertirse	el televisor	en la calle
nosotros	jugar	sentirse	dinero	en casa
Elena y Carmen	caer	salir	la pierna	enfermo(a)(s)
	perder	recibir	en la fiesta	malas notas
	romper		con unos amigos	en la clase

Elena y Carmen se divirtieron en la fiesta.

Model words: h<u>a</u>blo   habl<u>ó</u>
Practice words: c<u>o</u>me   dej<u>é</u>;   cont<u>e</u>sto   contest<u>ó</u>;   s<u>a</u>lgo   sali<u>ó</u>
Practice sentences: Hoy, c<u>o</u>mpro el periódico. Ayer, mi papá lo compr<u>ó</u>.
                   Hoy, h<u>a</u>blo con Carlos. Ayer, mi amigo habl<u>ó</u> con él.
                   Hoy, le cont<u>e</u>sto al profesor. Ayer, mi hermano le contest<u>ó</u>.

In the **yo** and **él** forms of the preterite, the accent falls on the last
syllable. Be careful to stress the last syllable as you pronounce these
verbs.

OPTIONAL

Entre nosotros

> **Expresión para la composición**
> luego   *then*

Mini-composición   La excusa

Imagina que un robo *(robbery)* ocurrió anoche en el barrio donde vives.
La policía está interrogando a los vecinos *(neighbors)*. En un párrafo de
diez oraciones describe tus actividades de ayer, entre las cinco y las once
de la noche. Si quieres, puedes usar los siguientes verbos.

visitar / invitar / llamar por teléfono / mirar /
escuchar / quedarse / estudiar / encontrar / jugar /
comer / leer / asistir / escribir / pedir / salir /
oír / volver / sentirse / acostarse / dormirse

Usa la expresión para la composición.

   A las cinco, visité a un amigo. Volví a casa a las cinco y media y **luego** . . .

ALTERNATE: Write an original news item similar to those at the beginning of the lesson.

¿Qué hicieron?

hicieron: *did they do*

Cada cual a su manera,° las siguientes personas influyeron en el mundo en que vivieron. ¿Puedes identificarlas?

Lee atentamente° cómo cada uno describe lo que° hizo.° Decide a qué retrato° corresponde cada descripción.

Cada cual a su manera: *Each in his (her) own way*
atentamente: *carefully,*
lo que: *what,*
hizo: *did*
retrato: *portrait*

Cristóbal Colón
(1451-1506)

Roberto Clemente
(1934-1972)

Gabriela Mistral
(1889-1957)

Isabel la Católica
(1451-1504)

Pablo Picasso
(1881-1973)

Juan de la Cierva
(1896-1936)

(1) No, yo no soy español . . . Nací° en Italia. Pero hice muchas cosas por España, mi país adoptivo. Descubrí un continente nuevo, por ejemplo. (Claro, muchas personas envidiosas° dicen que yo no fui° el primer hombre blanco allí . . . pero, ¿dicen la verdad?) Lo cierto° es que hice° cuatro viajes al nuevo continente . . . y que millones de europeos vinieron después que yo.   Colón

Nací: *I was born*

envidiosas: *envious,*
fui: *I was*
Lo cierto: *What is certain*
hice: *made*

(2) Yo soy español, ciento por ciento. Sin embargo, viví gran parte de mi vida fuera° de España. Nací en el siglo° XIX (diez y nueve) y fui° a Francia a la edad° de diez y nueve años. Allí me dediqué totalmente a mi arte y llegué a ser° el pintor mas famoso de mi época. ¡Fui el artista que creó° el arte moderno!   Picasso

fuera: *outside,*
siglo: *century,*
fui: *I went*
edad: *age*
llegué a ser: *became*
creó: *created*

(3) No soy español . . . sino° española. Fui una reina° . . . es decir° la mujer más importante de mi época. Pero no es por eso que la gente de hoy se acuerda de mí.° Es porque di mi ayuda° al hombre que descubrió América.   Isabel la Católica

sino: *but,*
reina: *queen,*
es decir: *that is to say*

se acuerda de mí: *remember me for,*
ayuda: *help*

(4) Yo también soy una mujer hispánica, pero no soy española. Nací en Chile. Fui maestra . . . fui directora de escuela . . . fui embajadora° . . . fui escritora. Escribí muchos libros de poemas. Gané el premio° Nobel de literatura en 1945 (mil novecientos cuarenta y cinco). ¡Fui la primera persona de origen latinoamericano que recibió este famoso premio!   Mistral

embajadora: *ambassador*
premio: *prize*

(5) No fui ni° explorador ni° poeta ni artista. . . . Fui deportista. Empecé a jugar al béisbol en Puerto Rico a la edad de seis años. Más tarde,° llegué a ser uno de los más famosos jugadores profesionales. Un año recibí el honor más grande de mi carrera: el título del jugador más valioso° . . . Pero el béisbol no fue el único° interés en mi vida.° Para mí, lo° más importante siempre fue ayudar a otros. Tal vez Uds. se acuerdan del terremoto° terrible que devastó Nicaragua en 1972 (mil novecientos setenta y dos) . . . Tomé un avión para ayudar a las víctimas, pero el avión tuvo° un accidente y . . .   Clemente

ni . . . ni: *neither. . .nor*
más tarde: *later*

valioso: *valuable*, único: *only*
vida: *life*, lo: *the thing*
terremoto: *earthquake*
tuvo: *had*

(6) Hoy no hay mucha gente que se acuerda de mí. Sin embargo, Uds. pueden ver el resultado de mi invención en casi todos los aeropuertos del mundo. En los Estados Unidos, la policía lo usa para vigilar° el tráfico y salvar° a la gente en peligro.° Fui el ingeniero que inventó el autogiro, base° de los helicópteros modernos.   de la Cierva

vigilar: *watch over*
salvar: *save*, peligro: *danger*
base: *basis*

El arte de la lectura   OPTIONAL

Enriching your vocabulary: cognate patterns es → s

Many Spanish words which begin with **es-** correspond to English words beginning with **s-**.

España	*Spain*
español	*Spanish*
Estados Unidos	*United States*
escuela	*school*

Ejercicio

Determine the meanings of the following Spanish words and then use each one in an original sentence.

ADJECTIVES:	NOUNS:	VERBS:
estúpido	el(la) estudiante	estudiar
estupendo	la escultura	esquiar
espléndido	la estatua	
estricto	la estación	
especial	la escena	

Unidad 9

Buscando trabajo

9.1 ¿Tienes las habilidades necesarias?

Traffic police, Mexico City

338

"El Rastro," Madrid flea market

9.2 Aspiraciones profesionales   **9.3 Un trabajo de verano**   **9.4 ¿Cuál es su trabajo?**

VARIEDADES — ¿Qué profesión te conviene?

¿Tienes las habilidades necesarias?

STRUCTURE TO OBSERVE: **saber** + infinitive.

¿Cuáles te gustan más . . . los trabajos manuales (como mecánico) o los trabajos intelectuales (como profesor)? Cada trabajo requiere aptitudes y habilidades especiales. ¿Tienes tú las habilidades necesarias para los siguientes trabajos?

habilidades: *abilities*

Para ser secretario(a) bilingüe . . .

- ¿Sabes hablar inglés?
- ¿Sabes hablar español?
- ¿Sabes hablar otros idiomas?
- ¿Sabes escribir a máquina?

Sabes: *Do you know how to*

idiomas: *languages*

escribir a máquina: *to type*

Para ser policía en una ciudad grande . . .

- ¿Sabes hablar español?
- ¿Sabes conducir un coche?
- ¿Conoces bien la ciudad?
- ¿Conoces los procedimientos de primeros auxilios en caso de accidente?

primeros auxilios: *first aid*

Para ser aeromozo(a) en una línea aérea internacional . . .

- ¿Sabes hablar español o francés?
- ¿Sabes ser diplomático(a) en toda ocasión?
- ¿Sabes cuidar a los niños?
- ¿Conoces bien las normas de cortesía?

cuidar: *take care of*

Para trabajar en una agencia de viajes . . .

- ¿Sabes hablar español?
- ¿Conoces el sistema métrico?
- ¿Conoces bien tu país?
- ¿Conoces otros países también?

INTERPRETACIÓN

Para cada trabajo . . .

- si contestaste afirmativamente tres o cuatro preguntas, eres muy buen candidato(a).
- si contestaste afirmativamente uno o dos preguntas, tienes habilidades para el trabajo, pero tienes muchas cosas que aprender.
- si contestaste negativamente todas las preguntas, no eres un buen candidato(a). No tienes las habilidades necesarias. Tienes que buscar otro trabajo.

Have the students vote on which of the suggested job qualifications is most important/least important.

Vamos a ver a quién conoces y qué sabes.

1. **¿Conoces** a los padres de tu mejor amigo?
   Sí, **conozco** a . . . (No, no **conozco** a . . .)
2. **¿Conoces** al (a la) director(a) de la escuela?
3. **¿Conoces** bien a los otros alumnos de
4. **¿Conoces** a chicos hispánicos?
5. **¿Sabes** dónde vive tu mejor amigo?
   Sí, **sé** dónde . . . (No, no **sé** dónde . . .)
6. **¿Sabes** dónde trabaja su padre o su madre?
7. **¿Sabes** dónde está la oficina del (de la) director(a)?
8. **¿Sabes** cómo se llaman los otros alumnos de la clase?

OBSERVACIÓN   Est. A

Both verbs **conocer** and **saber** mean *to know.*
- Which one means to know *people?* conocer
- Which one means to know *certain information?* saber

Community worker in Lima

Nota cultural 🔊   OPTIONAL

El español, ¡sí!

¿Sabes° que hay unos° doce millones de personas de origen hispánico en los Estados Unidos? El español es la lengua de las comunidades hispánicas en ciudades grandes como Nueva York, Los Ángeles, Chicago, San Francisco, Miami, San Antonio . . .

Por eso, si buscas trabajo y sabes español, tienes más ventajas° que muchos.° Saber° español es importante para los policías, para las enfermeras° y para otras personas que trabajan en los hospitales, para los trabajadores sociales, para las personas que trabajan en negocios° de importación y exportación . . .

Y si tienes amigos de origen hispánico ¿por qué no les dices ¡Hola! en vez de° *Hello!* . . . Así es que, ¡ adelante° con el español !

Sabes *Do you know*   **unos** *about*   **ventajas** *advantages*
muchos *many others*   **Saber** *Knowing*   **enfermeras** *nurses*
negocios *business*   **en vez de** *instead of*   **adelante** *forward*

¿Cuántas personas de origen hispánico viven en los Estados Unidos?
¿Para qué tipo de trabajo es importante saber español?
¿Quieres trabajar en un hospital?
¿Quieres ser trabajador social?
¿Quieres trabajar en negocios?
SUGGESTED REALIA: job ads which indicate that a knowledge of Spanish is useful or required; bilingual pamphlets from local hospitals, utilities companies, etc.

Estructura

un oficio	job, trade	**una fábrica**	factory
una profesión	profession	**una oficina**	office

medicina

un(a) dentista	dentist
un(a) doctor(a)	doctor
un(a) enfermero(a)	nurse
un(a) veterinario(a)	veterinarian

servicios públicos y sociales

un(a) policía	police officer
un(a) trabajador(a) social	social worker

trabajos de oficina

un(a) dibujante	draftsman; designer
un(a) secretario(a)	secretary

turismo

un(a) aeromozo(a)	flight attendant
un(a) agente de viajes	travel agent
un(a) guía	guide

atender (e → ie)	to take care of, to wait on	Un aeromozo **atiende** a las personas en el avión.
dibujar	to draw	¿Te gusta **dibujar?**
escribir a máquina	to type	**¿Escribes** tus cartas **a máquina?**

NOTA: Remember that after **ser** the indefinite article (**un, una**) is not used with names of professions, unless the profession is modified by an adjective.

¿Es **veterinario** tu padre?   Sí, es **un veterinario muy bueno.**

¿Quieres ser **doctor?**   Sí, voy a ser **un doctor famoso.**

Have students bring to class an illustration of one of these professions and explain in 3 sentences whether they like it or, not and why. E.g., **No quiero ser aeromoza. No me gusta viajar mucho. Prefiero...**

ACTIVIDAD 1   Preguntas personales

1. ¿Trabaja tu papá en una oficina? ¿en un hospital? ¿en una estación de servicio? ¿en una fábrica? ¿en casa?
2. ¿Trabaja mucho tu mamá? ¿Trabaja en casa? ¿Trabaja fuera (outside) de casa?
3. ¿Quieres ser aeromozo(a)? ¿profesor(a)? ¿doctor(a)? ¿policía? ¿trabajador(a) social? ¿enfermero(a)?
4. ¿Trabajaste en una oficina el verano pasado? ¿en una fábrica? ¿en una tienda? ¿en un restaurante?
5. ¿Dibujas bien? ¿Quieres ser dibujante?
6. ¿Escribes a máquina? ¿Escribes rápido?

ACTIVIDAD 2   ¿Cuál es su trabajo?

Describe el trabajo de cada persona en la columna A, usando un elemento de las columnas B, C y D.

A	B	C	D
un(a) aeromozo(a)	atender	a la gente	en un avión
un(a) doctor(a)	enseñar	a los alumnos	en una escuela
un(a) secretario(a)	escribir	a los enfermos	en un hospital
un(a) profesor(a)	dibujar	a los pasajeros	en una oficina
un(a) enfermero(a)		(passengers)	en la calle
un(a) policía		a los animales	
un(a) veterinario(a)		a los turistas	
un(a) arquitecto(a)		cartas a máquina	
		planos	

Un profesor enseña a sus alumnos en una escuela.

A. Conocer y saber

In Spanish there are two verbs which mean *to know:* **conocer** (which you have already learned) and **saber.** Note the present tense forms and uses of these verbs in the following sentences.

INFINITIVE:	conocer	saber
PRESENT:		
(yo)	**Conozco** a Paco.	**Sé** que es de México.
(tú)	**Conoces** a Inés.	**Sabes** dónde vive.
(él, ella, Ud.)	**Conoce** al Dr. Suárez.	**Sabe** que es un buen dentista.
(nosotros)	**Conocemos** a esta chica.	**Sabemos** cómo se llama.
(vosotros)	**Conocéis** a María.	**Sabéis** de dónde es.
(ellos, ellas, Uds.)	**Conocen** a Pedro.	**Saben** que es un buen chico.
PRESENT PARTICIPLE:	**conociendo**	**sabiendo**

⟫ **Conocer** and **saber** have irregular **yo** forms. All other present tense forms have regular **– er** endings.

⟫ Although **conocer** and **saber** both correspond to the English verb *to know*, their meanings and uses are quite different. **Conocer** and **saber** may not be substituted for one another.

The following chart summarizes the uses of these two verbs.

conocer	+	people places things	**Conozco** a Felipe. ¿**Conoces** Los Ángeles? ¿**Conoce** Ud. esta novela?
saber	+	**que** **si** interrogative expressions	**Sé que** el padre de Paco es profesor. ¿**Sabes si** su mamá trabaja? ¿**Sabes dónde** está Luisa? No **sé cómo** se llama su hermana. No **sabemos a qué hora** empieza la película.
saber	+	fact	¿**Sabe** Ud. la **hora**?
saber	+	infinitive	¿**Sabes escribir** a máquina?

⟫ **Conocer** means *to know* in the sense of *to be acquainted* or *familiar with*. It is almost always used with nouns (or pronouns) designating *people* and *places*.
   It may sometimes be used with nouns designating *objects* or *facts*.

When used after **saber**, interrogative expressions keep their accent marks, as indirect questions.

⟫ **Saber** means *to know* in the sense of *to have information, to know a fact*. It is followed by nouns designating facts and by *clauses*.

   Saber may also be followed by an infinitive. It then means to know how to do something.

¿**Sabes** nadar? { *Do you know how to swim?*
                   { *Can you swim?*

ACTIVIDAD 3   Diálogo: ¿Tienen talento tus compañeros?

VARIATION: Use plural forms.
—¿Saben Uds. nadar?
—Sí, sabemos nadar.

Pregúntales a tus compañeros si saben hacer estas cosas.

⟩⟩ nadar   Estudiante 1: ¿Sabes nadar?
                 Estudiante 2: Sí, sé nadar.
                               (No, no sé nadar.)

1. bailar   6. sacar fotos
2. esquiar   7. hablar español
3. jugar al tenis   8. hablar otros idiomas *(languages)*
4. reparar un reloj   9. escribir a máquina
5. reparar un coche   10. dibujar

ACTIVIDAD 4   Raúl

Raúl es un estudiante de intercambio *(exchange)* que acaba de llegar de
México. Algunas personas lo conocen y saben que es de México. Otras no.
Di quién lo conoce y quién no, según el modelo.

⟩⟩ Linda: no   Linda no conoce a Raúl.
                   No sabe que es de México.

ADDITIONAL COMPLETIONS: Clara/de
Colombia; Carmen/del Paraguay; Esteban/
de Guatemala

1. Luis: sí
2. yo: sí
3. nosotros: sí
4. tú: no
5. mis amigos: no
6. el profesor de francés: sí
7. mis padres: no
8. la profesora de inglés: no

ACTIVIDAD 5   Diálogo: ¿Los conocen?

Pregúntales a tus compañeros si conocen a las siguientes personas o los
siguientes lugares *(places)*.

⟩⟩ el (la) director(a) de la escuela   Estudiante 1: ¿Conoces al (a la) director(a) de la
                                                        escuela?
                                          Estudiante 2: Sí, lo (la) conozco.
                                                        (No, no lo (la) conozco.)

1. el doctor de tu mejor amigo
2. el dentista de tus padres
3. el jefe *(boss)* de tu padre
4. tus vecinos *(neighbors)*
5. la familia de tu profesor(a)
6. la ciudad de Nueva York
7. la ciudad de Los Ángeles
8. la ciudad de San Antonio

VARIATION: Use plural forms.
—¿Conocen Uds. ...?
—Sí, lo (la) conocemos.

ACTIVIDAD 6   Ana María

Ana María es una alumna nueva en tu clase. Tu compañera Julia la conoce mejor que tú. Hazle a Julia estas preguntas sobre Ana María usando **conocer** o **saber** correctamente.

VARIATION: Does she know the twins José y Josefina?

⟩⟩ ¿Ana María?   ¿Conoces a Ana María?

1. ¿dónde vive?
2. ¿su casa?
3. ¿de dónde es?
4. ¿si tiene hermanos?
5. ¿su familia?
6. ¿sus abuelos?
7. ¿cómo se llama su mamá?
8. ¿qué le gusta hacer los fines de semana?
9. ¿su mejor amiga?
10. ¿bien a su padre?
11. ¿qué hace ella?
12. ¿dónde trabaja?

B. El pronombre *lo*   OPTIONAL

In the following answers, note the pronoun used to replace the underlined words.

¿Sabes <u>dónde trabaja Carlos?</u>	No, no **lo** sé. *I don't know **that**.*
¿Esperas <u>tener una profesión interesante?</u>	Sí, **lo** espero. *I hope **so**.*
<u>Luisa es la mejor alumna de la clase,</u> ¿verdad?	No **lo** creo. *I don't believe **it**.*

⟩⟩ The neuter pronoun **lo** is used to replace a clause or part of a sentence (rather than just a noun). It is often used with verbs such as **saber, esperar, creer, decir.**

ACTIVIDAD 7 Tu futuro OPTIONAL

Expresa tus reacciones a las siguientes preguntas usando expresiones
como **(no) lo creo, (no) lo espero, (no) lo sé.**

1. ¿Vas a ir a la universidad?
2. ¿Vas a visitar México este verano?
3. ¿Vas a estudiar español el próximo año?
4. ¿Vas a tener un trabajo interesante?

5. ¿Vas a ser doctor(a)?
6. ¿Vas a ser famoso(a)?
7. ¿Vas a ganar mucho dinero?
8. ¿Vas a tener una familia muy grande?

 # Pronunciación   Las terminaciones –ción, –sión

Model words: conversación   profesión
Practice words: estación   televisión   observación   posición
Practice sentences: Mi papá trabaja en una estación de televisión.
　　　　　　　　¿Cuál es la conclusión de esta observación?
　　　　　　　　Tomó la decisión de cambiar de profesión.

When saying **-ción** and **-sión,** be sure you use an / s / sound for **c** and **s**
and not the / sh / sound of the English "conversation" or "profession."

OPTIONAL

Entre nosotros

> **Expresión para la composición**
>
> **sin duda**   *doubtless*

Mini-composición   **Entrevistas** *(Interviews)*

Imagina que trabajas para un agencia de
empleos *(employment agency)*. Tu trabajo
consiste en preparar las entrevistas para
uno de los siguientes trabajos:

- secretario(a) bilingüe
- vendedor(a) viajero(a) *(traveling salesperson)*
- enfermero(a)
- policía

Las preguntas para las entrevistas son similares a las preguntas de
la sección «Información Profesional» del formulario *(form)* a la derecha *(right)*.
Prepara cinco preguntas, usando la expresión para la composición.

Ud. desea trabajar como secretaria bilingüe.
¿Sabe Ud. hablar inglés?
¿Sin duda sabe escribir a máquina? . . .

348

LÍNEAS AÉREAS PANAMERICANAS «LAPA»

Solicitud de trabajo

Nombre y apellidos _____

Nacionalidad _____

Lugar de nacimiento _____ Fecha de nacimiento _____

Dirección _____ Teléfono _____

EDUCACIÓN   sí   no

  Escuela primaria completa   ____   ____

  Escuela secundaria completa   ____   ____

  Estudios universitarios   ____   ____

INFORMACIÓN PROFESIONAL

  ¿Sabe hablar inglés?   ____   ____

  ¿Sabe hablar francés?   ____   ____

  ¿Sabe hablar alemán?   ____   ____

  ¿Sabe atender al público?   ____   ____

  ¿Conoce otros países?   ____   ____

  ¿Qué países? _____

  ¿Sabe escribir a máquina?   ____   ____

  ¿Sabe conducir un coche?   ____   ____

Trabajo que solicita _____

EXPERIENCIA PROFESIONAL ANTERIOR

Nombre de la empresa   Puesto   Fechas

_____

_____

_____

REFERENCIAS (Nombre y dirección)

  Personales _____

            _____

  Profesionales _____

            _____

Firma del solicitante _____ Fecha _____

Lección 2

Aspiraciones profesionales

STRUCTURES TO OBSERVE: verb (+ preposition) + infinitive; preposition (**para, en vez de**) + infinitive; **para** + noun.

Cuatro jóvenes hispánicos, dos muchachos y dos muchachas, hablan de sus aspiraciones. Escúchalos y escucha los consejos que reciben.

Pablo Hurtado, diez y seis años, de Ponce, Puerto Rico

Quiero ser taxista. Por el momento no tengo coche. Por eso, tengo que aprender a conducir con el coche de mi hermano mayor. Me gusta conducir a gran velocidad.

taxista: *cab driver*

a gran velocidad: *very fast*

Un taxista tiene que ser cortés y prudente. En vez de conducir rápidamente, necesitas aprender a conducir prudentemente. Es necesario para ser buen taxista.

cortés: *courteous*
En vez de: *Instead of*

María Ortega, diez y seis años, de Burgos, España.

Me gusta viajar. Tengo ganas de ser aeromoza de Iberia. Desafortunadamente, no tengo mucha facilidad para los idiomas extranjeros.

idiomas extranjeros: *foreign languages*

Para ser aeromoza en una línea aérea internacional es indispensable hablar bien uno o dos idiomas extranjeros. ¿Por qué no tratas de pasar las próximas vacaciones en Francia o en Inglaterra para mejorar tu pronunciación?

tratas de: *try to*

mejorar: *improve*

Unidad nueve

350

Iberia is the name of the Spanish national airlines.
¿Qué quiere ser Pablo? ¿Tiene coche Pablo? ¿Qué coche usa? ¿Cuáles son las cualidades de un buen taxista?
¿Qué quiere ser María? ¿Qué es la problema?

Esteban Menéndez, quince años, de Valparaíso, Chile

La mecánica me gusta mucho. Pero no quiero ser mecánico como mi padre. Creo que tengo talento artístico. Me gusta dibujar. Mi padre dice que es mejor ser mecánico. Dice que es muy difícil tener éxito como artista. ¡No sé qué decidir!

éxito: *success*

Una persona con tu talento puede tener éxito en muchas profesiones. Puedes ser decorador o dibujante y trabajar para una agencia de publicidad o para una revista de modas.

modas: *fashion*

Silvia Miranda, diez y seis años, de Córdoba, Argentina

Quiero ser periodista. Los periodistas viajan y conocen a muchas personas diferentes e interesantes, cosas que me gustan mucho . . . Pero desafortunadamente, no puedo expresar mis ideas claramente. Mis profesores dicen que tengo un estilo muy malo.

estilo: *style*

Para ser periodista, una persona tiene que escribir bien y con facilidad. Si tú no puedes escribir bien, tienes que pensar en otra profesión. Tú puedes ser fotógrafa, vendedora viajera, aeromoza . . . Ellas también viajan y conocen a muchas personas diferentes.

vendedora viajera: *traveling salesperson*

¿Qué hace el papá de Esteban? ¿Quiere ser mécanico Esteban? ¿Qué quiere hacer él? ¿Qué quiere ser Silvia? ¿Por qué? ¿Qué es la problema? ¿Cuáles son los requisitos para ser periodista?

Vamos a hablar de tus aspiraciones profesionales.

1. ¿Quieres **ser** mecánico?
   Sí, quiero . . . (No, no quiero . . .)
2. ¿Quieres **ser** doctor(a)?
3. ¿Quieres **trabajar** en una estación de televisión?

Ahora vamos a hablar de las cosas que aprendes a hacer.

4. ¿Aprendes **a conducir?**
   Sí, aprendo **a** . . . (No, no aprendo **a** . . .)
5. ¿Aprendes **a tocar** el piano?
6. ¿Aprendes **a jugar** al tenis?

Finalmente, vamos a hablar de las cosas que tratas de *(you try to)* hacer en la escuela.

7. ¿Tratas **de hablar** español siempre?
   Sí, trato **de** . . . (No, no trato **de** . . .)
8. ¿Tratas **de ser** un(a) alumno(a) modelo(a)?
9. ¿Tratas **de sacar** buenas notas?

In the above questions, the verbs which come after **quieres, aprendes** and **tratas** are in the infinitive form.

- Is **quieres** immediately followed by the infinitive? yes
- Is **aprendes** immediately followed by the infinitive? Which word comes between **aprendes** and the infinitive? no / a

- Is **tratas** immediately followed by the infinitive? Which word comes between **tratas** and the infinitive? no / de

"Satellite City," Mexico City

Nota cultural OPTIONAL

¡Coches!

¿Por qué quiere ser taxista Pablo Hurtado? ¿Para ganar dinero? . . . ¿o para conducir un coche?

En los países hispánicos, el coche es más que un medio° de transporte. ¡Es un lujo!° No todas las familias pueden comprarse un coche.

Y cuando una familia tiene un coche, no se lo° presta a sus hijos. ¡Así es que° para muchos jóvenes hispánicos, conducir un coche es solamente° un sueño!°

medio *means*   **lujo** *luxury*   **se lo** *it to them*
Así es que *So it is that*   **solamente** *only*   **sueño** *dream*

Estructura

A. Construcción: verbo + infinitivo

When a Spanish verb is followed by another verb, the second verb is usually an infinitive.

ACTIVITY: Have students respond with the **nosotros** forms.
—Debo trabajar. ¿Y Uds.?
—Nosotros también debemos trabajar.

The most common pattern is: verb + infinitive.

deber	Debo **trabajar**.	*I should work.*
desear	Deseo **trabajar**.	*I wish to work.*
esperar	Espero **trabajar**.	*I hope to work.*
necesitar	Necesito **trabajar**.	*I need to work.*
pensar	Pienso **trabajar**.	*I plan to work.*
poder	Puedo **trabajar**.	*I can work.*
preferir	Prefiero **trabajar**.	*I prefer to work.*
querer	Quiero **trabajar**.	*I want to work.*
saber	Sé **trabajar**.	*I know how to work.*

Some verbs follow the pattern: verb + preposition + infinitive.

aprender a	Aprendo **a trabajar**.	*I am learning to work.*
empezar a	Empiezo **a trabajar**.	*I begin to work.*
ir a	Voy **a trabajar**.	*I am going to work.*
salir a	Salgo **a trabajar**.	*I go out to work.*
venir a	Vengo **a trabajar**.	*I come to work.*
acabar de	Acabo **de trabajar**.	*I have just worked.*
dejar de	Dejo **de trabajar**.	*I stop working.*
olvidarse de	Me olvido **de trabajar**.	*I forget to work.*
tratar de	Trato **de trabajar**.	*I try to work.*

To remember the above patterns, try to learn the main verb with the preposition (if any) which follows it. (For instance, try to remember **aprender a,** rather than simply **aprender.**)

In the English equivalent of the Spanish construction verb + infinitive, the second verb may have an *-ing* ending.

Prefiero **trabajar** contigo.　$\begin{cases} \textit{I prefer \textbf{to work} with you.} \\ \textit{I prefer \textbf{working} with you.} \end{cases}$

New verbs here are **tratar de** and **dejar de.** Note that without the preposition, these have other meanings: **tratar** (to treat, to handle), **dejar** (to leave).

ACTIVIDAD 1 Diálogo: ¿Qué aprenden tus compañeros?

VARIATION: Do students want to learn these things? ¿Quieres aprender a cantar?

Pregúntales a tus compañeros si aprenden a hacer estas cosas.

🗣 cantar   Estudiante 1: ¿Aprendes a cantar?
              Estudiante 2: Sí, aprendo a cantar. (No, no aprendo a cantar.)

1. esquiar
2. bailar
3. jugar al tenis
4. sacar fotos
5. conducir un coche

6. cocinar (to cook)
7. escribir a máquina
8. dibujar
9. reparar coches
10. ser piloto de avión

ACTIVIDAD 2 ¿Tienes buena memoria?

No tenemos una memoria perfecta. A veces nos olvidamos de hacer cosas importantes. Di si te olvidas de hacer las siguientes cosas. Puedes usar expresiones como **nunca, a veces, a menudo, siempre.**

VARIATION: Students repeat their classmates replies. Siempre [Bob] se olvida de hacer las tareas.

🗣 hacer las tareas   Siempre (a veces, a menudo, nunca) me olvido de hacer las tareas.

1. pedir dinero a mis padres
2. decir la verdad (truth)
3. hacer la cama (make my bed)
4. ayudar a mi mamá
5. prepararme para los exámenes

6. ser cortés (polite)
7. lavarme las manos antes de comer
8. ir a la escuela
9. pagar en la cafetería
10. ser paciente

ACTIVIDAD 3 Aspiraciones personales

Todos tenemos aspiraciones para el futuro. Describe tu actitud hacia (toward) las siguientes cosas. Puedes empezar tus oraciones con **(no) espero, (no) quiero, (no) voy a, (no) deseo, (no) pienso.**

1. tener un trabajo interesante
2. tener mucho dinero en el banco
3. ganar mucho dinero
4. ser famoso(a)
5. ser presidente
6. trabajar en un país hispánico

7. hacer un viaje alrededor del mundo (around the world)
8. hacer un viaje a la luna (moon)
9. tener muchos hijos
10. tener una casa muy grande
11. vivir en otro planeta
12. vivir mil años

ACTIVIDAD 4 La popularidad

Todo el mundo no quiere ser popular. Expresa la actitud de las siguientes personas completando las oraciones con: **(a, de) ser popular.**

ALTERNATE: Do they want to drive? Paco no quiere conducir un coche.

🗣 Paco no quiere . . .   Paco no quiere ser popular.

1. Luisa espera . . .
2. Elena va . . .
3. Esteban no trata . . .
4. Raquel necesita . . .

5. Pedro siempre sabe . . .
6. Rafael desea . . .
7. Paco no aprende . . .
8. Guillermo no puede . . .

comercio

un(a) **empleado(a)**	employee, clerk
un(a) **gerente**	manager
un(a) **vendedor(a) [viajero(a)]**	[traveling] salesperson

radio y televisión

un(a) **fotógrafo**	photographer
un(a) **locutor**	radio or TV announcer
un(a) **periodista**	journalist

justicia

un(a) **abogado(a)**	lawyer

ciencias y técnicas

un(a) **ingeniero(a)**	engineer
un(a) **programador(a)**	programmer
un(a) **científico(a)**	scientist

INSTITUTO TÉCNICO DE MÉXICO
Avenida Morelos 189, México 1, D.F., México

- Televisión, Radio y Electricidad
- Electrónica
- Mecánica Diesel
- Electricidad Práctica
- Mecánica Automotriz
- Inglés Práctico, con discos
- Refrigeración y Acondicionamiento de Aire

Para recibir nuestro catálogo, mándenos Ud. el siguiente cupón:

Nombre _____

Domicilio _____

Ciudad _____

País _____

• WORD ASSOCIATIONS: **vendedor** (vendor), **locutor** (loquacious), **abogado** (advocate).
• EXTRA VOCAB.: un(a) **especialista** (de electrónica), un(a) **químico(a)**, un(a) **físico(a)**, un(a) **técnico(a)**.

ACTIVIDAD 5 Consejos profesionales

Imagina que eres un(a) consejero(a) vocacional. Tus clientes te dicen qué les gusta hacer y tú les dices qué tipo de trabajos pueden considerar, usando las palabras del vocabulario de las páginas 343 y 355.

trabajar en una oficina — Cliente: Me gusta trabajar en una oficina.
Tú: Ud. puede ser secretario(a) o gerente.

1. atender al público
2. escribir
3. sacar fotos
4. hablar en público
5. viajar
6. vender
7. trabajar en una estación de televisión
8. trabajar en un hospital
9. atender a los animales
10. escribir a máquina
11. dibujar
12. hacer experimentos científicos
13. trabajar con números
14. administrar

B. Construcción: preposición + infinitivo

Note the use of the infinitive in the following sentences.

Estudio español **para visitar** México.	*I study Spanish **in order to visit** Mexico.*
Quiero ir a la universidad **para aprender** una profesión.	*I want to go to the university **(in order) to learn** a profession.*
Antes de ir a la universidad, quiero viajar.	***Before going** to the university, I want to travel.*
No quiero trabajar inmediatamente **después de graduarme.**	*I don't want to work immediately **after graduating.***
En vez de estudiar francés, estudio español.	***Instead of studying** French, I am studying Spanish.*
Sin estudiar, no puedo aprender.	***Without studying,** I can't learn.*

After all prepositions, Spanish speakers use the infinitive form of the verb. After prepositions, English speakers often use a verb ending in *-ing*.

Preposiciones

antes de	before	Me lavo las manos **antes de** comer.
después de	after	Miro la televisión **después de** estudiar.
en vez de	instead of	Escucho discos **en vez de** hacer mis tareas.
para	in order to, for	Estudio **para** recibir buenas notas.
sin	without	Pablo saca buenas notas **sin** estudiar.

REFRÁN

Sin comer, no hay placer.

Without eating, there is no pleasure.

ACTIVIDAD 6   Primero una, entonces otra

Antes de hacer algunas cosas, tenemos que hacer otras. En los siguientes casos, escoge la acción que lógicamente hay que hacer primero y expresa el orden de las acciones según el modelo (Nota: **hay que** = *one has to*).

Make sure students use the two cues in a logical sequence.

🗫 ir a la escuela secundaria / ir a la universidad

         Antes de ir a la universidad hay que ir a la escuela secundaria.

1. hablar / pensar
2. lavarse las manos / comer
3. sacar fotos / saber usar la cámara
4. estudiar / tomar un examen
5. ir a México / obtener una tarjeta de turista
6. ser médico / obtener un diploma
7. conducir / aprender a conducir
8. tener dinero / pagar algo

ACTIVIDAD 7   Ellos no están contentos

Las siguientes personas no están contentas porque quieren hacer otras cosas. Di qué quieren hacer en vez de lo que están haciendo.

🗫 Manuel va al cine. (al teatro)   Manuel quiere ir al teatro en vez de ir al cine.

1. Yo voy a la playa. (a la piscina)
2. Carolina aprende francés. (español)
3. Mi mejor amigo trabaja en un restaurante. (en una oficina)
4. Tú aprendes a tocar el piano. (la guitarra)
5. Arturo sale con María. (con Elena)
6. Mi hermana vive en una casa grande. (en un apartamento)

ACTIVIDAD 8 Ayer

Piensa en cinco cosas que hiciste *(you did)* ayer y ponlas en el orden cronológico según este modelo. Usa otros verbos (como **comer, escuchar discos, mirar la televisión** ...) ¡y tu imaginación!

This activity may be used as a chain exercise in which each student builds on the previous cue.

Después de levantarme, me lavé.
Después de lavarme, me vestí.
Después de vestirme, tomé café.
Después de tomar café, salí de casa.
Después de salir de casa, tomé el autobús de la escuela.

ACTIVIDAD 9 ¿Por qué?

Imagina que quieres estas cosas. Di por qué las quieres, completando cada oración y usando **para** + infinitivo.

Quiero tener un coche ...   Quiero tener un coche para ser más independiente.

1. Quiero tener una moto ...
2. Quiero ser rico(a) ...
3. Quiero ir a la universidad ...
4. Quiero ir a México ...
5. Quiero hablar español bien ..

ADDITIONAL CUES: Quiero ganar mucho dinero/estudiar matemáticas/ir al Perú/trabajar en San Francisco/ser actor(actriz).

C. La preposición *para*

Note the use of **para** in the following sentences.

¿Estudias **para** recibir buenas notas?   *Do you study (**in order**) **to** get good grades?*
¿Es el telegrama **para** ti o **para** mí?   *Is the telegram **for** you or **for** me?*

Para is often used to express an objective or goal.
Note that this objective may be ...

• *an action*	Carmen estudia **para** ser ingeniera.
• *a person*	Carlos trabaja **para** el Sr. Vargas.
• *a place*	¿Dónde está el autobús **para** Madrid?
• *a point in time*	Tienes que aprender la lección **para** mañana.

ACTIVIDAD 10   Requisitos profesionales

¿Qué requisitos *(requirements)* son necesarios para los siguientes trabajos?
Expresa tu opinión en tres oraciones. Usa los requisitos de la columna B y
la expresión **Es necesario** o **No es necesario.**

A	B
trabajador(a) social	ir a la universidad
abogado(a)	tener ganas de viajar
electricista	tener aptitudes manuales
científico(a)	tener aptitudes intelectuales
programador(a)	ser bueno(a) en matemáticas
profesor(a)	ser paciente
empleado(a) de banco	ser amable *(friendly)*
locutor(a)	hablar bien
periodista	escribir a máquina
gerente	escribir bien
vendedor(a)	

Para ser ingeniero(a) es necesario ir a la universidad.
Para ser ingeniero(a) es necesario ser bueno(a) en matemáticas.
Para ser ingeniero(a) no es necesario tener ganas de viajar.

EMPRESA IMPORTANTE SOLICITA

VENDEDOR VIAJERO

CON LOS SIGUIENTES REQUISITOS:

- Experiencia en ventas de mayoreo
  (de preferencia en mueblerías)
- Automóvil propio

OFRECEMOS:

- Sueldo y comisiones atractivas

Interesados favor de presentarse en: AV. CIENCIA
No. 28, Cuautitlán Izcalli Edo. de México o concertar
cita a los TELS.: 565-71-22 ó LADA 91-591-2-10-55.
RELACIONES INDUSTRIALES.

Pronunciación

El sonido de la consonante *r* en posición final y después de otra consonante

Model word: trabajar
Practice words: fábrica   secretaria   escribir   programador
                doctor   saber   atender   dibujar   vendedor
Practice sentences: Victor va a salir con Leonor.
                La secretaria trabaja en una fábrica de productos químicos.
                Salvador no quiere ser vendedor.
                El doctor tiene que examinar al señor Forner.

If you have trouble pronouncing the Spanish "flap" **r** after another
consonant, try slipping an extra vowel between the consonant and the **r**:
ta-ra-ba-jo. Once you are producing a "flap" **r**, try to drop the extra vowel.
At the end of a word or a group of words, the "flap" **r** is pronounced
more softly.

Entre nosotros

Una carta de una chica española

Querido amigo norteamericano:

Me llamo Conchita Palomo. Vivo en Madrid y soy alumna del Colegio Monfort. Mis profesores piensan que tengo talento para expresarme y por eso quiero ser periodista.

Si quiero ser periodista no es para hablar de modas ni para describir crímenes sensacionales ni para entrevistar a artistas famosos. Quiero comprender el mundo de hoy y describirlo para la gente cómo realmente es. Hoy, la característica más importante de este mundo es su diversidad. Por eso antes de empezar a escribir artículos para un periódico, quiero viajar por todo el mundo para conocer a la gente de otros países.

Como muchos jóvenes españoles, tengo muchas ganas de conocer los Estados Unidos. Deseo saber dónde vives, dónde estudias y qué esperas del futuro. Y si vienes a España, claro que te quiero conocer.

Cordialmente,

Conchita

For more on penpals, see p. 391.

Mini-composición   Una carta a una chica española

Contéstale a Conchita. Antes de escribir tu carta, lee su carta otra vez *(again)*. Puedes decirle . . .

- cómo te llamas
- dónde eres alumno(a)
- qué tipo de trabajo quieres hacer
- por qué quieres hacer este trabajo.

Usa las expresiones para la correspondencia.

Querida Conchita:
  Me llamo Carol . . .

Lección 3

Un trabajo de verano en España

 El siguiente anuncio apareció ayer en el *ABC*, un periódico español.

anuncio:
advertisement,
apareció: *appeared*

¡ATENCIÓN ESTUDIANTES!

¿QUIEREN UDS. GANAR DINERO
DURANTE EL VERANO PRÓXIMO?

LA AGENCIA MADRILEÑA DE TURISMO

necesita

quince estudiantes

para trabajar como guías de turismo

en julio y agosto

—trabajo interesante
—buen salario

Requisitos

• hablar inglés y francés perfectamente
• ser amable y atento
• tener buena presentación

Los estudiantes interesados pueden
escribir carta manuscrita
al APARTADO 40.169 MADRID
dando datos personales y número de teléfono

---

manuscrita:
handwritten

• ¿Qué necesita la Agencia madrileña de turismo? ¿Cómo es el trabajo? ¿Cuáles son los requisitos? ¿Tiene Patty estos requisitos?
• Point out that the adjective **madrileño** means "from Madrid."

La respuesta de Patty

Patty Scott, estudiante norteamericana, se interesó en la oferta. Después de leer el anuncio, escribió la siguiente carta:

se interesó: *was interested,*
oferta: *offer*

Estimados señores:

Leí su anuncio en el ABC y estoy muy interesada en su oferta de trabajo.

Soy estudiante norteamericana. Ahora tomo cursos avanzados de español en la Escuela Central de Idiomas de Madrid. El año pasado pasé seis meses en Francia. Fui también a Alemania y aprendí un poco de alemán.

avanzados: *advanced*

Idiomas: *Languages*

Fui: *I went*

Antes de venir a Europa fui traductora en el departamento internacional de una agencia de publicidad en Nueva York. Traduje anuncios del inglés al español.

Traduje: *I translated*

Tengo buena presentación y sé atender al público. Por eso creo que tengo las aptitudes necesarias para ser guía de turismo.

Mi número de teléfono es 674.27.15. Espero su llamada.

llamada: *call*

Atentamente,

Patty Scott

Ahora debes saber mucho de Patty Scott. ¿Puedes contestar estas preguntas?
Vamos a ver . . .

1. ¿**Fue** secretaria Patty Scott?
   Sí, **fue** . . . (No, no **fue** . . .)
2. ¿**Fue** estudiante de alemán?
3. ¿**Fue** traductora antes de venir a España?
4. ¿**Fue** agente de viajes una vez?

5. ¿**Fue** a Alemania?
   Sí, **fue** . . . (No, no **fue** . . .)
6. ¿**Fue** a Francia?
7. ¿**Fue** a los Estados Unidos cada verano?
8. ¿**Fue** a Inglaterra para aprender inglés?

OBSERVACIÓN Est. A

In the above questions you were asked about what Patty Scott *was* and where she *went*.

- Is the same verb form used in all the questions? yes
- What does the verb in questions 1-4 mean? was she
- What does the verb in questions 5-8 mean? did she go

Nota cultural OPTIONAL

El turismo en España

Cada año, millones de turistas franceses, ingleses, alemanes y norteamericanos visitan España. ¿Qué es lo que° los atrae° allí? ¡La famosa hospitalidad española! Pero, los atrae también el sol, el clima y las playas.

¿A ti te gusta lo histórico? Si quieres ver las ruinas romanas, debes visitar el acueducto romano de Segovia. Si quieres contemplar los palacios árabes, debes visitar la Alhambra de Granada. Si quieres admirar un palacio español, debes visitar el Escorial.

¿O prefieres lo moderno? Si deseas ver una iglesia extraordinaria, tienes que visitar la Sagrada° Familia en Barcelona. Si deseas ver un monumento estupendo, tienes que visitar el Valle de los Caídos.°

¡Hay mucho que hacer y ver en España!

lo que *that which* **atrae** *attracts* **Sagrada** *Holy* **Caídos** *Fallen*

¿Es España un país turístico? ¿De dónde son los turistas que visitan España? ¿Qué monumentos históricos pueden admirar los turistas? ¿Qué monumentos modernos pueden visitar?

El Escorial

Patio de los leones,
La Alhambra

El acueducto romano,
Segovia

La catedral de la Sagrada
Familia (facing page)

Estructura

The preterite of **ser** is used in these sentences because the people were students for a certain length of time which has now ended.

A. Pretéritos irregulares: *ir* y *ser*

The verbs **ir** (*to go*) and **ser** (*to be*) have the same preterite forms:

	ser	ir
(yo)	**Fui** estudiante en España.	**Fui** a Madrid.
(tú)	**Fuiste** estudiante en el Uruguay.	**Fuiste** a Montevideo.
(él) (ella) (Ud.)	**Fue** estudiante en el Paraguay.	**Fue** a Asunción.
(nosotros)	**Fuimos** estudiantes en Chile.	**Fuimos** a Santiago.
(vosotros)	**Fuisteis** estudiantes en el Ecuador.	**Fuisteis** a Quito.
(ellos) (ellas) (Uds.)	**Fueron** estudiantes en Colombia.	**Fueron** a Bogotá.

The context makes it clear whether these verbs are preterite forms of **ir** or **ser**.

Mi abuelo **fue** dentista.   *My grandfather **was** a dentist (but isn't now).*
David **fue** al dentista ayer.   *David **went** to the dentist yesterday.*

Note that the **yo** and **él** forms in the preterite of **ser** and **ir** have no accent marks. This is also true of other verbs with irregular preterites.

REFRÁN

El año pasado siempre fue mejor.

The year before was always better.

ACTIVIDAD 1   Vacaciones en el mundo hispánico

Las siguientes personas pasaron sus vacaciones en ciudades hispánicas para mejorar *(improve)* su español. Di adónde fueron.

Linda: Lima   Linda fue a Lima.

1. yo: Buenos Aires
2. nosotros: Barcelona
3. tú: Bogotá
4. el amigo de Clara: México
5. mi hermano: Madrid
6. mis primos: Sevilla
7. Uds.: Santiago
8. nuestras amigas: Guatemala

la vez (veces)	time	Va a hacerlo, la próxima **vez**.	
una vez	once, one time	Fui a Puerto Rico **una vez**.	
esta vez	this time	**Esta vez,** fui a Ponce.	
otra vez	again	Voy a visitar Ponce **otra vez** en julio.	
dos veces	twice	Fui a México **dos veces**.	
a veces	sometimes	Voy al cine **a veces** solo y **a veces** con mis amigos.	
¿cuántas veces?	how many times?	**¿Cuántas veces** leíste la carta?	
muchas veces	many times, often	Fui a Nueva York **muchas veces**.	
de vez en cuando	from time to time	**De vez en cuando,** estoy muy impaciente.	

ACTIVIDAD 2   Diálogo: Diversiones

Una agencia de publicidad te ha pedido (*has asked you*) hacer una
encuesta (*survey*) de tus compañeros. Pregúntales si fueron a los siguientes
lugares el mes pasado y cuántas veces. (Luego la clase puede presentar los
resultados en un cuadro (*table*) estadístico.)

⟩⟩   a un restaurante   Estudiante 1: ¿Fuiste a un restaurante el mes pasado?
Estudiante 2: Sí, fui. (No, no fui.)
Estudiante 1: ¿Cuántas veces fuiste?
Estudiante 2: Fui una vez (dos veces . . .).

1. al cine
2. al teatro
3. a un concierto
4. al campo
5. a ver un partido de fútbol
6. a la playa
7. a un museo
8. a nadar
9. a un club deportivo
10. a una heladería (*ice cream parlor*)

B. Pretéritos irregulares: *conducir, decir* y *traer*

The verbs **conducir** (*to drive*), **decir** (*to say*), and **traer** (*to bring*) have irregular preterite forms.

INFINITIVE:	conducir	decir	traer
(yo)	conduje	dije	traje
(tú)	condujiste	dijiste	trajiste
(él) (ella) (Ud.)	condujo	dijo	trajo
(nosotros)	condujimos	dijimos	trajimos
(vosotros)	condujisteis	dijisteis	trajisteis
(ellos) (ellas) (Uds.)	condujeron	dijeron	trajeron

➢ In the preterite, the above verbs have a stem which ends in **j**, and the same endings.

➢ Other verbs ending in **-ucir** take the same preterite forms as **conducir**.

Traduje un artículo del español al inglés.

ACTIVIDAD 3   El accidente

VARIATION with conducir: Some of the people drove the car; others did not.

Carlos tomó el coche de su papá y salió con sus amigos. Desafortunadamente, tuvieron (*they had*) un accidente. Después, no todos los muchachos dijeron la verdad (*truth*). Di quién les dijo a sus padres la verdad y quién no.

➢ Carlos: sí   Carlos dijo la verdad.

1. yo: sí
2. tú: no
3. Miguel: sí

4. Carmen y Luisa: sí
5. nosotros: sí
6. Ramón: no

ACTIVIDAD 4   La fiesta del Día de los Enamorados (*The Valentine's Day Party*)

Ayer fue la fiesta del Día de los Enamorados. Di qué trajeron los muchachos a la fiesta.

➢ Alejandro: un tocadiscos   Alejandro trajo un tocadiscos.

1. yo: unos discos de rock
2. Enrique: un pastel
3. tú: tu guitarra

4. Raquel y Emilia: unos sándwiches
5. Silvia: unos discos en español
6. nosotros: unas gaseosas

C. La preposición *por*

Stress the fact that although **por** and **para** often correspond to the English preposition "for," they have very distinct uses and usually cannot be substituted for one another.

Note the use of **por** in the sentences below.

Voy a trabajar como guía **por** dos meses.

*I am going to work as a guide **for** two months.*

Me gusta viajar **por** avión.

*I like to travel **by** plane.*

The preposition **por** has many different uses. It can be used to express:
• duration

Voy a trabajar en España **por** tres meses.

*I am going to work in Spain **for** three months.*

• manner or means

Carlos le habla a Clara **por** teléfono.

*Carlos talks to Clara **by** telephone.*

• movement through or along a place

Entra **por** la puerta principal.

Me gusta conducir **por** las calles sin tráfico.

*Enter **through** the main door.*

*I like to drive **along** streets without traffic.*

• exchange

Te vendo mi tocadiscos **por** veinte dólares.

¿Cuánto pagaste **por** este libro?

*I am selling you my record player **for** twenty dollars.*

*How much did you pay **for** this book?*

ACTIVIDAD 5 El Rastro de Madrid *(Madrid flea market)*

El Rastro de Madrid es un lugar donde la gente puede comprar muchas cosas diferentes. Di cuánto dinero las siguientes personas pagaron por las cosas que compraron.

Elena: 70 pesetas / el disco   Elena pagó setenta pesetas por el disco.

1. Alberto: 100 pesetas / el libro
2. Carmen: 80 pesetas / las fotos
3. Enrique: 50 pesetas / las tarjetas
4. Luis: 250 pesetas / el pájaro
5. Isabel: 800 pesetas / el mono
6. Inés: 1.500 pesetas / la cámara

ACTIVIDAD 6 Diálogo: De venta *(For sale)*

Pregúntales a tus compañeros cuánto dinero quieren por las siguientes cosas.

tu libro de español   Estudiante 1: ¿Cuánto dinero quieres por tu libro de español?

Estudiante 2: ¿Por mi libro de español? Quiero __ dólares.

1. tu bicicleta
2. tu tocadiscos
3. tu radio

4. tus discos
5. tus revistas
6. tu lápiz

ADDITIONAL CUES: tu grabadora/ tus zapatos de tenis/tu cuaderno.

ACTIVIDAD 7   Creación

Vamos a ver cuántas oraciones lógicas puedes crear en cinco minutos, usando los elementos de A, B, C y D. Usa el pretérito de los verbos en la columna B.

A	B	C	D
yo	entrar	a México	por la ventana
María	ir	en México	por 20 dólares
nosotros	vender	el tocadiscos	por avión
mis amigos	viajar	en la casa	por teléfono
	quedarse	a Clara	por dos semanas
	llamar	la carta	por dos horas
	mandar		

 María llamó a Clara por teléfono.

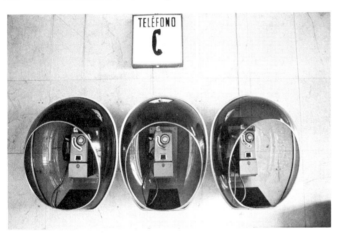

 Pronunciación   **El sonido / k /**

Model word: ¿Cuánto?
Practice words: cuando químico contesto cambiar calor
Practice sentences: El periódico cuesta cinco sucres.
¿Cuánto cuesta el coche de Carmen?
No quiero comprar el periódico.
¿Quieres escuchar discos?
No conozco a Clara Camacho.

Like the Spanish consonant **p**, the Spanish sound / k / is pronounced without a puff of air, even at the beginning of a word. Compare the English words "Kate" and "skate": with "Kate" you produce a puff of air, and with "skate" you do not. Try to make the Spanish / k / sound similar to the **k** of "skate."

Entre nosotros

Expresiones para telefonear

¡Aló!	*Hello*
Es ...	*This is ...*
¿Puedo hablar con ...	*May I talk to ...*
Un momentito	*Just a minute*
Adiós	*Good-by*

Mini-composición   **Una conversación por teléfono**

ATENCIÓN ESTUDIANTES

Necesitamos jóvenes para atender al público en nuestra tienda de discos.

REQUISITOS:
— excelente presentación
— ser amable y atento
— poder hablar de música popular y clásica con los clientes.

Las personas interesadas pueden llamar al 563-20-15 para hacer una cita. Deben preguntar por el Sr. Roberto Díaz.

Tú deseas el trabajo que ofrece el anuncio que acabas de leer. Llamas al Sr. Roberto Díaz para hacer una cita con él. Escribe la conversación por teléfono, usando el siguiente modelo como guía.

Sr. Díaz: ¿Aló?

Tú: ¿Es el Sr. Díaz?

Sr. Díaz: Sí, cómo no, ¿quién habla?

Tú: Es ___. Soy ___. Estudio ___. Deseo ___.

Sr. Díaz: ¿Ud. cree que está preparado(a) para este trabajo?

Tú: Sí, porque yo ___.

Sr. Díaz: Bueno, muy bien. ¿Cuándo puede venir a verme?

Tú: ___.

—**¿Puedo hablar con** el Sr. Díaz?
—**Un momentito,** por favor.

Lección 4

¿Cuál es su trabajo?

STRUCTURES TO OBSERVE: irregular preterites: **hacer, tener, querer, poder, venir, poner.** (As students come across the preterite forms of these verbs, have them try to guess the corresponding infinitive.)

Mira a las personas que aparecen en las fotos. Tienen trabajos muy diferentes. Cada persona dice lo que hizo ayer. ¿Puedes adivinar cuál es el trabajo de esas personas?

lo que: *what,*
hizo: *did,*
adivinar: *guess*

Salvador Molina (veinte y ocho años, de Mérida, México)

—Yo trabajo por todas partes . . . Por supuesto, trabajo en un estudio . . . Pero trabajo también en la calle, a veces en el campo, a veces en la playa . . . Ayer, por ejemplo, fui a la playa con todo un equipo submarino y saqué fotos para el Instituto Oceanográfico.

por todas partes: *everywhere*

todo un equipo submarino: *diving equipment*

¿Es Salvador Molina . . .

    a) un vendedor viajero?
    b) un mecánico?
    c) un fotógrafo?
    d) un electricista?

Teresa Bosque (treinta y un años, de Caracas, Venezuela)

—Yo soy . . . Bueno . . . ¡Un momento! ¡Eso tienes que adivinarlo tú! Sólo voy a decirte lo que hice ayer. Tuve una entrevista con Raquel Espinosa, la famosa actriz mexicana. Me habló de la película que hizo en los Estados Unidos con Roberto Chávez. Me habló del viaje que hizo recientemente a Italia. Por la tarde quise entrevistar a Ramón Iglesias, el campeón de fútbol. Lo llamé por teléfono, pero no pude hablar con él. Está de vacaciones en Río de Janeiro.

Eso: *That*
Tuve: *I had*
entrevista: *interview*

hizo: *made*

quise: *I wanted*

no pude: *I couldn't,*
Está de vacaciones: *He's on vacation*

¿Es Teresa Bosque . . .

    a) una actriz?
    b) una periodista?
    c) una secretaria?
    d) una directora de cine?

¿De dónde es Salvador Molina? ¿Dónde trabaja? ¿Adónde fue ayer? ¿Qué hizo allí? ¿De dónde es Teresa Bosque? ¿Con quién tuvo una entrevista?

Ramón Montero (cincuenta y tres años, de Vigo, España)

—Ayer salí de casa a las seis de la tarde con Joaquín, mi hijo mayor. Fuimos al puerto y preparamos el barco . . . No hizo mucho viento y pudimos coger un mar de sardinas que pusimos en cajas . . . Cuando volvimos al puerto a las cinco de la mañana, trajimos las cajas al mercado y vendimos todas las sardinas.

¿Es Ramón Montero . . .
- a) un actor?
- b) un jugador de béisbol?
- c) un pescador?
- d) un vendedor de barcos?

puerto: *port*
barco: *boat*
coger: *to catch,*
  un mar de: *a lot of*
pusimos: *we put,*
  cajas: *boxes*

mercado: *market*

pescador: *fisherman*

Dolores García (veinte y ocho años, de San Juan, Puerto Rico)

—Ayer yo no salí porque hago mi trabajo en casa. ¿Qué hice? Hice mucho. Por la mañana terminé una falda y dos vestidos. Por la tarde vino la Sra. de Gómez por uno de los vestidos. Se lo puso y se fue muy contenta. Después vinieron la Sra. de Machado y su hija a preguntarme si hago vestidos de boda. . .

¿Es Dolores García . . .
- a) una decoradora?
- b) una modista?
- c) una profesora de matemáticas?
- d) una trabajadora social?

vino: *she came*
Se lo puso: *She tried it on*

vestidas de boda: *wedding gowns*

modista: *seamstress*

¿De dónde es Ramón Montero? ¿Cómo se llama su hijo? ¿Adónde fueron? ¿De dónde es Dolores García? ¿Dónde trabaja? ¿Qué hizo en la mañana? ¿A quiénes habló ella por la tarde?

Vamos a hablar de lo que pasó ayer.

1. ¿Hiciste tus tareas?
   Sí, hice . . . (No, no hice. . .)
2. ¿Hiciste nuevos amigos?
3. ¿Hiciste algo especial?

4. ¿Viniste a la escuela en moto?
   Sí, vine . . . (No, no vine . . .)
5. ¿Viniste en autobús?
6. ¿Viniste a pie?

7. ¿Estuviste en la escuela?
   Sí, estuve . . . (No, no estuve . . .)
8. ¿Estuviste en casa?
9. ¿Estuviste de buen humor?

10. ¿Tuviste que estudiar mucho?
    Sí, tuve . . . (No, no tuve . . .)
11. ¿Tuviste que ayudar en casa?
12. ¿Tuviste alguna sorpresa (surprise)?

OBSERVACIÓN   Est. A

The verbs in the above questions and answers are in the preterite.

- Are the **tú** forms of **hacer, venir, estar** and **tener** regular?   no
- What vowel is common to the preterite stems of **hacer** and **venir**?   i
- What vowel is common to the preterite stems of **estar** and **tener**?   u

Nota cultural   OPTIONAL

La modista

Todo el mundo° no va a la tienda de ropa para comprar su ropa. Muchas mujeres hispánicas mandan a hacer su ropa a la modista.° Así es que° la modista es una persona siempre muy ocupada.° Hace vestidos, faldas, trajes a la moda de París, de Roma o de Londres.

En muchas familias, las chicas aprenden a coser° y hacen su ropa con la ayuda° de su mamá. ¡Es muy importante tener una máquina de coser° en una casa hispanica!

Todo el mundo Everyone   **modista** seamstress   **Así es que** This is why   **ocupada** busy   **coser** to sew   **ayuda** help   **máquina de coser** sewing machine

- ¿Qué hace la modista? ¿Por qué está muy ocupada? ¿Qué aprenden muchas chicas hispánicas?
- SUGGESTED REALIA: fashion pictures from Spanish magazines. Have students describe the items of clothing.
- Men's suits are sewn by the tailor, **el sastre**. A high-fashion designer is often called **el modisto**.

Estructura

A. El pretérito: otros verbos irregulares

Note the preterite forms of **hacer** *(to do)* and **estar** *(to be)*.

INFINITIVE:	**hacer**	**estar**	PRETERITE ENDINGS:
(yo)	**hic**e	**estuv**e	**-e**
(tú)	**hic**iste	**estuv**iste	**-iste**
(él) (ella) (Ud.)	**hiz**o	**estuv**o	**-o**
(nosotros)	**hic**imos	**estuv**imos	**-imos**
(vosotros)	**hic**isteis	**estuv**isteis	**-isteis**
(ellos) (ellas) (Uds.)	**hic**ieron	**estuv**ieron	**-ieron**

The **z** of **hizo** is used to preserve the sound of the stem.

※ **Hacer** and **estar** have the same preterite endings.

※ The following verbs have an **i** in their preterite stem and use the endings in the chart above:

INFINITIVE:	PRETERITE STEM:	
hacer	**hic-**	¿Qué **hiciste** la semana pasada?
querer	**quis-**	**Quise** ir al campo.
venir	**vin-**	Víctor y sus amigos **vinieron** a mi casa.

Remind the students that there is no accent in the yo and él forms of the preterite of irregular verbs.

※ The following verbs have a **u** in their preterite stem and use the endings in the chart above:

INFINITIVE:	PRETERITE STEM:	
estar	**estuv-**	Ayer **estuvimos** en la playa.
poder	**pud-**	No **pude** llamarte por teléfono.
poner	**pus-**	¿Dónde **pusiste** mis discos?
saber	**sup-**	Carlos no **supo** los verbos irregulares.
tener	**tuv-**	**Tuvimos** que estudiar mucho para este examen.

Several of these verbs may have special meanings in the preterite. This point is covered in Level 2.

ACTIVIDAD 1   Excusas

Nadie vino a ayudar a Felipe a pintar *(paint)* su cuarto. Di que sus amigos no pudieron ayudarlo y di qué excusas dieron.

♫   Manuel: estudiar   Manuel no pudo ayudar a Felipe.
                         Tuvo que estudiar.

1. yo: trabajar
2. Ana: hacer sus tareas
3. tú: visitar a tu abuelo
4. mis primos: estudiar
5. Diego: ayudar en casa
6. Enrique: reparar su moto
7. Elena y Carlos: ir de compras
8. nosotros: organizar una fiesta

ACTIVIDAD 2   Unos alumnos perezosos *(Lazy students)*

Los siguientes alumnos tuvieron un examen hoy. Anoche no quisieron estudiar porque siempre tienen buena suerte. Esta vez no fue así. Di lo que les pasó.

♫   Isabel   Isabel no quiso estudiar anoche.
               Hoy tuvo un examen.
               No supo contestar las preguntas.

1. Mario   5. mis amigos
2. nosotros   6. tú
3. Rosita y Arturo   7. Uds.
4. yo   8. el novio de Lucía

ACTIVIDAD 3   Diálogo: Confesiones

A veces todos somos víctimas de nuestras pequeñas debilidades *(weaknesses)*. Pregúntales a tus compañeros si hicieron las cosas siguientes el mes pasado.

♫   estar de mal humor   Estudiante 1: ¿Estuviste de mal humor?
                           Estudiante 2: Sí, estuve de mal humor.
                                         (No, no estuve de mal humor.)

1. estar impaciente
2. estar antipático(a)
3. estar egoísta
4. hacer cosas tontas
5. hacer el payaso *(to clown around)* en clase
6. hacer algo malo
7. tener una discusión *(argument)* con tus amigos
8. tener una discusión con tus padres

All that glitters is not gold.

B. *Lo que*   OPTIONAL

Note the use of the expression **lo que** in the following sentences.

No creo **lo que** dices.	*I do not believe **what (the things that)** you are saying.*
No sé **lo que** Carlos hizo ayer.	*I do not know **what (the things that)** Carlos did yesterday.*
¿Comprendes **lo que** dice Juan?	*Do you understand **what (the things that)** Juan is saying?*

Lo que corresponds to the English *what* when it means *the things that.*

ACTIVIDAD 4   El mundo ideal   OPTIONAL

En el mundo ideal, cada uno puede hacer lo que quiere. Describe este mundo ideal según el modelo.

ADDITIONAL CUES: Digo... / Sara y yo bebemos ... / Ud. lee ... / Escribes ... .

Hacemos . . .   Hacemos lo que queremos.

1. Hago . . .
2. Dices . . .
3. Carlos estudia . . .
4. Elena compra . . .

5. Mis amigos hacen . . .
6. Ud. come . . .
7. Uds. dicen . . .
8. Carmen hace . . .

ACTIVIDAD 5   Creación   OPTIONAL

Vamos a ver cuántas oraciones lógicas puedes escribir en cinco minutos, con los elementos de A, B, C, D y E. Usa el pretérito de los verbos en las columnas B y D.

A	B	C	D	E
yo	comprender		hacer	Elena
tú	decir	lo que	tener	Uds.
Carlos	querer		decir	
mis amigos	hacer			
	saber			

Yo no comprendí lo que hizo Elena.

vocabulario especializado

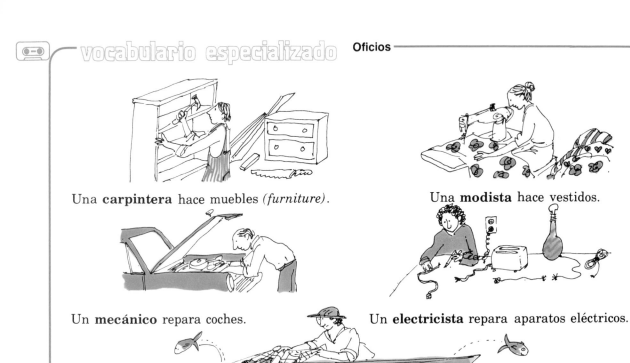

Una **carpintera** hace muebles *(furniture)*.

Una **modista** hace vestidos.

Un **mecánico** repara coches.

Un **electricista** repara aparatos eléctricos.

Un **pescador** coge pescados *(catches fish)*.

ACTIVIDAD 6   ¿Adónde vas?

Di adónde vas en las siguientes situaciones.

🔊   Necesito una falda.   Voy a ver a la modista.

1. Deseo comprar pescado *(fish)*.
2. Mi coche no funciona bien.
3. Necesito muebles *(furniture)*.
4. Tengo un aparato eléctrico que no funciona.
5. Deseo un vestido nuevo.

¿Cuál es el número del doctor
(dentista, etc.)?

```
EN CASO DE URGENCIA

            números de teléfono
DOCTOR _____
FARMACÉUTICO _____
DENTISTA _____

POLICÍA _____
BOMBEROS _____
TAXI _____
AMBULANCIA _____

ELECTRICISTA _____
CARPINTERO _____
PLOMERO _____
```

Pronunciación   **Las consonantes c, z**

In Castilian Spanish, this consonant sound is pronounced like the **th** of the English word "thin."

Practice syllables: <u>z</u>a <u>z</u>o <u>z</u>u   <u>c</u>e <u>c</u>i
Model words: hi<u>z</u>o hi<u>c</u>e   empe<u>z</u>ar empe<u>c</u>é
Practice words: <u>z</u>apato <u>c</u>erve<u>z</u>a hi<u>c</u>iste aeromo<u>z</u>o
Practice sentences: Ali<u>c</u>ia no <u>c</u>ono<u>c</u>e a Vi<u>c</u>ente.
                    El aeromo<u>z</u>o trae la <u>c</u>erve<u>z</u>a fran<u>c</u>esa.
                    El die<u>z</u> de mar<u>z</u>o, <u>C</u>e<u>c</u>ilia va a <u>Z</u>arago<u>z</u>a.

The consonant **c** is "soft"; that is, it is pronounced / s /, before the vowels **e** and **i**.
To keep the "soft" sound before **a, o** and **u,** the letter **z** is used.

OPTIONAL

Entre nosotros

Expresiones para la composición
primero   *first*
después   *later, after that*

Mini-composición   Mi trabajo

Imagina que eres una de las siguientes personas:

- un(a) astronauta
- un(a) taxista
- un(a) pescador(a)

- un(a) piloto
- un(a) periodista
- un(a) policía

Escribe un pequeño párrafo describiendo tus actividades de ayer. Si quieres, puedes usar el pretérito de los siguientes verbos en oraciones afirmativas o negativas.

- ir (¿adónde? ¿con quién? ¿cuándo?)
- estar (¿nervioso(a)? ¿de buen humor? ¿de mal humor? ¿cansado(a)?)
- tener (¿un accidente? ¿buena suerte? ¿mala suerte?)
- tener que (¿hacer algo especial? ¿qué?)
- poder (¿ver algo espectacular? ¿qué? ¿ver a personas interesantes? ¿quiénes?)
- ponerse (¿un uniforme? ¿qué tipo de ropa?)
- querer (¿hacer algo especial? ¿qué?)

Soy pescador. Ayer llevé **primero** los pescados al mercado. **Después** fui al centro. . . .

ALTERNATE: Have students choose a picture of a person from a magazine and write a similar paragraph about his or her activities. They may use either the **yo** or the **él/ella** form.

Lección cuatro
379

Variedades   ¿Qué profesión te conviene?

Antes de escoger° una profesión, una persona tiene que conocerse° bien. Así° va a saber si su personalidad es compatible con la profesión que piensa empezar. Por ejemplo, si a ti no te gusta viajar, no te conviene° ser un(a) vendedor(a) viajero(a). O si no te gusta hablar en público, no te conviene ser político(a), abogado(a) o profesor(a).

Para saber qué profesión te conviene, analiza tu personalidad.

1. ¿Qué películas te gustan más?
- A. las películas de acción y aventura
- B. las películas románticas
- C. los dramas psicológicos
- D. los documentales científicos

2. ¿Qué deporte te gusta mirar (o practicar) más?
- A. el fútbol
- B. la equitación°
- C. el tenis
- D. el juego de bolos°

3. ¿Qué pasatiempo te gusta más?
- A. organizar fiestas
- B. sacar fotos
- C. cuidar° animales
- D. coleccionar sellos°

4. ¿Deseas visitar otros países? ¿Por qué?
- A. para hacer cosas nuevas
- B. para visitar los museos
- C. para conocer a gente nueva y diferente
- D. para aprender otro idioma°

5. Cuando sacas fotos, ¿qué prefieres?
- A. escenas de acción
- B. paisajes°
- C. gente
- D. monumentos

escoger: *choosing,*
conocerse: *know himself/herself*
Así: *In that way*
no te conviene: *it is not appropriate for you*

equitación: *horseback riding*

juego de bolos: *bowling*

cuidar: *to take care of*
sellos: *stamps*

idioma: *language*

paisajes: *landscapes*

Unidad nueve
380

6. Si tu escuela va a presentar una comedia musical, ¿qué prefieres ser?

    A. el actor o la actriz principal
    B. un decorador escenográfico
    C. un actor o una actriz secundaria
    D. el encargado° de la iluminación

encargado: person in charge

7. Si estás haciendo un viaje muy largo en autobús, ¿cómo pasas el tiempo?

    A. conociendo a los otros pasajeros°
    B. mirando el paisaje
    C. conversando con el pasajero a tu lado°
    D. leyendo una novela

pasajeros: passengers

a tu lado: next to you

8. Si estás en casa y quieres ayudar, ¿qué haces?

    A. limpias° todo el garaje
    B. decoras tu cuarto
    C. ayudas a tus hermanos menores a hacer sus tareas
    D. ayudas a tu padre a arreglar° el coche

limpias: you clean

arreglar: to fix

INTERPRETACIÓN

Cuenta tus respuestas A, B, C y D.

Si tienes cinco respuestas A o más,
eres muy dinámico(a) y ambicioso(a). Quieres estar donde hay acción y te gusta la gente. Algunas profesiones que te convienen son: vendedor(a), piloto de avión, director(a) de relaciones públicas.

Si tienes cinco respuestas B o más,
eres sensitivo(a) y romántico(a). Tienes buen talento artístico y te interesa el arte y la perfección. Algunas profesiones que te convienen son: actor o actriz, diseñador(a)° de modas,° decorador(a) de interiores.

diseñador(a): designer, modas: fashion

Si tienes cinco respuestas C o más,
eres muy sociable y generoso(a). Te gusta conocer a la gente y ayudarla. Algunas profesiones que te convienen son: doctor(a), enfermero(a), psiquiatra, trabajador(a) social, abogado(a).

Si tienes cinco respuestas D o más,
eres el tipo de persona que quiere comprender el «por qué» de las cosas. Si tienes una orientación intelectual, puedes escoger una profesión científica. Puedes ser ingeniero(a), químico(a) o programador(a) de computadoras. También puedes ser buen arquitecto(a). Si tienes una orientación manual, puedes ser un excelente mecánico o electricista.

Si tienes menos de cinco respuestas A, B, C o D,

son muchas las cosas que te interesan. No te conviene escoger una profesión muy especializada. Algunas profesiones que te convienen son: periodista, fotógrafo, escritor(a), ejecutivo(a) en una compañía industrial o comercial.

El arte de la lectura   OPTIONAL

Enriching your vocabulary: Word families

You may have noticed that in Spanish, as in English, certain words are related to others: they belong to the same family. For instance,

dibujante *(draftsman, designer)*	is related to **dibujar** *(to draw)*,
trabajador *(worker)*	is related to **trabajar** *(to work)*,
vendedor *(salesperson)*	is related to **vender** *(to sell)*.

Often you will discover the meaning of a word you have not seen before if you can relate it to a word which you already know.

Ejercicio: Las profesiones

Can you determine the meaning of the profession in italics from the meaning of the words in heavy print? When you know what the new word means, say whether you would like that profession yourself.

🕮 **escribir** → *escritor(a)*   (No) Quiero ser escritor(a).

1. **explorar** → *explorador(a)*
2. **inventar** → *inventor(a)*
3. **comprar** → *comprador(a)*
4. **traducir** → *traductor(a)*
5. **pintar** → *pintor(a)*
6. **bailar** → *bailarín(a)*
7. **investigar** → *investigador(a)*
8. **peinarse** → *peinador(a)*
9. **cantar** → *cantante*
10. **conducir** → *conductor(a)*

vista

número cinco

5

El mundo íntimo y social

Sección de Preguntas y Respuestas

PROBLEMAS JUVENILES

P Estimada Doctora: Necesito su ayuda.° Mi madre y yo siempre peleamos.° Yo hago lo que ella dice, pero ella cambia de opinión° cada cinco minutos. Ella está siempre de mal humor. Si las cosas continúan así,° no sé qué puedo hacer. Yo quiero a mi mamá, pero es muy difícil vivir con ella. ¿Qué hago?

VÍCTIMA INOCENTE
El Salvador

R *Querida Víctima Inocente: El problema es uno de comunicación. ¿Hablas tú con tu madre sin pelear° con ella? Tal vez tu madre está un poco sola y triste. Habla con ella. Ella necesita sentirse importante en tu vida.*

P Estimada Doctora: Mi problema es mi primo. Con él jugamos al tenis y hablamos de chicas. ¡Pero cada vez que él viene a mi casa, deja mi cuarto en un desorden° terrible! Los zapatos, los calcetines, la raqueta, las pelotas, todo fuera de lugar.° ¿Qué hago?

FRUSTRADO
Panamá

R *Querido Frustrado: Dile a tu primo que a ti te gusta tu cuarto en orden y que el desorden te enoja° mucho. Si tu primo continúa con el desorden, busca a otro amigo.*

P Estimada Doctora: Me gusta mucho un chico de mi barrio, pero a mis padres no les gusta. Ellos se enojan° conmigo cuando nos vemos. Pero nosotros nos vemos secretamente en el parque. Yo lloro° todos los días porque no sé qué hacer. Ayúdeme por favor.

MISERABLE
Argentina

R *Querida Miserable: Es importante preguntarle a tus padres por qué no les gusta el chico. ¡Tal vez ellos tienen razón!° ¿Por qué vas sola al parque? Así° tus padres pierden la confianza en ti. En vez de llorar todo el día, ¡abre° los ojos y mira a otros chicos!*

P Estimada Doctora: Mis hermanos menores tienen la mala costumbre de leer mi diario y de comentarlo a la hora de comida, en público. ¿Qué hago?

SIN SECRETOS
Florida

R *Querida Sin Secretos: ¿Dónde está tu diario? ¿Pueden los chicos encontrarlo y leerlo fácilmente? Si continúan leyéndolo habla con ellos y diles° que todo el mundo° tiene secretos y que es importante respetarlos.*

ayuda *help* **peleamos** *we fight* **cambia de opinión** *changes her mind* **así** *like this* **sin pelear** *without fighting* **desorden** *mess* **fuera de lugar** *out of place* **te enoja** *annoys you* **se enojan** *they become angry* **lloro** *cry* **tienen razón** *they're right* **Así** *In that way* **abre** *open* **diles** *tell them* **todo el mundo** *everyone*

EL
Zodíaco y tu carácter

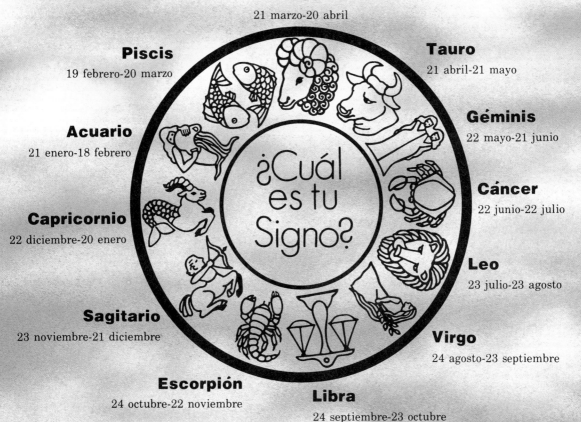

Aries
21 marzo-20 abril

Piscis
19 febrero-20 marzo

Tauro
21 abril-21 mayo

Acuario
21 enero-18 febrero

Géminis
22 mayo-21 junio

Capricornio
22 diciembre-20 enero

¿Cuál es tu Signo?

Cáncer
22 junio-22 julio

Sagitario
23 noviembre-21 diciembre

Leo
23 julio-23 agosto

Escorpión
24 octubre-22 noviembre

Virgo
24 agosto-23 septiembre

Libra
24 septiembre-23 octubre

SIGNO	CUALIDAD	DEFECTO	SIGNO	CUALIDAD	DEFECTO
Aries	Coraje°	Impulsividad	**Libra**	Disciplina	Crítica
Tauro	Paciencia	Obstinación	**Escorpión**	Sociabilidad	Celos°
Géminis	Diligencia	Locuacidad°	**Sagitario**	Bondad°	Vanidad
Cáncer	Sensibilidad°	Capricho°	**Capricornio**	Perseverancia	Pesimismo
Leo	Generosidad	Autoritarismo	**Acuario**	Altruísmo	Anarquía
Virgo	Exactitud	Pequeñez°	**Piscis**	Abnegación°	Negligencia

Coraje *Courage*   **Sensibilidad** *Sensitivity*   **Loquacidad** *Talkativeness*   **Capricho** *Unreliability*
Pequeñez *Pettiness*   **Celos** *Jealousy*   **Bondad** *Goodness*   **Abnegación** *Self-sacrifice*

—Biología, Química, diez minutos para tomar un poco de leche y comer una banana; Matemáticas, Castellano . . . ¡y tareas para mañana!

—Todas las mañanas camino° al colegio con Constanza Galindo.

Un día en la vida de # ANITA GÓMEZ

Anita Gómez vive en México, en Guadalajara; Anita tiene quince años y va a la escuela Benito Juárez. Éste es un día típico en la vida de muchas jóvenes hispánicas.

—¡Adiós! ¡Qué tengan° un buen día! ¡Nos vemos en el almuerzo!°

—¡Caramba! Esta tarea de inglés es muy larga,° yo tengo mucho sueño, y no puedo ver mi programa favorito de televisión . . .

Que tengan *Have*   **almuerzo** *lunch*   **camino** *walk*
arroz *rice*   **plátanos fritos** *fried bananas*
contra *against*   **sobre** *about*   **larga** *long*

—Mamá, ¿Qué hay para comer?
—Chile con carne, arroz,° tor-
tillas, plátanos fritos,° y
avocado.

—Para mañana todas las chicas deben
tener sus cuadernos en orden y todas
deben traer una composición de dos
páginas sobre° «El Viejo y la Mar»
por Hemingway.

—Hoy ganamos el juego de volibol contra° las chicas mayores
del cuarto año. ¡El partido fue
sensacional!

—Vamos a tomar un helado con Mona,
Tere, Teresa y un chica nueva.

—Nos vemos en la heladería cerca del
colegio, y planeamos la excursión del
sábado.

—Esta noche
tomamos café
con leche y unos
sándwiches.

Y TÚ ¿Qué piensas del amor?

José Martínez: A mí me gustan las chicas que tienen un buen sentido° del humor y que son alegres.

Marcos Castellanos: Yo creo en el amor a primera vista.°

Margarita González: Es mejor pensar mucho en las cosas antes de enamorarse.°

María Consuelo Rojas: Lo más importante es ser sincero.

Eugenia Trujillo: Es necesario hablar mucho y conocerse antes de enamorarse.

Pablo J. Gómez: Por amor yo hago cualquier° cosa y voy a cualquier lugar!

sentido *sense* **vista** *sight*
enamorarse *falling in love*
cualquier *any*

EL LENGUAJE DE LOS COLORES

Amarillo: Fuerza° física y moral, Actividad
Azul: Honestidad, Romanticismo
Blanco: Sinceridad, Pureza°
Negro: Misterio, Romanticismo
Morado: Melancolía, Sufrimiento°
Rojo: Amor, Pasión
Verde: Esperanza,° Suerte

¿Cuál es tu color preferido? ¿el rojo? ¿el azul? ¿el negro? Los colores, como tu ropa, como las palabras con que hablas, como tus gestos,° dicen algo de ti, de tu grupo de amigos, de la región donde vives.

En diferentes países, los colores significan cosas diferentes y corresponden a una disposición particular.

Piensa en estos colores. ¿Estás de acuerdo?°

—YO ME SONROJO° . . .

• *Cuando digo mentiras.°*

• *Cuando me caigo y alguien se ríe.°*

• *Cuando cierto chico me mira a los ojos por largo tiempo.*

• *Cuando el profesor me hace una pregunta y me equivoco.*

• *Cuando un chico guapo me dice un piropo° en la calle.*

En los países hispánicos, los chicos les dicen «piropos» a las chicas cuando pasan por la calle:
«¡Qué ojos tan lindos tienes!» «¡Qué bonita estás hoy!»
También las chicas pueden responder con una sonrisa° o con una respuesta desdeñosa:° «¡Qué tonto!»

Fuerza *Strength* **Pureza** *Purity* **Sufrimiento** *Suffering* **Esperanza** *Hope* **gestos** *gestures*
¿Estás de acuerdo? *Do you agree?* **me sonrojo** *I blush* **mentiras** *lies* **se ríe** *laughs*
piropo *compliment* **sonrisa** *smile* **desdeñosa** *scornful*

LA CALLE

La calle en los países hispánicos es algo muy especial. Es un lugar lleno de vida.° Es lugar de citas, es lugar de compras, es lugar donde la gente pasa las horas sin sentirlas y es un lugar donde tú vas a encontrar a tus amigos y mirar a otros. Vamos a mirar algunas escenas en la calle . . .

De 7 a.m. a 10 a.m.

Tilín-Tilín, Tilín-Tilín, Tilín-Tilín
¡Aaaaarrrrrregloooooo zapatoooooos!
¡Zapatoooooos viejooooooos!
¡Diario° de la mañanaaaaaa! ¡Diario de la mañanaaaaaa!
¡Buenos días, Señora Gómez!
¡Buenos días, Señora García!
Mmmm, ¡Qué olor° a pan caliente!°
¿Compra fruta, señora? ¡Fruta fresca!
¡Diario de la mañanaaaaa! Tilín-Tilín
¡Aaaaarrrreglooo zapatooooos!

De 10 a.m. a 1 p.m.

Pasa un chico. Corre° a tomar el autobús. Va un poco tarde a clase . . . La señora de Gómez y la señora de García van a comprar pan. Hablan del pan, hablan de la leche, hablan de sus hijos, hablan de la vecina,° hablan y hablan y luego, ¡hablan más con el panadero!°
La calle se llena° de ruidos° de autos.
La calle se llena de ruidos de gente.

De 1 p.m. a 3 p.m.

Cierran° las tiendas. La calle está vacía.°
¿Dónde está la gente? ¿Dónde están los autos?
¿Dónde está el ruido? . . . Todos almuerzan° y toman un descanso° o una siesta . . .

De 3 p.m.

Un grupo de chicos viene calle arriba.°
Un grupo de chicas viene calle abajo.°
Ellos ríen y comentan en voz alta.°
Ellas están todas muy bonitas y comentan en voz baja.° ¡Ellas están a la última° moda!°
Los chicos pasan calle arriba.
Las chicas pasan calle abajo.
Ellos les dicen cosas bonitas, ellas se ríen un poco y aunque° no los miran, saben que hay uno alto, otro bajo, uno moreno y otro rubio . . .
Una moto pasa y se oyen° un ¡Hola!, dos ¡Holas!, tres ¡Holas!
¿Vamos a tomar Coca-Cola?
Sí, vamos . . . ¡Qué bueno!

Por la noche . . .

Después del trabaja o del estudio° la gente no va a casa directamente. Los señores hablan en los cafés de las noticias° del día, de la política, de los negocios° y miran pasar a la gente. Si tú estás en la calle a las ocho o nueve de la noche, siempre oyes una guitarra, un tocadiscos, un radio o simplemente a la gente que habla hasta tarde, muy tarde . . .

---

lleno de vida *filled with life*   **Diario** *Daily paper*   **olor** *odor*   **pan caliente** *hot bread*
Corre *He runs*   **vecina** *neighbor*   **panadero** *baker*   **se llena** *is filled*   **ruidos** *noises*
Cierran *Close*   **vacía** *empty*   **almuerzan** *are eating lunch*   **descanso** *rest*
arriba *up*   **abajo** *down*   **voz alta** *loud voices*   **baja** *low*   **última** *latest*   **moda** *fashion*
aunque *although*   **se oyen** *one hears*   **estudio** *studies*   **noticias** *news*   **negocios** *business*

Una red de amistad

6 enero
1980

Soy estudiante del segundo año de bachillerato. Deseo iniciar una red° de amistad° con chicos y chicas norteamericanos. Me interesa intercambiar estampillas y tarjetas postales.

María Ferreira
Colegio Juan Ramón Jiménez
Bogotá, Colombia S.A.

4 febrero
1980

Tengo 16 años y me gustan mucho los paisajes° de otros países. Deseo intercambiar ideas, estampillas° y calendarios.

John D. Hooper
2242 24th St.
San Francisco, CA U.S.A.

INTERCAMBIO

Querida María,   18 mayo 1981

Aquí estamos muy felices por nuestra próxima visita a Colombia. ¡Qué bueno conocerte en persona, después de todas las cartas y tarjetas postales! El 15 de junio llegamos a Bogotá. ¿Qué regalo quieres de los Estados Unidos? Nos vemos pronto,
Johnny

María Ferreira
Colegio Juan Ramós Jiménez
Bogotá, Colombia, S.A.

30 junio 1981

Querido Johnny,
Mi familia está encantada° de tu visita con tus padres y hermanita. Tenemos planes para visitar con Uds. la Costa Caribe y las montañas cerca de Bogotá. Por favor, ¡deseo una camiseta de alguna universidad norteamericana! Hasta pronto,
María

John D. Hooper
2242 24th St.
San Francisco, CA U.S.A.

red *network*   **amistad** *friendship*   **paisajes** *landscapes*   **estampillas** *stamps*   **pronto** *soon*
encantada *delighted*

los animales y sus cualidades

La gente dice que los animales tienen cualidades. También a la gente le gusta comparar a otra gente con esos animales. Por ejemplo en español decimos:

Es alto como una jirafa

Es astuto° como un zorro

Es loco° como una cabra

Es feo como un sapo

Es engañoso° como una culebra

Es manso° como un cordero

Es rápido como un ciervo

Es fuerte como un toro

Es alegre como un pájaro

Es lento° como una tortuga

astuto *clever* **loco** *crazy* **engañoso** *tricky* **manso** *gentle* **lento** *slow*

Actividades

EL REFRÁN MISTERIOSO   In this book you have already learned some well-known Spanish proverbs. Some of these are closely related to English proverbs. Others have no direct equivalents. By completing the following word game, you will discover a new proverb relating to affection. Fill in the blanks with the words corresponding to the definitions given. To help you, the numbers of the pages on which the words appear are given in dark type. Remember that **ch** and **ll** are single letters. Transfer the numbered letters to the squares at the bottom of the page. Do you understand the proverb?

página 384

A. El hijo de me tío.
p r i m o
    1

B. El libro donde escribo los eventos del día.
d i a r i o
   2

C. Es necesaria para jugar al tenis.
r a q u e t a
    3

D. No los digo a nadie.
s e c r e t o s
    4

página 385

E. Un signo del zodíaco (21 abril–21 mayo.)
t a u r o
    5

F. Defecto de un Acuario.
a n a r q u í a
    6

G. Cualidad de un Aries.
c o r a j e
   7

páginas 386-387

H. Lo que escribe Anita para la tarea.
c o m p o s i c i ó n
    8

I. La comida más grande del día.
a l m u e r z o
   9

J. Anita la bebe con el café.
l e c h e
10 11

página 388

K. El subjeto de la entrevista.
a m o r
  12

página 389

L. El color de la honestidad.
a z u l
  13

M. El color de la sinceridad.
b l a n c o
    14

N. Rojo es su color.
p a s i ó n
    15

O. Lo que dicen los chicos a las chicas.
p i r o p o s
    16

página 390

P. Lo contrario de alto.
b a j o
  17

Q. Lo contrario de rubio.
m o r e n o
   18

R. Un instrumento de musica.
g u i t a r r a
   19

página 391

S. Un pescador lo necesita.
r e d
 20

T. La forma ellos de querer.
q u i e r e n
21   22

U. «John» en español.
J u a n
  23

página 392

V. Un animal rápido.
c i e r v o
24   25

W. Un animal feo.
s a p o
26

X. Lo contrario de rápido.
l e n t o
27

Y. Un animal alto.
g i r a f e
   28

Z. Un zorro lo es.
a s t u t o
29   30

El refrán misterioso:

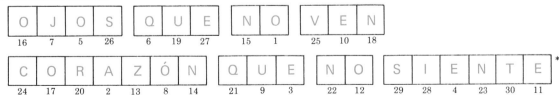

O	J	O	S		Q	U	E		N	O		V	E	N
16	7	5	26		6	19	27		15	1		25	10	18

C	O	R	A	Z	Ó	N		Q	U	E		N	O		S	I	E	N	T	E	*
24	17	20	2	13	8	14		21	9	3		22	12		29	28	4	23	30	11	

*This proverb states, "Eyes which do not see, heart which does not feel."

393

Unidad 10

Día a día

OBJECTIVES:

Language

This unit presents the students formally to familiar affirmative and negative commands. (They have already heard these commands in class and read them in the direction lines for the exercises.) The unit also reviews and expands on object pronouns:

- Position of pronouns with commands
- Two-pronoun sequencing
- The indirect object pronoun se

Communication

By the end of this unit, students will be able to use familiar commands in Spanish:

- To make suggestions and give warnings
- To explain simple recipes
- To ask for assistance
- To make requests

Culture

The focus of this unit is on daily life, with special emphasis on food and meals.

394

10.2 El A-B-C de la salud **10.3 ¡Bravo, Sra. de Ortiz!** **10.4 Una conspiración**

Food stand, Guadalajara

Chapultepec Park, Mexico City

VARIEDADES — El lenguaje de las manos

Lección 1

Una receta del Caribe: Refresco de plátanos

STRUCTURES TO OBSERVE: affirmative commands; position of pronouns with affirmative commands.

¿Quieres preparar un refresco delicioso para tus amigos? Sírveles un refresco de plátanos. Ésta es la receta.

refresco: *cold drink*
receta: *recipe*

Los ingredientes

3   plátanos

1   taza de leche   una

1/4   taza de azúcar   un cuarto

1/4   taza de jugo de limón

1/2   cucharadita de vainilla   media

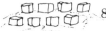

8   cubitos de hielo

Un aparato

una licuadora

azúcar: *sugar*

hielo: *ice*

La preparación

1. Pela los plátanos y córtalos en cubitos.
2. Pon los plátanos, la leche, el azúcar, el jugo de limón y la vainilla en la licuadora. Mézclalos.
3. Añade los cubos de hielo y mézclalos con los otros ingredientes.
4. Vierte la mezcla en cuatro vasos.
5. Sirve el refresco a tus amigos.

Pela: *Peel*, córtalos: *cut them*
Pon: *Put*
Mézclalos: *Mix them*
Añade: *Add*
Vierte: *Pour*, mezcla: *mixture*, vasos: *glasses*

You may want to act out each step of the recipe.

Vamos a hablar de los consejos que te dan tus padres. ¿Te dicen ellos las siguientes cosas?

1. **¡Estudia** mucho!
     Sí, me lo dicen. (No, no me lo dicen.)
2. **¡Trabaja** mucho!
3. **¡Respeta** a tus profesores!
4. **¡Ayuda** a tus hermanos menores!
5. **¡Gasta** tu dinero en cosas útiles!
6. **¡Escucha** nuestros consejos!

OBSERVACIÓN Est. B

Commands are used to give orders and advice, to make suggestions and more generally to tell people what to do (*affirmative commands*) and what not to do (*negative commands*). In sentences 1-6, your parents are giving you advice. They are using the familiar (**tú**) form of the affirmative command.
- Is this form the same as the **tú** form of the present tense?   no
- Is this form the same as the **él** form of the present tense?   yes

Nota cultural OPTIONAL

El plátano, base de la cocina° del Caribe

¿Qué es el plátano? ¿Una fruta tropical originaria del Caribe? ¡No! El plátano es originario de la India, pero hoy crece° en abundancia en muchos países de Hispanoamérica.

Hay mil variedades de plátanos: amarillos, verdes, rojos ... Hay también mil maneras de cocinar° platános ... En los países hispanoamericanos, la gente los come principalmente fritos° y los sirve con arroz° o con carne,° con pollo° o con jamón,° con salsas picantes° o con azúcar,° con frijoles° o con ensalada ... ¡De veras, el plátano es una de las bases de la cocina del Caribe!

cocina *cooking*   **crece** *grows*   **cocinar** *to cook*   **fritos** *fried*
arroz *rice*   **carne** *meat*   **pollo** *chicken*   **jamón** *ham*
salsas picantes *hot sauces*   **azúcar** *sugar*   **frijoles** *beans*

· ¿Es el plátano una fruta tropical? ¿Cuál es su origen? ¿Son amarillos todos los plátanos? ¿Cómo come los plátanos la gente en los países hispanoamericanos? ¿Con qué los sirve?
· In some Caribbean countries, **el plátano** designates the cooking banana, while **la banana** refers to an eating banana.

Lección uno
397

A. Repaso: los pronombres directos e indirectos

As you read the following sentences, compare the form and position of the direct and indirect object pronouns which replace the nouns in parentheses.

	DIRECT	INDIRECT
(Carlos)	¿**Lo** invitas? *Do you invite **him**?*	¿**Le** escribes? *Do you write (**to**) **him**?*
(tus amigos)	¿**Los** invitas? *Do you invite **them**?*	¿**Les** escribes? *Do you write (**to**) **them**?*

The following chart summarizes the direct and indirect object pronouns corresponding to the subject pronouns.

SUBJECT PRONOUNS	DIRECT OBJECT PRONOUNS		INDIRECT OBJECT PRONOUNS	
yo	**me**	*me*	**me**	*(to or for) me*
tú	**te**	*you*	**te**	*(to or for) you*
él, Ud.	**lo**	*him, it, you*	**le**	*(to or for) him, her, it, you*
ella, Ud.	**la**	*her, it, you*		
nosotros(as)	**nos**	*us*	**nos**	*(to or for) us*
vosotros(as)	**os**	*you*	**os**	*(to or for) you*
ellos, Uds.	**los**	*them, you*	**les**	*(to or for) them, you*
ellas, Uds.	**las**	*them, you*		

☞ In general, object pronouns come before the verb.

☞ Spanish speakers use indirect object pronouns in sentences which also contain an indirect object noun.

Le hablo **a Carlos.**	*I am speaking **to Carlos.***
Les escribo **a mis amigos.**	*I am writing **to my friends.***
Le compro un regalo **a Ana.**	*I am buying a gift **for Ana.***

ACTIVIDAD 1   Diálogo: ¿Eres generoso(a)?

Pregúntales a tus compañeros si prestan las siguientes cosas.

ADDITIONAL CUES: tu lápiz / tus cintas / tu abrigo / tus anteojos

☞ tu tocadiscos Estudiante 1: ¿Prestas tu tocadiscos?
Estudiante 2: Sí, lo presto.
(No, no lo presto.)

1. tus libros
2. tus discos
3. tu dinero
4. tus revistas
5. tu reloj
6. tu bicicleta
7. tu cuaderno de español
8. tu chaqueta

ACTIVIDAD 2 Los contactos

¿Te mantienes *(Do you keep)* en contacto con las siguientes personas durante las vacaciones? Di si lo (la) llamas por teléfono y si le escribes a cada persona.

> tu mejor amigo   (No) Lo llamo por teléfono.
> (No) Le escribo.

1. tu mejor amiga
2. tus compañeros de clase
3. tus compañeras
4. tus profesores
5. tu profesor(a) de español
6. tu profesor(a) de matemáticas
7. tus amigos
8. tus amigas

B. Mandatos afirmativos: la forma *tú*

In Spanish, commands may be familiar or formal. *Familiar commands* are for people one normally addresses in the **tú** form.

Look carefully at the sentences below. The sentences on the left describe *what* Isabel *is doing:* the verb is in the **él** form of the *present tense*. In the sentences on the right, Carlos is telling Isabel *what to do:* the verb expresses a *command* in the familiar affirmative form. Compare the verbs in each group of sentences.

Isabel:	Carlos a Isabel:
Invita a sus amigos.	—¡**Invita** al profesor!
(She invites her friends.)	*(Invite the professor!)*
Saca una foto.	—¡**Saca** una foto del museo!
(She takes a picture.)	*(Take a picture of the museum!)*
Lee una revista deportiva.	—¡**Lee** el libro de español!
(She reads a sports magazine.)	*(Read the Spanish book!)*
Pide una gaseosa.	—¡**Pide** una gaseosa para mí también!
(She asks for a soft drink.)	*(Ask for a soft drink for me, too!)*

> For most verbs (regular and irregular), the affirmative form of the familiar **tú** command is the same as the **él** form of the present tense.

> Familiar command endings are:

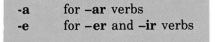

-a	for **–ar** verbs
-e	for **–er** and **–ir** verbs

You should point out that this pattern also applies to stem-changing verbs:
  cerrar: ¡Cierra la puerta!
  jugar: ¡Juega conmigo!

Lección uno
399

Si quieres tener enemigos, presta dinero a tus amigos.

If you want enemies, lend money to your friends.

ACTIVIDAD 3   Un chico tímido

Roberto es un poco tímido y por eso hay muchas cosas que no hace. Pero Manuela le dice que tiene que hacer estas cosas. Haz el papel de Manuela según el modelo.

Roberto no habla con el profesor.   ¡Habla con el profesor!

1. Él no habla con Elena.
2. Él no invita a María.
3. Él no llama a Ricardo por teléfono.
4. Él no canta.
5. Él no cuenta chistes *(jokes)*.
6. Él no juega al tenis.
7. Él no saca fotos.
8. Él no lee revistas deportivas.
9. Él no escribe cartas.
10. Él no aprende a bailar.

ACTIVIDAD 4   Querer es poder *(Where there's a will there's a way)*

Carlos le dice a Luisa que él quiere hacer ciertas cosas. Luisa le dice que las haga *(to do them)*. Haz cada papel según el modelo.

viajar   Carlos: Quiero viajar a México.
              Luisa: Entonces, ¡viaja a México!   Cues 8, 11, and 12 involve stem-changing verbs.

1. trabajar durante las vacaciones
2. comprar una moto
3. vender mi bicicleta
4. aprender francés
5. aprender a bailar
6. vivir en el Perú
7. escribir una novela
8. jugar al tenis
9. beber café
10. comer un helado
11. pedir un jugo de frutas
12. dormir

MUSEO DE ARTE MODERNO CHAPULTEPEC

INBA

Nº 267334

VALOR $ 10.00

C. La posición de los pronombres con los mandatos afirmativos

Note the position of object and reflexive pronouns with affirmative commands.

Isabel:	Amalia:
¿Invito a María?	¡Sí, invítala!
¿Le escribo a Juan?	¡Sí, escríbele!
¿Te invito a mi fiesta?	¡Sí, invítame!
¿Me quedo en casa?	¡Sí, quédate en casa!

In affirmative commands, object and reflexive pronouns always come *after* the verb and *are attached to it*.

☞ When the object pronoun is attached to the command form, an accent mark is used to retain the original stress pattern of the verb:

invítame   mándale   The accent mark is not needed if the command has only 2 syllables: ¡Dame el libro! ¡Dile la verdad!

ACTIVIDAD 5   Invitaciones

Lolita está organizando una fiesta. Ella ya *(already)* tiene una lista de algunas personas, pero quiere confirmarla con Manuel. Haz los papeles.

VARIATIONS: With direct objects (**llamar por teléfono**) and with indirect objects (**escribir, hablar**).

☞ Luisa   Lolita: ¿Invito a Luisa?
              Manuel: ¡Sí, invítala!

1. Rebeca
2. Ricardo
3. Benjamín
4. Paco y Enrique
5. tus primos
6. María y Pilar
7. Diego, Lucía y Maribel
8. las amigas de Carlos
9. la profesora de español
10. el profesor de francés

ACTIVIDAD 6   Diálogo: ¿Tienes buenos compañeros?

Pídeles a tus compañeros que te hagan *(they do)* los siguientes favores. Ellos van a contestar.

☞ invitar al café   Estudiante 1: ¡Invítame al café!
                        Estudiante 2: Por supuesto, voy a invitarte al café.
                                     (No, no voy a invitarte al café.)

1. llamar por teléfono
2. ayudar
3. escribir
4. visitar
5. prestar tus discos
6. dar tu foto
7. mandar regalos
8. comprar un helado
9. vender tu bicicleta
10. prestar tus revistas

vocabulario especializado   **Cómo se pone la mesa** *(How to set the table)*

Poner la mesa is active vocab.

un vaso

una taza

una cucharita

Also una cucharilla.
(teaspoon).

el plato

un platillo

un tenedor

una cuchara

un cuchillo

ACTIVIDAD 7   En el restaurante

Imagina que trabajas en un restaurante. Un camarero *(waiter)* nuevo te
dice lo que piden los clientes. Dile qué necesita traerles para poner
la mesa.

 Un cliente pidió café.   Tráele una taza, un platillo y una cucharita.

1. Un cliente pidió té.
2. Una cliente pidió una gaseosa.
3. Un cliente pidió un bistec *(steak)*.
4. Una cliente pidió una ensalada.
5. Un cliente pidió una hamburguesa.

 ## Pronunciación   **Las sílabas con acento**

Model sentences: ¡Escucha el disco! ¡Escúchalo!
Practice sentences: ¡Invita a María! ¡Invítala!
　　　　　　　　　¡Escribe la carta! ¡Escríbela!
　　　　　　　　　¡Presta tus discos! ¡Préstalos!
　　　　　　　　　¡Manda las cartas! ¡Mándalas!

Normally, the stress in Spanish falls on the next-to-last syllable in words
which end on a vowel, an **n** or an **s.** When a pronoun is added to the
command form of a verb, an accent mark is used to show that the stress
falls on the originally stressed syllable.

When one pronoun is added to an infinitive, the accent mark is not needed
because the stress naturally falls on the next-to-last syllable:

　　　Voy a escuchar el disco.   Voy a escucharlo.

Entre nosotros

Expresiones para la composición

por favor
hazme el favor de + infinitivo } *please*
¡mil gracias!   *a thousand thanks*
¡un millón de gracias!   *a million thanks*

Mini-composición   De vacaciones

Imagina que tu mejor amigo y tu mejor amiga fueron a países
extranjeros *(foreign)* durante las vacaciones. Tu mejor amigo fue a
España (donde vive tu primo). Tu mejor amiga fue a México (donde vive
tu prima). Mándales dos tarjetas postales y pídeles a cada uno tres
favores. Puedes usar los siguientes verbos.

escribir / mandar / comprar / llamar por teléfono /
invitar / visitar / sacar fotos / hablar / buscar

Usa dos de las expresiones para la composición.

Querido Eduardo:
Mándame un disco de música popular, **por favor.** Si puedes,
hazme el favor de llamar por teléfono a mi primo Miguel . . .¡**Mil gracias!**

Lección 2

El A·B·C de la salud

salud: *health*

¿Estás en buena forma física y psicológica? ¿Sí? . . . ¡Qué bueno! Y quieres estar sano siempre, ¿verdad? Entonces observa algunas normas elementales:

sano: *healthy*
normas: *rules*

¡Come moderadamente!
¡Come muchas frutas y vegetales!
¡Bebe agua o jugos de fruta!
¡Usa la bicicleta a menudo!
¡Levántate temprano!
¡Acuéstate temprano!
¡Todas las noches, organiza tus
   actividades del siguiente día!

¡No comas demasiado!
¡No comas entre comidas!
¡No bebas gaseosas!
¡No te levantes después de las
   nueve! (aun los domingos)
¡No te acuestes después de las
   once!
¡No duermas durante el día
   (especialmente en la clase de
   español)!
¡No mires la televisión más de
   una hora al día!
¡No te enojes inútilmente!
¡En realidad, no te enojes nunca!

entre: *between,*
   comidas: *meals*

aun: *even*

te enojes: *get upset*

• ¿Cuáles son los consejos más importantes? ¿Cuáles son menos importantes?
• EXTRA VOCAB.: **cuchichear** (to whisper), **roncar** (to snore).

Estructura

La comida

los alimentos (foods)
 la carne (meat)

el pollo (chicken)   **un bistec** (steak)

el jamón (ham)

las frutas y los vegetales

el arroz (rice)

los frijoles
(beans)

el maíz (corn)

las papas (potatoes)   **las naranjas** (oranges)

las peras (pears)

los plátanos
(bananas)

los tomates
(tomatoes)

las manzanas (apples)

las comidas	meals	
el desayuno	breakfast	
desayunarse	to have breakfast	**Me desayuno** a las siete y media.
el almuerzo	lunch	
almorzar (o → ue)	to have lunch	**Almuerzo** a las doce.
la merienda	late afternoon snack	
merendar (e → ie)	to have a snack	**Meriendo** después de las clases.
la cena	dinner	
cenar	to have dinner	**Ceno** a las siete.

los postres (dessert)

un pastel
(pastry)

un helado
(ice cream)

una torta (cake)

otros alimentos

el pan
(bread)

la mantequilla
(butter)

un huevo (egg)

la sal (salt)

el queso (cheese)

la pimienta
(pepper)

el azúcar (sugar)

el aceite (oil)

el vinagre (vinegar)

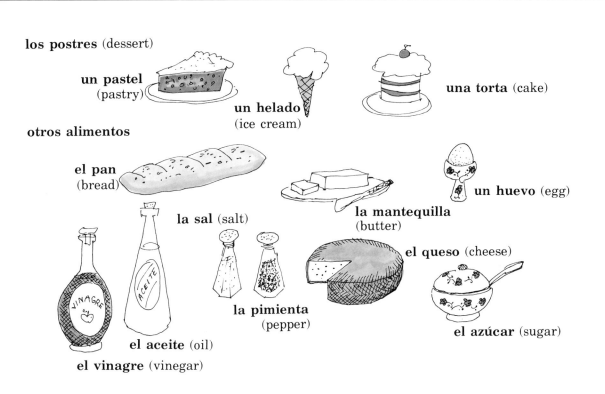

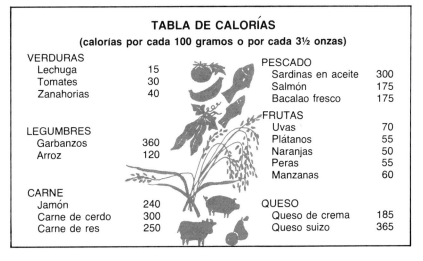

TABLA DE CALORÍAS

(calorías por cada 100 gramos o por cada 3½ onzas)

VERDURAS		PESCADO	
Lechuga	15	Sardinas en aceite	300
Tomates	30	Salmón	175
Zanahorias	40	Bacalao fresco	175
		FRUTAS	
		Uvas	70
LEGUMBRES		Plátanos	55
Garbanzos	360	Naranjas	50
Arroz	120	Peras	55
		Manzanas	60
CARNE			
Jamón	240	QUESO	
Carne de cerdo	300	Queso de crema	185
Carne de res	250	Queso suizo	365

ACTIVIDAD 1 Preguntas personales

VARIATION: Ask about student responses in the third person. ¿A qué hora se desayunó [Steve]?

1. ¿A qué hora te desayunaste hoy?
2. ¿A qué hora te desayunas los domingos?
3. ¿A qué hora almuerzas?
4. ¿Almuerzas en la cafetería de la escuela?
5. ¿A qué hora cenas?
6. ¿Meriendas cuando vuelves a casa?
7. ¿Te gusta la comida italiana? ¿francesa? ¿mexicana?
8. ¿Te gusta la comida picante *(hot)*?

ACTIVIDAD 2 Diálogo: A cada uno, su gusto *(Each to his own taste)*

Pregúntales a tus compañeros qué prefieren.

VARIATION: Have students make up their own questions on the same model, using foods from the *Vocabulario Especializado*.

> ¿pollo o bistec?   Estudiante 1: ¿Prefieres pollo o bistec?
> Estudiante 2: Prefiero pollo (bistec).

1. ¿frutas o vegetales?
2. ¿jamón o bistec?
3. ¿plátanos o naranjas?
4. ¿queso o huevos?
5. ¿peras o manzanas?
6. ¿frijoles o papas?

ACTIVIDAD 3 Vamos a cocinar *(Let's cook)*

Imagina que quieres preparar los siguientes platos. Un amigo va a comprar los ingredientes necesarios. Dile qué ingredientes tiene que comprar.

> para una ensalada de tomates   Compra tomates, vinagre y aceite.

1. para una ensalada de frutas
2. para una tortilla de huevos *(omelet)*
3. para una "banana split"
4. para un sándwich

A. Mandatos negativos: la forma *tú*

Look carefully at the sentences below. In the sentences on the left, Felipe says what he's doing. He uses the **yo** form of the present tense. In the sentences on the right, Anita tells him not to do these things. She uses the negative form of the familiar **tú** command. Compare the verbs in each group of sentences.

	Felipe:	Anita a Felipe:
(–ar verbs)	**Compro** una revista.	**¡No compres** esa revista!
	Pienso en Luisa.	**¡No pienses** en esa chica!
(–er verbs)	**Bebo** té.	**¡No bebas** té!
	Pongo un disco de jazz.	**¡No pongas** ese disco tan aburrido!
(–ir verbs)	**Escribo** una carta.	**¡No escribas** esa carta!
	Salgo con Isabel.	**¡No salgas** con ella!

For most verbs (regular and irregular), the negative form of the familiar **tú** command is derived as follows:

> stem of the **yo** form of the present
> (**yo** form minus **-o**) + { **-es** (for **–ar** verbs)
> { **-as** (for **–er, –ir** verbs)

This applies to stem-changing verbs as well.
cerrar: ¡No **cierres** la puerta!
dormir: ¡No **duermas** en la clase!

Note the spelling changes in the following groups of verbs.

c → qu
-car tocar ¡No **toques** el piano!

g → gu
-gar jugar ¡No **juegues** al béisbol!

z → c
-zar empezar ¡No **empieces** esta novela!

The affirmative commands of most verbs ending in **-go** (salir, poner, tener, venir, hacer, decir) are irregular. They are presented in the next lesson. Make sure that here the students use these verbs only in the negative command form.

These changes are made to keep the sound of the stem.

REFRÁN

De lo que no sabes, no hables.

Don't speak of what you don't know.

ACTIVIDAD 4 ¡Ahora no!

Pepe tiene que hacer sus tareas pero está pensando en otras cosas. Su mamá le dice que ahora no puede hacer esas cosas. Haz los dos papeles según el modelo.

> invito a Pedro a casa   Pepe: Invito a Pedro a casa.
> Su mamá: ¡No, no invites a Pedro ahora!

1. invito a Carmen a casa
2. llamo a Inés por teléfono
3. miro la televisión
4. escucho música
5. juego al básquetbol
6. reparo mi bicicleta
7. visito a un amigo
8. leo una novela
9. salgo con Isabel
10. pongo discos
11. ceno
12. duermo

ACTIVIDAD 5 La dieta

Un amigo está a dieta *(on a diet)*. Dile que puede (o no puede) comer las siguientes cosas.

> mantequilla   ¡No comas mantequilla!
> frutas   ¡Come frutas!

1. azúcar
2. papas fritas *(French fries)*
3. tomates
4. pan
5. maíz
6. jamón
7. pollo
8. ensaladas
9. pasteles
10. helado
11. manzanas
12. naranjas
13. peras
14. queso
15. tortas
16. yogur

UN MENÚ PARA ELIMINAR LAS CALORÍAS SUPERFLUAS

Desayuno
Una manzana
Un huevo duro
Un vaso de jugo de naranja

Almuerzo
Dos tomates
Una tostada (sin mantequilla)
Una porción pequeña de queso
Un vaso de leche

Cena
Un bistec pequeño con ensalada
Tres cucharadas de arroz
Una banana
Un té con leche

ACTIVIDAD 6   El ángel y el diablo *(The angel and the devil)*

Pedro está indeciso *(undecided)*. El ángel le da buenos consejos. El diablo
le da malos consejos. Haz los papeles del ángel y del diablo según el
modelo. (El ángel tiene que expresar mandatos afirmativos con las frases
1-7 y negativos con las frases 8-12. El diablo hace lo contrario.)

 trabajar   Ángel: ¡Trabaja!
        Diablo: ¡No trabajes!

1. ayudar a tus amigos
2. escuchar los consejos de tus padres
3. estudiar tus lecciones
4. visitar a tus abuelos
5. respetar a las personas mayores
6. contestar bien en clase
7. aprender español
8. comer demasiado
9. fumar *(smoke)* en el baño
10. gastar tu dinero en chocolates
11. beber cerveza
12. perder el tiempo

B. La posición de los pronombres con los mandatos negativos

Compare the position of object and reflexive pronouns in the affirmative
and negative commands below.

Lupe:	Carlos:	Manuel:
¿Invito a **Luis?**	Sí, invíta**lo**.	No, no **lo** invites.
¿Escribo a **Carmen?**	Sí, escríbe**le**.	No, no **le** escribas.
¿**Me** quedo en casa?	Sí, quéda**te**.	No, no **te** quedes.

In affirmative commands, object and reflexive pronouns come *after* the
verb and are attached to it.

In negative commands, they come *before* the verb.

REFRÁN

No te dejes dar gato por liebre.

ACTIVIDAD 7 Las maletas de Ricardo

Ricardo va a pasar el verano en España. En sus maletas, puede llevar sólo
veinte kilos. Dile las cosas que puede y las que no puede llevar.

ADDITIONAL CUES: los anteojos de sol /
la cámara / los esquís / el abrigo / el
diccionario español-inglés / los blue-jeans.

☞ la guitarra   ¡Llévala!
                    (¡No la lleves!)

1. el tocadiscos
2. el radio
3. el televisor
4. las camisas
5. el traje de baño

6. los pantalones
7. los suéteres
8. la raqueta de tenis
9. la grabadora
10. los libros de matemáticas

ACTIVIDAD 8 ¡Sí y no!

Irene les cuenta a sus amigos qué va a hacer. Roberto está de acuerdo
(agrees) pero Tomás, no. Haz los tres papeles según el modelo.

☞ llamar a Laura   Irene: Voy a llamar a Laura.
                    Roberto: ¡Excelente idea! ¡Llámala!
                    Tomás: ¿Llamar a Laura? ¡No, no la llames!

1. comprar una bicicleta
2. escribirle a Camila
3. hablarle al profesor
4. vender mi tocadiscos
5. visitar a Conchita
6. ayudar a Víctor y su novia
7. traer los discos
8. ayudar a Jaime
9. quedarme en casa
10. dormirme

 Pronunciación   **El sonido de la consonante *t***

Model word: torta
Practice words: taza tenedor tomate tarde temprano
Practice sentences: Tomás no tiene tocadiscos.
                    El tío de Teresa es agente de arte.
                    ¿Cuánto cuesta tu televisor?

Like the Spanish consonant **p,** the consonant **t** is also pronounced without
a puff of air. Compare the English words "till" and "still": with "till" you
produce a puff of air, and with "still" you do not. Try to make the Spanish
t sound similar to the **t** of "still." Your tongue should touch the back of
your upper front teeth.

Entre nosotros

> **Expresión para la composición**
>
> **a propósito**   *by the way*

Mini-composición   Consejos

Imagina que tu mejor amigo(a) está en una de las siguientes
situaciones. Escríbele una tarjeta y dale seis consejos, tres afirmativos y
tres negativos. Si quieres, puedes usar los verbos entre paréntesis. Usa
la expresión para la composición.

- Tu mejor amigo(a) está en casa con gripe *(flu)*.
  (beber, comer, quedarse, levantarse,
  acostarse, dormir, estudiar, leer)
- Tu mejor amigo(a) ha invitado *(has invited)* a
  un amigo vegetariano a comer.
  (comprar, preparar, olvidar, llevar, empezar,
  servir)
- Tu mejor amigo(a) quiere preparar una
  comida típicamente norteamericana para
  amigos hispanos.
  (comprar, preparar, olvidar, llevar, empezar,
  servir)

Querido Juan:
    Estás enfermo. ¡Qué lástima! **A propósito,** tengo unos consejos
para ti: bebe mucho té . . .

Remember that students must avoid affirmative commands using **salir, poner, tener, venir, hacer** and **decir.**

Lección 3   ¡Bravo, Sra. de Ortiz!

En su casa, el Sr. Ortiz es un dictador absoluto . . . Pero un día . . .

Sr. Ortiz: ¡Pásame la sal!
Sra. de Ortiz: Momento . . . te la paso en seguida.

en seguida: *right away*

Sr. Ortiz: ¡Dame el vino!
Sra. de Ortiz: Espérate . . . te lo doy en seguida.

Sr. Ortiz: ¡Tráeme el pan!
Sra. de Ortiz: Sí, sí . . . te lo traigo en seguida.

Sr. Ortiz: ¡Tráeme la ensalada!
Sra. de Ortiz: Bueno . . . te la traigo en seguida.

Sr. Ortiz: ¡Tráeme los espaguetis!
Sra. de Ortiz: Los espaguetis . . . ¡voy a tráertelos!

Sra. de Ortiz: ¡Aquí tienes los espaguetis!

CONVERSACIÓN OPTIONAL

Un verdadero *(true)* amigo es generoso. Siempre presta sus cosas alegremente.
¿Te presta sus cosas tu mejor amigo? Vamos a ver.

1. ¿Te presta su tocadiscos?
   Sí, **me lo** presta. (No, no **me lo** presta.)
2. ¿Te presta su bicicleta?
3. ¿Te presta su reloj?
4. ¿Te presta sus discos?
5. ¿Te presta sus revistas?

OBSERVACIÓN Est. C

Reread the suggested answers to the first question. In each answer there are two object pronouns.

- Which one is the *direct* object pronoun? Which one is the *indirect* object pronoun?   lo / me
- Which pronoun comes first, the direct object pronoun or the indirect object pronoun?   indirect object pronoun

Nota cultural OPTIONAL

El apellido de la mujer casada°

¿Notaste el nombre° de la señora en la historia? No se llama señora Ortiz, sino° señora *de* Ortiz. Generalmente cuando una mujer hispánica se casa,° conserva° su apellido.° Por ejemplo, si Isabel Montero se casa con Miguel Ortiz, su apellido va a ser Isabel Montero de Ortiz. Los hijos se van a llamar° Pablo y Ana Ortiz Montero.

casada *married* **nombre** *name* **sino** *but* **se casa** *gets married* **conserva** *she keeps* **apellido** *name* **se van a llamar** *are going to be called*

Estructura

A. Mandatos irregulares (I)

Some verbs have irregular command forms in the affirmative but regular command forms in the negative.

	AFFIRMATIVE (IRREGULAR)	NEGATIVE (REGULAR)	
decir	di	no digas	¡**Di** la verdad, Antonio! ¡**No** me **digas** ese cuento!
hacer	haz	no hagas	¡**Haz** la tarea, Miguel! ¡**No hagas** las tareas difíciles!
poner	pon	no pongas	¡**Pon** los discos aquí, por favor! ¡**No pongas** los pies allí!
salir	sal	no salgas	¡**Sal** con tus amigos esta noche! ¡**No salgas** mal en el examen!
tener	ten	no tengas	¡**Ten** paciencia, Jaime! ¡**No tengas** miedo *(fear)*, chico!
venir	ven	no vengas	¡**Ven** aquí inmediatamente! ¡**No vengas** a esta fiesta!

↪ Note that these are the verbs which have the **-go** ending in the **yo** form of the present tense.

↪ Remember that in affirmative commands, pronouns follow the verb, but in negative commands they precede it!

Pon los discos aquí.   Pon**los** aquí.
No hagas las tareas.   No **las** hagas.

REFRÁN

Do what I say, not what I do.

ACTIVIDAD 1   ¡El pobre Arturo!

Como Arturo es el menor de la familia, sus dos hermanas siempre le dan
órdenes. Y estas órdenes casi siempre son contrarias. Haz los papeles de las
dos hermanas.

> sal con Miguel (Antonio)   Hermana 1: Sal con Miguel.
> Hermana 2: No salgas con Miguel. Sal con Antonio.

1. haz la tarea de español (de inglés)
2. pon los libros aquí (allí)
3. di cosas divertidas (cosas serias)
4. ten la taza (el plato)
5. ven a la cocina (al comedor)
6. sal a las dos (a las tres)

ACTIVIDAD 2   El hermano mayor

Fernando siempre le dice a su hermanito qué cosas debe hacer. Haz el
papel de Fernando.

> decir la verdad   Fernando: ¡Di la verdad, Carlitos!

1. hacer las tareas
2. poner la mesa
3. tener cuidado (be careful)
4. venir aquí
5. decir adónde vas
6. salir con tu hermana
7. tener paciencia
8. salir bien en tus exámenes

B. Mandatos irregulares (II)

Two verbs have irregular negative command forms, but regular affirmative
forms.

	AFFIRMATIVE (REGULAR)	NEGATIVE (IRREGULAR)	
dar	**da**	**no des**	¡**Da**me tu reloj! ¡**No** me **des** tu libro!
estar	**está**	**no estés**	**Está** aquí a las siete. ¡**No estés** tan nerviosa, Luisa!

Two verbs have both irregular affirmative and irregular negative command
forms.

	AFFIRMATIVE (IRREGULAR)	NEGATIVE (IRREGULAR)	
ir	**ve**	**no vayas**	¡**Ve** al cine con nosotros! ¡**No vayas** a la playa conmigo!
ser	**sé**	**no seas**	¡**Sé** un buen estudiante! **No seas** siempre malo con ellos.

ACTIVIDAD 3 Tus consejos

Tú das consejos a tu amiga Estela sobre las siguientes cosas. Dile que sí o
que no, según el modelo.

✍ darles dinero a todos: no   No les des dinero a todos.

1. dar regalos a tus amigos: sí
2. dar consejos: no
3. ir al parque: sí
4. ir a casa: no

5. ser buena: sí
6. ser mala: no
7. estar nerviosa: no
8. estar contenta: sí

ACTIVIDAD 4 El ángel y el diablo

Otra vez, Pedro está indeciso. El ángel le da buenos consejos. El diablo le
da malos consejos. Haz los papeles del ángel y del diablo, según el modelo.

✍ decir la verdad   Ángel: ¡Di la verdad!
                     Diablo: ¡No digas la verdad!

1. hacer las tareas
2. hacer una pregunta tonta
3. dar regalos a tu mamá
4. dar postres al gato
5. ser tolerante
6. ser cruel
7. tener paciencia
8. venir a casa temprano

9. decir cosas buenas
10. decir cosas ofensivas
11. poner los dedos en la comida
12. poner sal en el café
13. estar de buen humor
14. estar de mal humor
15. ir a clase tarde
16. ir a la iglesia

C. La posición de los pronombres directos e indirectos

Note the position of the direct (2) and indirect (1) objects in the following
questions and answers.

1	2
¿**Me** prestas **tu cámara?**	Sí, **te la** presto.
¿**Me** das **tus revistas?**	No, no **te las** doy.
¿**Me** vendes **tu reloj?**	Sí, **te lo** vendo.

✍ When two object pronouns appear in the same sentence, the indirect
object pronoun comes *before* the direct object pronoun.

✍ In affirmative commands, these pronouns come *after* the verb and are
attached to it. They may also come *after* the infinitive and be attached
to it. An accent mark is used to retain the original stress pattern of the
verb.

¡Tengo nuevos discos!   ⎰ ¡Préstamelos!
                         ⎱ ¿Quieres vendérmelos?
                           (¿Me los quieres vender?)

ACTIVIDAD 5   Diálogo: ¿Me prestas...?

Pídeles a tus compañeros los siguientes objetos.

♋   tu libro de español   Estudiante 1: ¿Me prestas tu libro de español?
                                       Estudiante 2: Sí, te lo presto.
                                               (No, no te lo presto.)

VARIATIONS: (vender) ¿me vende...?; (dar) ¿me das...?.

1. tu reloj
2. tu radio
3. un dólar
4. dos dólares
5. tus cintas
6. tu lápiz

ACTIVIDAD 6   Carlos, el comprador

A Carlos le gustan las cosas de sus amigos y siempre quiere comprarlas.
Los amigos aceptan sus ofertas *(offers)* ... por cierto precio *(price)*. Haz los
dos papeles según el modelo.

♋   tu bicicleta / 50 dólares   Carlos: Véndeme tu bicicleta.
                                       Su amigo: Te la vendo por cincuenta dólares.

1. tu reloj / 10 dólares
2. tus discos / 5 dólares
3. tu guitarra / 15 dólares
4. tu abrigo / 20 dólares
5. tu tocadiscos / 50 dólares
6. tu cámara / 30 dólares
7. tus libros / 5 dólares
8. tu radio / 10 dólares
9. tu raqueta de tenis / 25 dólares
10. tus anteojos de sol / 5 dólares

ACTIVIDAD 7   Preparando la fiesta

Estás preparando una fiesta con un amigo. Él te pregunta si quieres ciertas
cosas. Contéstale afirmativamente según el modelo.

♋   ¿Quieres los pasteles?   Sí, pásamelos, por favor.

1. ¿Quieres el té?
2. ¿Quieres el jugo de frutas?
3. ¿Quieres la leche?
4. ¿Quieres las gaseosas?
5. ¿Quieres el helado?
6. ¿Quieres los plátanos?

ADDITIONAL CUES: **los sándwiches / las frutas / las rositas de maís** (popcorn).

COMIDAS PARA FIESTAS
UNA FIESTA DE GALA PARA 20 PERSONAS
● Carnes con Aceitunas ● Queso
● Jamón ● Salami ● Roast Beef
1 Bandeja Ensalada Papas
1 Bandeja Ensalada Macarrones
1 Bandeja Picadillo de Coles
1 Bandeja Pepinillos y Aceitunas
1 Cubo Pretzels y Papitas Fritas
Mostaza y Mayonesa
1 Hogaza de Pan Centeno y Pan Blanco

TENEMOS MUCHOS PLANES TODOS A PRECIOS BIEN ECONOMICOS

PARA SU BODA, CUMPLEAÑOS, IOS, BAUTIZOS, ETC,

GRATIS UNA BOTELLA DE CHAMPAÑA CON SU ORDEN

TAMBIEN TENEMOS LECHON ASADO CON ARROZ CON GANDULES Y MUCHAS OTRAS COMIDAS LATINAS

Pronunciación

Las sílabas con acento

An accent mark is also used with the progressive forms of the verb: **Estoy leyendo el libro. Estoy leyéndolo. Mi mamá está leyéndomelo.**

Model sentences: ¡Préstame el libro!   ¡Préstamelo!

Voy a prestarte el libro.   Voy a prestártelo.

Practice sentences: No quiero prestarte mis discos.   No quiero prestártelos.

Voy a mandarte la carta.   Voy a mandártela.

¿Vas a comprarme un helado?   ¿Vas a comprármelo?

When two pronouns are added to a command form of the verb or to an infinitive, an accent mark is used to show that the originally stressed syllable is still stressed.

OPTIONAL

Entre nosotros

> **Expresión para la composición**
>
> **de todas maneras**   *in any case*

Mini-composición   Citas

Imagina que una amiga española tiene una cita con una de las siguientes personas:

• un chico norteamericano que va a invitarla a un restaurante muy elegante
• un chico muy aburrido
• un periodista que quiere hablar con ella
• un empleado del departamento de inmigración

Dale a esa chica algunos buenos consejos. Si quieres, puedes usar las siguientes expresiones en oraciones afirmativas o negativas.

• ponerse: ¿qué ropa?
• dar: ¿qué información?
• decir: ¿qué cosas? ¿la verdad? ¿chistes *(jokes)*?
• estar: ¿cómo?
• ir: ¿adónde?

Usa la expresión para la composición

☞ Tienes una cita con un chico muy aburrido? ¡No estés triste!
De todas maneras, . . .

Una conspiración:
un mini-drama en cuatro actos

Rafael tiene un mal hábito. Nunca devuelve las cosas que pide prestadas. Por eso sus amigos no están dispuestos a prestarle nada.

devuelve: *returns*
pide prestadas:
   borrows,
dispuestos: *inclined*

Acto 1. Rafael, Juan Pablo

Rafael:	Oye, Juan Pablo, tienes un tocadiscos nuevo, ¿verdad?
Juan Pablo:	Sí, ¿por qué?
Rafael:	Préstamelo . . . ¡por favor!
Juan Pablo:	Lo siento, pero no puedo prestártelo.
Rafael:	¿Por qué no?
Juan Pablo:	¡Porque se lo presté a Antonio!
Rafael:	¿Puedo pedírselo?
Juan Pablo:	¡Sí, si quieres!

Acto 2. Rafael, Antonio

Rafael:	Oye, Antonio, ¿puedes prestarme el tocadiscos de Juan Pablo? Él dice que tú lo tienes.
Antonio:	Ya no lo tengo.
Rafael:	¿Ya no lo tienes? ¿Se lo devolviste a Juan Pablo?
Antonio:	¡No! María me lo pidió y se lo di a ella.

Ya: *Anymore*

Acto 3. Rafael, María

Rafael: ¡Oye, María! Antonio te prestó el tocadiscos de
Juan Pablo, ¿verdad?

María: Sí, me lo prestó.

Rafael: ¿Lo necesitas?

María: ¡No!

Rafael: Entonces, ¿puedes prestármelo?

María: ¡Qué lástima!, pero se lo presté a Margarita.

Acto 4. Rafael, Margarita

Rafael: ¡Oye, Margarita! ¿Tienes el tocadiscos de Juan Pablo?

Margarita: No . . . ya no lo tengo.

Rafael: ¿A quién se lo diste?

Margarita: Se lo devolví a Juan Pablo.

Rafael: ¿A Juan Pablo? . . . ¿Cuándo te lo pidió?

Margarita: Me lo pidió la semana pasada.

Rafael: ¡No me digas! ¡Creo que es una conspiración!

CONVERSACIÓN

Y tú . . . ¿eres una persona generosa?
¿Prestas tus cosas a tus amigos? Vamos a ver.

1. ¿Le prestas tu bicicleta **a tu mejor amigo?**
   Sí, **se** la presto (No, no **se** la presto.)
2. ¿Le prestas tu grabadora a tu mejor amigo?
3. ¿Le prestas tu reloj a tu mejor amigo?
4. ¿Le prestas tus discos a tu mejor amigo?
5. ¿Le prestas tus revistas a tu mejor amigo?

OBSERVACIÓN

Reread the model answer to question one.

- What is the direct object pronoun used to replace **tu bicicleta?**
- What is the indirect object pronoun used to replace **a tu mejor amigo?**

Posesiones

Un joven hispánico generalmente no es dueño° de muchas cosas. Raras veces° tiene tantas° cosas como un joven norteamericano. El joven hispánico tiene menos ropa. Tal vez tiene un radio. Pero, ¿un tocadiscos? . . . ¡Sólo si es de familia rica!

La mayoría de las personas trabajan mucho y ganan poco. Ganan bastante menos que una persona con un trabajo similar en los Estados Unidos. Así es que° una familia hispánica no siempre puede comprarle a un joven muchas cosas. Y cosas como un tocadiscos, una bicicleta o una cámara son verdaderamente° artículos de lujo° para muchos jóvenes hispánicos.

dueño *owner*   **Raras veces** *Rarely*   **tantas** *as many*
Así es que *That is why*   **verdaderamente** *really*   **lujo** *luxury*

¿Es más o menos rico el joven hispánico que el joven norteamericano? ¿Tiene más o menos cosas? ¿Trabaja mucho la gente en los países hispánicos? ¿Gana mucho? ¿Tienen bicicleta y cámara todos los jóvenes hispánicos? ¿Por qué no?

Estructura

A. El pronombre *se*

Note the form of the indirect object pronoun used in the answers below to replace the nouns in heavy print.

¿**Le** prestas tu guitarra **a Carlos?**	Sí, **se** la presto.
¿**Le** das tu reloj **a María?**	Sí, **se** lo doy.
¿**Les** enseñas tus fotos **a tus amigos?**	No, no **se** las enseño.
¿**Les** dices la verdad **a tus amigas?**	Sí, **se** la digo.

⟩⟩ **Se** replaces **le** and **les** before the other pronouns which begin with **l**. As an indirect object pronoun, it always comes *first*.

⟩⟩ Remember that with affirmative commands, object pronouns always come *after* the verb. They may also come *after* an infinitive.

¿**Le** doy mi cuaderno **a Luis?**	¡Sí, dáselo!
¿Vas a prestar**le** tus discos **a Carmen?**	Sí, voy a prestárselos. (Sí, **se** los voy a prestar.)

ACTIVIDAD 1   ¡Lo siento! *(Sorry!)*

Manuel le pide ciertas cosas a Isabel. Ella le dice que no las tiene porque
se las prestó a sus amigos. Haz los dos papeles según el modelo.

🔀   el tocadiscos / Rafael   Manuel: Por favor, Isabel, préstame tu tocadiscos.
                                     Isabel: Lo siento, pero no lo tengo. Se lo presté a Rafael.

1. la guitarra / Teresa
2. la raqueta de tenis / Luis
3. el radio / Ramón y Clara
4. el reloj / Elena
5. los anteojos de sol / Susana
6. los discos / mis amigas
7. el televisor / mis primos
8. el coche / Carmen y Luisa

ACTIVIDAD 2   El ángel y el diablo

Pablo encontró varias cosas que son de sus amigos. ¿Va a devolverlas
(give them back) o va a quedarse con ellas? El ángel le da buenos consejos
y el diablo le da malos consejos. Haz los tres papeles según el modelo. VARIATION using **tener que** + infinitive:
el ángel: **Tienes que devolvérsela.**
el diablo: **No tienes que devolvérsela.**

🔀   la guitarra de María   Pablo: Encontré la guitarra de María.
                              Ángel: ¡Devuélvesela!
                              Diablo: ¡No se la devuelvas!

1. el tocadiscos de Manuela
2. los discos de Carlos
3. la bicicleta de Luis
4. las revistas de Carmen
5. la cámara de mis primos
6. el reloj del profesor
7. el radio de mis amigas
8. el televisor de Paco

VARIATION using **ir a** +
infinitive: **Voy a dárselo a
Carlos.**

ACTIVIDAD 3   Tú, el generoso

Imagina que eres muy rico(a). ¿A cuál de estos chicos vas a darles las
siguientes cosas?

- A Carlos le gusta la música.   - A Felipe y a Luis les gusta leer.
- A María le gustan los deportes.   - A Rita y a Silvia les gusta la ropa.

🔀   el tocadiscos   Se lo doy a Carlos.

1. el libro   5. los esquís   9. la guitarra
2. los discos   6. la revista   10. los zapatos
3. las camisas   7. los vestidos   11. la pelota *(ball)*
4. las novelas   8. la raqueta de tenis   12. los blue-jeans

B. Expresiones de lugar

To indicate the physical position of people or things in relation to other people or things, we use prepositions of place. In Spanish, prepositions of place may consist of one or several words. Note the prepositions in the vocabulary below.

vocabulario especializado **Preposiciones de lugar**

Paco está **a la derecha de** María.
Ana está **a la izquierda de** María.
Los chicos están **delante de** la casa.
Los chicos van **hacia** la casa.
El árbol está **al lado de** la casa.
El perro está **debajo de**l árbol.
El gato está **sobre (encima de)** la casa.

La mamá está **en** la casa.
Hay un jardín **alrededor de** la casa.
Raúl está **detrás de** la casa.
Laura está **cerca de** la casa.
El coche está **lejos de** la casa.

NOTA: The expressions with **de** are used before nouns. When they are used alone (without a noun), the **de** is dropped.

La escuela está **cerca de** mi casa.   *The school is **near** my house.*
La escuela está **cerca**.   *The school is **near (nearby)**.*

ACTIVIDAD 4   Preguntas personales

1. En clase, ¿quién se sienta a tu izquierda? ¿a tu derecha? ¿delante de ti? ¿detrás de ti?
2. ¿Quiénes viven a la izquierda de tu casa? ¿a la derecha de tu casa?
3. ¿Vives cerca de la escuela? ¿lejos?
4. ¿Trabaja tu padre lejos de casa? ¿cerca? ¿Y tu mamá?

ACTIVIDAD 5   El edificio de apartamentos

Imagina que eres el portero *(doorman)* de este edificio. Explícales a los visitantes dónde viven las personas que buscan.

⟐   el Sr. Pérez   El Sr. Pérez vive al lado de la Sra. de García.
(El Sr. Pérez vive a la izquierda de la Sra. de García.)
(El Sr. Pérez vive debajo de la Srta. Ochoa.)
(El Sr. Pérez vive encima de la Srta. Aparicio.)

1. la Srta. Ochoa
2. el Sr. Pacheco
3. el Sr. Domínguez
4. la Sra. de García
5. la Srta. Amaya
6. las Srtas. Gómez
7. la Srta. Aparicio
8. los hermanos Méndez

la Srta. Ochoa   el Sr. Pacheco   el Sr. Domínguez

el Sr. Pérez   la Sra. de García   la Srta. Amaya

la Srta. Aparicio   las Srtas. Gómez   los hermanos Méndez

vocabulario especializado — Los muebles *(Furniture)*

Muebles is active vocabulary.

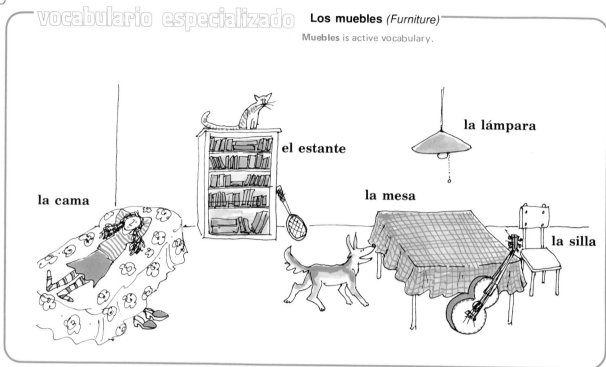

la lámpara

el estante

la cama

la mesa

la silla

ACTIVIDAD 6 El cuarto de Carmen

Describe la posición de todos:

 el gato   El gato está sobre el estante.

1. el perro
2. la guitarra
3. la lámpara
4. el vaso

5. Carmen
6. la raqueta
7. los libros
8. los zapatos

Pronunciación — El sonido de la consonante *rr*

Model words: Rafael   perro
Practice words: reloj romper recibir rojo rico recordar
              guitarra cigarro cigarrillo
Practice sentences: Roberto rompió la guitarra de Ricardo.
                Raúl vive en el barrio puertorriqueño.
                El reloj es de Rosa.

In the middle of a word, the "trilled" **r** or **"erre"** is written **rr**. At the beginning of a word, it is written **r**.

Entre nosotros

> **Expresiones para la composición**
>
> **por desgracia**
> **desafortunadamente** } *unfortunately*

Mini-composición

Imagina que un chico de quien no te fías *(you have no confidence)* te
pide dos de los siguientes objetos.

- tu cuaderno de español
- tu bicicleta
- tus discos
- tu tocadiscos
- tu cámara
- tu reloj

Escríbele una nota diciéndole que no. Para cada cosa, dale una excusa.
Si quieres, puedes usar los siguientes verbos:

    dar / vender / prestar / mandar / devolver *(return)*

Usa las expresiones para la composición.

∞ Deseas usar mi guitarra? Lo siento. No la tengo. Se la presté a
Antonio y **desafortunadamente** no me la devolvió.

ALTERNATE: Let groups of students act out skits about a given object, using the opening text as a model.

El lenguaje de las manos

¿Necesitamos siempre palabras para comunicarnos con otros? ¡Claro que no! Por ejemplo, cuando queremos decir que sí o que no, podemos mover la cabeza verticalmente u horizontalmente. Nos expresamos usando la cabeza o la boca, o los ojos, o las manos . . .

Los hispanohablantes también usan las manos para expresarse, y las usan más que nosotros: hablan con las manos.

Mira las ilustraciones. En cada ilustración, la persona expresa algo diferente con las manos. ¿Cuál es el significado de este mensaje?° ¿Es A? B? o C?

mensaje: *message*

A. ¿Quieres comer algo?
B. ¡Háblame de tu problema!
C. ¡Lávate los dientes!

1. los dedos juntos° delante de la boca

juntos: *together*

A. ¡Lávate las manos!
B. ¡Dame el dinero!
C. ¡Ven aquí!

2. el pulgar° y los dedos juntos

pulgar: *thumb*

A. ¡No te quedes en casa!
B. ¡No salgas ahora!
C. ¡Espera un momento!

3. la mano abierta° y los dedos juntos

abierta: *open*

A. ¡Mírame!
B. ¡No hagas eso!
C. ¡Dime tu nombre!°

nombre: *name*

4. el índice° levantado°

índice: *index finger*,
levantado: *raised*

A. ¡No digas mentiras!°
B. ¡Cuidado!° ¡Ojo!
C. ¡Pásame mis anteojos!

mentiras: *lies*
Cuidado: *Careful*

5. el índice debajo del ojo

A. ¡No estés tan nervioso(a)!
B. ¡Piensa!
C. ¡No digas nada a tus amigos!

6. el índice en la frente

Y ahora las respuestas correctas: 1-A, 2-B, 3-C, 4-B, 5-B, 6-B

El arte de la lectura

Enriching your vocabulary: cognate patterns *ar* → *ate*

Many English verbs in *–ate* correspond to Spanish verbs in **–ar**.

    communic**ate**   comunic**ar**
    cre**ate**   cre**ar**

Ejercicio

Use the following verbs in original sentences. If you wish, you may use the suggestions given.

celebrar: ¿el cumpleaños de quién? ¿cuándo?
ilustrar: ¿un libro? ¿cómo?
decorar: ¿tu cuarto? ¿cómo?

imitar: ¿a quién? ¿cómo?
participar: ¿en un juego? ¿con quién?

APPENDIX 1 Los números

A. Cardinal numbers

0	cero	16	diez y seis (dieciséis)	90	noventa
1	uno (un)	17	diez y siete (diecisiete)	100	ciento (cien)
2	dos	18	diez y ocho (dieciocho)	101	ciento uno(a)
3	tres	19	diez y nueve (diecinueve)	102	ciento dos
4	cuatro	20	veinte	200	doscientos
5	cinco	21	veinte y uno (veintiuno)	201	doscientos uno
6	seis	22	veinte y dos (veintidós)	300	trescientos
7	siete	23	veinte y tres (veintitrés)	400	cuatrocientos
8	ocho	30	treinta	500	quinientos
9	nueve	31	treinta y uno	600	seiscientos
10	diez	40	cuarenta	700	setecientos
11	once	41	cuarenta y uno	800	ochocientos
12	doce	50	cincuenta	900	novecientos
13	trece	60	sesenta	1.000	mil
14	catorce	70	setenta	2.000	dos mil
15	quince	80	ochenta	1.000.000	un millón (de)

NOTE:
1. **Uno** becomes **un** before a masculine noun: **treinta y un** chicos
      una before a feminine noun: **treinta y una** chicas
2. **Ciento** becomes **cien** before a noun: **cien** pesetas
3. **Cientos** becomes **cientas** before a feminine noun: **doscientas** pesetas

B. Ordinal numbers

1°	primero(a)	5°	quinto(a)	9°	noveno(a)
2°	segundo(a)	6°	sexto(a)	10°	décimo(a)
3°	tercero(a)	7°	séptimo(a)		
4°	cuarto(a)	8°	octavo(a)		

NOTE:
1. **Primero** becomes **primer** before a masculine singular noun: **el primer** libro
2. **Tercero** becomes **tercer** before a masculine singular noun: **el tercer** papel

APPENDIX 2 Los verbos

A. Regular verbs

	PRESENT		PRETERITE	
hablar *(to talk, to speak)*	hablo hablas habla	hablamos habláis hablan	hablé hablaste habló	hablamos hablasteis hablaron
comer *(to eat)*	como comes come	comemos coméis comen	comí comiste comió	comimos comisteis comieron
vivir *(to live)*	vivo vives vive	vivimos vivís viven	viví viviste vivió	vivimos vivisteis vivieron

PRESENT PARTICIPLE OF REGULAR VERBS

hablar: hablando
comer: comiendo
vivir: viviendo

FAMILIAR COMMAND FORMS OF REGULAR VERBS

hablar: habla, no hables
comer: come, no comas
vivir: vive, no vivas

B. Stem-changing verbs

The endings of stem-changing verbs are regular.

Present

The stem change affects the **yo, tú, él** and **ellos** forms of the present.

e → ie

pensar	pienso	pensamos
(to think)	piensas	pensáis
	piensa	piensan

verbs conjugated like **pensar**:

atender *(to take care of, to wait on)*
divertirse *(to enjoy oneself, to have fun)*
empezar *(to start, to begin)*
entender *(to understand)*
merendar *(to snack)*
perder *(to lose)*
preferir *(to prefer)*
sentarse *(to sit, to sit down)*
sentir(se) *(to feel)*

o → ue

contar	cuento	contamos
(to count, to	cuentas	contáis
tell, to relate)	cuenta	cuentan

verbs conjugated like **contar**:

acostarse *(to go to bed)*
costar *(to cost)*
dormir *(to sleep)*
encontrar *(to meet)*
recordar *(to remember)*
volver *(to come back)*

u → ue

jugar	juego	jugamos
(to play)	juegas	jugáis
	juega	juegan

e → i

pedir	pido	pedimos
(to ask for,	pides	pedís
to request)	pide	piden

verbs conjugated like **pedir**:

servir *(to serve)*
vestirse *(to dress oneself,*
                    to get dressed)

Preterite

Verbs in –ar and –er which have a stem change in the present do not have a stem change in the preterite.

pensar	→	pensé, pensaste, pensó, pensamos, pensasteis, pensaron
perder	→	perdí, perdiste, perdió, perdimos, perdisteis, perdieron
contar	→	conté, contaste, contó, contamos, contasteis, contaron
volver	→	volví, volviste, volvió, volvimos, volvisteis, volvieron

Verbs in –ir which have a stem change in the present also have a stem change in the él and ellos forms of the preterite.

e → i

sentir → sentí, sentiste, sintió, sentimos, sentisteis, sintieron

o → u

dormir → dormí, dormiste, durmió, dormimos, dormisteis, durmieron

C. Irregular forms

Certain verbs have one or several irregular forms.

	PRESENT		PRETERITE	
caer	**caigo**	caemos	caí	**caímos**
(to fall)	caes	caéis	**caíste**	**caísteis**
	cae	caen	**cayó**	**cayeron**
conducir	**conduzco**	conducimos	**conduje**	**condujimos**
(to drive)	conduces	conducís	**condujiste**	**condujisteis**
	conduce	conducen	**condujo**	**condujeron**

like **conducir**: **traducir** (to translate)

conocer	**conozco**	conocemos	conocí	conocimos
(to know)	conoces	conocéis	conociste	conocisteis
	conoce	conocen	conoció	conocieron

like **conocer**: **obedecer** (to obey), **ofrecer**: (to offer)

dar	**doy**	damos	**di**	**dimos**
(to give)	das	dais	**diste**	**disteis**
	da	dan	**dio**	**dieron**
decir	**digo**	decimos	**dije**	**dijimos**
(to say, to tell)	**dices**	decís	**dijiste**	**dijisteis**
	dice	**dicen**	**dijo**	**dijeron**
estar	**estoy**	estamos	**estuve**	**estuvimos**
(to be)	**estás**	estáis	**estuviste**	**estuvisteis**
	está	**están**	**estuvo**	**estuvieron**
hacer	**hago**	hacemos	**hice**	**hicimos**
(to do, to make)	haces	hacéis	**hiciste**	**hicisteis**
	hace	hacen	**hizo**	**hicieron**

ir	voy	vamos	fui	fuimos
(to go)	vas	vais	fuiste	fuisteis
	va	van	fue	fueron
oír	oigo	oímos	oí	oímos
(to hear)	oyes	oís	oíste	oísteis
	oye	oyen	oyó	oyeron
poder	puedo	podemos	pude	pudimos
(to be able)	puedes	podéis	pudiste	pudisteis
	puede	pueden	pudo	pudieron
poner	pongo	ponemos	puse	pusimos
(to place, to put)	pones	ponéis	pusiste	pusisteis
	pone	ponen	puso	pusieron
querer	quiero	queremos	quise	quisimos
(to want, to like)	quieres	quieréis	quisiste	quisisteis
	quiere	quieren	quiso	quisieron
saber	sé	sabemos	supe	supimos
(to know)	sabes	sabéis	supiste	supisteis
	sabe	saben	supo	supieron
salir	salgo	salimos	salí	salimos
(to leave,	sales	salís	saliste	salisteis
to go out)	sale	salen	salió	salieron
ser	soy	somos	fui	fuimos
(to be)	eres	sois	fuiste	fuisteis
	es	son	fue	fueron
tener	tengo	tenemos	tuve	tuvimos
(to have)	tienes	tenéis	tuviste	tuvisteis
	tiene	tienen	tuvo	tuvieron
traer	traigo	traemos	traje	trajimos
(to bring)	traes	traéis	trajiste	trajisteis
	trae	traen	trajo	trajeron
venir	vengo	venimos	vine	vinimos
(to come)	vienes	venís	viniste	vinisteis
	viene	vienen	vino	vinieron
ver	veo	vemos	vi	vimos
(to see)	ves	veis	viste	visteis
	ve	ven	vio	vieron

a

a at, to
  a casa (to) home
  a causa de because of
  a dieta on a diet
  a fin de cuentas all in all
  a la casa de _ to _'s house
  a la moda in style
  a menudo often
  a propósito by the way
  a tiempo on time
  a veces at times, sometimes
abajo down
  calle abajo down the street
abandonado abandoned
un **abdomen** abdomen
abierto open
  un campeonato abierto open championship
la **abnegación** self-sacrifice
un **abogado, una abogada** lawyer
un **abrazo** hug
un **abrigo** overcoat
abril April
abrir to open
absolutamente absolutely
absoluto absolute
una **abuela** grandmother
un **abuelo** grandfather
  los abuelos grandparents
una **abundancia** abundance
aburrido boring
  ¡qué aburrido! how boring!
acabar to finish
  acabar de + *inf.* to have just
acampar to camp
un **accidente** accident
una **acción** (*pl.* **acciones**) action
el **aceite** oil
un **acento** accent
aceptar to accept

el **acero** steel
el **acondicionamiento de aire** air conditioning
acordarse (o → ue) to remember
un **acordeón** (*pl.* **acordeones**) accordion
acostarse (o → ue) to go to bed
una **actitud** attitude
una **actividad** activity
activo active
un **acto** act
un **actor** actor
una **actriz** (*pl.* **actrices**) actress
Acuario Aquarius (*zodiac sign*)
un **acuerdo** agreement
  estar de acuerdo to agree
acústica acoustic
adecuado adequate, appropriate
adelante forward
además in addition, besides
adiós goodbye, so long
adivinar to guess
un **adjetivo** adjective
la **admiración** admiration
admirar to admire
admirarse to admire oneself
¿adónde? to where?
adoptivo adopted
un **aduanero, una aduanera** customs officer
un **adulto, una adulta** adult
aérea concerning air
  una línea aérea airline
un **aeromozo, una aeromoza** flight attendant
un **aeropuerto** airport
afeitarse to shave oneself
aficionado fond
un **aficionado, una aficionada** fan
  ser aficionado a to be a fan of
afirmativamente affirmatively
afirmativo affirmative
afortunadamente fortunately

afortunado fortunate, lucky
África Africa
africano African
una **agencia** agency
  una agencia de empleo employment agency
  una agencia de publicidad advertising agency
  una agencia de turismo tourist agency
  una agencia de viajes travel agency
un **agente, una agente** agent
  un agente de ventas sales representative
  un agente de viajes travel agent
la **agilidad** agility
agosto August
agresivo aggressive
el **agua** (*f.*) water
¡ah! ah!
ahora now
ahorrar to save (*money*)
el **aire** air
  el acondicionamiento de aire air conditioning
  el aire libre fresh air
el **ajedrez** chess
al (a + el) to the, at the
  al mismo tiempo at the same time
  al teléfono on the telephone
un **álbum** album
un **alcalde** mayor
alegre happy
alegremente happily, cheerfully
alemán (*f.* **alemana**) German
Alemania Germany
algo anything, something
alguien anyone, someone
algún, alguno some, any
algunas veces sometimes
el **alimento** food
el **alma** (*f.*) soul
un **almacén** (*pl.* **almacenes**) department store
almorzar (o → ue) to eat

lunch
el **almuerzo** lunch
¡aló! hello!
una **alpaca** alpaca
los **Alpes** the Alps
alrededor de around
   alrededor del mundo
     around the world
alto tall
   altas horas de la
    madrugada early
    morning hours
el **altruísmo** altruism,
   selflessness
la **altura** height
un **alumno, una alumna**
   student
allí there
amable kind
amarillo yellow
la **ambición** ambition
ambicioso ambitious
una **ambulancia** ambulance
americano American
   el fútbol americano
    football
   hispanoamericano
    Spanish-American
   mexicano-americano
    Mexican-American
un **amigo, una amiga** friend
la **amistad** friendship
el **amor** love
analizar to analyze
la **anarquía** anarchy
un **anciano** old man
ancho wide
   el ancho width
andaluz (*pl.* **andaluces**)
   Andalusian; of or pertaining
   to Andalusia, Spain
los **Andes** Andes
un **ángel** angel
un **anillo** ring
un **animal** animal
   un animal
    doméstico pet
anoche last night
unos **anteojos** eyeglasses
   unos anteojos de sol
    sunglasses
anterior earlier, previous
antes beforehand, before
   antes de before
anticuado old-fashioned
antiguo antique, old

antipático unlikeable,
   unpleasant
la **antropología**
   anthropology
anunciar to announce
un **anuncio** announcement,
   advertisement
añadir to add
un **año** year
   ¿cuántos años tiene _?
    how old is _?
   tener _ años to be _
    years old
un **apagón** (*pl.* **apagones**)
   blackout
un **aparato** appliance
aparecer to appear
una **apariencia** appearance
un **apartado** P.O. box
un **apartamento** apartment
   un edificio de apartamentos
    apartment building
apasionante thrilling
un **apellido** surname
aplaudir to applaud
apreciar to appreciate
aprender to learn
   aprender a + *inf.*
    to learn (how) to
un **aprendizaje** apprenticeship
aprobar (o → ue)
   to approve
apropriado appropriate
aproximado close to
aproximativo approximate
una **aptitud** aptitude
apuntar to note
aquel (*f.* **aquella**) that (*over
   there*)
aquellos those (*over there*)
aquí here
un **árabe** Arab
un **árbol** tree
el **área** area
la **Argentina** Argentina
argentino Argentinean
árido arid
Aries Aries (*zodiac sign*)
un **armadillo** armadillo
un **arpa** (*f.*) harp
un **arquitecto, una**
   arquitecta architect
arreglar to fix
un **arreglo** arrangement
arriba up
   calle arriba up the

street
el **arroz** rice
el **arte** art
un **artículo** article
un **artista, una artista** artist
   un artista de cine
    movie star
artístico artistic
asado roasted
así so, therefore
   así, así so-so
   así es que thus
un **asiento** seat
una **asignatura** course
asistir a to attend
asociar to associate
un **aspecto** aspect, appearance
la **aspiración** aspiration,
   ambition
un **astronauta, una**
   astronauta astronaut
astuto astute, shrewd
un **asunto** topic, subject
la **atención** attention
   prestar atención to pay
    attention
atender (e → ie) to take
   care of, wait on
atentamente attentively
atento attentive
un **atleta, una atleta** athlete
atlético athletic
el **atletismo** athletics
atractivo attractive
atraer to attract
aumentar to augment,
   increase
aun even
aunque although
un **australiano, una**
   australiana Australian
un **auto** car
una **autobiografía**
   autobiography
un **autobús** (*pl.*
   autobuses) bus
un **autogiro** autogiro
   (*rotor-sustained aircraft*)
un **autógrafo** autograph
automotriz automotive
   la mecánica automotriz
    automotive mechanics
un **autor** author
el **autoritarismo**
   authoritarianism
el **auxilio** help, aid

los primeros
auxilios first aid
avanzado advanced
una avenida avenue
una aventura adventure
una película de aventuras
adventure film
un avión (*pl.* aviones) airplane
ayer yesterday
la ayuda help
ayudar to help, aid
azteca Aztec
el azúcar sugar
azul blue
azul marino navy blue

b

un bacalao codfish
un bachiller graduate (*of high school*)
un bachillerato high school (*college preparatory*) diploma
un bailador, una bailadora dancer
bailar to dance
un bailarín, una bailarina dancer
un baile dance
un baile de máscaras
costume party
bajar to go down
bajar de peso to lose weight
bajo low, short
la planta baja ground floor
bajo below
un balón (*pl.* balones) (*inflated*) ball
una banana banana
un banano banana tree
un banco bank
un banjo banjo
bañarse to take a bath
un baño bathroom, bath
un traje de baño
bathing suit
barato cheap, inexpensive
la barbaridad savageness, cruelty
un barco boat

ir en barco to go by boat
un barril barrel, keg
un barrio neighborhood
una base base, basis
el básquetbol basketball
bastante enough, rather, quite
una batalla battle
beber to drink
una bebida drink
una bebida gaseosa
carbonated drink
el béisbol baseball
belga Belgian
la belleza beauty
un salón de belleza beauty salon
una biblioteca library
un ratón de biblioteca bookworm
una bicicleta bicycle
bien well
muy bien very well
bienvenido welcome
bilingüe bilingual
la biología biology
el bistec steak
blanco white
unos blue-jeans blue jeans
una blusa blouse
una boa boa constrictor
una boca mouth
un bocadillo sandwich
una boda wedding
bogotano from Bogotá
una bola ball
un bolígrafo pen
un bolívar Venezuelan currency
Bolivia Bolivia
boliviano Bolivian
un bolo nine pin
juego de bolos candlepin bowling
un bolso purse, bag
una bomba bomb
un bombero fireman
los bomberos fire department
la bondad goodness
bonito pretty
un boxeador boxer
el boxeo boxing
el Brasil Brazil
brasileño Brazilian
¡bravo! bravo! hooray!
un brazo arm

brillante brilliant, bright
brillar to glitter
brutal rough, brutal
buen, bueno good, all right, O.K.
¡buena suerte! good luck!
buenas noches good evening, good night
buenas tardes good afternoon
bueno . . . well . . .
buenos días good morning
de buen humor in a good mood
¡qué bueno! that's good! great!
un bus bus
buscar to look for

c

un caballo horse
una cabeza head
un dolor de cabeza
headache
una cabra goat
cada each
a cada uno su gusto
each to his taste
*caer to fall
me caigo I fall down
café brown (*eyes*)
el café cafe, coffee
una cafetería cafeteria
una caja box
un calcetín (*pl.* calcetines) sock
una calculadora calculator
caliente warm, hot
calmado calm, quiet
calmar to calm
calor heat
hace calor it's hot (*weather*)
tener calor to be hot (*sensation*)
una caloría calorie
una calle street
una cama bed
hacer la cama
to make the bed
una cámara camera

una **cámara de cine**
movie camera
un **camarero** waiter
cambiar to change
cambiar de opinión
to change one's mind
el **cambio** change *(money)*
un **cambio** change
caminar to walk
un **camino** road
un **camión** *(pl.* **camiones)** bus
una **camisa** shirt
una **camiseta** tee shirt
una **campana** bell
un **campeón, una**
campeona champion
un **campeonato** championship
el **campo** country(side), field
el **Canadá** Canada
canadiense Canadian
un **canario** canary
Cáncer Cancer *(zodiac sign)*
una **canción** *(pl.* **canciones)** song
una **cancha** sports court, resort
un **candidato, una**
candidata candidate
cansado tired
un **cantante, una cantante**
singer
cantar to sing
una **capacidad** capacity
una **capital** capital
Capricornio Capricorn
(zodiac sign)
el **capricho** unreliability
una **capuchina** hood
una **cara** face
un **carácter** character
una **característica**
characteristic
¡caramba! wow! hey! what!
caribe Caribbean
el **Caribe** the Caribbean
el **cariño** affection
un **carnaval** carnival
la **carne** meat
la **carne de cerdo** pork
la **carne de res** beef
caro expensive
un **carpintero, una**
carpintera carpenter
una **carrera** race, career
las **carreras de auto**
auto races
las **carreras de**
caballo horse races

un **carro** car
una **carta** letter
una **carta manuscrita**
handwritten letter
una **cartera** wallet
una **casa** house, home
a **casa** (to) home
a (la) **casa de** _ , en (la)
casa de _ at _'s house
en **casa** at home
casado married
casarse to get married
un **casco** helmet
casi almost
un **caso** case
castaño brown
unas **castañuelas** castanets
el **castellano** (Castilian)
Spanish
castigar to punish
catalán *(f.* **catalana)**
Catalan, Catalonian
un **catalán, una catalana**
Catalan
un **catálogo** catalogue
Cataluña Catalonia
una **catedral** cathedral
una **categoría** category
catorce fourteen
una **causa** cause
a **causa de** because of
causar to cause
una **celebración** *(pl.* **celebraciones)**
celebration
celebrado celebrated, famous
celebrar to celebrate
los **celos** jealousy
celoso jealous
el **cemento** cement
la **cena** supper, dinner
cenar to eat supper
un **centavo** cent
un **centímetro** centimeter
el **centro** center, downtown
ir al centro to go
downtown
cerca (de) near, close (to)
cercano close
cero zero
cerrar (e → ie) to close
la **cerveza** beer
el **ciclismo** cycling
un **ciclista, una ciclista**
bicyclist
cien, ciento one hundred
la **ciencia** science

científico scientific
un **científico, una**
científica scientist
cierto certain
¿cierto? really? are you
sure?
lo cierto what is certain
un **ciervo** deer
un **cigarrillo** cigarette
un **cigarro** cigar
cinco five
cincuenta fifty
un **cine** movie theater
una **sala de cine** movie
house
una **cinta** tape
un **circo** circus
una **cita** appointment, date
una **ciudad** city
la **ciudad natal**
hometown
una **civilización** *(pl.*
civilizaciones) civilization
claramente clearly
la **claridad** clarity
un **clarinete** clarinet
claro clear
¡claro! of course!
¡claro que no! of course
not!
una **clase** class
clásico classical
un **bachillerato clásico**
high school *(college*
preparatory) diploma
un **cliente, una cliente** client,
customer
el **clima** climate
un **club** club
una **Coca-Cola** Coca-Cola
cocido cooked
la **cocina** kitchen, cooking
cocinar to cook
un **cocodrilo** crocodile
un **coche** car
coger to catch
una **colección** *(pl.* **colecciones)**
collection
coleccionar to collect
un **colega, una colega**
colleague
un **colegio** high school
Colombia Colombia
colombiano Colombian
una **colonia** cologne
un **color** color

¿de qué color? what color?
un pez de color goldfish
una **columna** column
un **collar** necklace
una **comedia** comedy
  una comedia musical musical comedy
un **comediante, una comediante** comedian
un **comedor** dining room
comenzar (e → ie) to start
comer to eat
comercial commercial
  una escuela comercial business school
el **comercio** commerce
cómico comic, funny
  las historietas cómicas comic strips
la **comida** meal, food
como like, as
  tan _ como as _ as
¡cómo! what! how!
  ¡cómo no! certainly! of course!
¿cómo? how? what?
  ¿cómo es _? what is _ like?
  ¿cómo está Ud.? how are you *(formal)?*
  ¿cómo estás? how are you *(fam.)?*
  ¿cómo se llama? what's his (her) (its) (your) name?
  ¿cómo se llaman? what are their (your) names?
  ¿cómo te llamas? what's your name?
un **compañero, una compañera** companion
  los compañeros de clase classmates
una **compañía** company
comparar to compare
comparativo comparative
compatible compatible
un **competidor, una competidora** competitor
competir (e → i) to compete
completamente completely
completar to complete
completo complete, finished
una **composición** *(pl.* **composiciones)** composition

un **comprador, una compradora** buyer
comprar to buy
comprarse to buy for oneself
las **compras** purchases
  ir de compras to go shopping
comprender to comprehend, understand
la **comprensión** comprehension
una **computadora** computer
común common
  el sentido común common sense
  en común in common
la **comunicación** communication
comunicar to communicate
una **comunidad** community
con with
  con cuidado carefully
  ¡con mucho gusto! with pleasure!
  conmigo with me
  contigo with you
la **concentración** concentration
concentrar to concentrate
un **concierto** concert
un **concurso** contest
una **condición** *(pl.* **condiciones)** condition
un **cóndor** giant condor
*conducir to drive
  un permiso de conducir driver's license
una **conferencia** lecture
una **confesión** *(pl.* **confesiones)** confession
el **confeti** confetti
la **confianza** confidence
confirmar to confirm
confortable comfortable
una **conga** conga drum
conmemorar to commemorate
*conocer to know, to be acquainted with, to meet
*conocerse to meet, to know each other
un **consejero, una consejera** advisor
unos **consejos** advice
conservar to keep
considerar to consider

consistir to consist
una **conspiración** *(pl.* **conspiraciones)** conspiracy
constantemente constantly
la **construcción** construction
*construir to construct, build
un **consultante, una consultante** consultant
un **contacto** contact
  mantenerse en contacto to keep in contact
contar (o → ue) to count, tell, relate
contento content, happy
una **contestación** *(pl.* **contestaciones)** response, answer
contestar to answer
un **continente** continent
continuar (u → ú) to continue
contra against
contrario opposing
el **contrario** opposite, contrary
una **convención** *(pl.* **convenciones)** convention
*convenir to agree on
una **conversación** *(pl.* **conversaciones)** conversation
la **copa mundial** World Cup
el **coraje** courage
un **corazón** *(pl.* **corazones)** heart
una **corbata** necktie
un **cordero** lamb
cordialmente cordially
un **corral** corral
correctamente correctly
correcto correct
el **correo** mail
correr to run
  correr las olas to surf
la **correspondencia** correspondence
corresponder to correspond
una **corrida de toros** bullfight
cortar to cut
un **corte de pelo** haircut
cortés courteous, polite
la **cortesía** courtesy
corto short *(things)*
una **cosa** thing
coser to sew
  una máquina de coser sewing machine

una **costa** coast
    Costa Rica Costa Rica
    costar (o → ue) to cost
    costarricense Costa Rican
el **costo** cost
una **costumbre** custom
un **coyote** coyote
la **creación** (*pl.* **creaciones**)
    creation
    crear to create
    ***crecer** to grow
    ***creer** to believe, think
      creo que . . . I think
        that . . ., I believe that . . .
      creo que sí I think so
un **crimen** (*pl.* **crímenes**) crime
la **crítica** criticism
    criticado criticized
    criticar to criticize
    cruel cruel
    cruzar to cross
un **cuaderno** notebook
    cuadrado square
    metros cuadrados
      square meters
un **cuadro** picture
    un cuadro estadístico
      table of statistics
    ¿cuál(es)? what? which?
      ¿cuál es la fecha de hoy?
        what's today's date?
      ¿cuál es la temperatura?
        what's the temperature?
una **cualidad** quality
    cualquier (*f.* **cualquiera**)
      any, whichever
    cuando when
      de vez en cuando once
        in a while
    ¿cuándo? when?
    ¿cuánto? how much?
      ¿cuánto es? how much is
        it?
      ¿cuánto tiempo? how
        long? how much time?
      ¿cuántos? how many?
    cuarenta forty
    cuarto fourth
un **cuarto** quarter, room,
    bedroom
    cuatro four
    cuatrocientos four hundred
    Cuba Cuba
    cubano Cuban
    cubierto covered
un **cubito** cube

una **cuchara** spoon
una **cucharadita** teaspoonful
una **cucharita** teaspoon
un **cuchillo** knife
una **cuenta** account
    a fin de cuentas all in all
un **cuento** story
una **cuerda** string
un **cuerpo** body
    el Cuerpo de Paz
      Peace Corps
    cuesta *see* **costar**
el **cuidado** care
    con cuidado carefully
    ¡cuidado! be careful!
      watch out!
    tener cuidado to be
      careful
    cuidar to take care of
una **culebra** snake
un **cultivador, una**
    cultivadora cultivator
una **cultura** culture
    cultural cultural
un **cumpleaños** birthday
    cumplir to have a birthday
un **cupón** (*pl.* **cupones**) coupon
la **curiosidad** curiosity
un **curso** course
una **curva** curve

ch

una **chacra** farm
una **chaqueta** jacket
    charlar to chat
el **chicle** gum
una **chica** girl
un **chico** boy
    Chile Chile
un **chile** chili pepper
un **chile relleno** stuffed pepper
    chileno Chilean
una **china** pebble
una **chinchilla** chinchilla
    chino Chinese
un **chiste** joke
el **chocolate** chocolate

d

una **dama** lady
    ***dar** to give

los **datos** data
    de of, from, about
      de compras shopping
      ¿de dónde? from where?
      de nada you're welcome
      ¿de quién(es)? whose?
      de repente suddenly
      de todas maneras in
        any case
      ¿de veras? really?
      de viaje on a trip
    debajo (de) under, beneath,
      underneath
    deber should, must, to
      have to
    débil weak
una **debilidad** weakness
    decidir to decide
un **decímetro** decimeter
    décimo tenth
    ***decir** to say, tell
      decir piropos to give a
        compliment
      es decir that is to say
la **decoración** decoration
    la decoración interior
      interior decorating
    decorar to decorate
    dedicado dedicated
    dedicarse to dedicate
    oneself (to)
un **dedo** finger
un **defecto** defect, fault
    definido definite
    dejar to leave (*something*),
    to let
      dejar caer to drop
      dejar de + *inf.* to stop
    del (de + **el)** of the, from
    the, about the
    delante (de) in front, in
    front of
    deleitarse to enjoy
    delgado thin
    delicado delicate
    delicioso delicious
los **demás** the rest, others
    demasiado too
    demasiado too much
      demasiados too many
    demostrativo demonstrative
un **dentista, una dentista**
    dentist
un **departamento** department
    depender to depend, rely on
un **deporte** sport

unos deportes de equipo
team sports
deportista athletic
deportivo concerning sports
la **derecha** right
a la derecha (de) on the
right, to the right of
derecho right
desafortunadamente
unfortunately
desagradable disagreeable,
unpleasant
desayunarse to have breakfast
el **desayuno** breakfast
descansado rested
un **descanso** rest
describir to describe
una **descripción** (*pl.* **descripciones**)
description
descubierto discovered
descubrir to discover
desde from, since
desdeñoso scornful,
disdainful
desear to desire, want
un **deseo** desire, wish
la **desgracia** misfortune
por desgracia unfortunately
un **desierto** desert
el **desorden** disorder
un **despertador** alarm clock
despertarse (e → ie)
to wake (*oneself*) up
después later, after that
después de after
determinado determined
detrás (de) behind, in back (of)
devastar to devastate,
destroy
devolver (o → ue) to give
back, return
un **día** day
día a día day to day
el **Día de la Madre**
Mother's Day
el **mediodía** midday
hoy día nowadays
un **diablo** devil
un **diagrama** diagram
un **diálogo** dialog
un mini-diálogo
mini-dialog
diario daily
un **diario** diary, daily
newspaper
un **dibujante, una**

dibujante designer
dibujar to draw
un **dibujo** drawing
un **diccionario** dictionary
dice *see* **decir**
¿dices . . .? what? you were
saying?
diciembre December
un **dictador, una**
dictadora dictator
un **diente** tooth
una **dieta** diet
a dieta on a diet
diez ten
una **diferencia** difference
diferente different
difícil difficult
la **diligencia** diligence
dinámico dynamic
el **dinero** money
¡Dios mío! gosh!
diplomático diplomatic
una **dirección** (*pl.* **direcciones**)
address
directamente directly
directo direct
un **director, una directora**
director
la **disciplina** discipline
disciplinado disciplined
un **disco** record
una **discoteca** discotheque
discreto discreet
discutir to discuss, argue
un **diseñador, una**
diseñadora designer
un diseñador de modas
fashion designer
disgustar to disgust
una **disposición** (*pl.* **disposiciones**)
disposition
dispuesto ready, willing
la **distancia** distance
***distribuir** to distribute
la **diversidad** diversity
una **diversión** (*pl.* **diversiones**)
pastime, leisure activity
divertido amusing, fun,
funny
divertirse (e →ie) to have
fun, enjoy oneself
dividido divided
dividir to divide
doblado dubbed
doble double
doce twelve

un **doctor, una doctora** doctor
un **documental** documentary
un **dólar** dollar
un **dolor** pain, ache
un dolor de
cabeza headache
un **domicilio** home, dwelling
la **dominación** domination
dominar to dominate
domingo Sunday
el domingo on Sunday
los domingos on Sundays
dominicano Dominican
donde where
¿dónde? where?
¿adónde? to where?
¿de dónde? from where?
dormir (o → ue) to sleep
dormirse (o → ue) to fall
asleep
dos two
dos mil two thousand
doscientos two hundred
un **drama** drama
un **dueño, una dueña** owner
dulce sweet
los **dulces** candy
la **duración** duration
durante during
durar to last

e and (*before words beginning
with* **i** *or* **hi**)
el **Ecuador** Ecuador
ecuatoriano Ecuadorian
la **edad** age
un **edificio** building
un edificio de apartamentos
apartment building
editorial editorial
la **educación** education
la educación física
physical education
egipcio Egyptian
egoísta selfish
un **ejercicio** exercise
hacer ejercicio to do
exercise
ejercitar to exercise
el (*pl.* **los**) the (*m.*)
el (*día*) **de** (*mes*) the (*day*)
of the (*month*)

El Salvador El Salvador
él he, him *(after prep.)*
la **electricidad** electricity
un **electricista, una electricista** electrician
eléctrico electric, electrical
la **electrónica** electronics
electrónico electronic, electronical
la **elegancia** elegance
elegante elegant
elemental elementary
un **elemento** element
eliminar to eliminate
ella she, her *(after prep.)*
ellas they *(f.)*, them *(f.)* *(after prep.)*
ellos they *(m.)*, them *(m.)* *(after prep.)*
un **embajador, una embajadora** ambassador
una **emoción** *(pl. emociones)* emotion
emocionante exciting
emparentado related
empezar (e → ie) to begin, start
    empezar a + *inf.* to begin to
un **empleado, una empleada** employee, clerk
un **empleo** employment, job
    una agencia de empleo employment agency
una **empresa** business, company
en in, on, at
    en casa at home
    en casa de _ at _'s house
    en común in common
    en general in general, generally
    en mi opinión in my opinion
    en todas partes all over, everywhere
    en verdad indeed
    en vez de instead of
enamorado in love
    (estar) enamorado de to be in love with
un **enamorado, una enamorada** loved one
    el día de los enamorados Valentine's Day
enamorarse (de) to fall in

love (with)
un **enanito** dwarf
encantado delighted
encantarse to be delighted
un **encargado, una encargada** the person in charge
encender (e → ie) to turn on
el **encierro** confinement
encima (de) above, on top (of)
encontrar (o → ue) to find, meet, run into
un **encuentro** meeting
una **encuesta** survey
una **enchilada** rolled, stuffed tortilla
un **enemigo, una enemiga** enemy
la **energía** energy
enérgico energetic
enero January
un **énfasis** emphasis
un **enfermero, una enfermera** nurse
enfermo sick
enfrente (de) in front (of), opposite
engañoso deceitful, tricky
enojado angry, upset
enojarse to get upset
enorme enormous
una **ensalada** salad
enseñar to teach, show, point out
entender (e → ie) to understand
enterrado buried
un **entierro** burial
entonces so, therefore
    entonces . . . well then . . .
una **entrada** entrance
    una entrada de cine movie ticket
entrar to enter, come in
entre between, among
una **entrevista** interview
entrevistar to interview
envidioso envious
una **época** epoch, period of time
equilibrado balanced
el **equilibrio** equilibrium, balance
un **equipo** team, equipment
    todo un equipo submarino complete diving outfit

la **equitación** horseback riding
equivocarse to make a mistake
¿eres de _? are you from _?
un **error** error
es _ this is _ *(on the telephone)*
    es de _ he's (she's) from _
esa that *(f.)*
esas those *(f.)*
escaparse to run away, escape
una **escena** scene
escenográfico concerning setting, scenery
escoger to choose
escolar scholastic
Escorpión Scorpio *(zodiac sign)*
escribir to write
    escribir a máquina to type
un **escritor, una escritora** writer
escuchar to listen to
una **escuela** school
    una escuela comercial business school
    una escuela normal teacher's school
    una escuela primaria elementary school
    una escuela secundaria secondary school
    una escuela técnica technical school
una **escultura** sculpture
ese that *(m.)*
la **esgrima** fencing
eso that *(neuter)*
    por eso therefore, for that reason
esos those *(m.)*
el **espacio** space
los **espaguetis** spaghetti
una **espalda** back
España Spain
español *(f. española)* Spanish
especial special
especializado specialized
especialmente especially
espectacular spectacular
un **espectáculo** spectacle
un **espejo** mirror
la **esperanza** hope

esperar   to hope, wait for
espléndido   splendid
el esplendor   splendor
una esposa   wife
un esposo   husband
el esquí   ski, skiing
un esquiador, una
   esquiadora   skier
esquiar (i → í)   to ski
una esquina   corner
esta   this *(f.)*
   esta noche   tonight
está   *see* estar
   ¡está bien!   fine! very good!
   está nublado   it's cloudy
ésta   this one *(f.)*
estable   stable
una estación *(pl. estaciones)*
   season, station
   una estación de servicio
   service station
un estadio   stadium
estadístico   statistical
un estado   state
los Estados Unidos
   United States
un estante   bookcase
*estar   to be
   estar a la moda   to
   follow the latest fashion
   estar de acuerdo   to
   agree
   estar de moda   to be in
   fashion
   estar de vacaciones   to
   be on vacation
   estar enamorado de   to
   be in love with
estas   these *(f.)*
éstas   these (ones) *(f.)*
una estatua   statue
este   this *(m.)*
éste   this one
el este   east
un estilo   style
estimado   dear
esto   this *(neuter)*
éstos   these (ones) *(m.)*
estrecho   narrow
una estrella   star
estrellar   to smash
estricto   strict
un estudiante, una
   estudiante   student
estudiar   to study
un estudio   studio, study

los estudios   studies
estupendamente   marvelously
estupendo   terrific
estúpidamente   stupidly
estúpido   stupid
la eternidad   eternity
Europa   Europe
europeo   European
un evento   event
la exactitud   punctuality
exacto   exact
exagerado   exaggerated
un examen *(pl. exámenes)*
   test, exam
exceder   to exceed, surpass
excelente   excellent
excéntrico   eccentric
excepcional   exceptional
excepto   except
exclusivamente   exclusively
una excursión *(pl. excursiones)*
   excursion
un executivo, una
   executiva   executive
el éxito   success
exótico   exotic
una expectación *(pl. expectaciones)*
   expectation
una experiencia   experience
un experimento   experiment
una explicación *(pl. explicaciones)*
   explanation
explicar   to explain
un explorador, una
   exploradora   explorer
explorar   to explore
la exportación   export,
   exportation
expresar   to express
expresarse   to express oneself
una expresión *(pl. expresiones)*
   expression
extranjero   foreign
extraño   strange
extraordinario   extraordinary

f

una fábrica   factory
fabuloso   fabulous
fácil   easy
la facilidad   facility, ease
fácilmente   easily
una falda   skirt
falso   false, untrue

una falta   lack
una familia   family
familiar   family
famoso   famous
¡fantástico!   fantastic!
   terrific!
un farmacéutico, una
   farmacéutica   pharmacist,
   druggist
un favor   favor
   hazme el favor de +
   inf.   please
   por favor   please
favorito   favorite
la fe   faith, trust
febrero   February
la fecha   date
las felicitaciones   congratulations
felicitar   to congratulate
feliz *(pl. felices)*   happy
   Feliz Navidad   Merry
   Christmas
   feliz viaje   bon voyage,
   have a good trip
femenino   feminine
fenomenal   phenomenal
feo   ugly
un ferrocarril   railroad
fiarse de (i → í)   to have
   confidence in, to trust
la ficción   fiction
la fidelidad   faithfulness
una fiesta   party, celebration
la filosofía   philosophy
el fin   end
   a fin de cuentas
   all in all
   el fin de semana
   weekend
finalmente   finally
una finca   country house, ranch
una firma   signature
la física   physics
físico   physical
   la educación física
   physical education
flamenco   Flemish, flamenco
un flamenco   flamingo
una flauta   flute
una flor   flower
folklórico   folk
una forma   form
formal   formal
la formalidad   formality
formar   to form
formidable   terrific

un **formulario** form
un **fósforo** match
una **foto** photo
la **fotografía** photography
un **fotógrafo, una**
    fotógrafa photographer
francamente frankly
francés *(f.* **francesa***)* French
Francia France
franco frank, sincere
una **frase** sentence, phrase
la **frecuencia** frequency
frecuente frequent
frecuentemente frequently
frente a across from
una **frente** forehead
fresco cool, fresh
un **frijol** bean
frío cold
    hace frío it's cold
      (weather)
    tengo frío I'm cold
frito fried
frustrado frustrated
la **fruta** fruit
un **fuego** fire
fuera out, outside
    fuera de lugar out of
      place
fuerte strong
    un color fuerte bright
      color
    una comida fuerte a
      heavy meal
la **fuerza** force, strength
fui I went: *see* ir; I was: *see*
ser
fumar to smoke
una **función** *(pl.* **funciones***)*
    function
funcionar to function
la **fundación** foundation
un **fundador** founder
la **furia** fury, anger
furioso furious
el **fútbol** soccer
    el fútbol americano
      football
futuro future
el **futuro** future

g

una **galaxia** galaxy
una **galería** gallery

un **gallego, una**
    gallega Galician
una **gallina** hen
un **gallo** rooster
un **ganador** winner
    ganar to earn, win, gain
un **garaje** garage
un **garbanzo** chickpea
una **gaseosa** carbonated drink
una **gasolinera** gas station
    gastar to spend
un **gasto** expense
un **gato, una gata** cat
un **gemelo, una gemela** twin
    Géminis Gemini *(zodiac sign)*
    general general
    en general, por lo
      general, generalmente
      generally
una **generalización** *(pl.*
    generalizaciones*)*
    generalization
la **generosidad** generosity
    generoso generous
la **gente** people
la **geografía** geography
un **gerente, una**
    gerente manager
un **gesto** gesture
la **gimnasia** gymnastics
un **gobierno** government
un **gol** goal *(in sports)*
el **golf** golf
    gordo fat
una **grabadora** tape recorder
la **gracia** grace
    gracias thank you, thanks
      ¡mil gracias! a thousand
        thanks!
      muchas gracias thanks
        a lot, thank you very
        much
      ¡un millón de gracias! a
        million thanks!
un **grado** degree
    graduarse (u → ú) to
      graduate
un **gramo** gram
    gran great
      a gran velocidad at full
        speed
    grande big, large
      las grandes ligas major
        leagues *(baseball)*
una **granja** farm
    gratis free

gregario people-loving
griego Greek
la **gripe** flu
gris gray
un **grupo** group
una **guagua** bus
un **guante** glove
    el guante de oro Golden
      Glove *(boxing)*
    guapo handsome,
      good-looking
Guatemala Guatemala
guatemalteco Guatemalan
una **guerra** war
un **guía, una guía** guide
una **guitarra** guitar
un **guitarrista, una**
    guitarrista guitarist
    gustar to please, be pleasing
    me gusta I like, it
      pleases me
    me gusta más I prefer
    ¿te gusta? do you like?
el **gusto** taste

h

una **habilidad** ability
un **habitante, una**
    habitante inhabitant
un **hábito** habit
habitualmente habitually
hablar to talk, speak
    de habla española
      Spanish-speaking
    hablar de to speak of, to
      talk about
hacer to do, make
    hace (frío, calor, mucho
      calor, sol, viento) it's
      (cold, hot, very hot,
      sunny, windy) *(weather)*
    hace buen (mal) tiempo
      it's nice (bad) weather
    hacer ejercicio to
      exercise
    hacer el papel de to
      play the part of
    hacer el payaso to
      clown around
    hacer la cama to make
      the bed
    hacer la maleta to pack
      a suitcase

hacer las tareas to do
    homework
hacer un viaje to take a
    trip
hacer una pregunta to
    ask a question
¿qué tiempo
    hace? what's the
    weather like?
hacia toward, towards
una hacienda large farm
una hamburguesa hamburger
un hámster hamster
hasta until, up to
    hasta la vista until I see
        you
    hasta luego until later
Hawai Hawaii
hay there is, there are, here
    is, here are
    hay que + inf. one has to
    no hay de qué you're
        welcome
una heladería ice cream parlor
el helado ice cream
un helicóptero helicopter
la herencia heritage
una hermana sister
un hermano brother
    los hermanos brothers
        and sisters
un héroe hero
hice see hacer
una hija daughter
    una hijita little daughter
un hijo son
    los hijos sons and
        daughters
un hipódromo racetrack
    (horses)
hispano,
    hispánico Hispanic
Hispanoamérica Spanish
    America
hispanoamericano
    Spanish-American
un hispanohablante, una
    hispanohablante Spanish
    speaker
la historia history, story
histórico historical
las historietas cómicas
    comic strips
hizo see hacer
el hockey hockey
una hoja sheet

¡hola! hi! hello!
¡hombre! man!
un hombre man
Honduras Honduras
hondureño from Honduras
la honestidad honesty
el honor honor
una hora hour
    ¿a qué hora? at what
        time?
    altas horas de la
        madrugada early
        morning hours
    ¿qué hora es? what time
        is it?
un horario schedule
horizontalmente horizontally
el horóscopo horoscope
horrible horrible
el horror horror
    ¡qué horror! how
        horrible!
un hospicio orphanage
un hospital hospital
la hospitalidad
    hospitality
un hotel hotel
hoy today
    hoy día nowadays
un huevo egg
el humo smoke
un humor mood
    de buen humor in a
        good mood
    de mal humor in a bad
        mood
    un sentido del humor
        sense of humor
húngaro Hungarian

Ibérica Iberian
una idea idea
ideal ideal
idealista idealist, idealistic
identificar to identify
un idioma language
una iglesia church
ignorar to not know
igual equal, the same
una iguana iguana lizard
la iluminación illumination

una ilustración (pl. ilustraciones)
    illustration
ilustrar to illustrate
la imaginación imagination
imaginar to imagine
imaginario imaginary
imitar to imitate
la impaciencia impatience
un impacto impact
impecable impeccable
imperial imperial
un impermeable raincoat
importa it matters
    no importa it doesn't
        matter
la importación import,
    importation
la importancia importance
importante important
imposible impossible
la impulsividad
    impulsiveness
inaceptable unacceptable
un inca, una inca Inca
*incluir to include
incluso including, even
inconcebible inconceivable,
    unthinkable
increíble incredible,
    unbelievable
indeciso indecisive, in doubt
indefinido indefinite
la independencia independence
independiente independent
la India India
indicar to indicate
índice index
indiferente indifferent
la indigestión indigestion
indio Indian
un indio, una india Indian
indirecto indirect
indispensable indispensable
individual individual
la individualidad individuality
individualista individualist,
    individualistic
industrial industrial
un infinitivo infinitive
infinito infinite
una influencia influence
*influir to influence
la información information
informalidad informality
un ingeniero, una
    ingeniera engineer

Inglaterra England
inglés (f. **inglesa**) English
un **ingrediente** ingredient
inmediatamente immediately
inmediato immediate
la **inmigración** immigration
inocente innocent
la **inscripción** enrollment
insistir to insist
una **institución** (pl. **instituciones**) institution
un **instituto** institute
un **instrumento** instrument
insultar to insult
intelectual intellectual
inteligente intelligent
intenso intense
intercambiar to exchange
un **intercambio** exchange
interesado interested
interesante interesting
interesarse to be interested
interescolar intramural
internacional international
la **interpretación** interpretation
un **intérprete**, una **intérprete** interpreter
íntimo intimate
introducir to introduce
inútil useless
una **invención** (pl. **invenciones**) invention
inventar to invent
un **inventor**, una **inventora** inventor
una **investigación** (pl. **investigaciones**) investigation
un **investigador**, una **investigadora** investigator
investigar to investigate
el **invierno** winter
una **invitación** (pl. **invitaciones**) invitation
un **invitado**, una **invitada** guest
invitar to invite
*__ir__ to go
ir a + _inf._ to be going to
ir a pie to walk
ir de compras, ir de tiendas to go shopping
ir en avión (en tren, en taxi) to go by plane (train, taxi)
Irlanda Ireland
irlandés (f. **irlandesa**) Irish

un **irlandés**, una **irlandesa** Irish person
irregular irregular
irresistible irresistible
*__irse__ to go away, to leave
una **isla** island
israelí Israeli
Italia Italy
italiano Italian
la **izquierda** left
a la izquierda (de) on (to) the left (of)

j

el **jai alai** jai alai
la **jalea** jelly
el **jamón** ham
el **Japón** Japan
japonés (f. **japonesa**) Japanese
un **jardín** (pl. **jardines**) garden
un **jardinero** outfielder
el **jazz** jazz
un **jefe**, una **jefe** boss
un **jet** jet
un **jinete** jockey
una **jirafa** giraffe
un **jonrón** (pl. **jonrones**) homerun
joven young
un **joven** young man
los jóvenes young people, youth
una **joven** young woman
una **joya** jewel
unas joyas jewelry
el **judo** judo
el **juego** game
el juego de bolos candlepin bowling
jueves Thursday
el jueves on Thursday
los jueves on Thursdays
un **jugador**, una **jugadora** player
jugar (u → ue) to play
el **jugo** juice
un jugo de frutas fruit juice
julio July
junio June
junto a next to

juntos together
la **justicia** justice
justo just, fair
juvenil juvenile
la **juventud** youth

k

el **karate** karate
un **kilo** kilo, kilogram
un **kilogramo** kilogram
un **kilómetro** kilometer

l

la (pl. **las**) the (f.); her, you (f. formal)
un **laboratorio** laboratory
un **lado** side
al lado (de) next to, on the side (of)
una **lámpara** lamp
un **lapicero** pen
un **lápiz** (pl. **lápices**) pencil
largo long
__ **metros de largo** __ meters long
por largo tiempo for a long time
las the (f. pl.); them (f.), you (f. formal)
la **lástima** pity
¡qué lástima! what a shame! what a pity!
latino Latin
Latinoamérica Latin America
lavar to wash
lavarse to get washed
lavarse (el pelo) to wash (one's hair)
le to him, to her, to you (formal)
una **lección** (pl. **lecciones**) lesson
un **lector** reader
la **lectura** reading
la **leche** milk
la **lechuga** lettuce
*__leer__ to read

legendario legendary
una legumbre vegetable
lejos (de) far, far away
(from)
una lengua tongue, language
un lenguaje language
lento slow
Leo Leo (zodiac sign)
les to them, to you (pl.)
levantarse to get up
una leyenda legend
liberal liberal
la libertad liberty
un libertador liberator
Libra Libra (zodiac sign)
libre free
el aire libre fresh air
el tiempo libre free time
una librería bookstore
un libro book
un liceo high school
una licuadora blender
un líder, una líder leader
una liga league
las grandes ligas major
leagues (baseball)
un limón (pl. limones)
lemon
la limonada lemonade
limpiar to clean, clean up
la limpieza cleanliness
limpio clean
lindo pretty
una línea line
una línea aérea airline
liso smooth
pelo liso straight hair
una lista list
la literatura literature
lo him, it, that
lo cierto what is certain
lo espero I hope so
lo que what, that which
lo siento I'm sorry
locamente crazily
loco crazy
la locuacidad talkativeness
un locutor, una locutora
announcer
lógicamente logically
lógico logical
la longitud longitude
los the (m. pl.); them (m.),
you (pl.)
luego then, later
hasta luego until later

un lugar place
en lugar de in place of
fuera de lugar out of
place
un lujo luxury
la luna moon
lunes Monday
el lunes on Monday
los lunes on Mondays

ll

una llama llama
una llamada telephone call
llamar to call
llamar a la puerta to
knock at the door
llamar por teléfono to
call on the telephone
llamarse to be called, to call
oneself
me llamo _ my name is _
un llano plain, flat ground
una llegada arrival
llegar to arrive
llegar a ser to become
llenar to fill
lleno full
llevar to carry, to bring, to
take, to wear
llevarse to take away
llorar to cry
llueve it rains, it's raining

m

la madera wood
una madre mother
el Día de la Madre
Mother's Day
una madrugada dawn
altas horas de la
madrugada early
morning hours
un maestro, una
maestra teacher
magnífico magnificent,
terrific
un mago magician, wizard
el maíz corn
mal badly, bad

de mal humor in a bad
mood
una maleta suitcase
hacer la maleta to pack
a suitcase
malo bad
¡qué malo! that's awful!
mamá mom
mandar to send
un mandato order, command
una manera manner, way
a su manera in his (her)
own way
de todas maneras in
any case
un maní peanut
una mano hand
manso gentle, meek, mild
*mantener to maintain,
keep
*mantenerse to continue,
remain
mantenerse en contacto
to keep in contact
la mantequilla butter
manual manual
manuscrito written by hand
una carta manuscrita
handwritten letter
una manzana apple
mañana tomorrow
una mañana morning
de la mañana in the
morning
un mapa map
una máquina machine, car
escribir a máquina to
type
una máquina de
coser sewing machine
el mar sea
un mar de a lot of
unas maracas maracas
maravilloso marvelous
una marimba marimba
martes Tuesday
el martes on Tuesday
los martes on Tuesdays
marzo March
más more, most
más _ que more _ than
más grande bigger
más pequeño smaller
masculino masculine
un match sports match
las matemáticas math

el **matrimonio** marriage
máximo maximum
mayo May
mayor older
la **mayoría** majority
me me, to me
me llamo I'm called, my
name is
mecánico mechanical
un **mecánico, una**
mecánica mechanic
una **medalla** medal
una medalla de oro
gold medal
media half
unas **medias** stockings
un **médico, una médica** doctor
una **medida** measure,
measurement
el **mediodía** midday
mejor better
mejorar to improve
la **melancolía** melancholy
un **melón** (*pl.* **melones**) melon
los **Mellizos** the Twins (*baseball*
team)
una **memoria** memory
memorizar memorize
menor younger
menos minus, less
un **mensaje** message
una **mentira** lie
un **menú** menu
un **mercado** market
merendar (**e → ie**) to have
a snack
una **merienda** snack (*in the late*
afternoon)
un **mes** month
una **mesa** table
poner la mesa to set
the table
un **mestizo, una**
mestiza person of Indian
and European ancestry
un **metal** metal
métrico metric
un **metro** meter
mexicano Mexican
mexicano-americano Mexican
American
México Mexico
una **mezcla** mixture
mezclar to mix
mi, mis my
mí me (*after prep.*)

el **miedo** fear
tener miedo to be afraid
un **miembro** member
miércoles Wednesday
el miércoles on
Wednesday
el miércoles pasado last
Wednesday
los miércoles on
Wednesdays
mil one thousand
¡mil gracias! a thousand
thanks!
mil quinientos fifteen
hundred
un **milímetro** millimeter
una **milla** mile
un **millón** (*pl.* **millones**) million
¡un millón de gracias! a
million thanks!
un **millonario, una millonaria**
millionaire
la **mini-composición**
mini-composition
un **mini-drama** mini-drama
mínimo minimum
un **minuto** minute
mío mine
mirar to watch, to look (at)
¡mira! look!
mirar a los ojos to look
into (someone's) eyes
mirarse to look at oneself
una **misa** mass
miserable miserable
mismo same
al mismo tiempo at the
same time
contigo mismo with
yourself
ti mismo yourself
un **misterio** mystery
mixto mixed
la **moda** fashion
a la moda in style
estar a la moda to
follow the latest fashion
estar de moda to be in
fashion
un **modelo, una modelo** model
moderadamente moderately
moderno modern
una **modista** dressmaker,
seamstress
un **modo** mode, manner
un **momentito** just a minute,

please
un **momento** moment
la **moneda** coin, money
una **monja** nun
un **monje** monk
un **mono, una mona** monkey
una **montaña** mountain
un **monumento** monument
morado purple
un ojo morado black eye
moral moral
moreno brunette
un **mosquito** mosquito
una **moto** motorbike
una **muchacha** girl
un **muchacho** boy
los muchachos girls and
boys
mucho much, a lot
muchas gracias thanks
a lot, thank you very
much
mucho que hacer a lot
to do
unos **muebles** furniture
la **muerte** death
una **mujer** woman, wife
mundial world
la Copa Mundial World
Cup
un **mundo** world
el mundo entero entire
world
todo el mundo everyone
un **muñeco** dummy
un **mural** mural
un **músculo** muscle
un **museo** museum
la **música** music
musical musical
muy very
muy bien, ¿y tú? very
well, and you?
¡muy mal! terrible!

n

nacer to be born
el **nacimiento** birth
una **nación** (*pl.*
naciones) nation
las Naciones Unidas
United Nations
nacional national

449

la **nacionalidad** nationality
nada nothing, not anything
de nada you're welcome
un **nadador, una**
nadadora swimmer
nadar to swim
nadie no one, not anyone
una **naranja** orange (fruit)
una **nariz** (pl. **narices**) nose
la **natación** swimming
natal native
la ciudad natal
hometown
la **naturaleza** nature
una **nave** ship, boat
la **Navidad** Christmas
Feliz Navidad Merry
Christmas
necesariamente necessarily
necesario necessary
un **necesitado** needy person
necesitar to need
negativamente negatively
negativo negative
la **negligencia** carelessness
negligente negligent
los **negocios** business
negro black
un **neozelandés, una**
neozelandesa New
Zealander
nervioso nervous
nevado snowy, covered with
snow
ni neither
ni ... ni neither ... nor
Nicaragua Nicaragua
nicaragüense Nicaraguan
una **nieta** granddaughter
un **nieto** grandson
los nietos grandchildren
nieva it snows, it's snowing
la **nieve** snow
ningún, ninguno no, not
any, none
una **niña** girl
un **niño** boy
los niños children
no no, not
¡claro que no! of course
not!
no hay de qué you're
welcome
no importa it doesn't
matter
¡no me digas! you don't say!

no puedo I can't
no. number (abbreviation for
número)
una **noche** night
anoche last night
buenas noches good
evening, good night
de la noche in the
evening
por la noche at night
la **Nochebuena** Christmas Eve
un **nombre** name
una **norma** rule
normal normal
una escuela normal
teacher's school
el **norte** north
norteamericano North
American
nos us, to us
nosotros(as) we, us (after prep.)
una **nota** grade
sacar una buena (mala)
nota to get a good
(bad) grade
notable notable, noticeable
las **noticias** news
novecientos nine hundred
una **novela** novel
noveno ninth
noventa ninety
noviembre November
un **novio, una**
novia sweetheart, fiancé(e)
un vestido de
novia wedding gown
nublado cloudy
nuestro our
nueve nine
nuevo new
Nueva York New York
numerado numbered
un **número** number
un número de teléfono
telephone number
nunca never, not ever

Ⓞ

o or
*ⓞ**obedecer** to obey
un **objetivo** objective
un **objeto** object
una **obligación** (pl. **obligaciones**)

obligation
obligatorio obligatory,
required
una **obra** work
una obra de teatro play
una **observación** (pl. **observaciones**)
observation
observar to observe
una **obsesión** (pl. **obsesiones**)
obsession
la **obstinación** stubborness
*ⓞ**obtener** to obtain
obvio obvious
una **ocasión** (pl. **ocasiones**)
occasion
un **océano** ocean
oceanográfico oceanographic
octavo eighth
octubre October
ocupado occupied, busy
ocurrir to occur, happen
ochenta eighty
ocho eight
ochocientos eight hundred
odiar to hate
el **oeste** west
ofensivo offensive
una **oferta** offer
un **oficio** job, trade
*ⓞ**ofrecer** to offer
*ⓞ**oír** to hear
¡oye! listen!
un **ojo** eye
mirar a los ojos to look
into (someone's) eyes
un ojo morado black eye
una **ola** wave
las **Olimpíadas** Olympics
olímpico olympic
un **olor** odor, smell
olvidar to forget
olvidarse (de) to forget
el **olvido** forgetfulness
un **omnibús** (pl. **omnibuses**)
bus
once eleven
una **onza** ounce
una **opinión** (pl. **opiniones**)
opinion
cambiar de opinión to
change one's mind
en mi opinión in my
opinion
*ⓞ**oponerse** to oppose
una **oportunidad** opportunity
un **optometrista, una**

optometrista optometrist
el opuesto opposite
una oración (pl. oraciones)
      sentence
un orden (pl. órdenes) order
una oreja ear
un organizador organizer
    organizar to organize
el orgullo pride
   orgulloso proud
la orientación orientation
un origen (pl. orígenes) origin
   original original
la originalidad originality
   originalmente originally
   originario native
el oro gold
      el guante de oro Golden
        Glove (boxing)
      una medalla de
        oro gold medal
una orquesta orchestra
   oscuro dark
el otoño autumn, fall
   otro another, other
      otra vez again
   ovalado oval
una oveja sheep
   ¡oye! listen!

P

la paciencia patience
      tener paciencia to be
        patient
   paciente patient
un paciente, una paciente
        patient (at a doctor's office)
   pacífico peaceful
      el océano Pacífico
        Pacific Ocean
un padre father
      los padres parents
un padrino godfather
      los padrinos godparents
   pagar to pay, pay for
una página page
un país country
un paisaje landscape
un pájaro bird
una palabra word
un palacio palace
el pan bread

un panadero baker
   Panamá Panama
un panameño, una
      panameña Panamanian
   panamericano Panamerican
una pandereta tambourine
una pandilla group of friends
unos pantalones pants
      unos pantalones
        cortos shorts
una pantalla motion picture screen
   papá dad
      Papá Noel Father
        Christmas, Santa Claus
una papa potato
un papagayo parrot
una papaya papaya
el papel role, paper
      hacer el papel de to
        play the role of
una papelería stationery store
   para for, in order to
el Paraguay Paraguay
   paraguayo Paraguayan
   parar to stop
una pared wall
unos paréntesis parentheses
un pariente relative
un párrafo paragraph
una parte part
      en todas partes
        everywhere
un participante, una
      participante participant
   participar to participate
   particular particular
      en particular in
        particular
un partido game (sports)
   pasado past
el pasado the past
un pasajero, una
      pasajera passenger
un pasaporte passport
   pasar to happen, to pass, to
      spend (time)
      ¿qué pasa? what's
        happening? what's wrong?
un pasatiempo pastime
un paseo walk
la pasión passion
un pastel pastry, pie
una patata potato
un pato, una pata duck
un payaso clown
      hacer el payaso to

clown around
la paz (pl. paces) peace
   el Cuerpo de Paz Peace
      Corps
un pediatra, una
      pediatra pediatrician
   pedir (e → i) to ask, ask
      for, request, order
   pegar to kick, hit
un peinador, una
      peinadora hairdresser
   peinar to comb
   peinarse to comb one's hair
   pelar to peel
   pelear to fight, quarrel
una película film, movie
      una película de aventuras
        adventure movie
      una película de
        horror horror movie
      una película del
        oeste western
      una película
        policíaca
        detective movie
      una película
        romántica love movie
el peligro danger
   peligroso dangerous
el pelo hair
una pelota ball
una peluquería hairdresser's
      shop
   pensar (e → ie) to think
      pensar + inf. to intend
        to, plan to
      pensar de to think of,
        about
      pensar en to think about
      pensar que to think that
   peor worse
la pequeñez pettiness
   pequeño small
una pera pear
   perder (e → ie) to lose
      perder tiempo to waste
        time
   ¡perdón! excuse me!
   perezoso lazy
un perezoso three-toed sloth
la perfección perfection
   perfeccionista perfectionist
   perfectamente perfectly
   perfecto perfect
un perfume perfume
una perfumería perfume shop

un **periódico** newspaper
   un puesto de
     periódicos newspaper
     stand
un **periodista, una**
   periodista journalist
una **perla** pearl
   permanecer to stay
el **permiso** permission
   un permiso de conducir
     driver's license
   permitir to allow, permit
   pero but
   perplejo perplexed
   un perro dog
la **perseverancia** perseverance
   perseverante perseverant
una **persona** person
un **personaje** character (in a
   play)
   personal personal
una **personalidad** personality
el **Perú** Peru
   peruano Peruvian
   pesar to weigh
un **pescado** fish (caught)
un **pescador** fisherman
la **peseta** Spanish currency
el **pesimismo** pessimism
el **peso** Hispanic currency,
   weight
   bajar de peso to lose
     weight
   el peso ligero
     lightweight
   el peso pesado
     heavyweight
   el peso pluma
     featherweight
   el peso welter
     welterweight
un **pez** (pl. **peces**) fish (live)
un **pez de color** goldfish
un **piano** piano
   picante hot, spicy
un **pie** foot
una **pierna** leg
unos **pijamas** pajamas
un **piloto** pilot
la **pimienta** pepper
el **ping pong** ping-pong
un **pingüino** penguin
   pintar to paint
un **pintor, una pintora** painter
   pintoresco picturesque
una **piña** pineapple

una **pirámide** pyramid
una **piraña** piranha fish
los **Piratas** Pirates
los **Pirineos** Pyrenees
un **piropo** compliment
   decir piropos to pay
     compliments
una **piscina** swimming pool
   Piscis Pisces (zodiac sign)
un **piso** floor (story of a building)
una **pista** track
un **plan** plan
   planear to plan
un **planeta** planet
   plano flat
unos **planos** plains
la **planta baja** ground floor
un **plátano** banana
un **platillo** saucer
un **plato** plate
una **playa** beach
una **plaza** plaza, public square
un **plomero** plumber
   plural plural
la **población** population
   pobre poor
un **pobre** poor man (without
   money)
   los pobres poor people
   poco little
   pocos few
   un poco a little
***poder** can, to be able, may
   no puedo I can't
   ¿puedo hablar con _?
     may I speak with _?
un **poema** poem
la **poesía** poetry
la **policía** police force
un **policía, una policía** police
   officer
   policíaco detective
la **política** politics
un **político, una**
   política politician
un **pollito** chick
un **pollo** chicken
un **poncho** poncho
***poner** to put, put on, place
   poner la mesa to set the
     table
***ponerse** to put on (oneself)
   popular popular
la **popularidad** popularity
   poquito very little
   por by, for, through, along

   por ciento percent
   por desgracia
     unfortunately
   por ejemplo for example
   por eso for that reason,
     therefore, that's why
   por favor please
   por hora per hour
   por la mañana in the
     morning
   por la noche at night
   por la tarde in the
     afternoon
   por largo tiempo for a
     long time
   por lo general in
     general, generally
   ¿por qué? why?
   por suerte luckily
   ¡por supuesto! of course!
una **porción** (pl. **porciones**)
   portion
   porque because
la **portería** goal area
un **portero, una portera** goalie
   Portugal Portugal
   portugués (f. **portuguesa**)
     Portuguese
una **posesión** (pl. **posesiones**)
   possession
la **posibilidad** possibility
   posible possible
una **posición** (pl. **posiciones**)
   position
   postal postal
   una tarjeta
     postal postcard
el **postre** dessert
una **práctica** practice, custom
   practicar to practice
   práctico practical
   preciado precious, prized
un **precio** price
la **precisión** precision
   preciso precise
una **preferencia** preference
   preferido preferred, favorite
   preferir (e → ie) to prefer
una **pregunta** question
   hacer una pregunta to
     ask a question
   preguntar to question,
     inquire, ask
un **premio** prize
   preocupado worried
una **preparación** (pl. **preparaciones**)

preparation
preparado prepared, ready
preparar to prepare
una **preposición** (pl. **preposiciones**)
preposition
una **presentación** (pl. **presentaciones**)
presentation
presentar to introduce, present
el **presente** present (time)
un **presidente, una presidente** president
un **preso** prisoner
prestar to lend
prestar atención to pay attention
un **presupuesto** budget
el **pretérito** preterite, past tense
un **pretexto** excuse
primario primary
una **escuela primaria** primary school
la **primavera** springtime
primer, primero first
a **primera vista** at first sight
los **primeros auxilios** first aid
un **primo, una prima** cousin
principal principal, main
la **prisa** speed, haste
probar (o → ue) to prove, test, try on
un **problema** problem
un **procedimiento** procedure, method
un **proceso** process
proclamado proclaimed
*__producir__ to produce
un **producto** product
una **profesión** (pl. **profesiones**) profession
profesional professional
un **profesor, una profesora** professor, teacher
un **programa** program
un **programa de intercambio** exchange program
un **programa de variedades** variety show
un **programador, una programadora** programmer
progresivo progressive
un **pronombre** pronoun
pronto soon

una **pronunciación** (pl. **pronunciaciones**)
pronunciation
pronunciar to pronounce
propio own, proper
*__proveer__ to provide
una **provincia** province
próximo next
el **próximo martes** next Tuesday
la **próxima semana** next week
un **proyecto** project
hacer proyectos to make plans, projects
prudente careful, prudent
prudentemente carefully, prudently
la **psicología** psychology
psicológico psychological
un **psiquiatra, una psiquiatra** psychiatrist
la **publicidad** publicity
público public
el **público** public
en **público** in public
un **pueblo** town, village
un **puente** bridge
una **puerta** door
un **puerto** port
Puerto Rico Puerto Rico
puertorriqueño Puerto Rican
un **puesto** position, vendor's booth
un **puesto de periódicos** newsstand
pulcro neat, perfectly dressed
un **pulgar** thumb
un **pulmón** (pl. **pulmones**) lungs
un **puma** puma
un **punto** point
un **punto de vista** point of view
puntual punctual
la **pureza** purity
puro pure

q

que that, which, who
hay que one has to

no hay de qué you're welcome
que tengan un buen día have a good day
¡**qué**! what! how!
¡**qué** + adj.! how _!
¡**qué** (noun) **tan** (adj.)! what a (adj.) (noun)!
¡**qué bonito**! how beautiful!
¡**qué bueno**! that's good! great!
¡**qué horror**! how horrible!
¡**qué lástima**! what a shame!
¡**qué malo**! how awful!
¡**qué suerte**! how lucky!
¿**qué**? what?
¿**por qué**? why?
¿**qué día es hoy**? what day is it?
¿**qué hay**? what is there (it)?
¿**qué hora es**? what time is it?
¿**qué pasa**? what's wrong?
¿**qué tiempo hace**? what's the weather like?
quedarse to stay, remain
*__querer__ to want
querer + inf. to want to
querer a + person to love
querer decir to mean
querido dear
el **queso** cheese
el **queso de crema** cream cheese
el **queso suizo** Swiss cheese
un **quetzal** quetzal bird
¿**quién(es)**? who? whom?
¿**de quién(es)**? whose?
la **química** chemistry
un **químico, una química** chemist
quince fifteen
quinientos five hundred
quinto fifth
quitarse to take off, remove

r

la **radio** radio (transmission)
escuchar la radio to listen to the radio

un **radio**   radio (*set*)
una **rana**   frog
un **rancho**   ranch, small farm
rápidamente   rapidly
rápido   rapid
una **raqueta**   racket
**una raqueta de
tenis**   tennis racket
raro   rare, unusual
raras veces   rarely,
seldom
un **rastro**   flea market
un **ratón** (*pl.* **ratones**)   mouse
**un ratón de
biblioteca**   bookworm
la **razón**   reason
tener razón   to be right
una **reacción** (*pl.* **reacciones**)
reaction
reaccionar   to react
la **realidad**   reality
en realidad   in reality
realista   realist, realistic
realmente   really
la **recapitulación**   recapitulation,
summing up
una **receta**   recipe
recibido   received
recibir   to receive
recientemente   recently
recomendar (e → ie)   to
recommend
***reconocer**   to recognize
un **record**   record
recordar (o → ue)   to
remember
rectangular   rectangular
unos **recuerdos**   souvenirs,
memories
una **red**   net
redondo   round
una **referencia**   reference
un **reflejo**   reflexion
reflexivo   reflexive
un **refrán** (*pl.* **refranes**)
proverb
un **refresco**   refreshment, cold
drink
la **refrigeración**   refrigeration
un **regalo**   gift, present
regatear   to bargain
una **región** (*pl.* **regiones**)   region
una **regla**   rule
regular   regular, fair, O.K.
regularmente   regularly
una **reina**   queen

reírse (e → i)   to laugh
se ríe   he (she) laughs
una **relación** (*pl.* **relaciones**)
relation
relatar   to relate
religioso   religious
un **reloj**   watch, clock
relleno   stuffed
unos chiles rellenos
stuffed peppers
reparar   to fix, repair
un **repaso**   review
repetir (e → i)   to repeat
un **representante, una
representante**   representative
representar   to represent
una **república**   republic
la **República Dominicana**
Dominican Republic
requerir (e → ie)   to require
un **requisito**   requirement
reservado   reserved
una **resistencia**   resistance
resolver (o → ue)   to solve
respetado   respected
respetar   to respect
responder   to respond, answer
una **respuesta**   answer, response
un **restaurante**   restaurant
un **resultado**   result
un **retrato**   portrait
una **reunión** (*pl.* **reuniones**)
party, gathering
reunirse (u → ú)   to get
together
revelar   to reveal
una **revista**   magazine
un **rey**   king
rico   rich
ridículo   ridiculous
un **río**   river
un **ritmo**   rhythm
rizado   curly, wavy
el **rock**   rock and roll
rodeado   surrounded
una **rodilla**   knee
rojo   red
el **romanticismo**   romanticism
romántico   romantic
romper   to break
romperse   to break (*part of
oneself*)
la **ropa**   clothing
la ropa interior
underwear
roto   broken

rubio   blond(e)
un **ruido**   noise
ruso   Russian
una **rutina**   routine

S

sábado   Saturday
el sábado   on Saturday
**el sábado por la
noche**   (on) Saturday
night
los sábados   on Saturdays
***saber**   to know
(*information, a fact*)
saber + *inf.*   to know
how to
¿sabes _?   do you know _?
sacar   to take out, to get
sacar fotos   to take
pictures
**sacar una buena (mala)
nota**   to get a good (bad)
grade
Sagitario   Sagittarius (*zodiac
sign*)
sagrado   sacred
la **sal**   salt
una **sala**   living room
un **salario**   salary
una **salida**   departure
***salir**   to leave, go out, depart
**salir bien (mal) en un
examen**   to do well
(poorly) on a test
un **salón**   salon, large room
**un salón de
belleza**   beauty parlor
**un salón de
clase**   classroom
una **salsa**   sauce
saltar   to jump
la **salud**   health
saludando   (by) greeting
un **saludo**   greeting
salvadoreño   Salvadorian
salvar   to save
san   saint
un **sanagustino**   person from St.
Augustine, Florida
una **sandalia**   sandal
un **sándwich**   sandwich
la **sangre**   blood
sano   healthy
un **santo, una santa**   saint

un **santo patrón**   patron
saint
un **sapo**   toad
una **sardina**   sardine
se   (to) himself, herself,
yourself (formal),
themselves, yourselves
sé   see **saber**
una **sección** (pl. **secciones**)
section
secretamente   secretly
un **secretario, una   secretaria**
secretary
un **secreto**   secret
secundario   secondary
la **seda**   silk
según   according to
segundo   second (in a series)
un **segundo**   second (unit of time)
seguramente   surely
seguro   sure
seis   six
seiscientos   six hundred
una **selección** (pl. **selecciones**)
selection
seleccionar   to select
un **sello**   stamp
una **semana**   week
la próxima semana   next
week
la semana pasada   last
week
senegalés (f. **senegalesa**)
Senegalese
una **sensación** (pl. **sensaciones**)
sensation
sensacional   sensational
la **sensibilidad**   sensitivity
sensitivo   sensitive
sentarse (e → ie)   to sit down
un **sentido**   sense
el sentido común
common sense
un sentido del humor
sense of humor
sentimental   sentimental
un **sentimiento**   feeling,
sentiment
sentir (e → ie)   to feel, regret
lo siento   I'm sorry
sentirse (e → ie)   to feel
(oneself to be _
señor (Sr.)   Mister (Mr.)
un **señor**   man, gentleman
señora (Sra.)   Mrs.
una **señora**   lady

señorita (Srta.)   Miss
una **señorita**   young lady
septiembre   September
séptimo   seventh
ser   to be
llegar a ser   to become
ser aficionado (a)   to be
fond of, a fan of
una **serenata**   serenade
seriamente   seriously
serio   serious
una **serpentina**   streamer
servicial   helpful
un **servicio**   service
**una estación de
servicio**   service
station
un **servidor**   servant
servir (e → i)   to serve
sesenta   sixty
setecientos   seven hundred
setenta   seventy
sexto   sixth
si   if, whether
sí   yes
siempre   always
una **siesta**   nap
tomar una siesta   to take
a nap
siete   seven
un **siglo**   century
el **significado**   significance,
meaning
significar   to mean, signify
un **signo**   sign
siguiente   following
una **sílaba**   syllable
una **silla**   chair
simbólico   symbolic
similar   similar
simpático   nice, pleasant
simplemente   simply
sin   without
sin duda   doubtless
sin embargo   however
sinceramente   sincerely
la **sinceridad**   sincerity
sincero   sincere
el **singular**   singular
sino   but
un **sistema**   system
**el sistema
métrico**   metric system
el sistema solar   solar
system
un **sitio**   location, place

una **situación** (pl. **situaciones**)
situation
situado   located, situated
el **slalom**   slalom
sobre   on, on top of, above,
about
sobre todo   above all
la **sociabilidad**   sociability
sociable   sociable
social   social
**un trabajador social,
una trabajadora
social**   social worker
una **sociedad**   society
el **sol**   sun
tomar el sol   to sunbathe
unos anteojos de sol
sunglasses
solamente   only
solar   solar
el sistema solar   solar
system
solemne   solemn
un **solicitante, una
solicitante**   applicant
solicitar   to apply for, solicit
una **solicitud**   application
sólido   solid
solitario   solitary
solo   alone
sólo   only
una **solución** (pl. **soluciones**)
solution
un **sombrero**   hat
son las dos   it's two o'clock
un **sondeo**   poll
un **sonido**   sound
sonreír (e → i)   to smile
una **sonrisa**   smile
sonrojarse   to blush
la **sopa**   soup
sorprender   to suprise
una **sorpresa**   surprise
un **sótano**   basement
soy de _   I'm from _
su, sus   his, her, your
(formal, pl.), their
suave   soft
suavemente   softly
submarino   underwater
todo un equipo submarino
complete diving outfit
un **subtítulo**   subtitle
un **suceso**   event
Sudáfrica   South Africa
sueco   Swedish

un **sueño** dream
    tener **sueño** to be sleepy
la **suerte** luck
    ¡buena suerte! good luck!
    por suerte luckily
    ¡qué suerte tienes! you're so lucky!
    tener suerte to be lucky
un **suéter** (*pl.* **suéteres**) sweater
el **sufrimiento** suffering
  Suiza Switzerland
  sumar to add up
  superficial superficial
  superfluo superfluous
  superlativo superlative
un **supermercado** supermarket
  supersticioso superstitious
la **supervisión** supervision
  suplementario supplementary
el **sur** south
  Suramérica South America
el **suroeste** southwest
un **sustantivo** noun

t

una **tabla** table, list
  una tabla de calorías table of calories
  una tabla de materias table of contents
un **taco** meat in folded tortilla
una **táctica** tactic
  tal such
    ¿qué tal? how are you? how's it going?
    tal vez maybe, perhaps
el **talento** talent
un **tamal** meat baked in corn meal and husks
  también also, too
un **tambor** drum
  tampoco neither, not either
  tan so, as, such a, that
    tan (*adj.*) **como** as (*adj.*) as
  tanto so much, as much, so
    tanto _ como as many _ as
  tarde late
    más tarde later
una **tarde** afternoon
    ¡buenas tardes! good afternoon!
    de la tarde in the afternoon

una **tarea** assignment
    hacer las tareas to do homework
    las tareas homework
una **tarjeta** card
    una tarjeta postal postcard
  Tauro Taurus (*zodiac sign*)
un **taxi** taxi
un **taxista, una taxista** taxi driver
una **taza** cup
  te you, to you (*fam.*)
el **té** tea
un **teatro** theater
  técnico technical
un **técnico, una técnica** technician
una **teja** tile
un **teléfono** telephone
    llamar por teléfono to call up
    un número de teléfono telephone number
la **televisión** television (*transmission*)
    mirar la televisión to watch television
un **televisor** television (*set*)
un **temperamento** temperament, character
la **temperatura** temperature
  temprano early
un **tenedor** fork
*tener to have
    tener _ años to be _ years old
    tener calor to be hot
    tener cuidado to be careful
    tener frío to be cold
    tener ganas de + *inf.* to feel like, want, desire
    tener hambre to be hungry
    tener miedo to be afraid, to fear
    tener paciencia to be patient
    tener que + *inf.* to have to
    tener razón to be right
    tener sed to be thirsty
    tener sueño to be sleepy
    tener suerte to be lucky

el **tenis** tennis
    una raqueta de tenis tennis racket
una **tensión** (*pl.* **tensiones**) tension
una **teoría** theory
  tercer, tercero third
  terminar to end, terminate
un **terremoto** earthquake
el **terreno** land, ground, field
  terrible terrible
    ¡qué terrible! how terrible!
un **territorio** territory
un **tesoro** treasure
  textil textile
  ti you (*fam., after prep.*)
    contigo with you
    ti mismo yourself
una **tía** aunt
el **tiempo** time, weather
    a tiempo on time
    al mismo tiempo at the same time
    el tiempo libre free time
    por largo tiempo for a long time
    ¿qué tiempo hace? what's the weather like?
    todo el tiempo all the time
una **tienda** store
la **tierra** earth, land
  tímido timid, shy
un **tío** uncle
    los tíos uncles and aunts
  tipicamente typically
  típico typical
un **tipo** type
un **título** title
un **tocadiscos** record player
  tocar to play (*music, a musical instrument*)
  todavía still, yet
  todo all, the whole
    de todas maneras in any case
    en todas partes everywhere
    por todo el mundo all over the world
    sobre todo above all
    todo el mundo everyone
    todos every, everyone
    todos los días every day
  tolerante tolerant

tomar to take, to have *(something to eat or drink)*
tomar café to have coffee
tomar el sol to sunbathe
tomar un examen to take a test
tomar un taxi to take a taxi
un tomate tomato
tonificar to tone up
un tono tone
una tontería foolishness, nonsense
tonto foolish, stupid
¡qué tonto! how foolish! how stupid!
torear to perform a bullfight
el toreo bullfighting
un torneo tournament
un toro bull
una corrida de toros bullfight
una torre tower
una torre de control control tower
una torta cake
una tortilla flat, round corn bread
una tortuga tortoise, turtle
la tostada toast, toasted bread
el total total
en total in total
totalmente totally
un trabajador, una trabajadora worker
un trabajador social social worker
trabajar to work
un trabajo work, job
una tradición *(pl.* tradiciones) tradition
tradicional traditional
tradicionalmente traditionally
*traducir to translate
un traductor, una traductora translator
*traer to bring
el tráfico traffic
un traje suit
un traje de baño bathing suit
tranquilo tranquil, peaceful
transformar to transform
un transistor transistor
un radio transistor transistor radio
una transmisión *(pl.* transmisiones) broadcast

el transporte transportation
tratar (de) to try to
trece thirteen
treinta thirty
tremendo tremendous, huge
un tren train
tres three
trescientos three hundred
triangular triangular
triste sad
un trombón *(pl.* trombones) trombone
una trompeta trumpet
tropical tropical
tu, tus your *(fam.)*
tú you *(fam.)*
turco Turkish
el turismo tourism
una agencia de turismo tourist agency
un turista, una turista tourist

U

u or *(before words beginning with* o *or* ho)
último last, latest
un, una one, an, a
uno one *(number)*
único unique, only
unido united
los Estados Unidos United States
un uniforme uniform
universal universal
una universidad university
universitario university
unos some, a few, any
la urgencia urgency
el Uruguay Uruguay
uruguayo Uruguayan
usado used
usar to use
el uso use
usted (Ud.) you *(formal sing.)*
ustedes (Uds.) you *(pl.)*
útil useful
una uva grape

V

una vaca cow
las vacaciones vacation

estar de vacaciones to be on vacation
vacío vacant, empty
la vainilla vanilla
la valentía courage, valiance
*valer to be worth, to protect
¡válgame Dios! heaven help me!
valioso valuable
el valor value
¡vamos! let's go!
vamos a + *inf.* let's + *verb*
vamos a + *place* let's go to , + *place*
vamos a ver let's see
la vanidad vanity
una variedad variety
varios several, various
un vasco, una vasca Basque
vascongado Basque *(from the Basque country)*
un vaso glass
un vecino, una vecina neighbor
un vegetal vegetable
vegetariano vegetarian
veinte twenty
la velocidad speed, velocity
a gran velocidad at full speed
un vendedor, una vendedora salesperson
un vendedor viajero traveling salesperson
vender to sell
venezolano Venezuelan
Venezuela Venezuela
*venir to come
una venta sale
de venta for sale
un agente de venta sales agent
una ventaja advantage
una ventana window
*ver to see
vamos a ver let's see
el verano summer
un verbo verb
la verdad truth
en verdad indeed
¿verdad? right? true? isn't it?
verdaderamente really, truthfully
verdadero real, true

457

verde   green
las verduras   green vegetables
verter (e → ie)   to pour
verticalmente   vertically
vestido   dressed
un vestido   dress
un vestido de
   novia   wedding gown
vestir (e → i)   to dress
vestirse (e →i)   to get
   dressed
un veterinario, una
   veterinaria   veterinarian
la vez (pl. veces)   time
   a veces   at times,
      sometimes
   algunas
      veces   sometimes
   ¿cuántas veces?   how
      many times?
   de vez en cuando   from
      time to time, once in a
      while
   dos veces   twice
   en vez de   instead of
   esta vez   this time
   muchas veces   often,
      many times
   otra vez   again
   raras veces   seldom, rarely
   tal vez   maybe, perhaps
   una vez   one time, once
la Vía Láctea   Milky Way
un viajante, una
   viajante   traveling sales
      representative
   viajar   to travel
un viaje   voyage
   de viaje   on a trip
   hacer un viaje   to take a
      trip

una agencia de
   viajes   travel agency
un agente de
   viajes   travel agent
una vibración (pl. vibraciones)
   vibration
una víctima   victim
una victoria   victory
la vida   life
viejo   old
el viento   wind
   hace viento   it's windy
viernes   Friday
   el viernes por la
      tarde   on Friday
      afternoon
   los viernes   on Fridays
vigilar   to watch, watch over
vigoroso   vigorous
el vinagre   vinegar
el vino   wine
la violencia   violence
violento   violent
un violín (pl. violines)   violin
Virgo   Virgo (zodiac sign)
una visa   visa
un visitante, una
   visitante   visitor
visitar   to visit
una vista   view
   a primera vista   at first
      sight
   un punto de vista   point
      of view
   ¡viva _!   long live _! hooray
      for _!
una vivienda   living, dwelling
vivir   to live
un vocabulario   vocabulary

vocacional   vocational
el volibol   volleyball
   jugar al volibol   to play
      volleyball
   volver (o → ue)   to return,
      come back
   volver a casa   to go back
      home
vosotros(as)   you (fam.
   pl.–used only in Spain)
una voz (pl. voces)   voice
   en voz alta   in a loud
      voice
   en voz baja   in a low
      voice
la vuelta   return
una «vuelta»   long cycling race
el vuelto   change (money
   returned)
vulgar   shabby, common

y   and
ya   already, now
yo   I
el yogur   yogurt

una zanahoria   carrot
un zapato   shoe
un zig-zag   zig-zag
el zodíaco   zodiac
una zona   zone
un zoológico   zoo
un zorro   fox

ENGLISH–SPANISH VOCABULARY

a, an   un, una
   a little   un poco
   a lot (of)   mucho
able: to be able   *poder
about   de

acquainted: to be acquainted
   with   *conocer
actor   un actor
actress   una actriz (pl. actrices)
advice   unos consejos
after   después de
   after that   después
afternoon   una tarde

good afternoon!   ¡buenas tardes!
   in the afternoon   de la tarde,
      por la tarde
afterwards   después
again   otra vez
agent   un (una) agente
   travel agent   un (una) agente
      de viajes

airplane un avión *(pl.* aviones)
all todo
    all in all a fin de cuentas
almost casi
alone solo
along por
also también
always siempre
amusing divertido
an un, una
and y (e *before* i *or* hi)
angry enojado
announcer un locutor, una locutora
another otro
answer una respuesta
to answer contestar
any algún, alguno
    in any case de todas maneras
anybody, anyone alguien
anything algo
apartment un apartamento
apple una manzana
appointment una cita
April abril
arm un brazo
around alrededor de
to arrive llegar
as como
    as *(adj.)* **as** tan *(adj.)* como
to ask preguntar
    to ask for pedir (e → i)
assignment una tarea
    homework las tareas
at a, en
    at _'s house a (la) casa de _, en (la) casa de _
    at the same time al mismo tiempo
    at times a veces
    at two o'clock a las dos
athlete un (una) atleta
to attend asistir a
August agosto
aunt una tía
autumn el otoño
awful: how awful! ¡qué malo!

back una espalda
    in back of detrás de
bad mal, malo
    badly mal
    it's bad weather hace mal

tiempo
    very bad muy mal
bag un bolso
banana un plátano
baseball el béisbol
basketball el básquetbol
to bathe, take a bath bañarse
bathing suit traje de baño
bathroom un baño
to be *ser, *estar
    to be _ years old tener _ años
    to be cold (hot, hungry, thirsty, sleepy) tener frío (calor, hambre, sed, sueño)
    to be from ser de
    to be located estar
beach una playa
bean un frijol
because porque
bed una cama
    to go to bed acostarse (o → ue)
bedroom un cuarto
beer la cerveza
before antes de, delante (de)
beforehand antes
to begin empezar (e → ie)
    to begin to empezar a + *inf.*
behind detrás (de)
to believe creer
    I believe that . . . creo que . . .
below bajo
beside al lado de
besides además
better mejor
    I like _ better me gusta más _
bicycle una bicicleta
big grande
    bigger más grande
bird un pájaro
birthday un cumpleaños
black negro
blond(e) rubio
blouse una blusa
blue azul
    blue jeans unos blue-jeans
boat un barco
body un cuerpo
book un libro
bookcase un estante
boring aburrido
boy un chico, un muchacho
bread el pan
to break romper, *(part of oneself)* romperse
breakfast el desayuno
    to eat breakfast desayunarse

to bring *traer, llevar
brother un hermano
brown *(eyes)* café, *(hair)* castaño
brunette moreno
bus un autobús *(pl.* autobuses)
but pero
butter la mantequilla
to buy comprar
by por, en
    by airplane (car, train) en avión (coche, tren)
    by the way a propósito

cafe un café
cake una torta
to call llamar
    I am called _, my name is _ me llamo —
    to be called, to call oneself llamarse
    to call on the telephone llamar por teléfono
calm calmado
camera una cámara
can, be able *poder
    I can't no puedo
car un coche
    by car en coche
card una tarjeta
care: to take care of atender (e → ie) a
carpenter un carpintero, una carpintera
to carry llevar
case: in any case de todas maneras
cat un gato, una gata
center el centro
certain cierto
    are you certain? ¿cierto?
certainly ¡cómo no! ¡claro!
    certainly not! ¡claro que no! ¡por supuesto!
chair una silla
to change cambiar
cheap barato
cheese el queso
chicken un pollo
church una iglesia
city una ciudad
clerk un empleado, una empleada
clock un reloj

cloudy: **it's cloudy**   está nublado
coat   un abrigo
   raincoat   un impermeable
coffee   el café
cold   el frío
   it's cold   *(weather)* hace frío
   to be cold   tener frío
to comb one's hair   peinarse
to come   *venir
   to come back   volver (o → ue)
comedian   un (una) comediante
common   vulgar
to comprehend   comprender
content   contento
cordially   cordialmente
corn   el maíz
to cost   costar (o → ue)
to count   contar (o → ue)
country   un país
   country(side)   el campo
course: of course!   ¡claro!
   ¡por supuesto! ¡cómo no!
   of course not!   ¡claro que no!
cousin   un primo, una prima
Cuba   Cuba
Cuban   cubano
cup   una taza
curly   rizado

d

dad   (el) papá
to dance   bailar
date   *(appointment)* cita, *(on the calendar)* fecha
   it is August 18   es el 18 de agosto
   what is today's (tomorrow's) date?   ¿cuál es la fecha de hoy (mañana)?
daughter   una hija
day   un día
   every day   todos los días
   good day!   ¡buenos días!
   what day is it?   ¿qué día es hoy?
dear   *(greeting in a letter)* querido
December   diciembre
degree   un grado
dentist   un (una) dentista
designer   un (una) dibujante
to desire   desear, tener ganas de
dessert   el postre
difficult   difícil

dining room   un comedor
dinner   la cena
disagreeable   antipático
to discover   descubrir
dish   un plato
to do   *hacer
   to do homework   hacer las tareas
   to do well (poorly) on an exam   salir bien (mal) en un examen
doctor   un doctor, una doctora
dog   un perro
door   una puerta
doubtless   sin duda
down   bajo
downtown   el centro
to draw   dibujar
dress   un vestido
   to get dressed   vestirse (e → i)
dressmaker   una modista
drink   una bebida
   carbonated drink   una gaseosa
to drink   beber, tomar
to drive   *conducir
during   durante

e

each   cada
ear   una oreja
early   temprano
to earn   ganar
easy   fácil
to eat   comer
   to eat breakfast   desayunarse
   to eat lunch   almorzar (o → ue)
   to eat supper   cenar
egg   un huevo
eight   ocho
   eight hundred   ochocientos
eighteen   diez y ocho
eighth   octavo
eighty   ochenta
electrician   un (una) electricista
elegant   elegante
eleven   once
employee   un empleado, una empleada
end   el fin
to end   acabar
engineer   un ingeniero, una ingeniera
enough   bastante
entertainment   las diversiones

evening   una noche
   good evening   ¡buenas noches!
   in the evening   de la noche, por la noche
   every   todo
   every day   todos los días
exam   un examen *(pl.* exámenes)
example: for example   por ejemplo
excuse me   ¡perdón!
expense   un gasto
expensive   caro
eye   un ojo

f

face   una cara
factory   una fábrica
fall   el otoño
to fall   *caer
fan: to be a fan of   ser aficionado a
fantastic   ¡fantástico!
far (from)   lejos (de)
farewell   adiós
fat   gordo
father   un padre, (el) papá
favor: do me the favor of   hazme el favor de + *inf.*
February   febrero
to feel   sentir (e → ie), sentirse
   to feel like   tener ganas de
few   pocos
fiancé   un novio
fiancée   una novia
fifteen   quince
   fifteen hundred   mil quinientos
fifth   quinto
fifty   cincuenta
film   una película
to find   encontrar (o → ue)
fine   bien, ¡bueno!
   it's fine weather   hace buen tiempo
finger   un dedo
to finish   acabar
first   primero
   May first   el primero de mayo
fish   *(caught)* un pescado, *(live)* un pez *(pl.* peces)
fisherman   un pescador, una pescadora
five   cinco
   five hundred   quinientos
flight attendant   un aeromozo, una aeromoza

460

floor *(of a building)* un piso
to flunk (an exam) salir mal (en un examen)
food la comida, el alimento
foot un pie
football el fútbol americano
for para, por
    for example por ejemplo
    for that reason por eso
forehead una frente
to forget olvidar, olvidarse de
fork un tenedor
forty cuarenta
four cuatro
    four hundred cuatrocientos
fourteen catorce
fourth cuarto
Friday viernes
    on Friday afternoon el viernes por la tarde
    on Fridays los viernes
friend un amigo, una amiga
from de
    are you *(fam.)* **from __?** ¿eres de __?
    I'm from __ soy de __
front: in front (of) delante (de)
fruit la fruta
    fruit juice un jugo de frutas
funny divertido
furniture unos muebles

game un partido
garage un garaje
garden un jardín *(pl.* jardines)
generally generalmente, por lo general
gentleman un señor
get: to get a grade sacar una nota
    to get dressed vestirse (e → i)
    to get up levantarse
gift un regalo
girl una chica, una muchacha
to give *dar
gladly con mucho gusto
glass un vaso
glasses unos anteojos
    sunglasses unos anteojos de sol
to go *ir, *irse
    let's go! ¡vamos!
    to be going to ir a + *inf.*
    to go away irse

to go back volver (o → ue)
to go by boat (bus, foot, plane, train) ir en barco (en autobús, a pie, en avión, en tren)
to go out *salir
to go to bed acostarse (o → ue)
to go to sleep dormirse (o → ue)
good buen, bueno
    good afternoon ¡buenas tardes!
    good day ¡buenos días!
    good evening ¡buenas noches!
    good-looking guapo
    good luck! ¡buena suerte!
    good morning ¡buenos días!
    good night ¡buenas noches!
    goodbye ¡adiós!
    it's good weather hace buen tiempo
    very good muy bien
gosh! ¡Dios mío!
grade la nota
    to get a grade sacar una nota
grandfather un abuelo
grandmother una abuela
grandparents los abuelos
gray gris
green verde
greeting un saludo
guide un (una) guía
gymnastics la gimnasia

hair el pelo
half media
    half past (one) (la una) y media
ham el jamón
hamburger una hamburguesa
hand una mano
handsome guapo
happy alegre, contento, feliz *(pl.* felices)
hard difícil
hat un sombrero
to have *tener
    to have (food, drink) tomar
    to have a good time divertirse (e → ie)
    to have just + *p. p.* acabar de + *inf.*
    to have to deber, tener que
he él
head una cabeza
to hear *oír

hello! ¡hola! ¡aló!
to help ayudar
her la *(dir. obj.);* ella *(after prep.);* su, sus *(poss. adj.)*
    to her le
here aquí
herself se *(reflex. pron.)*
hey! ¡caramba!
hi! ¡hola!
him lo *(dir. obj.),* él *(after prep.)*
    to him le
himself se *(reflex. pron.)*
his su, sus
home una casa
    at home en casa
    (to) home a casa
homework unas tareas
    to do homework hacer las tareas
to hope esperar
hot: it is hot *(weather)* hace calor
    it is very hot *(weather)* hace mucho calor
    to be hot tener calor
hotel un hotel
hour una hora
house una casa
    at __'s house a (la) casa de __, en (la) casa de __
how? ¿cómo?
    how *(adj.)***!** ¡qué *(adj.)*!
    how are you? ¿qué tal? ¿cómo está Ud.? ¿cómo estás?
    how many? ¿cuántos?
    how many times? ¿cuántas veces?
    how much? ¿cuánto?
    how much is it? ¿cuánto cuesta? ¿cuánto es?
    how nice! ¡qué bueno!
    how old is __? ¿cuántos años tiene __?
    how terrible! ¡qué malo!
however sin embargo
hundred cien *(before nouns),* ciento
hungry: to be hungry tener hambre
husband un esposo

I yo
ice cream el helado
if si

ill enfermo
in en
    in addition además
    in any case de todas maneras
    in my opinion en mi opinión
inexpensive barato
instead of en vez de
intelligent inteligente
to intend pensar (e → ie) + *inf.*
interesting interesante
to invite invitar
it la, lo *(dir. obj.);* él, ella
    (after prep.)
    how's it going? ¿qué tal?
        ¿qué pasa?
    it is 2:00 son las dos
    what time is it? ¿qué hora es?

j

jacket una chaqueta
January enero
jeans: blue jeans unos blue-jeans
job un oficio, un trabajo
journalist un (una) periodista
juice: fruit juice un jugo de frutas
July julio
June junio
just: to have just + *p.p.*
    acabar de + *inf.*

k

kitchen una cocina
knee una rodilla
knife un cuchillo
to know *(facts)* *saber,
    (people) *conocer
    do you know ¿sabes?

l

lamp una lámpara
large grande
    larger más grande
last último
    last night anoche
    last week la semana pasada
late tarde

later más tarde, después
    see you later hasta la vista,
        hasta luego
lawyer un abogado, una abogada
to learn aprender
to leave *(to go away)* *irse
    (to go out) *salir
    (someone or something) dejar
left izquierdo
    at (on, to) the left
        a la izquierda
leg una pierna
less menos
    less *(adj.)* **than** menos *(adj.)* que
let's (watch T.V.) vamos a (mirar
    la televisión)
    let's go ¡vamos!
    let's go to *(place)*! ¡vamos a *(place)*!
letter una carta
like como *(prep.)*
    what is _ like? ¿cómo es _?
to like gustar
    do you like? ¿te gusta?
    I like me gusta
listen! ¡oye!
to listen (to) escuchar
little pequeño
    a little un poco
to live vivir
living room una sala
long largo
look! ¡mira!
to look at mirar
to look for buscar
to lose perder (e→ie)
    to lose time perder tiempo
lot: a lot of, lots of mucho
to love *querer a
luck la suerte
    good luck! ¡buena suerte!
    how lucky! ¡qué suerte!
    to be lucky tener suerte
lunch el almuerzo
    to eat lunch almorzar (o → ue)

m

magazine una revista
to make *hacer
    to make a mistake equivocarse
man un hombre, un señor
manager un (una) gerente
many muchos
    many times muchas veces

March marzo
may *poder
    may I talk to _? ¿puedo hablar
        con _?
May mayo
maybe tal vez
me me *(dir. and indir. obj.),*
    mí *(after prep.)*
    to me me
    with me conmigo
meal una comida
to mean querer (e → ie) decir
meat la carne
mechanic un mecánico, una
    mecánica
to meet encontrar (o → ue)
Mexican mexicano
Mexico México
milk la leche
million un millón *(pl.* millones)
    a million thanks! ¡un millón de
        gracias!
minus menos
minute: just a minute, please
    un momentito
Miss señorita, Srta.
mistaken: to be mistaken
    equivocarse
mister señor, Sr.
mom (la) mamá
Monday lunes
    on Monday el lunes
    on Mondays los lunes
money el dinero
monkey un mono, una mona
month un mes
    last month el mes pasado
more más
    more *(adj.)* **than** más *(adj.)* que
moreover además
morning una mañana
    good morning! ¡buenos días!
    in the morning de la mañana,
        por la mañana
mother una madre, (la) mamá
motorbike una moto
mouth una boca
movie una película
    **adventure (detective, love,
        western) movie** una película
        de aventuras (policíaca,
        romántica, del oeste)
movie theater un cine
Mr. señor, Sr.
Mrs. señora, Sra.
much mucho

how much? ¿cuánto?
museum un museo
musical comedy una comedia musical
must deber
my mi, mis
myself me (reflex. pron.)

n

name: my name is _ me llamo _
what are their names? ¿cómo se llaman?
what is your name? ¿cómo te llamas?
what's his (her) (its) name? ¿cómo se llama?
narrow estrecho
near (to) cerca (de)
necktie una corbata
to need necesitar
neighborhood un barrio
never nunca
nevertheless sin embargo
new nuevo
news las noticias
newspaper un periódico
next próximo
nice simpático
the weather is nice hace buen tiempo
night una noche
at night de la noche, por la noche
goodnight ¡buenas noches!
last night anoche
ten o'clock at night las diez por la noche
nine nueve
nine hundred novecientos
nineteen diez y nueve
ninety noventa
ninth noveno
no no, ninguno
nobody, no one nadie
none ningún, ninguno
North American norteamericano
nose una nariz (pl. narices)
not no
notebook un cuaderno
nothing nada
novel una novela
November noviembre

now ahora
number un número
nurse un enfermero, una enfermera

o

to obey *obedecer
object un objeto
October octubre
of de
of course! ¡por supuesto! ¡cómo no! ¡claro!
of course not! ¡claro que no!
to offer *ofrecer
office una oficina
often a menudo, muchas veces
oil el aceite
okay bien, bueno, regular
old viejo
to be _ years old tener _ años
older mayor
on en, sobre
on time a tiempo
on top of encima de
once una vez
once in a while de vez en cuando
one un, uno, una
it's one o'clock es la una
one hundred cien, ciento
one million un millón
one thousand mil
only sólo
opinion: in my opinion en mi opinión
or o (u before o or ho)
orange (fruit) una naranja
order: in order to para
other otro
others otros
our nuestro
ourselves nos (reflex. pron.)

p

to pack a suitcase hacer la maleta
pants unos pantalones
pardon me ¡perdón!
parents los padres
parrot un papagayo
to pass pasar
to pass a test salir bien en un examen

past pasado
it's five past two son las dos y cinco
pastry un pastel
to pay, pay for pagar
pear una pera
pen un bolígrafo
pencil un lápiz (pl. lápices)
people la gente
pepper la pimienta
perhaps tal vez
photo una foto
photographer un fotógrafo, una fotógrafa
pie un pastel
pity: what a pity! ¡qué lástima!
place un lugar
to place *poner
to plan pensar (e → ie) + inf.
plate un plato
play una obra de teatro
to play (a game, sports) jugar (u → ue) a; (music, a musical instrument) tocar
player un jugador, una jugadora
record player un tocadiscos
plaza una plaza
please por favor, hazme el favor de + inf.
to please, be pleasing gustar
pleasure un gusto
with much pleasure con mucho gusto
police officer un (una) policía
pool: swimming pool una piscina
poor pobre
potato una papa
to prefer preferir (e → ie)
pretty bonito, lindo
profession una profesión (pl. profesiones)
professor un profesor, una profesora
program un programa
programmer un programador, una programadora
Puerto Rican puertorriqueño
Puerto Rico Puerto Rico
purse un bolso
to put, to put on *poner
to put on (oneself) *ponerse

q

quite bastante

r

radio (*set*) un radio
rain: it's raining llueve
raincoat un impermeable
rarely raras veces
rather bastante
to read *leer
reading la lectura
really? ¿de veras?
to receive recibir
record un disco
    record player un tocadiscos
red rojo
regularly regularmente
relatives los parientes
to remain quedarse
to remember recordar (o → ue)
to request pedir (e → i)
response una respuesta
restaurant un restaurante
to return volver (o → ue)
rice el arroz
rich rico
right derecho
    on the right (of)
      a la derecha (de)
    right? ¿verdad?
room un cuarto
    bathroom un baño
    bedroom un cuarto
    dining room un comedor
    living room una sala

s

sad triste
salad una ensalada
salesperson un vendedor,
  una vendedora
    traveling salesperson un
      vendedor viajero
salt la sal
same mismo
    at the same time al mismo
      tiempo
sandals unas sandalias
sandwich un sándwich
Saturday sábado
    on Saturday night el sábado
      por la noche
    on Saturdays los sábados
saucer un platillo
to save ahorrar
to say *decir
    you don't say! ¡no me digas!

school una escuela
scientist un científico, una científica
sea el mar
seamstress una modista
second segundo
secretary un secretario,
  una secretaria
to see *ver
seldom raras veces
to sell vender
to send mandar
September septiembre
serious serio
to serve servir (e → i)
to set *poner
    to set the table poner la mesa
seven siete
    seven hundred setecientos
seventeen diez y siete
seventh séptimo
seventy setenta
shame: what a shame!
    ¡qué lástima!
she ella
shirt una camisa
    tee shirt una camiseta
shoe un zapato
short bajo, (*things*) corto
shorts unos pantalones cortos
to show enseñar
sick enfermo
sincerely sinceramente
to sing cantar
singer un (una) cantante
sister una hermana
to sit, sit down sentarse (e → ie)
six seis
    six hundred seiscientos
sixteen diez y seis
sixth sexto
sixty sesenta
ski, skiing el esquí
skirt una falda
to sleep dormir (o → ue)
    to be sleepy tener sueño
    to go to sleep dormirse (o → ue)
small pequeño
    smaller más pequeño
smart inteligente
smooth liso
snack una merienda
to snack merender (e → ie)
snow: it's snowing, it snows nieva
so-so así, así
soccer el fútbol
social worker un trabajador social,

  una trabajadora social
sock un calcetín (*pl.* calcetines)
some algún, algunos, unos
somebody, someone alguién
something algo
sometimes a veces
son un hijo
    sons and daughters los hijos
Spain España
Spanish (*language*) el español,
  (*nationality*) español
to speak hablar
to spend gastar
spoon una cuchara
    teaspoon una cucharita
sport un deporte
    sports (*concerning*) deportivo
spring la primavera
to start empezar (e → ie)
to stay quedarse
steak un bistec
still todavía
to stop dejar de
store una tienda
story un cuento
straight (*hair*) liso
street una calle
strong fuerte
student un alumno, una alumna;
  un (una) estudiante
to study estudiar
stupid tonto
sugar el azúcar
suit un traje
    bathing suit un traje de baño
suitcase una maleta
summer el verano
sun el sol
    it's sunny hace sol
    sunglasses unos anteojos de sol
Sunday domingo
    on Sunday el domingo
    on Sundays los domingos
supper la cena
    to eat supper cenar
sure: are you sure? ¿cierto?
sweater un suéter (*pl.* suéteres)
sweetheart un novio, una novia
to swim nadar
swimming la natación
    swimming pool una piscina

t

table una mesa
    to set the table poner la mesa

to take tomar
    to take a bath bañarse
    to take a test tomar un examen
    to take a trip hacer un viaje
    to take care of atender a
    to take off (oneself) quitarse
    to take pictures sacar fotos
to talk hablar
    may I talk to _? ¿puedo hablar con _?
tall alto
tape una cinta
tape recorder una grabadora
tea el té
to teach enseñar
teacher un maestro, una maestra; un profesor, una profesora
team un equipo
teaspoon una cucharita
tee shirt una camiseta
television una televisión
    television set un televisor
to tell contar (o → ue),* decir
temperature la temperatura
    what is the temperature? ¿cuál es la temperatura?
ten diez
tennis el tenis
    to play tennis jugar al tenis
tenth décimo
terrific! ¡estupendo! ¡fabuloso! ¡fantástico! ¡magnífico!
test un examen *(pl. exámenes)*
    to take a test tomar un examen
thank you, thanks gracias
    thanks a million! ¡un millón de gracias!
    a thousand thanks! ¡mil gracias!
    thank you very much muchas gracias
that ese *(f. esa) (adj.)*; que *(relative pron.)*
that *(over there)* aquel *(f. aquella)*
the el, la, los, las
theater un teatro
    movie theater un cine
their su, sus
them ellos, ellas *(after prep.)*; los, las *(dir. obj.)*
    to them les
themselves se *(reflex. pron.)*
then entonces, luego
there allí
    there is, there are hay
    there isn't, there aren't no hay

therefore por eso
these estos
they ellos, ellas
thin delgado
thing una cosa
to think pensar (e → ie), *creer
    to think of, about pensar de, pensar en
    to think that pensar que
third tercer, tercero
thirsty: to be thirsty tener sed
thirteen trece
thirty treinta
this este *(f. esta)*
    this is _ *(on the phone)* es _
those esos, *(over there)* aquellos
thousand mil
    a thousand thanks! ¡mil gracias!
three tres
    three hundred trescientos
through por
Thursday jueves
    on Thursday el jueves
    on Thursdays los jueves
tie una corbata
time la hora, el tiempo, la vez
    at the same time al mismo tiempo
    at times a veces
    at what time? ¿a qué hora?
    from time to time de vez en cuando
    how many times? ¿cuántas veces?
    many times muchas veces
    on time a tiempo
    one time una vez
    this time esta vez
    to have a good time divertirse (e → ie)
    what time is it? ¿qué hora es?
tired cansado
to a
    to the left a la izquierda
    to the right a la derecha
today hoy
tomato un tomate
tomorrow mañana
too también
    too (much, many) demasiado
tooth un diente
top: on top of encima de, sobre
toward, towards hacia
town un pueblo
trade un oficio

train un tren
    by train en tren
to translate *traducir
to travel viajar
    travel agent un (una) agente de viajes
    traveling salesperson un vendedor viajero, una vendedora viajera
tree un árbol
trip un viaje
    to take a trip hacer un viaje
true verdad, cierto
to try (to) tratar (de)
Tuesday martes
    next Tuesday el próximo martes
    on Tuesday el martes
    on Tuesdays los martes
twelve doce
twenty veinte
twice dos veces
two dos
    it's two o'clock son las dos
    two hundred doscientos
    two thousand dos mil
to type escribir a máquina

ugly feo
uncle un tío
    uncles and aunts los tíos
under bajo de, debajo de
underneath bajo, debajo
to understand comprender, entender (e → ie)
unfortunately desafortunadamente, por desgracia
United States los Estados Unidos
until hasta
    until later, see you later hasta luego, hasta la vista
up: to get up levantarse
us nosotros *(after prep.)*, nos *(dir. obj.)*
    to us nos
useful útil
useless inútil

variety show un programa de variedades
vegetable un vegetal

very muy
   very many muchos
   very much mucho
   very well muy bien
veterinarian un veterinario,
  una veterinaria
village un pueblo
vinegar el vinagre
to visit visitar
volleyball el volibol
   to play volleyball
     jugar al volibol

to wait (for) esperar
   to wait on atender (e → ie) a
to walk ir a pie
to want desear, *querer
warm: it's warm *(weather)* hace
  calor
   to be warm *(sensation)* tener
   calor
wash lavar
   to wash one's hair lavarse
   el pelo
   to wash up lavarse
waste: to waste time
  perder (e → ie) tiempo
watch un reloj
to watch mirar
water el agua *(f.)*
we nosotros, nosotras
weak débil
to wear llevar
weather el tiempo
   it's bad weather hace mal
   tiempo
   it's nice weather hace buen
   tiempo
   what's the weather like?
     ¿qué tiempo hace?
Wednesday miércoles
   last Wednesday el miércoles
   pasado
   on Wednesday el miércoles

   on Wednesdays los miércoles
week una semana
   last week la semana pasada
weekend el fin de semana
welcome: you're welcome
  de nada, no hay de qué
well bien
   fairly well regular
   well . . . bueno . . .
what? ¿qué? ¿cuál (es)?
   what (did you say)? ¿cómo?
   what a *(adj. + noun)*!
     ¡qué *(noun)* tan *(adj.)*!
   what are their names?
     ¿cómo se llaman?
   what color is it? ¿de qué
   color es?
   what is _ like? ¿cómo es _ ?
   what is his (her) name?
     ¿cómo se llama?
   what is the temperature?
     ¿cuál es la temperatura?
   what is there? what are there?
     ¿qué hay?
   **what is today's (tomorrow's)
   date?** ¿cuál es la fecha de
   hoy (mañana)?
   what is your name? ¿cómo te
   llamas?
   what time it it? ¿qué hora es?
   what's wrong? ¿qué pasa?
when cuando
when? ¿cuándo?
where donde
where? ¿dónde?
   from where? ¿de dónde?
   to where? ¿adónde?
whether si
which? ¿cuál(es)?
white blanco
who? whom? ¿quién(es)?
   to whom? ¿a quién(es)?
whose? ¿de quién(es)?
   whose book is this? ¿de quién
   es este libro?
why? ¿por qué?
wide ancho

wife una esposa
to win ganar
wind el viento
   it's windy hace viento
window una ventana
wine el vino
winter el invierno
with con
   with me conmigo
   with much pleasure
     con mucho gusto
   with you contigo *(fam.)*
without sin
woman una mujer, una señora,
  una señorita
word una palabra
work un trabajo
to work trabajar
   social worker un trabajador
     social, una trabajadora social
worse peor
wow! ¡caramba!
to write escribir

year un año
   to be _ years old tener _ años
yellow amarillo
yes sí
yesterday ayer
you tú *(fam.)*, usted *(formal)*,
  ustedes *(pl.)*; te, lo, la *(obj.pron.)*;
  ti *(after prep.)*
   to you te *(fam.)*, le *(formal)*, les
   (pl.)
young joven
   young man un joven *(pl.
   jóvenes)*
   young woman una joven *(pl.
   jóvenes)*
younger menor
your tu, tus *(fam.)*; su, sus *(formal,
  pl.)*
yourself te *(fam.)*, se *(formal)*
  (reflex. pronouns).

Photo Credits